HOMEM DE DAVOS

HOMEM
DE DAVOS

PETER S. GOODMAN

HOMEM DE DAVOS

COMO OS BILIONÁRIOS DEVORARAM O MUNDO

ALTA BOOKS
GRUPO EDITORIAL
Rio de Janeiro, 2023

Homem de Davos

Copyright © 2023 da Starlin Alta Editora e Consultoria Eireli.
ISBN: 978-85-508-1819-1

Translated from original Davos Man. Copyright © 2022 by Peter S. Goodman. ISBN 9780063078307. This translation is published and sold by permission of Custom House, HarperCollins books, the owner of all rights to publish and sell the same. PORTUGUESE language edition published by Starlin Alta Editora e Consultoria Eireli, Copyright © 2023 by Starlin Alta Editora e Consultoria Eireli.

Impresso no Brasil — 1ª Edição, 2023 — Edição revisada conforme o Acordo Ortográfico da Língua Portuguesa de 2009.

Todos os direitos estão reservados e protegidos por Lei. Nenhuma parte deste livro, sem autorização prévia por escrito da editora, poderá ser reproduzida ou transmitida. A violação dos Direitos Autorais é crime estabelecido na Lei nº 9.610/98 e com punição de acordo com o artigo 184 do Código Penal.

A editora não se responsabiliza pelo conteúdo da obra, formulado exclusivamente pelo(s) autor(es).

Marcas Registradas: Todos os termos mencionados e reconhecidos como Marca Registrada e/ou Comercial são de responsabilidade de seus proprietários. A editora informa não estar associada a nenhum produto e/ou fornecedor apresentado no livro.

Erratas e arquivos de apoio: No site da editora relatamos, com a devida correção, qualquer erro encontrado em nossos livros, bem como disponibilizamos arquivos de apoio se aplicáveis à obra em questão.

Acesse o site www.altabooks.com.br e procure pelo título do livro desejado para ter acesso às erratas, aos arquivos de apoio e/ou a outros conteúdos aplicáveis à obra.

Suporte Técnico: A obra é comercializada na forma em que está, sem direito a suporte técnico ou orientação pessoal/exclusiva ao leitor.

A editora não se responsabiliza pela manutenção, atualização e idioma dos sites referidos pelos autores nesta obra.

Dados Internacionais de Catalogação na Publicação (CIP) de acordo com ISBD

G653h Goodman, Peter S.
   Homem de Davos: como os bilionários devoraram o mundo / Peter S. Goodman ; traduzido por Thaís Cotts. - Rio de Janeiro : Alta Books, 2023.
   480 p. ; 16cm x 23cm.

   Tradução de: Davos Man
   Inclui índice.
   ISBN: 978-85-508-1819-1

   1. Bilionário. 2. Capitalismo. 3. Riqueza. 4. Democracia. I. Cotts, Thaís. II. Título.

   CDD 305.5
   2022-4063   CDU 323.3

Elaborado por Odílio Hilario Moreira Junior - CRB-8/9949

Índice para catálogo sistemático:
1. Classes sociais 305.5
2. Grupos e estratos sociais 323.3

Produção Editorial
Editora Alta Books

Diretor Editorial
Anderson Vieira
anderson.vieira@altabooks.com.br

Editor
José Ruggeri
j.ruggeri@altabooks.com.br

Gerência Comercial
Claudio Lima
claudio@altabooks.com.br

Gerência Marketing
Andrea Guatiello
andrea@altabooks.com.br

Coordenação Comercial
Thiago Biaggi

Coordenação de Eventos
Viviane Paiva
comercial@altabooks.com.br

Coordenação ADM/Finc.
Solange Souza

Coordenação Logística
Waldir Rodrigues
logistica@altabooks.com.br

Direitos Autorais
Raquel Porto
rights@altabooks.com.br

Assistente Editorial
Andreza Moraes

Produtores Editoriais
Illysabelle Trajano
Maria de Lourdes Borges
Paulo Gomes
Thales Silva
Thiê Alves

Equipe Comercial
Adenir Gomes
Ana Carolina Marinho
Ana Claudia Lima
Daiana Costa
Everson Sete
Kaique Luiz
Luana Santos
Maira Conceição
Natasha Sales

Equipe Editorial
Beatriz de Assis
Betânia Santos
Brenda Rodrigues
Caroline David
Gabriela Paiva
Henrique Waldez
Kelry Oliveira
Marcelli Ferreira
Mariana Portugal
Matheus Mello
Milena Soares

Marketing Editorial
Amanda Mucci
Guilherme Nunes
Livia Carvalho
Pedro Guimarães
Thiago Brito

Atuaram na edição desta obra:

Tradução
Thaís Cotts

Copidesque
Caroline Suiter

Revisão Gramatical
Carlos Bacci
Fernanda Lutfi

Diagramação
Rita Motta

Editora afiliada à: ASSOCIADO

ALTA BOOKS
GRUPO EDITORIAL

Rua Viúva Cláudio, 291 – Bairro Industrial do Jacaré
CEP: 20.970-031 – Rio de Janeiro (RJ)
Tels.: (21) 3278-8069 / 3278-8419
www.altabooks.com.br – altabooks@altabooks.com.br
Ouvidoria: ouvidoria@altabooks.com.br

Para Leah, Leo, Mila e Luca

SUMÁRIO

PRÓLOGO "ELES DITAM AS REGRAS PARA O RESTO DO MUNDO"   1

Parte I: A Espoliação Global

CAPÍTULO 1.   **"NO ALTO DAS MONTANHAS"**   19

CAPÍTULO 2.   **"O MUNDO EM QUE NOSSOS PAIS QUERIAM QUE VIVÊSSEMOS NA SEGUNDA GUERRA MUNDIAL"**   47

CAPÍTULO 3.   **"DE REPENTE, AS ENCOMENDAS PARARAM"**   75

CAPÍTULO 4.   **"NOSSA CHANCE DE FODÊ-LOS DE VOLTA"**   93

CAPÍTULO 5.   **"TINHA QUE EXPLODIR"**   119

CAPÍTULO 6.   **"PARA TODO LUGAR QUE OLHAVA, EU VIA A BLACKSTONE"**   143

CAPÍTULO 7.   **"AGORA ELES ESTÃO LAMBENDO OS BEIÇOS"**   167

Parte II: Lucrando com uma Pandemia

CAPÍTULO 8.   **"ELES NÃO SE INTERESSAM POR NOSSOS PROBLEMAS"**   181

CAPÍTULO 9.   **"SEMPRE HÁ UMA MANEIRA DE FAZER DINHEIRO"**   193

CAPÍTULO 10.	"GROSSEIRAMENTE SUBFINANCIADO E ENFRENTANDO O COLAPSO"	217
CAPÍTULO 11.	"NA REALIDADE SOMOS TODOS UM"	227
CAPÍTULO 12.	"NÃO ESTAMOS SEGUROS"	245
CAPÍTULO 13.	"ISSO ESTÁ MATANDO PESSOAS"	259
CAPÍTULO 14.	"É HORA DE LUCRAR?"	285
CAPÍTULO 15.	"RECUPERAREMOS 100% DO NOSSO CAPITAL"	311

Parte III: Restabelecendo a História

CAPÍTULO 16.	"NÃO É ALGUÉM QUE ESTÁ VINDO DESESTABILIZAR WASHINGTON"	331
CAPÍTULO 17.	"O DINHEIRO ESTÁ BEM AQUI NA COMUNIDADE AGORA"	343
CAPÍTULO 18.	"COLOCAR DINHEIRO NOS BOLSOS DAS PESSOAS"	355
CAPÍTULO 19.	"EM GUERRA CONTRA O PODER DO MONOPÓLIO"	373
CAPÍTULO 20.	"IMPOSTOS, IMPOSTOS, IMPOSTOS. O RESTO É BOBAGEM."	387

CONCLUSÃO "NOSSO COPO TRANSBORDOU"	403
AGRADECIMENTOS	415
NOTAS	421
ÍNDICE	465

PRÓLOGO

"ELES DITAM AS REGRAS PARA O RESTO DO MUNDO"

Para muitos de nós, 2020 foi um ano de prolongado tormento. Seus próprios números parecem propensos a persistir como abreviação para morte em massa, medo, isolamento, escolas fechadas, ameaças à subsistência e incontáveis formas mais mundanas de miséria da pior pandemia em um século.

Mas um grupo seleto — uma espécie de humano conhecida como Homem de Davos — prosperou como nunca antes. As pessoas mais ricas e mais poderosas do planeta usaram seu dinheiro e sua influência para separar a si mesmos da pandemia, enfrentando-a em suas propriedades à beira mar, refúgios na montanha e iates. Eles saborearam a calamidade, comprando avidamente imóveis, ações e outras empresas por valores irrisórios. Aplicaram sua força de lobby para transformar pacotes de ajuda gigantescos, financiados pelos contribuintes, em esquemas de bem-estar corporativo para a classe bilionária.

Eles se aproveitaram da pandemia — um desastre agravado pelo uso predatório dos sistemas de saúde pública e pela privação de recursos governamentais — como uma oportunidade para levar o crédito por resgatar a humanidade. Em um ano que expôs as consequências fatais de décadas de evasão fiscal dos bilionários do planeta, as mesmas pessoas que arquitetaram essa extorsão monumental reivindicaram adulação por sua generosidade.

"Na pandemia, foram os CEOs, em milhares de casos ao redor do mundo, que foram os heróis", disse Marc Benioff, fundador da Salesforce, uma gigante de software do Vale do Silício. "Eles foram os únicos que se ofereceram com seus recursos financeiros e corporativos, seus empregados, e suas fábricas, e se articularam rapidamente — não pelo lucro, mas para salvar o mundo."

Benioff palestrou no início de janeiro de 2021 no encontro anual do Fórum Econômico Mundial, o principal lugar de encontro das pessoas mais abastadas do planeta. A pandemia forçou o cancelamento do evento, usualmente presencial, no resort dos Alpes Suíços de Davos. No lugar da cúpula geodésica onde Benioff realizou um almoço que incluiu estrelas pop como Bono e Will.i.am, ele e seus colegas palestrantes se reuniram em uma plataforma de videoconferência. Os picos cobertos de neve que formavam o pano de fundo de Davos foram substituídos por cortinas e estantes vistos atrás dos alto-falantes em seus home offices. Em vez da conversa fluida do Fórum, os participantes se envolveram em uma hesitante discussão marcada por questões de conectividade.

Mas um atributo-chave resistiu apesar da incômoda remodelação de Davos: as elevadas promessas de mudança expressadas pelas pessoas mais comprometidas em preservar o *status quo*.

Benioff estava em um painel discutindo o chamado capitalismo das partes interessadas, que consiste na ideia de que os negócios não são mais regulados exclusivamente pelo imperativo de enriquecer os acionistas, mas responsáveis por uma ampla gama de interesses — funcionários, meio ambiente e comunidades locais, por exemplo. Sua mensagem foi pretensiosa: missão cumprida.

Ele e seus colegas CEOs se uniram para garantir equipamentos de proteção como máscaras faciais e jalecos para hospitais. As farmacêuticas desenvolveram vacinas contra a COVID-19 em tempo recorde. Banqueiros liberaram crédito, impedindo falências.

"Os CEOs intensificaram suas ações este ano", disse Benioff. "Não estaríamos onde estamos hoje sem a liderança excepcional de centenas de CEOs que fizeram um trabalho heroico em todo o mundo, basicamente para salvar suas comunidades."

Dado o estado miserável do mundo naquele momento, a representação de Benioff era de tirar o fôlego. Uma forma marcante de autovalorização serviu como preocupação social. Ela destacava a distância entre a classe bilionária e o resto da humanidade, que se estendia além das casas decimais necessárias para caracterizar suas fortunas. Benioff e seus colegas chefes de corporações eram efetivamente habitantes de outra realidade — o reino do Homem de Davos.

Ao redor do mundo, a pandemia matou mais de 2 milhões de pessoas enquanto ameaçava centenas de milhões com pobreza e fome. O verdadeiro culpado era o coronavírus, mas seus impactos letais e sua devastação econômica haviam sido ampliados pelas ações dos CEOs reunidos em Davos.

Magnatas do "private equity"* como Stephen Schwarzman, que certa vez descreveu um aumento de impostos proposto sobre os ricos como um ato de guerra — "como Hitler quando invadiu a Polônia" —, extraíram lucros de seus investimentos em hospitais, excretando custos enquanto contribuíam para uma diminuição sistêmica do sistema de saúde norte-americano. Jamie Dimon, superintendente do maior banco dos Estados Unidos, ajudou a garantir cortes nos impostos para as pessoas que viviam nas coberturas da Park Avenue, pagos por um enfraquecimento dos serviços governamentais. Larry Fink, o maior gerente de ativos do mundo, transmitiu sua suposta preocupação com a justiça social enquanto pressionava países pobres a pagar dívidas impossíveis no meio da pandemia.

O homem mais rico do mundo, Jeff Bezos, aumentou a escala colossal de seu império de comércio eletrônico deixando de fornecer equipamento de proteção aos trabalhadores dos depósitos. Em vez disso, lhes atribuiu uma designação que parecia valorosa: eles eram trabalhadores essenciais — um rótulo que os condenava como dispensáveis, tornando o vírus uma razão ilegítima para ficar em casa.

---

* Modalidade de investimento que surgiu nos anos 1980 nos EUA na qual um gestor compra uma parte de certa empresa com o objetivo de alavancar seus negócios, valorizá-la e lucrar com a venda posterior da parte societária que adquiriu. [N. da T.]

Se a agonia de 2020 havia demonstrado alguma coisa era como os ricos poderiam não somente prosperar, mas lucrar com o sofrimento dos outros.

No fim do ano, a riqueza coletiva dos bilionários do mundo inteiro havia aumentado em US$3,9 trilhões, mesmo enquanto suas contribuições filantrópicas caíam[1] para o seu nível mais baixo em quase uma década. No mesmo ano, cerca de 500 milhões de pessoas caíram na miséria e sua recuperação provavelmente levará uma década ou mais.

As farmacêuticas de fato demonstraram maestria em fabricar vacinas contra a COVID-19. Mas elas tornaram o mercado de medicamentos emergenciais inacessível para grande parte da humanidade.

Dentro de sua propriedade à beira-mar no Havaí, Benioff preferiu exultar em seus triunfos enquanto usava a pandemia como uma oportunidade para questionar o governo. O Homem de Davos defendeu o capitalismo das partes interessadas como um meio de antecipar a regulamentação governamental; como um substituto para o público que faz uso da democracia para distribuir de maneira justa os ganhos do capitalismo. Ao se curvar em nome dos executivos corporativos, ele implicitamente avançava a ideia de que o governo não precisava taxar os bilionários, pois eles poderiam ser encarregados de resolver os problemas da vida a partir de seu próprio benefício.

"Os CEOs estão se reunindo todas as semanas para descobrir como melhorar o estado do mundo e superar essa pandemia", disse ele, contrastando com o que ele descreveu como "a disfunção dos governos" e organizações sem fins lucrativos. "Não foram eles que nos salvaram", disse ele. "Então, a população confia nos CEOs."

Benioff se revelava como uma amostra escolhida de uma espécie que devemos entender se quisermos dar sentido ao que aconteceu com a humanidade ao longo do último meio século. O aumento da desigualdade econômica, a intensificação da raiva pública, e as ameaças a governos democráticos, resultaram todos da depredação pelo Homem de Davos — um predador incomum cujo poder vem em parte de sua apurada capacidade de adotar o disfarce de um aliado.

Nas últimas décadas, a classe bilionária saqueou governos ao se esquivar de impostos, deixando as sociedades desprovidas dos recursos necessários para combater os problemas. Em meio a uma emergência de saúde pública, o Homem de Davos apontava para a fraqueza resultante do governo como justificativa para depender de sua generosidade.

"Nós temos que repetir", disse Benioff. "Os CEOs são definitivamente os heróis de 2020."

« »

O termo *Homem de Davos* foi criado em 2004 pelo cientista político Samuel Huntington. Ele o usou para descrever aqueles tão enriquecidos pela globalização e tão nativos de seu funcionamento que eram efetivamente sem nacionalidade — seus interesses e suas riquezas fluindo através das fronteiras, suas propriedades e seus iates espalhados pelos continentes, seu arsenal de lobistas e de contadores cruzando jurisdições, eliminando a lealdade a qualquer nação em particular.

O rótulo de Huntington se referia diretamente a qualquer pessoa que fazia regularmente a viagem a Davos para participar do Fórum, sua inclusão no processo de validação de sua posição entre os vencedores da vida moderna. Mas, ao longo dos anos, *Homem de Davos* se tornou um termo genérico usado por jornalistas e acadêmicos como abreviação para aqueles que ocupam a estratosfera da classe globalizada, os bilionários — predominantemente brancos e homens — que exercem influência insuperável sobre o domínio político enquanto promovem uma noção que tem capturado força decisiva nas grandes economias: quando as regras são organizadas em torno de maior prosperidade para aqueles que já desfrutam da maior parte dela, todos são vencedores.

O Homem de Davos e suas armas contratadas — lobistas, "think tanks", batalhões de relações públicas e jornalistas bajuladores que prezam o acesso ao poder sobre a verdade — têm perpetuado resolutamente essa ideia, mesmo diante de provas esmagadoras do contrário.

Minha missão é ajudá-lo a entender o Homem de Davos como uma espécie. Ele é uma criatura rara e notável — um predador que ataca sem controle, determinado a expandir seu território perpetuamente e a se apropriar do sustento dos outros, enquanto protege a si mesmo de represálias ao posar como amigo simbiótico de todos.

Em nenhum outro lugar esse modo é mais vividamente exibido do que na reunião anual do Fórum de Davos.

No papel, o Fórum é apenas mais um seminário de vários dias dedicado a abordar com firmeza os problemas da atualidade, com discussões sérias sobre mudança climática, desequilíbrio de gênero e o futuro digital. Para que não se deixe de compreender sua missão de alto nível, está escrito em negrito: "Comprometidos em Melhorar o Estado do Mundo." Essas palavras estão estampadas em faixas penduradas nos semáforos, em cada parede de cada sala de reunião e nas bolsas de notebooks levadas para casa como sinal de poder pelos jornalistas profissionais.

Esse mantra revela a incongruência central do projeto. A fortuna coletiva[2] dos frequentadores de 2020 foi estimada em US$0,5 trilhão. As pessoas que se reúnem nos Alpes são, por qualquer medida, os maiores vencedores do mundo. Suas fortunas estupendas, suas marcas e suas condições sociais estão intimamente entrelaçadas com o sistema econômico tal como foi constituído, tornando duvidoso seu compromisso com o progresso — uma palavra que conota mudança.

Nos bastidores, o Fórum é um palco para negócios e networking estratégico, um festival de bajulação promovido por gigantes financeiros e empresas de consultoria e uma oportunidade para que todos os presentes se parabenizem por terem chegado ao lado certo da divisão humana.

"Essa é a mágica de Davos", contou-me um ex-executivo do Fórum. "É a maior operação de lobbing do mundo. As pessoas mais poderosas do planeta se reúnem atrás de portas fechadas, sem qualquer prestação de contas e ditam as regras para o resto do mundo." A história da última metade do século na Europa, na América do Norte e em outras grandes economias é, em grande parte, a história da riqueza que flui para cima. Aqueles criados nas comunidades mais exclusivas, educados nas escolas mais sofisticadas, e interligados às redes sociais da elite, têm aproveitado seus privilégios para assegurar riquezas insondáveis, fechando-se em seus jatos particulares entre suas vilas de frente para o mar e em seus redutos nas montanhas, comprando a passagem de seus filhos para as universidades mais prestigiadas dos EUA, enquanto escondem suas propriedades em ilhas caribenhas e em outros territórios fora do alcance do coletor de impostos.

Enquanto isso, centenas de milhões de trabalhadores lutam com a matemática impossível de administrar as contas com salários que encolheram.

Os fatos expostos nessa história são agora tão familiares que podem parecer predestinados. Livros e revistas têm dissecado como a internet, a globalização e a automação remodelaram a vida moderna, recompensando os profissionais educados na cidade enquanto punem os menos qualificados. Grande parte da literatura ainda tende a tratar essas mudanças como fora de nosso controle, como um fenômeno natural não mais sujeito ao projeto humano do que o vento ou a maré.

O formato de nossas economias não é produto do acaso. É o resultado da engenharia deliberativa das pessoas que construíram o sistema a serviço de seus próprios interesses. Estamos vivendo em um mundo projetado pelo Homem de Davos para direcionar uma fortuna cada vez maior para o Homem de Davos.

Os bilionários têm financiado políticos que defendem a elevação daqueles já elevados estratosfericamente. Eles empregaram lobistas para eviscerar os regulamentos financeiros, permitindo que os bancos emprestassem e arriscassem incessantemente, enquanto dependiam da generosidade pública para cobrir suas perdas. Eles defenestraram autoridades antitruste, abrindo caminho para fusões que enriqueceram bancos de investimento e acionistas, enquanto ofereciam controle oligárquico a grandes empresas. Eles acabaram com o poder dos movimentos trabalhistas, reduzindo salários e entregando as economias aos acionistas.

O Homem de Davos lhe dirá que ganhou sua riqueza por ser mais inteligente e inovador do que qualquer um. Ele despreza os impostos como um insulto punitivo à sua habilidade e à sua ética de trabalho escravo. Para ele está tudo bem entregar um pouco do seu dinheiro, mas somente nos seus termos, mediante esforços filantrópicos de marca e especialmente se isso coloca seu nome em uma ala hospitalar ou promove uma foto de si mesmo cercado de crianças agradecidas em algum país miserável, ligeiramente menos miserável pela sua generosidade.

Por meio de pronunciamentos oficiais, o Homem de Davos tende a dispensar dinheiro como um detalhe para um empreendimento significativo: Melhorar o Estado do Mundo. Suas plataformas de mídias sociais e suas "soluções" tecnológicas — algoritmos e dispositivos que dão às empresas um conhecimento divino sobre clientes e funcionários — são, na mitologia de Davos, expressões de seu anseio de fomentar a comunidade. Seus derivativos financeiros, os instrumentos complexos que desempenharam um papel na produção da crise financeira global de 2008, são uma manifestação de seu fervor para permitir que o mercado liberte a humanidade de minúcias de mente pequena como a aritmética.

Você já sabe que os bilionários triunfaram de forma abrangente, acumulando uma riqueza sem precedentes, bem como uma influência determinante no curso da vida moderna. O que precisamos entender é como eles conseguiram — ao deturpar o funcionamento da democracia. A monopolização dos frutos do capitalismo global do Homem de Davos não é um acidente. Ela introduziu em nossa política e em nossa cultura o que podemos chamar de Mentira Cósmica: a sedutora, mas comprovadamente falsa, ideia de que cortar impostos e desregular mercados não só produzirá riquezas extras para os mais abastados, mas redistribuirá os benefícios para as massas afortunadas — algo que, na vida real, aconteceu zero vezes.

A história do capitalismo está cheia de pessoas ricas que aplicam suas riquezas para garantir o poder, elaborando as regras para promover seus interesses. A inovação mais astuta do Homem de Davos é como ele se lançou com sucesso como um cidadão global preocupado, enquanto permeia a ideia de que suas vitórias contínuas são um requisito para que a sociedade alcance qualquer vitória.

Os Robber Barons ["Barões Ladrões", termo pejorativo aplicado a ricos e poderosos empresários norte-americanos do século XIX] — industriais como Andrew Carnegie e investidores como J. P. Morgan — estavam de um modo geral satisfeitos com sua riqueza como um fim em si mesma. O apetite por afirmação do Homem de Davos opera em um nível diferente. Ele não se contenta em possuir casas do mesmo modo que a maioria das pessoas possui meias. Ele finge que seus interesses são os mesmos de todos outros. Ele procura gratidão por suas proezas, validação como produto de um sistema justo no qual ele é um guardião do interesse público, mesmo quando devora todas as fontes de sustento. Ele argumenta que sua própria prosperidade é uma condição prévia para um progresso mais amplo, a chave para a vitalidade e a inovação.

Foi assim que o Homem de Davos conseguiu transformar cada crise em uma oportunidade para seu maior enriquecimento adicional, encontrando em emergências de saúde pública e em atribulações financeiras uma justificativa para a ajuda pública e implantando em cada plano de resgate financeiro um mecanismo que conduz o dinheiro público em sua direção.

Tem havido certa fascinação pelas façanhas do Homem de Davos. Apreciamos nossa pornografia bilionária — suas festas de aniversário extravagantes, vislumbres de seu troféu imobiliário, detalhes de seus acordos de divórcio. Assistimos a séries como *Billions* e o vemos suando ao longo das reviravoltas da trama e, pelo caminho, aceitamos a noção implícita de que ele conseguiu seu lugar de destaque.

Mas agora a avidez do Homem de Davos ameaça todo nosso ecossistema. Seu consumismo extremo minou a fé no governo, dando origem à raiva entre as outras criaturas da biosfera.

Neste livro, argumentarei que a fraude persistente do Homem de Davos é a força decisiva por trás da ascensão dos movimentos populistas de direita em todo o mundo. Habitualmente, os jornalistas explicam tais mudanças políticas ao apontar para os eventos recentes que foram explorados para ganho eleitoral por políticos amedrontadores que tiram proveito da nostalgia e de sentimentos nacionalistas — um fluxo de imigrantes, a perda de status para um grupo privilegiado. Mas as causas completas são mais profundas, decorrentes de reclamações que se acumularam ao longo de décadas à medida que o Homem de Davos tem saqueado os ganhos do capitalismo, ao privar as pessoas comuns de segurança econômica básica. Isso preparou terreno para políticos que usam o medo como arma e fomentam o ódio, enquanto prescrevem soluções incoerentes para problemas sociais legítimos.

A dominação dos ganhos da globalização do Homem de Davos é como os Estados Unidos se virem liderados por um desenvolvedor de cassinos claramente desqualificado, pois o país se viu confrontado com uma emergência de saúde pública que matou mais norte-americanos do que a Primeira e a Segunda Guerras mundiais e a Guerra do Vietnã juntas. O saque do Homem de Davos explica porque o Reino Unido ainda era dominado pelo Brexit — um ato elaborado de autoflagelação — ao mesmo tempo que falhava ao lidar com a pandemia. Explica como a França foi abalada por um feroz movimento de protesto e como até a Suécia, um suposto defensor da social democracia, agora ferve de ódio anti-imigrante.

Não é assim que a história deveria acontecer.

Há apenas uma geração atrás, um coro triunfante proclamava o fim efetivo do conflito de classes. O Ocidente, liderado por um Estados Unidos todo poderoso, havia vencido a Guerra Fria, pontuada por um final digno de Hollywood. As massas eufóricas que derrubaram o muro de Berlim pareciam atestar que o comunismo estava morto, deixando o capitalismo como o plano econômico universalmente aclamado.

Francis Fukuyama celebremente pronunciou "o fim da história", como se os elementos que haviam derrotado o autoritarismo — livre expressão, livre comércio, democracia, mercados liberalizados, consumismo desenfreado — provassem o modelo de civilização que avança.

Fukuyama foi apropriadamente ridicularizado por aplicar o brilho da autoridade acadêmica a uma narrativa rasa na qual os Estados Unidos permaneceriam supostamente como a principal influência para sempre. Sua concepção, porém, se alinhava com a sabedoria convencional de que a democracia liberal era de fato o estado mais evoluído da organização social, a receita que protegeria as liberdades civis e permitiria a prosperidade, com cada um reforçando o outro.

Em vez disso, em alguns países — entre eles Índia, Filipinas e Hungria — a democracia se tornou o mecanismo de busca da vingança tribal, o meio pelo qual os movimentos populares exercem o poder tirânico, atacando o próprio liberalismo.

Como o suposto permanente triunfo do livre mercado e da ordem democrática liberal se transformou na desordem venenosa do ódio de direita?

E como uma pandemia mortal — o tipo de perigo que outrora poderia ter impulsionado uma resposta coletivista — tornou-se outro momento para especulação pelas pessoas mais ricas do planeta?

Isto, em suma, é o que aconteceu.

O Homem de Davos emergiu do triunfo da Guerra Fria para saquear os avanços materiais da paz, privando os governos dos recursos necessários para servir a seu povo.

Os maiores beneficiários do capitalismo global aplicaram seus ganhos em direção à aquisição hostil definitiva: capturaram as alavancas da governança democrática, financiaram políticos acomodados e depois exerceram sua influência para inclinar o funcionamento do capitalismo a seu favor.

Eles demonizaram o governo e adotaram a privatização como solução, colocando os bens públicos nas mãos de empresas com fins lucrativos.

Venderam a austeridade* como uma virtude e a impuseram aos gastos governamentais, cortando a educação, a moradia e a assistência médica. Em seguida, canalizaram os espólios dessa liquidação para si mesmos por meio de cortes nos impostos. Espalharam a ideia de que os países mais ricos do mundo não poderiam se dar ao luxo de fornecer assistência médica, educação e transporte público seguro para seu povo.

Eles estabeleceram acordos comerciais internacionais que geraram magníficas oportunidades para as categorias profissionais, enquanto se recusavam a compartilhar os ganhos com o resto da população. Combateram sindicatos de trabalhadores e transferiram trabalho para países de salários baixos, suprimindo pagamentos enquanto reduziam empregos de tempo integram para tarefas itinerantes.

Desregularam os bancos, aumentando seus ganhos, ao mesmo tempo que provocaram uma crise financeira global. Depois pagaram a fiança e enviaram a conta para os cidadãos comuns.

O tempo todo eles envenenaram a conversa política com a Mentira Cósmica — a ideia tola de que encher os ricos com cortes de impostos traria benefícios a todos.

Durante as primeiras três décadas após a Segunda Guerra Mundial, o capitalismo liderado pelos norte-americanos difundiu os ganhos do crescimento econômico de forma ampla e progressiva. Mas o capitalismo desde que foi confiscado pelo Homem de Davos não é realmente capitalismo de forma nenhuma. É um estado de bem-estar social dirigido para o benefício das pessoas que menos precisam dele; um santuário para bilionários no qual

---

* Austeridade é um conjunto de posturas político-econômicas que visam a reduzir os déficits orçamentários do governo por meio de cortes de gastos, aumento de impostos ou uma combinação de ambos. [N. da R.]

as ameaças sistêmicas são extintas com o dinheiro do contribuinte, enquanto calamidades comuns como falta de emprego, execução de hipotecas e ausência de assistência médica são aceitas como a desordem da livre iniciativa.

As medidas habituais de desigualdade extrema são ao mesmo tempo familiares e assombrosas.

Durante as últimas quatro décadas, o 1% mais rico[3] de todos os norte-americanos obteve um patrimônio coletivo de US$21 trilhões. Durante o mesmo período, as famílias da metade inferior viram suas fortunas diminuir em US$900 bilhões.

Desde 1978, os executivos das empresas viram[4] sua remuneração total explodir em mais de 900%, enquanto os salários do trabalhador norte-americano comum aumentaram menos de 12%.

Mundialmente, as 10 pessoas mais ricas[5] valem coletivamente mais do que as economias dos 85 países mais pobres juntos.

Absorver tais números é compreender a realidade de que a reformulação da economia global do Homem de Davos equivale a um ato histórico de apropriação indébita.

Se a renda nos Estados Unidos[6] continuasse a ser distribuída da mesma forma que durante as três primeiras décadas após a Segunda Guerra Mundial, os 90% do nível mais baixo receberiam um adicional de US$47 trilhões. Em vez disso, esse dinheiro fluiu para cima, enriquecendo algumas milhares de pessoas e colocando em risco a própria democracia norte-americana.

E isso foi antes da COVID-19.

Como consequência da pandemia, a economia global parece emergir com uma inclinação ainda mais pronunciada em direção às necessidades do Homem de Davos. À medida que os esquemas de ajuda emergencial financiados pelo setor público forem retirados, alguns trabalhadores se encontrarão em dificuldades desesperadoras — suas economias se esgotarão, tornando-os tão ansiosos por empregos que ficarão ainda mais vulneráveis à exploração. As divisões raciais e de classe se ampliarão.

Nos Estados Unidos e na Europa, o Homem de Davos está posicionado para ganhar maior vantagem sobre as empresas menores, muitas das quais desaparecerão. Uma economia futura dominada pelos gigantes será ainda mais gratificante para os acionistas e mais dura para os trabalhadores.

O mundo em desenvolvimento, carente de cuidados médicos e repleto de pessoas sem algo básico como água potável, pode ficar ainda mais para trás. Um bilhão de pessoas correm o risco de cair na pobreza extrema até 2030.

A luta e a desigualdade criarão mais oportunidades para movimentos políticos que empregam a escassez como trampolim para o ódio, alimentando o medo das minorias étnicas e religiosas como estratégia eleitoral.

Mas nada disso é inevitável. Como toda crise, a pandemia apresenta uma oportunidade para a população se mobilizar na busca de interesses mais amplos.

Um dia, quando os historiadores olharem para este momento, reconhecerão, com alguma sorte, um ponto de inflexão, uma ocasião em que as terríveis consequências da desigualdade se tornaram tão inegavelmente graves que desencadearam um pleno acerto de contas com as deficiências estruturais da economia global.

Este livro tem o objetivo de incentivar esse resultado. Ele contempla como podemos nos adaptar às profundas injustiças da economia global, revivendo o tipo de capitalismo que conhecíamos antes, no qual as sociedades ganharam as virtudes do sistema de mercado — inovação, dinamismo e crescimento — devido a mecanismos funcionais que repartiam os ganhos de forma justa.

Uma emergência de saúde pública revelou as vulnerabilidades no trabalho em todo o mundo, criando uma oportunidade para que o público se sobreponha às maquinações usuais do Homem de Davos.

Nos Estados Unidos, a vitória de Joe Biden contra Donald Trump em novembro de 2020 trouxe uma atenção renovada ao alívio para os desempregados e outros marginalizados pela retração econômica. O novo presidente preencheu sua administração com economistas que haviam passado suas carreiras concentradas nas lutas dos trabalhadores. Ele rapidamente ajudou a entregar um pacote de ajuda de US\$1,9 trilhão destinado a famílias comuns, redobrou esforços para reduzir o poder de monopólio de gigantes tecnológicas como a Amazon e lançou uma campanha para aumentar os impostos sobre as empresas e as pessoas mais ricas para financiar programas governamentais para todos.

Mas Biden devia sua eleição, em parte, às contribuições de campanha dos Homens de Davos, cujos interesses estavam amplamente representados nas fileiras de seu governo. Ele rapidamente despachou a noção popular de que iria se ater a seus tradicionais limites centristas, surpreendendo observadores de Washington saciados com sua disposição de desafiar o sistema corporativo. Biden usou o processo orçamentário para buscar uma reestruturação significativa da economia norte-americana — uma reestruturação que poderia reverter décadas de apoderamento por parte das pessoas mais ricas do planeta. Ele catalisou um esforço internacional para erradicar os paraísos fiscais e impor uma alíquota mínima mundial de taxação corporativa. Emprestou o apoio norte-americano a uma campanha global a fim de colocar de lado as patentes para tornar as vacinas contra a COVID-19 disponíveis para países que não podiam pagar o que as empresas exigiam.

Mas se Biden acabará por cumprir sua promessa não é certo, assim como os esforços para combater a desigualdade em outros países confrontam a realidade que aqueles com mais riqueza são adeptos de usá-la para proteger seus interesses.

Os bilionários retêm um aparato formidável para lutar contra as tentativas de reescrever as regras. Eles são habilidosos em adotar uma postura compatível com a indignação da sociedade enquanto protegem uma ordem em que seus privilégios permanecem intocáveis.

Enfrentar o Homem de Davos requer compreender a fera.

Considere este livro como um safári guiado através do terreno sem limites do Homem de Davos.

Rastrearemos os cinco principais espécimes — Bezos, Dimon, Benioff, Schwarzman e Fink — enquanto prestamos atenção especial aos Estados Unidos, Reino Unido, Itália, França e Suécia. Este estudo não abrange a totalidade do mundo, concentrando-se intencionalmente nos Estados Unidos como a maior economia e o principal arquiteto (do que resta) da ordem democrática liberal, junto com seus principais aliados do pós-guerra e um paradigma da social democracia frequentemente celebrado: Suécia. Hoje, a classe bilionária está bem representada, da China à Índia e ao Brasil. Alguns desses personagens são encontrados nestas páginas, junto com pessoas comuns ao redor do mundo — trabalhadores migrantes de Bangladesh, imigrantes africanos na Suécia, operários itinerantes na Argentina, trabalhadores em usinas siderúrgicas em Illinois e refugiados do Afeganistão.

Também observaremos outras criaturas que têm um papel simbiótico em preservar a dominação do Homem de Davos — o fundador do Fórum, Klaus Schwab; o ex-presidente dos EUA, Bill Clinton; o presidente da França, Emmanuel Macron; o ex-secretário do tesouro de Trump, Steven Mnuchin; e também Mitch McConnell, o líder do partido republicano no senado norte-americano, e George Osborne, ex-chanceler do tesouro britânico, cuja imposição de austeridade preparou terreno para o Brexit. Cada uma dessas figuras tem ajudado o Homem de Davos na busca por presas frescas enquanto ajuda a si mesmo a escolher as migalhas.

Examinaremos os antepassados evolucionários do Homem de Davos — os barões ladrões nos Estados Unidos e os magnatas italianos que foram os pioneiros em formas bizarras de evasão fiscal.

E exploraremos as espécies invasoras que prosperaram na sequência da destruição do habitat humano pelo Homem de Davos — populistas de direita como Matteo Salvini, da Itália, e Donald Trump, que reivindicaram o poder fingindo um ataque ao Homem de Davos, enquanto na verdade faziam aumentar sua supremacia.

Veremos como o Homem de Davos tem capturado mais do que riqueza e poder. Ele tomou o controle da própria linguagem que usamos para descrever o que aconteceu com o mundo, limitando nossas expectativas para nossas próprias sociedades ao nos convencer de que não podemos nos dar ao luxo de mudar. O Homem de Davos apresenta sua própria história como a narrativa do progresso humano, submetendo-se a tentativas de forçá-lo a compartilhar a riqueza enquanto ataca à liberdade. Ele empregou os mecanismos da democracia para sabotar os ideais democráticos.

PARTE I

A Espoliação Global

A disposição de admirar, de quase adorar os ricos e poderosos, e de desprezar ou ao menos negligenciar pessoas de condição pobre ou mesquinha, é a maior e mais universal causa de corrupção de nossos sentimentos morais.

— ADAM SMITH, *Teoria dos Sentimentos Morais*, 1759

Creio que há mais casos de redução da liberdade do povo por invasões graduais e silenciosas dos que estão no poder, do que por usurpações violentas e repentinas.

— JAMES MADISON, discurso na Convenção Constitucional dos EUA, 1787

CAPÍTULO 1

"NO ALTO DAS MONTANHAS"

O Homem de Davos em Seu Habitat Natural

JANEIRO DE 2017

Dias antes de Donald Trump tomar posse como presidente dos Estados Unidos, um desfile de pessoas extravagantemente ricas desceu em um vilarejo no alto dos picos nevados dos Alpes suíços.

Enquanto se aproximavam do Centro de Convenções no meio de Davos, muitas delas recém-chegadas em jatos particulares, depararam-se com uma barreira à sua habitual liberdade de movimento: uma inspeção de segurança.

Lá estava Eric Schmidt, o ex-presidente executivo do Google, entregando seu smartphone Android para inspeção. Jack Ma, cuja empresa chinesa de comércio eletrônico, Alibaba, lhe rendeu uma fortuna pessoal de cerca de US$22 bilhões, esvaziou seus bolsos antes de entrar no complexo.

Michael Dell, cuja empresa certa vez revolucionou os notebooks, jogou seu aparelho em uma esteira rolante que o lançou em uma máquina de Raios X, assim como os tolos que saem de voos do LaGuardia.

Jamie Dimon, chefe executivo do JPMorgan Chase, cujos investimentos tóxicos levaram a um mínimo de investigação das autoridades reguladoras antes da última crise financeira, foi submetido a uma inspeção obrigatória em seu sobretudo.

Essa fatia extremamente privilegiada da humanidade havia chegado a Davos para a peregrinação anual de cinco dias conhecida como o Fórum Econômico Mundial.

O Fórum é supervisionado por uma organização teoricamente sem fins lucrativos que o tornou um local de reunião essencial para aqueles mais ávidos por fazer dinheiro.

Em seu meio século de existência, o Fórum se tornou uma parada indispensável no circuito itinerante da elite global — executivos de empresas, chefes de estado, consultores de gestão, capitalistas de risco, administradores de fundos multimercados e intelectuais públicos — mais um pouco de celebridades, músicos e artistas de Hollywood, juntamente com acadêmicos, ativistas e hordas de jornalistas. A cada mês de janeiro, uma multidão de cerca de 3 mil visitantes entope a cidade, substituindo os esquiadores que normalmente predominam. Os participantes vagueiam de seminários sérios, sobre a mudança climática e o futuro do trabalho, realizados dentro do Centro de Convenções para jantares e coquetéis realizados em hotéis vizinhos por bancos globais e gigantes da tecnologia.

Naquele ano, o Homem de Davos brigava com uma sensação desconhecida — não exatamente medo, mas preocupação de que as pessoas no resto do planeta estavam cada vez mais propensas a questionar a justiça de sua posição social. O que havia começado quase duas décadas antes como um movimento incompleto contra a globalização, uma série de protestos incontroláveis dominados por jovens condenando a Organização Mundial do Comércio, havia se desenvolvido em uma revolta multigeracional contra o sistema em países por todos os cantos.

Trump foi a manifestação mais óbvia da revolta. Embora os bilionários em Davos salivassem tranquilamente sobre as implicações do aumento da riqueza da democracia norte-americana que estava sob o controle de um de seus próprios — ou, pelo menos, de alguém que interpretou um bilionário na televisão — eles também estavam cientes de que sua ascensão refletia a indignação do público sobre o que representavam: uma seita gananciosa que se apoderou dos ganhos da globalização enquanto deixava a maioria das pessoas mais pobre e cada vez mais ansiosa.

Os Estados Unidos foram o principal arquiteto da ordem democrática liberal pós-Segunda Guerra Mundial, que trabalhou magnificamente para o tipo de pessoas que se reúnem em Davos. Ao confiar a presidência a um astro de *reality show* famoso por apalpar mulheres, divulgar mensagens codificadas de entendimento restrito aos supremacistas brancos, múltiplas falências e desprezo explícito pelas instituições internacionais e pelos acordos comerciais, o eleitorado norte-americano havia ordenado efetivamente a destruição do *status quo*. Trump prometia explodir a globalização, vingando a marginalização a longo prazo de homens brancos enfurecidos no meio dos EUA, cujo padrão de vida havia caído.

As pessoas que mais importavam em Davos — os chefes de empresas e os mestres financeiros — geralmente viam nas exibições de Trump um brio nacionalista como uma charada política, enquanto focavam os cortes de impostos e outras regalias alcançáveis sob sua presidência. Mas eles traíram uma pitada de preocupação de que o empoderamento ativo de pessoas furiosas que culpavam os ricos por seus problemas era uma história que poderia ser imprevisível e ter consequências potencialmente desagradáveis.

A Grã-Bretanha estava há seis meses em seu divórcio litigioso com a União Europeia. O Brexit, como esse processo desconcertante era conhecido, representou um ataque a outro pilar da economia global e da ordem democrática liberal. Muitas das mesmas forças que colocaram Trump na Casa Branca ajudaram a produzir o Brexit.

Com o início do Fórum, os organizadores tomaram esses acontecimentos como a deixa para educar os participantes sobre as armadilhas do aumento da desigualdade econômica.

Os fatos expostos do triunfo do Homem de Davos eram impossíveis de negar.

Meio século antes,[1] o diretor executivo da típica empresa norte-americana de capital aberto havia ganhado vinte vezes mais do que o trabalhador médio. Nos anos seguintes, a diferença tinha aumentado exponencialmente, elevando a remuneração do CEO para 278 vezes a dos empregados.

As políticas fiscais escritas pelo Homem de Davos em seu próprio benefício aumentaram a divisão.

Dois economistas da Universidade da Califórnia em Berkeley,[2] Emmanuel Saez e Gabriel Zucman, contabilizaram todos os impostos que os norte-americanos pagaram, desde os impostos de renda federal, estadual e local até os impostos sobre vendas e ganhos de capital sobre investimentos. Eles concluíram que os 400 norte-americanos mais ricos, cuja riqueza média era de US$6,7 bilhões, viram sua taxa efetiva de impostos ser reduzida em mais da metade desde 1962 — de 54% para 23%. Durante o mesmo período, aqueles na metade inferior, que ganhavam cerca de US$18.500 por ano, viram sua carga tributária *aumentar* de 22,5% para 24%.

Os ocupantes dos escritórios executivos entregavam uma fatia menor de renda às autoridades fiscais do que as pessoas que esfregavam seus banheiros privados suntuosos.

Na Grã-Bretanha, o trabalhador médio ganhava menos do que ganhava uma década antes.[3]

O tema oficial do Fórum naquele ano foi "Liderança Responsiva e Responsável". Se o plano era qualquer indicação, o Homem de Davos percebeu que sua propensão em manipular o sistema havia causado mal-estar. Houve sessões sobre o "Fim da Corrupção", o "Fim da Remuneração dos Executivos" e o "Crescimento Inclusivo". Sheryl Sandberg, diretora de operações do Facebook — a plataforma social cujos algoritmos e a busca de receitas publicitárias o transformaram em um fornecedor em massa de notícias falsas que alimentaram a fúria social —, participou de um painel discutindo "Uma Narrativa Positiva para a Comunidade Global".

Geralmente, o Homem de Davos não era forte na reflexão que conflitava com o ponto principal. Ele estava principalmente irritado que a desigualdade era um tópico, levando em conta que batia de frente com seu tipo favorito de conto — aquele em que todos viviam felizes para sempre, desde que a busca irrestrita pela riqueza fosse intocável.

O que o Homem de Davos supostamente se preocupava mais era em canalizar seu intelecto e sua compaixão para resolver as grandes crises da época. Ele poderia ter se refugiado em seu palácio no topo da montanha em Jackson Hole ou em seu iate ancorado ao largo de Mykonos, mas ele estava obcecado demais em socorrer os pobres e em poupar a humanidade da devastação da mudança climática.

Então, ele estava ali — pagando taxas de várias centenas de milhares de dólares por ano para uma filiação do Fórum, mais outros US$27 mil por cabeça para participar da reunião — posando para fotos com Bono, parabenizando Bill Gates por suas proezas filantrópicas, tuitando citações inspiradoras de Deepak Chopra e ainda encontrando tempo para encurralar aquele chefe da riqueza soberana de Abu Dhabi em busca de investimento para seu shopping de luxo em Cingapura.

Aquele foi meu sétimo ano como jornalista em Davos, embora eu ainda me sentisse deslocado. Ao longo de minha carreira anterior — trabalhando primeiro como freelancer no sudeste asiático, depois como repórter assistente no Alasca, mais tarde como correspondente para o *Washington Post* e finalmente como escritor de economia nacional para o *New York Times* — centralizei minha reportagem em pessoas que sofreram as consequências da depredação do Homem de Davos. Escrevi sobre famílias que perderam suas casas para a execução hipotecária na Flórida e na Califórnia, operários cujos salários minaram de Ohio à Inglaterra, trabalhadores sem-terra sobrevivendo na pobreza feudal das Filipinas e da Índia. Estou acostumado a operar em lugares onde os CEOs são investigados como fontes potenciais de danos — um contraste gritante com Davos, onde executivos bilionários são louvados como agentes benevolentes do progresso, com jornalistas frequentemente sendo cúmplices dessa narrativa.

Mas, em 2010, aceitei uma oferta para supervisionar a cobertura de negócios e de tecnologia no Huffington Post, que então parecia estar pronto para superar a mídia tradicional. Sua fundadora, Arianna Huffington, gravitava em direção a qualquer reunião agitada que incluísse bilionários que pudessem financiar seu próximo empreendimento. Ela me trouxe até Davos para projetar a sensação de que ela era a vanguarda do jornalismo, tendo roubado um jornalista da velha guarda do *Times*.

Quando saltei para outra novidade digital em 2014 como editor-chefe global, continuei indo a Davos como um exercício de construção de marca. E quando voltei ao *Times* em 2016, me mudando para Londres, onde me tornei um correspondente econômico global itinerante, continuei com o Fórum, porque tinha relutantemente chegado a vê-lo como jornalisticamente útil.

Em meio à sinalização da virtude existam pessoas — fontes potenciais — que estavam intimamente envolvidas com questões de consequência.

Se você estivesse disposto a quebrar o decoro e a fazer perguntas insistentes, poderia aprender coisas de valor, mesmo que grande parte delas fosse extraoficial. Falei com o presidente iraniano sobre o futuro do EI (Estado Islâmico) e pressionei os bancos centrais e os secretários do Tesouro sobre questões de política econômica. Abordei Jamie Dimon e provoquei seus lamentos sobre o código tributário. Participei de um jantar com Peter Gabriel, que revelou que estava fazendo música com macacos.

Acima de tudo, olhei pasmo para o espetáculo, ao mesmo tempo horrorizado e hipnotizado. O contraste entre a nobre embalagem do Fórum e a sua cruel realidade era surreal.

Vi bilionários se prestarem a simulações de experiências de refugiados sírios — levados no escuro de olhos vendados enquanto oficiais furiosos exigiam papéis — antes de saborear trufas em jantares oferecidos por bancos globais. Fora das salas de conferência discutindo tráfico humano, observei capitalistas de risco se cumprimentarem por terem conseguido convites para o bacanal organizado por um oligarca russo que trouxe prostitutas de Moscou.

Os executivos da indústria farmacêutica começavam suas manhãs em sessões de meditação lideradas pelo guru Jon Kabat-Zinn antes de se recolherem para suas suítes particulares a fim de planejar sua próxima fusão projetada para elevar os preços dos medicamentos.

Uma hierarquia frouxa e informal estava em funcionamento. Os maiores Homens de Davos, como Schwarzman e Fink, raramente apareciam nas áreas principais do Centro de Convenções, onde os painéis de discussão eram realizados, geralmente limitando-se a salas exclusivas para membros corporativos ou a suítes privadas em hotéis espalhados pela cidade. Os Chefes de Estado ocasionalmente rondavam pelo prédio acompanhados por suas equipes de segurança.

Os membros da segunda divisão dos Homens de Davos — executivos corporativos e gerentes de investimentos cujo patrimônio líquido estava confinado a meras dezenas de milhões de dólares — encontravam uns aos outros e aos jornalistas nos lobbies dos hotéis, enquanto apareciam em coquetéis organizados por empresas de consultoria e de contabilidade. Os ministros de finanças e comércio da Europa, da Austrália e da América Latina se reuniam nos corredores com economistas, executivos e jornalistas.

Escritores e intelectuais proeminentes andavam sem rumo. Os economistas ganhadores do Prêmio Nobel, Joseph Stiglitz e Robert Shiller, eram perenes. Ex-funcionários do governo que se tornaram lobistas estavam bem representados, usando Davos como um local central para o networking. Al Gore estava, de alguma forma, em todos os lugares.

O grupo modesto do evento — jornalistas sonolentos, acadêmicos de óculos, empreendedores ansiosos lançando incansavelmente suas startups, funcionários do corpo diplomático e ativistas afiliados a organizações de direitos humanos e ambientais — geralmente pode ser encontrado no interior do Centro de Convenções, nas áreas de espera do lado de fora das salas de reunião, ocupando desconfortavelmente cadeiras com encostos redondos estofados em tons de marrom e caramelo. Lá, alguns de nós esperavam em uma dança das cadeiras de adultos, sempre procurando por uma tomada não usada para que pudéssemos carregar nossos celulares. Nós jornalistas procuramos pessoas com que valesse a pena conversar, enquanto apagávamos algumas das centenas de e-mails enviados por críticos de RP ansiosos procurando nos conectar com a empresa de empreendimento financiado que foi pioneira na maneira de vender o sonho das nossas vidas para anunciantes ou de transformar pacotes de batatas fritas reciclados em vestidos de alta costura para crianças refugiadas.

Todos olhavam furtivamente para os crachás uns dos outros, que eram utilmente codificados por cores em uma identificação hierárquica de valor: brancos para os participantes da série padrão, platina para os altos funcionários do governo e laranja para a imprensa permanente, que era impedida de entrar em muitos eventos enquanto era enfiada em uma tenda de mídia simples que reforçava sua falta de status.

Meu próprio crachá branco me deu liberdade para vagar conforme eu desejasse, participando de todas as sessões e abordando outros participantes, ou me posicionando estrategicamente para ouvir conversas entre Homens de Davos. Eu era um intruso com privilégios internos.

De vez em quando, alguns mestres do universo em um terno especialmente bem cortado apareciam brevemente, invariavelmente com pressa, usando um crachá estampado com um holograma. Isso era como avistar um unicórnio. Nós, detentores de crachás comuns, especulávamos sobre quais portas cosmicamente importantes eles poderiam abrir.

Na verdade, para a maioria dos participantes, grande parte da experiência de Davos consistia em não entender realmente o que estava acontecendo, enquanto se alimentava a sensação de que coisas mais interessantes aconteciam a mais pessoas conectadas em outro lugar. Analisávamos os rostos uns dos outros em busca de uma faísca de reconhecimento, olhando além e ao redor das massas inúteis em busca de alguém conectado ou da celebridade excêntrica — os atores Matt Damon e Forest Whitaker andaram por lá naquele ano — ao mesmo tempo que tentávamos não ser atingidos pelo aríete da equipe de segurança que escoltava o primeiro-ministro de Israel, Bibi Netanyahu.

« »

Em minha primeira noite na cidade, deixei minha mala no apartamento alugado e fui pela neve até o Hotel Belvedere, uma fortaleza branca com colunas que se elevava sobre a rua principal.

Eu participava de um "fórum de jantar executivo" incluindo uma discussão sobre o retrocesso à globalização. O evento foi uma produção conjunta do *Financial Times*, o jornal cor de salmão que era leitura obrigatória entre a tribo itinerante, e da Wipro, uma empresa de consultoria indiana. A agenda publicada prometia uma exploração de respostas apropriadas à "turbulenta mistura de incerteza e de complexidade" que assolava a economia global.

Se o Homem de Davos tivesse vindo jantar na esperança de ter a certeza que a história terminaria feliz, ele estava em apuros.

Ian Goldin, um professor de globalização da Universidade de Oxford, alertou os participantes sobre o risco que corriam de desperdiçar as potentes virtudes da economia moderna — a conectividade, a conveniência, os avanços tecnológicos que haviam resgatado a humanidade de doenças, pobreza, ignorância e tédio.

"Nunca houve um momento melhor para estarmos vivos e, no entanto, nos sentimos tão abatidos", disse Goldin. "Tantas pessoas com ansiedade. Tantas pessoas sentem que esta é uma das épocas mais perigosas."

Goldin é coautor de livro presciente[4] que destaca um perigo especialmente potente que pode fazer descarrilar a economia global: uma pandemia que fecharia as cadeias de abastecimento. O mundo havia se tornado tão dependente das mercadorias transportadas por meio dos oceanos que os problemas em qualquer lugar poderiam se espalhar rapidamente por toda a parte. As grandes empresas foram governadas por uma necessidade de permanecer na mesma posição como uma maneira de cortar custos e recompensar os acionistas, deixando pouca margem de erro quando tal cenário se desdobrasse.

Goldin repetiu de cabeça uma lista de outros desenvolvimentos alarmantes. Trump surgiria provavelmente para tirar os Estados Unidos de um pacto global direcionado a limitar a mudança climática. O abandono da União Europeia pela Grã-Bretanha arriscava fragmentar o bloco.

"Você não pode parar de gerenciar um ambiente emaranhado desconectando-se", disse ele. "A ideia que de alguma forma podemos moldar nosso futuro de uma maneira remota, mesmo para os países maiores como os EUA, é uma fantasia."

Tudo isso foi um chavão da globalização. Mas então Goldin articulou a parte complicada para o Homem de Davos. Ele teria que fazer sacrifícios, disse Goldin, ou o mundo poderia se envolver em uma repetição da Renascença. Aquele famoso período extraordinário de progresso científico, crescimento comercial e criatividade artística na Europa que terminou em revolução. Os adornos de folhas de ouro das catedrais toscanas eram declarações brilhantes da época, mas não colocavam comida nas mesas dos camponeses. As especiarias que desembarcavam nos portos mediterrâneos vindas da Ásia estavam no centro lucrativo do comércio global, mas ainda eram caras demais para a maioria das pessoas apreciarem. No século XVIII, multidões furiosas se voltaram contra os Medicis, a família que governava Florença, forçando o clã a fugir.

"Precisamos aprender essas lições históricas", concluiu Goldin.

"Precisamos fazer escolhas para garantir que a globalização seja sustentável, que a conectividade seja sustentável, que lidamos com os problemas intratáveis que preocupam as pessoas."

Quando os membros de um painel se sentaram para discutir como proceder, rapidamente ficou claro que o Homem de Davos não estava especialmente inclinado ao sacrifício.

Abidali Neemuchwala, chefe executivo da Wipro, tinha conselhos para os trabalhadores ameaçados de demissão: façam algum treinamento profissional. "As pessoas têm que se apropriar mais da atualização de forma contínua", disse ele.

Minha ex-chefe, Arianna Huffington, que tinha acabado de lançar um site de bem-estar que visava a conseguir patrocínios de resorts com spa, ofereceu seu antídoto para as deficiências do capitalismo. Envolvia almofadas confortáveis, mais sono e meditação.

Passei os dias seguintes examinando propostas de soluções para a desigualdade. Em um painel dentro do centro de conferências, Ray Dalio, fundador da empresa norte-americana de investimento Bridgewater Associates, sugeriu que a chave para revigorar a classe média era "criar um ambiente favorável para ganhar dinheiro". Isso deixou a impressão de que o ambiente atual não era de alguma forma propício para fazer dinheiro, um argumento curioso vindo de uma pessoa cujo patrimônio líquido estava próximo dos US$19 bilhões. Dalio promoveu os "espíritos animais" que poderiam ser desencadeados pela remoção dos regulamentos.

Em outro painel de discussão intitulado "Preparando-se para a Quarta Revolução Industrial", o magnata indiano Mukesh Ambani zombou da ideia de que o governo deve atacar a pobreza, transferindo a riqueza das pessoas mais ricas. Ambani foi o presidente do colosso petroquímico Reliance Industries. Ele foi aclamado como a pessoa mais rica da Ásia,[5] com um patrimônio líquido superior a US$73 bilhões. Sua receita para aliviar a pobreza era deixar a tecnologia dispensar novas formas de crédito.

"Assuma o livre comércio para a criação de riqueza", disse ele.

Sentado a sua esquerda, Marc Benioff se entusiasmou. Sua empresa, a Salesforce, havia se transformado em uma gigante global com a força do software usado pelas empresas para rastrear detalhes dos clientes existentes e potenciais sobre vendas futuras.

"A inteligência artificial criará refugiados digitais", disse Benioff. "As pessoas serão substituídas em seus empregos, dezenas de milhões de pessoas em todo o planeta, porque a tecnologia avança muito rapidamente, criando ambientes de trabalho de custos muito mais baixos, muito mais fáceis de usar e mais qualificados."

Entre os agentes que criam "ambientes de trabalho mais qualificados" estava a própria Salesforce. O material publicitário promocional da empresa[6] listava os elementos principais do seu software, incluindo "divulgação mais personalizada com automação" e "*chatbots* e outras mensagens automatizadas".

Ainda nesse painel, Benioff apresentou a si mesmo não como o CEO bilionário de uma empresa cujo faturamento era proveniente da substituição do trabalho humano, mas como um cidadão preocupado.

"Vamos nos comprometer a apoiar e a melhorar essa condição do mundo?" disse ele. "Ou será que simplesmente deixaremos as coisas como estão?"

A moderadora, Ngaire Woods, reitora da Escola de Governo Blavatnik de Oxford, não estava disposta a deixar essa questão passar como mais uma demonstração retórica da sensibilidade do Homem de Davos.

"Você acabou de pintar um quadro de centenas de milhões de pessoas que não terão mais empregos", disse ela. "O que você acha que os líderes deveriam fazer?"

Administrador do Fórum, Benioff se envolveu completamente nos conceitos de Davos.

"Realmente precisamos estar atentos e começar a ter essas conversas extremamente sérias", disse ele. "Diálogos multissetoriais, honestamente."

O evento no qual ele falava havia sido por si faturado como uma *conversa muito séria*. No entanto, a solução para o problema de sua própria empresa que ameaçava um número incalculável de empregos era, aparentemente, mais conversa.

Não apenas qualquer tipo de conversa. Diálogos com as partes interessadas.

« »

As palavras *partes interessadas* são um talismã para o Homem de Davos, seu uso evidencia princípios bem-intencionados. É uma demonstração de que o orador se preocupa com assuntos que estão acima e além do estrito enriquecimento dos acionistas. Eles simpatizam com seus trabalhadores e com os filhos deles. Preocupam-se com a vitalidade das comunidades lá embaixo, na sombra do arranha-céu da sua sede. Eles preferem que os ursos polares não sucumbam à insolação e que os desabrigados sejam alojados em algum lugar.

Benioff literalmente escreveu um livro sobre isso[7] — *Compassionate Capitalism: How Corporations Can Make Doing Good an Integral Part of Doing Well* [Capitalismo Compassivo: Como as Corporações Podem Fazer do Bem uma Parte Integral de Ser Bem-sucedido, em tradução livre].

Que Benioff surgiu como um dos principais defensores de tais princípios é irônico, uma vez que ele cita frequentemente Larry Ellison, o fundador da gigante do software Oracle, como seu mentor. Ellison evita lidar com a ideia de que o negócio é mais do que adicionar zeros a seu patrimônio líquido. Em uma conversa sobre a era do negócio virtual com meu colega Mark Leibovich, Ellison fez um gesto de engasgar de nojo enquanto zombava dos manda-chuvas da tecnologia que descrevem seus empreendimentos como cruzadas morais.

"Ah, bem, a razão pela qual fazemos software[8] aqui na Oracle é porque um dia as crianças os usarão e não queremos deixar uma única criança para trás", disse Ellison em um tom de sarcasmo teatral. "O que eu realmente me importo é fazer do mundo um lugar melhor." Então ele se engasgou de novo.

Ele falava sobre pessoas como Marc Benioff.

Criado em São Francisco, Benioff fala em um vernáculo que é parte proselitista do Vale do Silício e parte discípulo de Davos.

"Sempre acreditei que a tecnologia tem o potencial de nivelar o mundo de formas maravilhosas;[9] fomentar uma sociedade mais diversa, confiante e inclusiva, enquanto cria oportunidades antigamente impensáveis para bilhões de pessoas", escreveu em sua autobiografia, cujo título sintetizava a filosofia do Homem de Davos — *Trailblazer: The Power of Business as the Greatest Platform for Change* [O Desbravador: O Poder do Negócio Como a Maior Plataforma para a Mudança, em tradução livre].

Benioff é um apóstolo da fé sem falta de adeptos no reino da tecnologia — a mistura agora clichê de misticismo boêmio e empreendedorismo implacável que conectou os capitalistas de risco de Sand Hill Road às hordas nuas do Burning Man.*

"Tive muita sorte de ter conhecido muitos que eu chamaria de gurus", disse certa vez.[10] "Eu sou provavelmente a única pessoa a usar Larry Ellison, Dalai Lama e Neil Young na mesma frase."

Com uma preferência por camisas havaianas, Benioff celebra frequentemente o conceito de *ohana,* um termo havaiano que se traduz vagamente para "família" e que supostamente formou o princípio organizador central que rege a Salesforce — um espírito de parentesco que conecta suas dezenas de milhares de funcionários.

"Adoramos estar juntos como uma *ohana*" foi a frase que ele pronunciou em teleconferências com analistas de ações de Wall Street. Durante os retiros corporativos no Havaí, ele conduzia sua equipe executiva para o *surf* enquanto cavavam os pés na areia e davam as mãos para uma cerimônia de benção em grupo. Em Davos, nesse ano, ele organizaria uma festa temática havaiana dentro de uma boate com uma apresentação do Black Eyed Peas.

Com 1,95m de altura, Benioff vagava pelo andar *ohana* no prédio de 61 andares da sede da Salesforce em São Francisco — o prédio mais alto da cidade — na companhia de seu *golden retriever,*[11] que possuía o título de Chief Love Officer [Chefe Oficial do Amor, em tradução livre]. Ele era entusiasta da Dreamforce,[12] a reunião de quatro dias da Salesforce que começou como uma forma de mostrar novos produtos, mas evoluiu para uma mini Davos na Baía, com concertos de Stevie Wonder e do U2. Os dias começavam com

---

* Burning Man é um evento de experimento social colaborativo e de comunidade; pode-se dizer também que é um evento de contracultura, realizado anualmente desde 1986 em Black Rock Desert, no estado norte-americano de Nevada. [N. da R.]

sessões de meditação lideradas por monges budistas. "É uma oportunidade de quatro dias[13] para considerar grandes ideias e buscar versões melhores de nós mesmos", escreveu em seu livro de memórias.

O pai de Benioff possuía uma cadeia de lojas de vestidos na área da Baía de São Francisco. Quando criança, Benioff rodava no Buick da família enquanto seu pai carregava rolos de tecido e vestidos entre suas seis lojas.

"Durante aqueles domingos sem fim na caminhonete",[14] escreveu Benioff, "estava impressionado com a ética de trabalho e a integridade inabalável do meu pai. Não havia nenhum negócio desonesto com as finanças ou nos registros contábeis".

Ele também ficou impressionado[15] com a maneira aleatória como seu pai administrava a informação — o que vendia melhor e onde, e quando determinado tecido era necessário. Seu pai fazia a escrituração à mão, um processo que o mantinha inclinado sobre a mesa da cozinha até tarde da noite.

Quando era adolescente, Benioff desmontava e reconstruía computadores rudimentares. Aprendeu sozinho a programar enquanto produzia seus próprios videogames. Ele convenceu seu pai a permitir que ele construísse um banco de dados de clientes. Essa foi a inspiração para o que se tornaria a Salesforce, um jogador dominante no nicho de software de gerenciamento de relacionamento com o cliente, uma empresa que ao final valeria mais de US$200 bilhões.

Como as histórias da origem do Vale do Silício, essa traçou a rota habitual: o técnico reconhece um problema, desenvolve uma solução e fica extremamente rico; fim. Mas Benioff apresentou a Salesforce menos como um veículo para o lucro do que como uma forma de gerar impacto social.

Ele se uniu à empresa de Ellison, a Oracle, recém-saído da Universidade do Sul da Califórnia. Menos de quatro anos depois,[16] quando tinha apenas 26 anos, ele havia chegado às fileiras de vice-presidente. Desfrutou de um relacionamento especial com o chefe,[17] navegando no iate de Ellison no Mediterrâneo. Mas, então, Benioff sofreu uma paralisante perda de confiança em si mesmo, o que o levou a tirar uma licença sabática de três meses. No sul da Índia, ele se encontrou com uma mulher conhecida como "a santa abraçadora".[18]

Como Benioff relatou a experiência anos mais tarde, ele lhe contou sobre seus interesses comerciais e como eles pareciam "de alguma forma ligados à confusão existencial" que o consumia. Em meio a uma nuvem de incenso, ela o olhou atentamente. "Em sua busca para ter sucesso e ganhar dinheiro",[19] disse ela, "não se esqueça de fazer algo pelos outros".

Assim, Benioff escreveu mais tarde, foi como a Salesforce tomou forma.

A partir de sua incorporação em 1999, ele prometeu que dedicaria 1% de seu patrimônio e de seu produto a empreendimentos filantrópicos, enquanto encorajava seus empregados a dedicar 1% do seu tempo de trabalho para atividades voluntárias. Os empregados da Salesforce regularmente se voluntariavam em escolas, bancos de alimentos e hospitais. Eles se juntaram aos esforços de ajuda após o furacão Katrina e chegaram até a planície tibetana para trabalhar em campos de refugiados. "Existem poucos exemplos de empresas fazendo isso em grande escala", contou-me Benioff. "O exemplo que eles sempre davam era o da empresa de sorvetes Ben & Jerry's." Ele disse isso com uma risadinha, se divertindo com qualquer comparação com os velhos hippies de Vermont que trouxeram ao mundo Cherry Garcia.* "A maioria das empresas em nosso ramo nunca retribuiu em grande escala."

Isso não era sobre relações públicas, insistiu Benioff, mas um produto da demanda social.

"Ser bem-sucedido fazendo o bem não é apenas mais uma vantagem competitiva",[20] escreveu. "Está se tornando uma necessidade dos negócios."

Benioff era por muitas indicações um verdadeiro adepto, não apenas repetindo inutilmente os temas de discussão dos Homens de Davos. Quando o estado de Indiana prosseguiu com a legislação que permitiu às empresas discriminar funcionários gays, lésbicas e transgêneros,[21] Benioff ameaçou retirar investimentos do estado, forçando uma mudança na lei. Ele expôs o Facebook e o Google por abusar da confiança pública e pediu regulamentações sobre gigantes de busca e de mídia social.

"Estou tentando influenciar outros a fazer a coisa certa", disse-me ele durante uma entrevista em meados de 2020. "Sinto essa responsabilidade."

---

* Cherry Garcia é um sorvete sabor cereja com cerejas em calda e flocos sabor chocolate da empresa Ben & Jerry´s. [N. da R.]

Eu me vi conquistado por seu entusiasmo juvenil, sua vontade de falar longamente, sem condições prévias e dispensando a presença de um assistente de relações públicas — uma raridade para o Vale do Silício.

Os esforços filantrópicos de Benioff foram direcionados para aliviar o problema dos sem-teto em São Francisco e para expandir a assistência médica às crianças. Ele e a Salesforce contribuiriam coletivamente com US$7 milhões para uma campanha bem-sucedida de 2018 de um referendo local que cobrasse novos impostos às empresas de São Francisco, como a dele, em um esforço para conter o problema dos sem-teto, uma postura que o colocava em oposição a outros CEOs da tecnologia.[22]

"Como somos o maior empregador de SF, reconhecemos que somos parte da solução", declarou no Twitter (uma plataforma que em algum momento ele considerou comprar). Os novos impostos provavelmente custariam à Salesforce US$10 milhões por ano.[23]

Aquilo soou como muito dinheiro, evidência ostensiva de um CEO socialmente consciente sacrificando o resultado final no interesse de atender às necessidades da sociedade. Mas foi menos do que uma bagatela em paralelo com o dinheiro que a Salesforce reteve do governo utilizando-se de subterfúgios fiscais legais.

No mesmo ano em que Benioff apoiou a taxa especial para resolver o problema dos sem-teto em sua cidade natal, sua empresa registrou receitas superiores a US$13 bilhões enquanto pagava a modesta soma de zero em impostos federais.[24] A Salesforce implantou 14 subsidiárias fiscais espalhadas de Singapura à Suíça, movimentando seu dinheiro e seus ativos em uma exibição magistral de mágica que fez sua renda tributável desaparecer.[25]

Benioff não inventou esse artifício de evasão fiscal. Ele o herdou de seus antepassados Homens de Davos que, ao longo de décadas, empregaram hordas de lobistas para transformar os Estados Unidos em seu refúgio.

Durante a administração Clinton, o Departamento do Tesouro dos EUA abriu uma brecha[26] que permitiu aos executivos de corporações multinacionais se envolverem em uma trapaça de grandes proporções sem o risco de conhecer uma penitenciária. Eles tinham permissão para estabelecer filiais em países estrangeiros que atraíam com impostos baixos — a Irlanda era uma escolha popular — e depois transferiam sua propriedade intelectual para lá. Seus entrepostos avançados internacionais cobravam o restante das taxas de licenciamento exorbitantes da corporação para usar a propriedade intelectual. O efeito líquido: em seus demonstrativos de lucros norte-americanos, as corporações mais ricas pareciam perdedoras de dinheiro, pagando impostos em conformidade.

Na década e meia após o Tesouro de Clinton ter concedido esse presente às corporações norte-americanas,[27] suas taxas fiscais efetivas despencaram de mais de 35% para 26%. A chamada transferência de lucros[28] tem custado ao Tesouro norte-americano US$60 bilhões por ano em impostos perdidos.

Comparados com essa forma legalizada de evasão fiscal, os US$10 milhões que Benioff ajudou a garantir para atacar a falta de moradia em São Francisco representaram um erro de arredondamento. A remuneração individual de Benioff[29] no ano seguinte excederia US$28 milhões, a maior parte dos quais em concessões de ações e opções de compra de ações. Esses tipos de pacotes de pagamento foram um fator-chave para os preços astronômicos das moradias na área da Baía de São Francisco, uma causa primária da falta de moradia que Benioff pretendia eliminar.

Benioff e sua esposa, Lynne, parecem genuinamente preocupados com o estado da educação e da saúde das crianças norte-americanas. Eles demonstraram sua preocupação com seu talão de cheques. Contudo, o que acontece com programas como o Medicaid e o Head Start — principais fontes de assistência médica e educação infantil para norte-americanos de baixa renda — quando as maiores empresas não pagam impostos federais? O que acontece com o trânsito em massa, com o treinamento profissional, com as estradas e as rodovias, com a pesquisa em saúde pública?

A versão de Benioff do capitalismo compassivo expulsou as principais "partes interessadas" de cena: faltava o governo. Sua conversa interminável sobre *ohana* não incluía os sindicatos de trabalhadores. No centro da visão que ele tinha para sua empresa — no centro do pensamento do Homem de Davos em geral — estava a suposição de que as pessoas mais ricas poderiam ser encarregadas de fazer a coisa certa, compartilhando os frutos de seu sucesso. Atirar ocasionalmente algumas moedas de ouro protegeria seus palácios de qualquer multidão que aparecesse nos portões.

Sob a lógica do Homem de Davos, os riscos são magnânimos, portanto os sindicatos são uma intrusão desnecessária nos negócios e os impostos representam dinheiro apreendido pelo governo; dinheiro que de outra forma poderia ser derramado sobre as pessoas afortunadas que se beneficiariam de seus empreendimentos filantrópicos. Essa foi uma ideia que voltou à Carnegie e ao resto dos barões ladrões, cujos grandiosos projetos de obras públicas — bibliotecas, museus, salas de concertos — foram oferecidos como compensação social por sua parte desproporcional dos ganhos econômicos e sua violenta supressão de revoltas trabalhistas.

O Homem de Davos atualizou essa lógica ao desacreditar o governo. Os burocratas do setor público previsivelmente esbanjariam dinheiro dos contribuintes por meio da ineficiência e da falta de disciplina, argumentaram os bilionários. Enquanto eles poderiam focalizar com eficiência suas atividades filantrópicas em missões claramente definidas. Tendo feito fortuna em meio à agressividade do mercado competitivo, eles eram bem organizados e ágeis, o que os tornava mais capazes de gerar impacto com seu dinheiro. Com essa ótica, o Homem de Davos habilmente fez seus punhados arbitrários de generosidade serem vistos como recompensa pela evasão de impostos em grande escala.

Benioff obteve sua riqueza ao ajudar a tornar o mundo mais desigual, armando as maiores corporações com um kit de ferramentas que as ajudou a enriquecer seus acionistas. Ele desfrutava de sua identidade de disruptor digital com a intenção de transformar os negócios no motor da transformação social. Mas sua filantropia, seu carisma genuíno e sua empatia obscureciam a realidade central de seu empreendimento: ele era um capacitador, um beneficiário e um reforço do mundo como ele era.

« »

Se Ellison foi seu principal guru no início de sua carreira, Benioff havia mais recentemente gravitado em direção aos ensinamentos de Klaus Schwab, o fundador do Fórum Econômico Mundial.

"NO ALTO DAS MONTANHAS" ✦ **37**

Benioff creditou a Schwab por apresentá-lo à "teoria das partes interessadas", chamando-a de "uma das maiores contribuições intelectuais para o mundo dos negócios".[30]

Schwab foi o mestre de cerimônias em Davos. Um economista austero com uma postura direta, que falava enfaticamente e devagar, com um sotaque alemão pesado que beirava o ridículo, como se cada palavra estivesse entre as mais significativas pronunciadas na história.

Nascido em 1938, Schwab havia chegado à idade adulta na reconstrução do pós-guerra na Europa. Ele estava imbuído dos princípios da social democracia, endossando a noção de que o governo deveria desempenhar um papel central no mercado, protegendo os trabalhadores contra o desemprego enquanto fornecia assistência médica e aposentadorias universais. Era um devoto inabalável do projeto de integração europeia e do sonho de um continente mobilizado por intermédio da ação coletiva. Durante uma estada de pós-graduação em Harvard no fim dos anos 1960, Schwab se enamorou de teorias de gestão corporativa em voga nos Estados Unidos. Ele esboçou a teoria das partes interessadas como o meio de expressar o que retratou como o arranjo ideal — empresas e governo trabalhando cooperativamente para promover padrões de vida mais elevados.

Esse foi o espírito que animou o que Schwab chamou pela primeira vez de Fórum de Gestão Europeu, um encontro de acadêmicos, executivos de empresas e funcionários do governo que ele organizou em 1971, quando tinha apenas 33 anos.

Ele escolheu Davos como o local porque o ambiente remoto e plácido parecia propício a um intercâmbio focado de ideias. Um vilarejo compacto, embora estranhamente sem charme, Davos situa-se em um vale cercado por montanhas impressionantes. Nos tempos vitorianos, serviu como sanatório para pessoas que sofriam de tuberculose e, mais tarde, como um refúgio para o debate intelectual. Einstein fez uma apresentação sobre relatividade ali.[31] "No alto das montanhas",[32] Schwab escreveu, "nesta pitoresca cidade conhecida por seu ar puro, os participantes poderiam trocar melhores práticas e novas ideias e informar uns aos outros sobre questões globais sociais, econômicas e ambientais urgentes".

A primeira iteração atraiu 450 participantes de mais de 20 países.[33] Ao longo dos anos, com o aumento do número de chefes de Estado, a segurança se intensificou, reforçando o sentimento de realização em simplesmente ter êxito. Os participantes de Davos se tornaram cada vez mais globais, e o Fórum se expandiu, lançando reuniões regionais na China, África, Oriente Médio, Índia e América Latina. Para melhor refletir seu escopo e sua identidade mais amplos, a organização adotou um novo nome: desde 1987, ela se autodenominou o Fórum Econômico Mundial.

Hoje, o Fórum reúne regularmente painéis de especialistas e de executivos enquanto produz uma montanha de relatórios sobre transformação digital, futuro dos serviços médicos, avanços industriais — sobre aparentemente tudo.

Mas a reunião em Davos continua sendo o centro da órbita do Fórum.

O Fórum há muito tempo ultrapassou os limites de Davos, esgotando a escassa oferta de quartos de hotel e forçando profissionais adultos a compartilhar espaços dignos de um dormitório em chalés básicos por mais de US$400 por noite, ou caso contrário se deslocar de vilarejos vizinhos, confiando nos ônibus de translado do Fórum, cujos horários parecem tão bem guardados quanto os códigos de lançamento nuclear norte-coreanos.

Apesar da aparência de glamour, participar do Fórum tornou-se um tormento supremo e interminável de aborrecimentos logísticos, custos surpreendentes e privação física — exaustão, desidratação, fome e angústia. Mas isso também é central para a experiência, uma sensação de confusão esmagadora, tingida de euforia, de que você está em algum lugar que supostamente significa sua própria importância no momento arrebatador da história — um meio ridículo, mas altamente eficaz, de motivar as pessoas a continuar aparecendo.

"A ansiedade da exclusão impregna",[34] descreveu certa vez o jornalista Nick Paumgarten. "É o complemento natural da euforia da inclusão. A tensão entre a autocelebração e a insegurança em si mesmo gera uma espécie de eletricidade social."

Uma vez que as pessoas mais poderosas da Terra comparecem regularmente, outras pessoas poderosas sentem uma compulsão por participar, o que reforça o valor intrínseco do Fórum. Essa é a percepção mais aguçada de Schwab sobre a condição humana, sua compreensão da atração magnética do próprio poder. Ele construiu um acontecimento que exige espaço nos calendários das pessoas mais sobrecarregadas, um evento no qual os interesses de Bill Clinton, Mick Jagger e Greta Thunberg se cruzam de alguma forma no tempo e no espaço.

À medida que o Fórum crescia, também cresciam as tendências empreendedoras de Schwab, operando ao lado da busca idealista que primeiro inspirou o encontro. Como a maioria dos Homens de Davos, Schwab dominou a arte de ocupar duas posições irreconciliáveis ao mesmo tempo, livre das restrições típicas da hipocrisia. Sem qualquer acanhamento, desconsidera as contradições óbvias entre os valores imaculados que ele defende publicamente — inclusão, equidade, transparência — e os compromissos desagradáveis que faz ao cortejar as pessoas com dinheiro e influência. Ele alavancou a dedicação desavergonhada de afagar os poderosos em um empreendimento extraordinariamente lucrativo, cujo produto é o acesso às pessoas que o Fórum convoca.

Os movimentos de Schwab no Centro de Congressos se desdobram como exercícios militares, uma confraria de lacaios agitados acompanhando-o em todos os lugares. Em suas viagens, exige os privilégios de um chefe de estado visitante, completo, com delegações de boas-vindas no aeroporto.

Na sede do Fórum na Suíça — um campus com fachada de vidro com vista para o Lago de Genebra —, um corredor que liga duas asas está alinhado com fotos de Schwab posando com líderes mundiais. Quando uma funcionária do Fórum, que estava atrasada para uma reunião, parou na vaga de estacionamento de Schwab, ciente que o chefe estava no exterior, ele soube e insistiu que ela fosse demitida, cedendo somente depois que a equipe sênior interviu para defendê-la.

Schwab tem dito frequentemente a seus colegas que prevê receber um Prêmio Nobel da Paz. Em meados dos anos 1990, quando o Fórum convocou uma reunião na África do Sul, Schwab fez um discurso em frente a Nelson Mandela no plenário de encerramento, que copiou de Martin Luther King Jr. "Eu tenho um sonho", disse dramaticamente.

"Muitos de nós quase vomitamos", lembrou Barbara Erskine, que então administrava as comunicações do Fórum.

Mas, se em Schwab há algo de caráter ridículo, ele também é admirado como um sábio. "Ele tem um dom, um dom incrível para farejar a próxima moda e mergulhar nela", disse um ex-colega.

Ele reconheceu desde cedo que o Fórum tinha que se distinguir das conferências de negócios habituais, nas quais as pessoas ficavam por aí falando sobre dinheiro. Ao definir uma missão de alto nível — "Melhorar as Condições Mundiais" — Schwab transformou a participação em uma demonstração de preocupação social.

Ele reforçou a proposta de valor por meio de um networking implacável, fazendo de Davos um local indispensável para os negócios. Convenceu empresas multinacionais a pagar centenas de milhares de dólares por ano pelo privilégio de servir como "parceiros estratégicos", garantindo o acesso a salas exclusivas e a salas de conferência privadas dentro do Centro de Congressos. Lá, executivos se encontram com chefes de estado, investidores e outras pessoas capazes de melhorar o estado de seu balanço patrimonial.

Schwab coreografa reuniões bilaterais nas quais os chefes de bancos globais e de empresas de energia podem pedir pessoalmente aos presidentes dos países tratamento fiscal preferencial e acesso a campos petrolíferos promissores. Os gigantes da consultoria e as companhias de software fazem suas jogadas visando a contratos governamentais, falando diretamente com os tomadores de decisão. Os altos executivos podem voar e se reunir com uma dúzia de chefes de estado durante quatro ou cinco dias, sentados à mesa dentro de salas à prova de som, além do alcance dos reguladores de títulos, dos jornalistas e de outros obstáculos.

As atividades centrais do Fórum — os discursos sóbrios e os painéis de discussão — há muito tempo têm sido eclipsadas pelos eventos extracurriculares que dominam Davos fora de seus auspícios oficiais.

Os participantes regulares do Fórum se orgulham de ter participado de zero painéis e de nunca ter colocado os pés dentro do Centro de Convenções — uma marca cínica de sofisticação.

Schwab finge infelicidade, lamentando a suposta diluição da experiência enquanto Davos se enche de festas particulares. "Nós não as acolhemos",[35] disse certa vez. "Elas prejudicam o que estamos fazendo." Mas ele não reclama das regalias dos participantes.

"NO ALTO DAS MONTANHAS" ▸ **41**

Apesar do status do Fórum como uma organização sem fins lucrativos, Schwab e sua esposa, Hilde Schwab — cofundadora da organização —, posicionaram-se habilmente para se beneficiar do esguicho de dinheiro que passa por ele. Há muito tempo a Audi tem servido de parceira exclusiva do Fórum, usando Davos como vitrine para seus mais novos veículos, enquanto disponibiliza aos Schwabs carros com descontos supergenerosos. O orçamento do Fórum cobre sua viagem pelo globo e os serviços de bufê e de segurança em sua casa palaciana em Cologny, bairro de Genebra — a Beverly Hills da Suíça — onde Schwab frequentemente oferece jantares extravagantes.

Ao longo dos anos, o Fórum gastou quase 70 milhões de francos suíços (quase US$80 milhões) para comprar terrenos na área, incluindo dois lotes que fazem a ponte entre a casa de Schwab e a sede do Fórum, tornando-as contíguas. Mesmo nos anos 1990, quando o Fórum empregava apenas algumas dezenas de funcionários, o salário de Schwab estava vinculado ao salário do secretário geral das Nações Unidas — cerca de US$400 mil por ano.

Mas Schwab não estava satisfeito com a riqueza comum. Ele confiou a seu sobrinho, Hans Schwab, a construção de uma série de empresas com fins lucrativos, aproveitando o Fórum como seu fundo pessoal de capital de risco.

Seu sobrinho havia supervisionado a logística dos eventos do Fórum quando, em meados dos anos 1990, uniu forças com um empreiteiro para criar uma nova empresa, a Global Events Management. O Fórum forneceu cerca da metade do capital inicial. Desde o início, o novo negócio desfrutou de um contrato do Fórum para administrar todos os seus eventos, um negócio no valor de vários milhões de dólares por ano.

Klaus Schwab ficou tão encantado com o sucesso do negócio que disse que Hans tinha direito a 5%. Seu sobrinho perguntou se ele deveria preparar um documento legal que oficializasse esse fato. Seu tio o rejeitou. "Somos família", disse ele.

Schwab estava ciente de que dirigir uma empresa com fins lucrativos ao lado de uma sem fins lucrativos poderia trazer uma atenção indesejada das autoridades. No entanto, ele estava tão orgulhoso de suas façanhas empresariais que pressionou Barbara Erskine, a chefe de comunicação, a escrever sobre eventos empresariais no relatório anual do Fórum. Quando ela se recusou, sugerindo que isso constituiria uma admissão de que o Fórum estava tomando liberdades com sua condição de entidade sem fins lucrativos, Schwab não ficou satisfeito com seu conselho.

"Ele estava furioso", contou-me Erskine. "Pediu para eu me sentar e disse: 'Olha, eu quero ser considerado um homem de negócios.'"

Schwab logo despachou seu sobrinho para Boston a fim de dirigir sua nova obsessão — a Advanced Video Communications, uma startup que construía um sistema de videoconferência. Sob a direção de Schwab, o Fórum investiu cerca de US$5 milhões no empreendimento.

Durante dois anos, Hans Schwab supervisionou o aprimoramento do produto enquanto arrecadava mais fundos. Ele intermediou uma negociação sob a qual uma empresa de tecnologia de capital aberto, a USWeb Corp., comprou a startup de videoconferência, entregando ações no valor de cerca de US$16 milhões. A empresa deu a Klaus Schwab um assento em sua diretoria e lhe concedeu opções de compra de ações no valor de até US$500 mil.[36]

Como as ações da USWeb subiram de valor, o investimento inicial de US$5 milhões do Fórum passou a valer pelo menos US$20 milhões. Pouco antes do fechamento da fusão, Klaus Schwab chamou seu sobrinho e exigiu uma mudança de última hora. As ações do Fórum na Advanced Video Communications haviam sido transferidas para uma nova entidade — a Schwab Foundation for Social Entrepreneurship. A fundação deveria receber o lucro.

Hans Schwab foi pego de surpresa. Uma transferência de posse de última hora ameaçou prejudicar a transação. Mas seu tio foi intransigente.

"Ele disse: 'Isso precisa ser feito agora mesmo'", contou-me Hans Schwab. "Eu nunca tinha ouvido falar da Schwab Foundation e de repente tive que mudar todos os contratos. Eu sabia que era um pequeno detalhe que ele planejou. De repente, na última hora, ele podia ver que haveriam enormes somas de dinheiro envolvidas, o tipo de dinheiro que ele nunca tinha visto antes e ele queria colocá-lo em uma estrutura na qual tivesse 100% de controle."

De acordo com seu site, a fundação foi uma realização de Hilde Schwab. A organização promove empreendimentos de pequena escala que tratam de questões de importância social — ampliar o alcance da água limpa e da eletricidade no mundo em desenvolvimento e criar oportunidades para mulheres. Para onde o dinheiro foi é efetivamente incognoscível. As autoridades suíças exigem uma divulgação mínima.

No mesmo ano do acordo da USWeb, a Publicis Group, uma gigante francesa de publicidade e de relações públicas, comprou o negócio de eventos em uma transação que conseguiu 6 milhões de francos suíços. Hans Schwab abordou seu tio para perguntar sobre seus 5% prometidos.

"Ele disse: 'Não podemos fazer isso'", lembrou o Schwab mais novo. "Não parece bom."

O grande talento de Schwab, dizem aqueles que trabalharam com ele, é uma capacidade de atender às tendências narcisistas dos poderosos. Ele demonstra fé na veracidade de suas declarações, mesmo quando elas estão em desacordo com a realidade e com o ethos do Fórum. Isso permitiu a Schwab louvar líderes autoritários como campeões do bem público, enquanto arrecadavam receitas de parcerias com empresas famintas por acesso aos mercados que dominam.

Nesse ano em particular, Schwab havia marcado um golpe especialmente monetizável. Ele havia convencido o presidente da China, Xi Jinping, a comparecer a Davos e realizar o discurso de abertura.

O discurso de Xi foi o ponto alto da reunião de 2017. Jack Ma ocupou um lugar na primeira fila do auditório. Assim como o vice-presidente norte-americano, Joe Biden, lamentando não ter concorrido contra Trump.

Xi usou sua vez no pódio[37] para reivindicar credenciais como o principal defensor do sistema comercial internacional baseado em regras, um devoto comprometido com a cooperação internacional.

Que o presidente da China pudesse retratar a si mesmo dessa maneira ressaltou a espantosa extensão em que a ordem tradicional tinha sido subvertida. A China há muito tempo era acusada de subsidiar indústrias estatais, de explorar seus trabalhadores e de despejar seus produtos a preços injustamente baixos nos mercados mundiais. Xi governava, não por acaso, tendo ganhado uma eleição, mas de acordo com os ditames do Partido

Comunista Chinês. Em seu turno, Pequim montou uma repressão brutal contra a dissidência.

Emocionado pela participação de Xi, Schwab retribuiu com a única moeda que ele poderia pagar — a legitimidade da lavagem de dinheiro.

"Em um mundo marcado por grande incerteza e volatilidade, a comunidade internacional olha para a China para continuar sua liderança responsiva e responsável", declarou Schwab ao apresentar o líder chinês.

Em uma ironia central do Fórum, o fundador do Homem de Davos organizava um evento repleto de palestras sobre governança transparente enquanto se curvava diante de um ditador chinês, ao mesmo tempo em que dirigia sua própria operação de uma forma desconfortavelmente semelhante a uma empresa estatal chinesa.

Nada disso era novo. Comparecer a Davos e mergulhar em suas diversas correntes sempre envolveu a participação em uma forma nada sutil de encenação.

Mas nesse ano, com a lista mundial em direção ao iliberalismo, o Homem de Davos, e a sua celebração anual de si mesmo, se sentiu especialmente desmotivado perante a realidade.

« »

Dentro de um restaurante de *fondue*, em um jantar acolhedor organizado todos os anos pela escritora Anya Schiffrin e pela colunista do *Financial Times* Rana Foroohar, eu descontraí com amigos jornalistas e economistas. Éramos colegas aventureiros, amontoados ao redor da fogueira para relatar nossos avistamentos — o Homem de Davos em seu habitat natural.

Joe Stiglitz, o economista, era respeitado o suficiente para ganhar a entrada em reuniões de bilionários, mas baseado nos problemas dos assalariados, tornando suas impressões valiosas. Comparamos notas sobre o Fórum. Muita conversa sobre desigualdade. Tão poucas discussões sobre políticas que poderiam transferir a riqueza do Homem de Davos para todo o mundo.

Stiglitz disse várias vezes o que uma abordagem razoável poderia incluir: reforçar o poder dos trabalhadores de barganhar por melhores salários e redistribuir a riqueza por meio da tributação progressiva.

"Mais direitos de barganha para os trabalhadores, essa é a parte em que o Homem de Davos não vai sair do lugar", disse Stiglitz. "A dura realidade é que a globalização tem reduzido o poder de barganha dos trabalhadores e as corporações têm tirado proveito disso."

Trata-se de algo que Stiglitz vem insistindo há anos. A economia global não era um produto de eventos aleatórios. Seus beneficiários a haviam planejado para servir a seus interesses.

As pessoas frequentemente discutiam a globalização como se ela fosse tão complexa que ninguém estava realmente no comando, enquanto a apresentavam como uma proposta de tudo ou nada: poderíamos ter cadeias de fornecimento globais e medicina moderna ou poderíamos voltar a dormir no chão das cavernas e comer larvas. Aceitaríamos a desigualdade econômica generalizada como o preço inevitável que a sociedade pagava por maravilhas como iPhones e ar condicionado, ou poderíamos acabar como a Venezuela.

O Homem de Davos não foi o criador dessa formulação. Mais de um século antes, os barões ladrões como Carnegie haviam retratado a desigualdade como o subproduto inevitável do progresso humano.

"Não podemos evitá-la",[38] Carnegie escreveu em 1889. "É melhor para a raça, porque garante a sobrevivência dos mais aptos em todos os departamentos. Aceitamos e recebemos, portanto, como condições às quais devemos nos acomodar, grande desigualdade de ambiente; a concentração dos negócios, industriais e comerciais nas mãos de poucos."

Mas o Homem de Davos avançou na ideia de uma justificativa defensiva para sua posição social como uma arma ofensiva em busca de mais riqueza. Aqui estava o componente central da Mentira Cósmica, o argumento de que a inovação somente prosperava quando as recompensas eram dramáticas, como se os mercados vencedores fossem um registro para qualquer vitória.

"A maneira como gerenciamos a globalização contribuiu significativamente para a desigualdade", disse Stiglitz. "Mas eu ainda não ouvi uma boa conversa sobre quais mudanças na globalização abordariam a desigualdade."

Naquela noite, alguns grandes executivos financeiros norte-americanos se reuniram para um coquetel em um evento privado. A conversa se voltou para Trump e para sua abordagem pouco ortodoxa de governança. Será que eles estavam preocupados com uma guerra comercial? Sobre o confronto com o Irã ou Coreia do Norte? Sobre o colapso da ordem democrática liberal?

Eles deram de ombros. Não estavam entusiasmados com a propensão de Trump para intimidar as pessoas no Twitter, ameaçando as empresas norte-americanas que investiam no exterior. Eles podiam viver sem que ele falasse em renunciar à dívida pública norte-americana, como se o Tesouro dos Estados Unidos fosse um gigantesco cassino Trump olhando fixamente para um credor. Mas eles estavam encantados com a elevação de um homem que valorizava o que eles valorizavam: dinheiro. Trump prometeu fazer cortes nos impostos e ele estava pronto para fazê-lo, já que os republicanos eram maioria em ambas as instâncias do Congresso. Como tudo no mundo de Trump, eles seriam incríveis, enormes, sem precedentes.

A desigualdade foi tema de painéis de discussão. Em particular, o Homem de Davos antecipava a sensação inevitável de que mais dinheiro cairia em sua conta, fora do alcance de qualquer cobrador de impostos.

CAPÍTULO 2

"O MUNDO EM QUE NOSSOS PAIS QUERIAM QUE VIVÊSSEMOS NA SEGUNDA GUERRA MUNDIAL"

Como o Homem de Davos Arruinou a Globalização

Como aluno do sexto ano em Houston,[1] Jeff Bezos projetou uma pesquisa para avaliar a eficácia dos professores de sua escola, produzindo um gráfico de seus desempenhos relativos. Anos mais tarde, como um solteiro de vinte e poucos anos em Nova York,[2] fez aulas de dança de salão presumindo que isso aumentaria seu "fluxo de mulheres", fazendo cair por terra o conceito tradicional de namoro, substituindo-o pela forma com que os investidores bancários analisam os negócios.

As histórias sobre as tendências analíticas obsessivas de Bezos são tão numerosas que constituem um gênero próprio. Elas ressoam como a explicação de como uma criança nerd norte-americana, vivendo longe de centros urbanos, valeu-se de uma ideia simples para vender livros e a transformou em um império tão vasto que remodelou a vida moderna.

Mais do que qualquer outro Homem de Davos, Bezos é a encarnação do sucesso em uma era definida pela inovação, pela iconoclastia e pelo patrimônio líquido. Empreendedores em desenvolvimento analisam sua biografia com reverência culta. Bezos entra nesse jogo, servindo até inofensivos

"Jeffismos" que são abraçados pelo mundo dos negócios como os segredos para uma gestão eficaz. ("As chaves do sucesso são a paciência, a persistência e a atenção obsessiva aos detalhes.") Ele fala dos princípios de liderança da Amazon, incluindo "Obcecado Pelo Cliente", "Contratar e Desenvolver os Melhores" e "Insistir nos Padrões Mais Altos".

O domínio da Amazon certamente reflete as formidáveis habilidades de execução de seu fundador, mas falta à declaração de princípios da empresa elementos-chave que têm sido essenciais para sua ascensão. A lista completa teria que incluir o acúmulo do poder de monopólio e sua aplicação para esmagar os concorrentes; a incessante pressão sobre os trabalhadores por produtividade, e o esquema do sistema fiscal para evitar a entrega de dinheiro para o governo.

Esses são os ingredientes menos conhecidos que permitiriam a Bezos captar uma parte dos ganhos da globalização, acumulando uma fortuna pessoal superior a US$200 bilhões, incluindo os troféus do estilo de vida do Homem de Davos: uma cobertura triplex com duas piscinas na Quinta Avenida de Manhattan, uma mansão em Beverly Hills de US$165 milhões — a propriedade mais cara já vendida na Califórnia — uma casa de 2.508m^2 na capital do país, juntamente com um jato Gulfstream de US$66 milhões e um iate personalizado de 417 pés de comprimento no valor de US$500 milhões. Bezos construiu um mercado e uma rede de distribuição milagrosamente eficientes, conectando fábricas ao redor do mundo com milhões de consumidores. Ao longo do caminho, conferiu conveniência outrora inimaginável à humanidade, ao mesmo tempo em que apagou os limites tradicionais de tempo e de espaço, permeando a sensação de que praticamente tudo pode agora ser adquirido em quase todos os lugares. Mas os benefícios dessa grandiosa conquista fluíram esmagadoramente para o bolso do próprio Bezos, enquanto os custos foram assumidos por trabalhadores de todo o mundo, cujos salários e as condições de trabalho foram incessantemente pressionados pela Amazon.

A magnitude dos ganhos de Bezos pode ser um ponto fora da curva, mas sua modalidade é representativa. Foi assim que o Homem de Davos saqueou a economia norte-americana que um dia levantou fortunas para todos, capturando riquezas que antes fluíam para as pessoas comuns.

E foi assim que muitos trabalhadores norte-americanos — especialmente a classe trabalhadora branca — ficaram tão enfurecidos com a globalização que chegaram a ver o comércio como uma conspiração, abraçando um presidente que ameaçou explodir tudo isso.

A surpreendente dimensão da Amazon reflete seu sucesso incomparável na utilização de elementos cruciais da economia global — não menos importante, a explosão do comércio internacional nas décadas após a Segunda Guerra Mundial. Mas a riqueza quase ilimitada de Bezos, ao lado do desespero de seus trabalhadores, ilustram com muita clareza o motivo da globalização ser retratada como uma força malévola em muitos países, um sentimento explorado por movimentos políticos que oferecem soluções falsas para problemas muito reais.

O desgaste da confiança no comércio internacional é um desenvolvimento perigoso, uma ameaça a um legado vital. O comércio tem sido importante para o aumento do padrão de vida nas principais economias há gerações. E o comércio tem se mostrado um componente crucial de uma ordem mundial que tem desencorajado os conflitos armados.

No fim da Segunda Guerra Mundial as potências vitoriosas conceberam uma nova ordem, apoiando-se fortemente na noção de que as comunidades cuja subsistência depende do comércio têm um interesse permanente na paz. Elas transformaram combatentes letais em parceiros comerciais lucrativos, criando empregos, aumentando a renda e diminuindo o apelo do nacionalismo.

Foi isso que o Homem de Davos ameaçou ao monopolizar a recompensa da globalização.

« »

A decadência que levou à Segunda Guerra Mundial foi acelerada por hostilidades comerciais.

Em 1930, enquanto os Estados Unidos enfrentavam a Grande Depressão, o Congresso, controlado pelos republicanos, liberou a infame Lei Tarifária Smoot-Hawley, que impedia o acesso dos concorrentes estrangeiros às fábricas e as fazendas norte-americanas. A lei impôs tarifas exorbitantes sobre centenas de produtos, do açúcar ao ferro.

Indignados, os parceiros comerciais internacionais responderam com suas próprias tarifas sobre produtos de fabricação norte-americana. Houve retaliação e o comércio mundial entrou em colapso, intensificando a depressão econômica globalmente.

Quando os democratas assumiram o Congresso dois anos depois, revogaram a lei, mas a Grã-Bretanha, a França, a Alemanha e outros países europeus mantiveram suas tarifas, consolidando a animosidade nacionalista que explodiu em forma de guerra.

Cerca de 85 milhões de mortos mais tarde, os que logo seriam aliados vitoriosos se reuniram em um hotel em Bretton Woods, New Hampshire, em julho de 1944 para traçar a ordem do pós-guerra. Surgiram três semanas depois com um acordo destinado a evitar o reavivamento das hostilidades nacionalistas. Eles tornariam suas moedas livremente permutáveis. Formaram o Fundo Monetário Internacional para ajudar os países que enfrentavam pressão financeira e adotaram uma proposta para uma organização que fomentasse o comércio internacional.

"Os povos da terra estão inseparavelmente ligados uns aos outros por uma profunda e subjacente comunidade de propósitos", declarou o chefe da delegação norte-americana, o Secretário do Tesouro Henry Morgenthau. "Um renascimento do comércio internacional é indispensável para que o pleno emprego seja alcançado em um mundo pacífico e com padrões de vida que permitam a realização das esperanças razoáveis dos homens."

Sucessivas administrações norte-americanas defenderiam o comércio aberto como um veículo magnânimo de liberdade para pessoas em todo o mundo[3] — uma venda fácil durante a Guerra Fria, quando o sistema repressivo de estilo soviético poderia ser retratado como a alternativa inevitável. Mas nenhuma pequena medida de interesse próprio orientou a política. Os Estados Unidos emergiram da guerra como uma superpotência. Sua produção econômica tinha praticamente dobrado, pois suas fábricas produziam os armamentos para a batalha. Metade dos produtos fabricados no mundo eram produzidos dentro das fábricas do país.[4] Suas reservas financeiras eram inigualáveis. Se o dinheiro e as mercadorias pudessem circular livremente pelo mundo, nenhum país prosperaria mais do que os Estados Unidos.

As três décadas que se seguiram ao final da Segunda Guerra Mundial não erradicaram a discriminação racial e de gênero profundamente enraizada nos Estados Unidos. Elas incluíram uma guerra desastrosa no Vietnã e uma agitação social extrema. No entanto, dentro desses 30 anos, os Estados Unidos assistiram a um amplo avanço econômico. Taxas de impostos superiores a 70%[5] para os ricos coincidiram com um crescimento econômico robusto de, em média, 3,7% ao ano. Isso se traduziu em empregos e salários crescentes para praticamente toda fatia da população — brancos, negros, latinos, asiáticos; homens e mulheres; pessoas com ensino médio e com diplomas avançados. Os benefícios estavam longe de ser iguais, mas impunha-se o velho ditado de que a maré crescente eleva todos os barcos.

A organização comercial concebida em Bretton Woods foi abandonada em 1950,[6] já que os Estados Unidos se opuseram a suas regras terem prioridade sobre a política doméstica. Mas foi substituída por uma entidade mais limitada, porém duradoura, conhecida como o Acordo Geral sobre Tarifas e Comércio, um amplo pacto para reduzir as barreiras do comércio. Em 2000, o volume do comércio entre membros do Acordo e sua instituição sucessora,[7] a Organização Mundial do Comércio, havia aumentado para 25 vezes o volume do meio século anterior. O resultado foi um ganho inesperado para o consumidor e uma gama ampliada de oportunidades de exportação para empresas em todo o mundo, gerando empregos.

Nos séculos anteriores, os países geralmente procuravam no exterior apenas itens que não podiam produzir em casa. Os oceanos eram vastos e cheios de piratas, tempestades e outros terrores.

O transporte era caro e propenso a contratempos, enquanto a comunicação era atormentada por mal entendidos. Contudo, o advento do chamado transporte por contêiner[8] — que colocava produtos acabados dentro de caixas padronizadas que eram facilmente transferidas para caminhões e ferrovias — acelerou dramaticamente o ritmo de carga e descarga. O surgimento dos bancos globais e da internet encolheu ainda mais o globo.

Com a mitigação dos riscos comerciais, as marcas multinacionais se depararam com uma oportunidade convincente de reduzir seus custos ao fabricar seus produtos em países de baixos salários.

Os blocos comerciais regionais ampliaram as opções. O presidente Clinton assinou a criação do Acordo de Livre Comércio Norte-Americano em 1993, transformando os Estados Unidos, o Canadá e o México em uma zona maciça de comércio livre de impostos. A partir daquele momento, os trabalhadores das fábricas norte-americanas passaram a competir com seus homólogos ao sul da fronteira. Ao mesmo tempo, as fábricas norte-americanas podiam comprar componentes fabricados no México e usá-los para produzir bens acabados — um impulso à competitividade interna.

O efeito líquido dessa concorrência ampliada diminuiu o poder de barganha dos trabalhadores norte-americanos. Qualquer ação por maior remuneração ou melhores condições de trabalho enfrentou a ameaça de que os executivos poderiam fechar a loja e fugir para o México.

Ao mesmo tempo, outra força transformava o funcionamento do capitalismo norte-americano: os acionistas estavam montando uma insurreição, assumindo empresas e expulsando gerentes que não conseguiam proporcionar retornos satisfatórios.

O economista Milton Friedman colocou a revolução em marcha em 1970 com um artigo[9] na *New York Times Magazine* cujo título destilou seu conteúdo essencial: "A Responsabilidade Social das Empresas é Aumentar Seus Lucros."

Para Friedman, o mercado era sagrado. Deixado à própria sorte, determinaria o melhor uso para o investimento de forma mais eficiente do que qualquer grupo de interesse burocrata ou benfeitor. Ele estabeleceu a infraestrutura intelectual para o Homem de Davos, empregando a linguagem da teoria econômica para dar licença à ganância não mitigada. Os executivos podiam justificar não dar um fim ao comportamento abominável — envenenar o ar, acelerar a mudança climática, demitir trabalhadores norte-americanos e transferir a produção para o exterior — com o argumento de que não fazer essas coisas equivalia a roubar os acionistas.

Maximizar o lucro não era apenas aceitável; era um imperativo moral.

A formulação de Friedman encorajou uma safra de piratas corporativos, que foram pioneiros em novas formas de dívidas mais arriscadas conhecidas como títulos de alto risco para comprar empresas antigas e ineficientes. Os novos investidores instalaram seus próprios gerentes, empregando um manual projetado para elevar os preços das ações: encolher a força de trabalho e fechar as operações menos lucrativas. Dado que a remuneração dos executivos estava cada vez mais ligada ao preço das ações, os gestores tinham um poderoso incentivo para retirar custos como cheques de pagamento, sabendo que seu próprio salário aumentaria em resposta.

A era da maximização dos acionistas ganhou força durante os anos 1980 e pela década seguinte, quando Wall Street explorou novas fontes de dinheiro. Os fundos de pensão direcionaram a poupança de aposentadoria dos trabalhadores para o mercado de ações. Os fundos mútuos reuniam as economias das pessoas comuns. A internet permitiu que as pessoas comuns comprassem e vendessem ações a seu bel prazer, enquanto a concorrência fez baixar os custos de transação.

Em meados da década de 1990, em meio à era das "pontocom", os norte-americanos estavam trocando dicas de ações como uma conversa para jantar. Os diretores executivos como Bezos posaram para mais capas de revistas de moda, ao lado de estrelas de Hollywood e de atletas.

Com o aumento dos preços das ações nos Estados Unidos, a influência de Friedman se tornou global, maximizando e incorporando os interesses dos acionistas na política econômica em grande parte do mundo desenvolvido.

Os alunos das escolas de administração foram imersos[10] em estratégias de gestão destinadas a otimizar o valor para o acionista. Os diplomados forjavam carreiras em finanças, nas quais pessoas inteligentes sonhavam com novos artifícios contábeis e táticas de assunção de controle societário que pudessem produzir o que os mercados recompensavam — um salto nos ganhos — sem aumentar as vendas ou produzir qualquer coisa de valor intrínseco. O modelo foi Jack Welch, que assumiu a General Electric, uma empresa conhecida por fabricar lâmpadas e torradeiras, e a transformou em uma coleção de portfólios financeiros.

Steve Schwarzman se formou na Harvard Business School dois anos após a publicação do artigo de Friedman. Jamie Dimon se formou na mesma instituição alguns anos depois. Eles subiram de posição em uma época na qual o acionista era o centro do universo econômico.

Esse era o princípio fundamental do centro da globalização como foi concebida pelo Homem de Davos.

« »

O sistema comercial moldado por Morgenthau e seus contemporâneos em Bretton Woods não foi construído para o tipo de globalização impulsionada pela doutrina de Friedman.

Ele não havia sido projetado especialmente para uma economia global que incluísse a China, a nação mais populosa do mundo. Seu governo do Partido Comunista cortejou ativamente o Homem de Davos e seu dinheiro, oferecendo acesso a um número virtualmente ilimitado de trabalhadores facilmente explorados.

A ordem do pós-guerra se precipitou em Bretton Woods, assumindo que os parceiros comerciais eram mais similares do que diferentes — o mundo como descrito pela economia clássica. A Inglaterra fazia roupas e a Espanha fazia vinho, portanto seu comércio seria mutuamente benéfico. Porém, quando a China entrou para as posições da Organização Mundial do Comércio em 2001, quase todos os fabricantes do mundo foram abastecidos com uma maneira mais barata de fazer produtos: eles podiam transferir a produção para um país autoritário, repleto de pessoas que estavam desesperadas por empregos e impedidas de se organizar por melhores salários.

Sob as condições de sua participação,[11] a China prometeu abrir seu mercado para empresas multinacionais em troca do direito de vender suas exportações ao redor do planeta. Para as empresas multinacionais, isso deu início a uma corrida do ouro dos tempos modernos. Lar de 1,3 bilhão de pessoas e contando, a China era potencialmente o maior mercado consumidor inexplorado, bem como um local cada vez mais atraente para a produção.

A China ganhou a inclusão no sistema comercial global em grande parte devido ao Homem de Davos e à sua incansável atividade de lobby em Washington. Para os executivos corporativos, o gesto da China foi um meio de promover a missão de enriquecer os acionistas, de acordo com os princípios estabelecidos por Milton Friedman. As fábricas chinesas conseguiam fazer uma gama cada vez maior de produtos — desde calças jeans até peças de automóveis e produtos químicos industriais — por uma fração dos preços praticados nos países ricos. Para os fabricantes da América do Norte e da Europa, a mera ameaça de transferir a produção para a China forçou os sindicatos a engolir cortes salariais.

No ano seguinte à adesão da China à OMC, o Walmart, gigante norte-americana do mercado varejista, mudou seu centro de compras global para a cidade chinesa de Shenzhen, confiando nas fábricas vizinhas para encher suas lojas com milhares de itens, desde eletrônicos e decoração de Natal até móveis de escritório e ferramentas. Enquanto as vendas do Walmart cresciam, o preço de suas ações disparava, transformando seus fundadores, a família Walton, no clã mais rico dos Estados Unidos, com uma fortuna estimada em mais de US$136 bilhões.

As grandes montadoras norte-americanas acabariam por vender mais carros na China do que nos Estados Unidos. A maior parte da indústria de vestuário mundial concentrou suas operações na China, baixando os custos e recompensando executivos de marcas líderes como Zara, H&M e Nike.

A fortuna de Bezos se multiplicou à medida que as ações da Amazon se valorizavam, em parte devido ao sucesso da empresa em explorar fábricas chinesas para produtos de baixo custo.

Bancos globais como JPMorgan Chase, de Jamie Dimon, seguiram seus clientes até a China, estabelecendo filiais. Magnatas de private equity como Schwarzman utilizaram as economias prodigiosas da China como fonte de investimento, elevando o preço de suas ações.

Ao longo do caminho, o lobby do Homem de Davos empurrou os impostos corporativos para baixo nos Estados Unidos, enquanto reduzia as taxas de impostos individuais sobre a renda e as propriedades. Os bilionários empregaram equipes de contadores que se valeram de estratégias perfeitamente legais para manter sua crescente riqueza fora do alcance das autoridades fiscais.

Em um único ano,[12] 2007, o preço das ações da Amazon dobrou, aumentando a fortuna total de Bezos em quase US$4 bilhões. Nesse mesmo ano, Bezos não pagou nenhum imposto de renda federal, de acordo com documentos vistos pela ProPublica. Ele e sua então esposa, MacKenzie Scott, registraram uma renda de US$46 milhões no ano. Por meio da magia da contabilidade inteligente — perdas em investimentos, juros pagos em empréstimos e itens especiais nebulosos —, eles fizeram desaparecer seus passivos.

A Amazon e outras empresas norte-americanas puderam contar com fábricas chinesas por causa da internet — uma peça fundamental de infraestrutura criada mediante pesquisa financiada publicamente. As empresas moveram as peças, as matérias-primas e os produtos acabados em todo o país em busca do lucro graças às rodovias, aos portos e aos aeroportos mantidos pelo governo. Esses custos foram socializados e cobertos pelos contribuintes como um estímulo para a criação de empregos. Ao deixar de lado o cobrador de impostos, o Homem de Davos efetivamente privatizou os ganhos da bonança chinesa, enquanto compartilhava os lucros com seus colegas acionistas por intermédio de dividendos e dos crescentes preços das ações.

Nos 14 anos após sua entrada na OMC, as exportações da China aumentaram de US$266 bilhões por ano para quase US$2,3 trilhões. Os beneficiários desse aumento incluíam quase todos os que já puseram os pés dentro de um shopping ou compraram qualquer coisa online.

Mas o comércio produz perdedores junto com vencedores. O lado positivo tende a se espalhar; as perdas são frequentemente concentradas e profundas, abalando comunidades cujos empregos em fábricas são prejudicados por importações mais baratas.

Foi o que aconteceu em Granite City, Illinois.

« »

Granite City ocupa a margem leste do Rio Mississípi, logo depois de St. Louis. Dois imigrantes alemães ergueram ali uma siderúrgica em 1878. No século seguinte, a cidade cresceu conforme a siderúrgica se expandia.

O complexo de fábricas pagava salários que permitiam a gerações de homens comprar modestas casas térreas em quadras gramadas. Eles distribuíam seus ganhos por toda a comunidade, sustentando lojas de ferragens, um cinema, restaurantes, barbearias e até uma pista de boliche.

"Isso era como uma empresa familiar", disse Dan Simmons, que começou a trabalhar na usina em 1978, quando tinha 18 anos, juntando-se ao pai e ao irmão gêmeo. "Se eu viesse de ressaca, meu pai saberia disso. Se você atrasasse as contas ou tivesse um filho indo para a faculdade, poderia fazer um pouco de hora extra. Nós éramos o retrato de crianças da classe média."

Mas, quando visitei Simmons no verão de 2016 na sede da United Steelworkers Local 1899, na qual ele era o encarregado, ele havia se tornado um trabalhador social de fato. Apenas 375 dos 1.250 trabalhadores que ele representava na usina de Granite City estavam realmente trabalhando. Os demais estavam de licença, afastados, aposentados precocemente, incapacitados por longo prazo ou algum outro jargão burocrático para *desempregado*.

Simmons acolhia de alguma forma aqueles que chegavam em busca de ajuda. Um homem não sabia como operar um computador e precisava de instruções sobre como pesquisar listas de empregos. Alguns confidenciavam não ter dinheiro para alimentar adequadamente suas famílias. Simmons os levava para um depósito sem janelas coberto de prateleiras e os convidava a levar macarrão e pães doados. No centro de uma cidade baseada na produção de aço, a sala do sindicato também servia como dispensa de alimentos. "Eis alguns dos orgulhosos metalúrgicos", disse Simmons. "É difícil para eles."

Na noite anterior, ele havia recebido um telefonema da sobrinha de um colega do ensino médio, um operário demitido da usina. O homem tinha se matado com um tiro, deixando para trás dois filhos pequenos.

Em toda a sede havia provas palpáveis de uma comunidade em declínio terminal. Os supermercados foram trocados por Dollar Stores [lojas de produtos de baixo custo]. Lojas de ferragens e restaurantes foram lacrados, substituídos por financeiras de empréstimo consignado e casas de penhor. A pista de boliche foi abandonada.

Simmons e seus colegas de sindicato tinham uma explicação pronta para o que acontecera. Usinas siderúrgicas na China operavam 24 horas por dia, produzindo muito mais aço do que a economia global necessitava, despejando suas mercadorias em mercados da Europa e da América do Norte.

"Eles não se importam com o preço, porque fazem isso para empregar seu povo", disse Simmons. "A China está em ascensão, produzindo mais do que nunca. Ela está assumindo o controle."

A indústria siderúrgica chinesa era dominada por empresas estatais que tinham acesso a crédito praticamente ilimitado e que violavam impunemente as regras trabalhistas e ambientais. Durante a década anterior, a participação da China na produção mundial de aço havia crescido de menos de um terço para a metade,[13] enquanto suas exportações haviam mais que quadruplicado. Esse aumento empurrava os preços em todo o mundo para baixo. As siderúrgicas nos Estados Unidos limitavam a produção na tentativa de conter as perdas.

Forças similares dizimavam os fabricantes de móveis norte-americanos e as fábricas de tecidos nas Carolinas, as fábricas de autopeças em Michigan e em Ohio e as fábricas de eletrônicos na Califórnia.

Entre 1999 e 2011, o choque infligido pelas importações chinesas[14] eliminou quase 1 milhão de empregos na produção norte-americana e aproximadamente o dobro se considerarmos o efeito cascata — os restaurantes e as tabernas fecharam assim como as fábricas, os motoristas de caminhão não eram necessários e os carpinteiros perdiam trabalhos enquanto seus vizinhos perdiam empregos.

Nas comunidades sofrendo os impactos das importações chinesas, os salários e o emprego permaneceram apertados por uma década ou mais.

Ainda assim, as representações de uma jamanta chinesa esmagando trabalhadores dos EUA estavam incompletas. Da perspectiva da China, a nação estava simplesmente alcançando as economias ocidentais que haviam enriquecido com os saques coloniais, incluindo as iniquidades das guerras do ópio. A China aproveitava suas vantagens da economia global — não menos importante, sua enorme força de trabalho de baixos salários. Diga-se o que for sobre a globalização, uma avaliação completa teve que incluir o fato de ter tirado mais de 300 milhões de chineses da pobreza.

Os trabalhadores da China estavam vulneráveis à mesma transferência de riqueza de baixo para cima que ocorria nos Estados Unidos. Uma nova safra de magnatas chineses acumulava riquezas confiscando terras de agricultores e depois compartilhando uma parte da ação com os funcionários locais do Partido Comunista. Os bem relacionados transformavam campos de trigo em campos de golfe, e arrozais em parques científicos, enquanto utilizavam seus ganhos em passeios a palácios cinco estrelas em Macau.

A República Popular da China — ainda nominalmente dedicada à revolução marxista que a fundou — estava se tornando quase tão desigual quanto os Estados Unidos. Entre 1978 e 2015, o décimo superior das famílias chinesas[15] viu sua participação na renda nacional subir de 27% para 41%. No mesmo período, a renda da metade inferior caiu de 27% da renda nacional para 15% — um pouco mais do que os 12% trazidos para casa por seus homólogos norte-americanos.

Mas em Granite City, as pessoas estavam ocupadas em garantir mantimentos para entender por completo o que acontecia do outro lado do planeta.

Os membros dos sindicatos nos Estados Unidos votaram, tradicionalmente, no Partido Democrata. No entanto, em julho de 2016, algumas das pessoas do sindicato de Simmons aderiram à figura incomum que havia conseguido a indicação republicana para presidente. A maioria sabia pouco ou nada sobre a tendência de Donald Trump de levar suas empresas à bancarrota. Alguns descartaram como politicamente correta a revolta por causa dos insultos que Trump lançou sobre mulheres, imigrantes mexicanos, muçulmanos, deficientes e até mesmo aos pais de um marinheiro condecorado que morreu em um campo de batalha estrangeiro.

Os trabalhadores siderúrgicos de Granite City sabiam isto sobre Trump: ele era rico, famoso e prometia destruir os planos cuidadosamente elaborados do sistema político. Ele entraria na Casa Branca, impediria a globalização e traria empregos para casa.

Entre alguns que trabalharam na usina, Trump também havia explorado outra coisa: um entendimento tácito entre a força de trabalho predominantemente branca de que a raça deles deveria ficar imune a indignidades como se preocupar se conseguiriam quitar suas hipotecas. Não ter trabalho, recorrer a doações de alimentos e se sentir impotente — esses supostamente eram problemas para outras pessoas.

"Se continuarmos a eliminar os empregos mais bem pagos com benefícios e enviarmos os empregos para o terceiro mundo, seremos o que o terceiro mundo é agora", disse Jim Phelps, que cresceu em Granite City e cujo pai trabalhou na fábrica por 42 anos. "Votarei em Donald Trump. Ele diz em voz alta quase tudo que eu penso e não digo."

Muito dessa retórica está relacionada à construção de um muro ao longo da fronteira mexicana para barrar as hordas de imigrantes que estavam, como Phelps entendeu, correndo para o país a fim de roubar o que restava do Sonho Americano.

"Como um norte-americano branco nascido aqui, quero ver as fronteiras fechadas", disse ele.

Entre os norte-americanos, o desemprego entre as pessoas negras há muito tempo se mantinha cerca do dobro do índice dos brancos, em níveis que a classe política certamente teria tratado como uma emergência nacional se afligisse a todos. Quando o flagelo do desemprego atingiu as comunidades brancas, um número crescente de eleitores brancos estava inclinado a declarar uma crise sistêmica.

Isso foi algo que Trump compreendeu visceralmente. As tarifas que ele eventualmente imporia às importações chinesas aumentariam os preços de uma vasta gama de produtos nos Estados Unidos, efetivamente diminuindo os salários de dezenas de milhões de trabalhadores norte-americanos comuns — especialmente mulheres, negros e latinos cujo trabalho se concentrava no setor de serviços. O trunfo aumentaria os custos para as empresas, enfraquecendo sua competitividade internacional. Em troca desse dano generalizado, a guerra comercial de Trump[16] reforçaria as chances de um aumento da força de trabalho nacional — os 16% dos trabalhadores sem diploma universitário empregados em manufaturas.

Em resumo, operários homens, esmagadoramente brancos, em cidades como Granite City, ganhariam certa proteção às custas de comunidades com renda mais baixa e taxas mais altas de desemprego de longo prazo.

"A fetichização dos empregos de manufatura dificilmente é uma política neutra",[17] escreveu o economista Adam Posen. "A imagem de homens fazendo coisas perigosas para produzir coisas pesadas parece ressoar com os eleitores nostálgicos de uma forma que as mulheres que prestam serviços humanos não fazem."

Por sua vez, Simmons desdenhou considerar Trump como uma fraude. E, ainda, entendeu por que Trump ganhava apoio. Sua maneira de descrever as forças que moldam as cidades industriais soava verdadeira. Em Granite City, como em centenas de comunidades similares, a ideia de que qualquer pessoa disposta a programar um despertador e sair para o trabalho poderia contar com uma existência razoavelmente confortável era um entendimento tácito. Esse entendimento era ineficaz.

"Quando você pode enviar coisas pela metade do mundo e pode comprá-las mais baratas do que podemos fabricá-las aqui, algo está errado", disse Dan Drennan, que trabalhou na fábrica em Granite City durante 38 anos e foi demitido. "Este não é o mundo em que nossos pais na Segunda Guerra Mundial queriam que vivêssemos."

Mas acusar o comércio e a globalização pelas privações nas cidades industriais norte-americanas era como culpar o clima por ter arrancado o telhado de sua casa e não o empreiteiro que a construiu com materiais de má qualidade. A culpa principal recaiu sobre o Homem de Davos. Ele havia manipulado o sistema para garantir maior enriquecimento, enquanto privava os trabalhadores de uma parte proporcional dos ganhos.

A U.S. Steel, conglomerado que era proprietário da usina de Granite City, declarou um prejuízo de US$440 milhões em 2016. Ainda assim, a empresa pagou US$31 milhões em dividendos a seus acionistas.[18] Ela pagou um salário de US$1,5 milhão ao seu presidente e CEO, Mario Longhi,[19] mais a remuneração baseada em ações e outros benefícios que aumentaram seu salário total para além de US$10,9 milhões.

Era assim que o capitalismo funcionava nos Estados Unidos. Quando os problemas surgiam, as consequências caíam sobre os trabalhadores sob a forma de desemprego, bancarrota e depressão. Os superintendentes das corporações encontraram uma maneira de enriquecer seus cofres, não importando o que acontecesse.

Alguns economistas advertiram desde cedo que permitir a entrada da China no sistema comercial global representava um perigo para as cidades industriais em todos os outros lugares.

O parecer favorável de Washington "sinalizará ao mundo que os Estados Unidos, de fato, abandonaram a causa de colocar os direitos dos trabalhadores e as normas ambientais na agenda do comércio internacional", declarou o economista Jeff Faux em 2000.[20]

Mas tal conversa foi abafada por exuberantes líderes de torcida do Homem de Davos e de seus colaboradores. Investir na China não era apenas bom para os acionistas, disseram eles, mas bom para o mundo. Ligaria o futuro da China à economia global, o que forçaria seus líderes a abraçar os valores de seus parceiros comerciais. O Homem de Davos não explorava a China para obter mão de obra barata; ele defendia as liberdades civis.

Bill Clinton adotou essa narrativa ao fazer campanha pela inclusão da China na OMC — ao longo do caminho, aspirando pesadas contribuições de campanhas das empresas multinacionais ansiosas para conseguir uma chance no mercado chinês.

"A China não concorda simplesmente em importar mais de nossos produtos, concorda em importar um dos valores mais queridos da democracia, a liberdade econômica", declarou Clinton em 2000.[21] "É provável que tenha um impacto profundo nos direitos humanos e na liberdade política."

Cinco anos depois, Clinton aceitou um convite do Homem de Davos mais proeminente da China, Jack Ma, o fundador da empresa de comércio eletrônico Alibaba, para fazer um discurso de abertura em uma conferência chinesa na internet. A conferência foi realizada na cidade natal de Ma, à beira do lago de Hangzhou. O Yahoo, portal da internet, possuía na época 40% da empresa de Ma.

Um jornalista chinês[22] que tinha usado uma conta de e-mail do Yahoo para vazar informações para uma organização internacional de direitos humanos tinha acabado de ser condenado a dez anos de prisão. O Yahoo o havia identificado às autoridades chinesas, alegando ter que cumprir as leis locais. Grupos de direitos humanos incitavam Clinton a usar sua presença para chamar a atenção para tal episódio, mas ele nada disse a respeito em seu discurso, que celebrava a internet como uma força de libertação humana.

Quando, depois, tentei perguntar a Clinton como ele conciliou sua conversa de liberdade com a prisão de um jornalista entregue pelo povo pagando pela "viagem a passeio" dele, ele sorriu, fez sinal de que não podia ouvir a pergunta e se misturou no cordão de segurança.

Longe de mudar a China, as próprias empresas ocidentais foram mudadas pela China. A JPMorgan Chase concedeu estágios aos filhos de funcionários do Partido Comunista Chinês,[23] cujos pais posteriormente desenvolveram um apreço pelos serviços bancários de investimento da empresa.

A empresa de private equity de Schwarzman, a Blackstone, vendeu dezenas de bilhões de dólares em imóveis para empresas chinesas, incluindo o Hotel Waldorf Astoria em Nova York. Um fundo soberano chinês,[24] o State Investment Company of China, investiu US$3 bilhões na oferta pública inicial da Blackstone, assumindo uma participação de quase 10% na empresa. O negócio ganhou a rápida benção da liderança da China.

Schwarzman promoveu sua causa mais fervorosa, o programa Schwarzman Scholars,* como uma fonte crucial de progresso. Moldado na bolsa Rhodes, ele trouxe estudantes de Harvard, Yale, Cambridge e outros campi de prestígio para estudar na Universidade Tsinghua da China, em nome da promoção da compreensão internacional.

O chefe da Blackstone ficou encantado com as cerimônias de celebração dos jovens estudiosos apoiados por sua fortuna. Ele normalmente se esquivava das perguntas sobre o papel dos líderes seniores do Partido Comunista Chinês[25] na seleção dos candidatos. A Universidade de Tsinghua "supervisiona o processo de seleção dos bolsistas chineses", informou a Blackstone em uma declaração escrita em resposta às perguntas que fiz a Schwarzman. "Desde a fundação do programa, a intenção sempre foi que a China identificasse seus futuros líderes para que participassem." Ele também não estava interessado em discutir como o Schwarzman Scholars havia convidado como patrono[26] o CEO de uma empresa chinesa que construiu inteligência artificial utilizada na vigilância da minoria étnica Uigure,** que havia sido forçada a entrar em campos de concentração na China ocidental. "O programa escolheu como patrono um reconhecido líder global em Inteligência Artificial, dada a relevância e a importância do tópico para futuros líderes",

---

* Schwarzman Scholars, é um programa internacional de prêmio de pós-graduação para alunos estudarem na Universidade Tsinghua, China. Os prêmios são concedidos de 100 a 200 candidatos por ano, em todo o mundo. [N. da R.]

** Os uigures (singular: uigur ou uigure) são um povo de origem turcomena que habita principalmente a Ásia Central. Os uigures são uma das 56 etnias oficialmente reconhecidas pela República Popular da China. [N. da R.]

continuou a declaração da Blackstone. "Sua acusação em geral de que receber um orador no campus representa um envolvimento total ou o endosso de todas as supostas atividades dele é absurda. Tal visão está fundamentalmente em desacordo com a longa tradição acadêmica e o senso comum."

A declaração da Blackstone tinha em negrito e sublinhada uma frase: "Rejeitamos fundamentalmente sua premissa de que cancelar o intercâmbio cultural entre jovens líderes estudantis que ajudarão a definir a política futura é o melhor caminho para criar um mundo mais pacífico." Essa não era, de fato, minha premissa. Eu vivi na China por quase seis anos. Schwarzman e eu passamos três dias na mesma conferência de alto nível na Schwarzman em Pequim, durante a qual encontramos com o Presidente Xi Jinping. Ao derrubar esse argumento inconsistente, Blackstone destacava a tendência do Homem de Davos em apresentar falsas escolhas binárias como uma defesa do *status quo*. Nós poderíamos ter bilionários norte-americanos aproximando-se dos líderes da China enquanto extraímos investimentos, ou poderíamos cortar laços.

Os trabalhadores de Granite City não estavam errados em sua obsessão pela China. A competição chinesa era uma ameaça a seu padrão de vida. Mas o principal culpado pela deterioração de sua condição estava em seu próprio país — em salas de reunião em Nova York, no Vale do Silício e em escritórios do governo em Washington, onde o Homem de Davos ditava as regras.

Em alguns lugares, especialmente nos países escandinavos, os prejudicados pelo comércio viram os danos limitados e reparados por programas governamentais. O Estado capacitou os trabalhadores para novas carreiras quando eles perderam os empregos, e os ajudava com suas contas enquanto estavam desempregados. Contudo, nos Estados Unidos, os gastos com programas de redes de segurança social haviam sido esvaziados quando o Homem de Davos reduziu seu pagamento de impostos.

Na Dinamarca,[27] quando o provedor de uma família tradicional de quatro pessoas perde o emprego, ele pode contar com 88% de sua renda anterior durante seis meses, graças aos benefícios de desemprego e a outros programas sociais. Nos Estados Unidos, a mesma família tem de encontrar uma maneira de sobreviver com 27% de sua renda anterior. A Dinamarca arrecada impostos no valor de cerca de 45% de sua produção econômica anual.

Nos Estados Unidos, o governo opera com receitas tributárias equivalentes a menos de 25% de sua economia.

Não foi a globalização a culpada pelo desespero em Granite City. Foi a forma como os ganhos tinham sido distribuídos — não por acidente, mas de forma voluntária e meticulosa, como um meio de direcionar mais tesouros para os Homens de Davos como Bezos.

A Amazon era, na superfície, um agente menor em Granite City. Ela operava um armazém que empregava trabalhadores abandonados pela siderúrgica. Tal como em todos os lugares, seus caminhões percorriam as ruas locais, deixando as embalagens. Mas seu verdadeiro impacto foi fundacional. Assim como qualquer empresa, a Amazon alterou o equilíbrio de poder entre empregados e empregadores.

Com uma força de trabalho próxima de 1,3 milhão, a Amazon se tornou o segundo maior empregador privado dos Estados Unidos, atrás apenas do Walmart. Ela utilizou sua escala para baixar os salários enquanto extraía o adicional de produtividade de cada hora de trabalho.

Em resumo, a Amazon ajudou a classificar o mundo contemporâneo em vencedores e perdedores — aqueles posicionados para desfrutar da utilidade de sua inigualável rede de distribuição e aqueles prejudicados por sua supremacia no mercado.

Os barões ladrões acumularam seu domínio em uma época na qual o aço era vital para a indústria. Bezos construiu seu império em uma época na qual a largura de banda da internet era uma mercadoria crucial, permitindo que ele colocasse sua perspectiva sobre o globo, enquanto introduzia seus serviços em quase todas as áreas do comércio moderno.

Bezos foi tanto um beneficiário do regime de comércio internacional construído nas décadas após a Segunda Guerra Mundial quanto um ator principal na perversão de seu funcionamento para desviar a maior parte dos ganhos para bilionários como ele.

« »

Criado no conforto da classe média alta, Bezos era um empreendedor em série que não tinha vergonha em compartilhar essa informação.

"Sempre fui academicamente inteligente",[28] disse uma vez.

Na Miami Palmetto Senior High School,[29] ele fez com que todos soubessem que ele seria o melhor aluno e em seguida conseguiu isso. Depois se matriculou em Princeton, a única faculdade que lhe interessava. ("Einstein esteva lá, pelo amor de Deus",[30] disse ele.)

Ele se formou *summa cum laude* em 1986, aceitou um emprego em uma startup de telecomunicações, foi bancário e depois entrou no mundo dos fundos multimercado, trabalhando para David E. Shaw, um lendário investidor pioneiro na técnica de empregar algoritmos matemáticos para fazer negócios lucrativos. Foi lá que Bezos desenvolveu a ideia do que se tornaria a Amazon — o que ele e Shaw chamavam de "a loja de tudo".

Em meados dos anos 1990 a internet estava prestes a reformular o mundo dos negócios. Shaw encarregou Bezos de descobrir quais produtos poderiam ser vendidos online com maior rentabilidade. Os livros eram um exemplo contraintuitivo — a internet parecia estar pronta para destruir a mídia impressa — mas Bezos decifrou o código.[31] Havia 3 milhões de livros na mídia impressa.[32] Isso era mais do que qualquer superloja de tijolo e cimento poderia estocar, fornecendo uma vantagem imediata a um mercado online.

Bezos contratou pessoas com cérebros como o dele. As entrevistas de emprego incluíam perguntas socráticas[33] — *quantos postos de gasolina existem nos Estados Unidos?* —, permitindo que Bezos observasse como o indivíduo resolvia o problema.

Ele imitou o domínio do Walmart,[34] roubando seus executivos e acolhendo sua frugalidade. Ele fez um espetáculo para conseguir que seu cartão de fidelidade fosse carimbado[35] no quiosque de café da sede da Amazon em Seattle. Ele escolheu a cidade[36] como sua base em parte para limitar a exposição da Amazon aos impostos sobre vendas: eles eram devidos apenas em encomendas entregues a pessoas em estados onde a empresa tinha operações físicas e Washington era o lar de relativamente poucas pessoas. Os funcionários tinham que pagar para estacionar.[37]

Bezos tinha preferência pela palavra *implacável*. Cada minuto de cada dia era necessário para que a Amazon realizasse a missão de domínio de mercado de Bezos. Quando uma funcionária lhe perguntou sobre a possibilidade de um equilíbrio mais saudável entre trabalho e vida pessoal, Bezos foi fulminante: "A razão de estarmos aqui é para fazer as coisas",[38] disse ele. "Se você não consegue se sobressair e dar tudo de si, este pode não ser o lugar certo para você."

Quase todos o respeitavam como a pessoa mais inteligente em todos os lugares, mesmo quando se esforçavam para conciliar sua intensidade com sua risada absurda. O som dela foi descrito de forma variada como o de "um idiota que gargareja abelhas" ou "uma mistura entre um elefante acasalando e uma ferramenta elétrica". Os iniciados poderiam facilmente tê-lo interpretado como um pedido de atendimento de emergência.

Apesar do riso, Bezos era a fonte de um medo abjeto entre aqueles designados para apresentar suas ideias a ele. Ele não tolerava ignorantes e os encontrava em todos os lugares.

"Precisamos aplicar alguma inteligência humana a este problema",[39] disse ele uma vez depois que um funcionário apresentou uma proposta que não obteve a aprovação do chefe. "Você é preguiçoso ou apenas incompetente?",[40] falou rispidamente com outro subalterno.

Para um executivo da Amazon,[41] nada era mais alarmante do que uma reclamação de atendimento ao cliente encaminhada por Bezos com a adição de um único caractere no início — um ponto de interrogação.

Em uma transformação agora bem conhecida, mas decisiva, a Amazon se tornou o principal centro coordenador para uma vasta gama de produtos — vestuário, material de escritório, eletrônicos, brinquedos e, eventualmente, alimentos. Em 2019, sua rede de distribuição internacional entregava 3,5 bilhões de pacotes por ano, ou seja, um para cada duas pessoas na Terra.

Ela se expandiu em streaming de vídeo e depois se tornou uma das principais produtoras em Hollywood, produzindo filmes e programas de televisão. Ganhou a maior parte de suas receitas por meio de um controle dominante no negócio de hospedagem e transporte de dados de computador, operando como a ferrovia para a era digital. Bezos também perseguia seu fascínio de infância com a vida além da Terra, lançando satélites e buscando um negócio de exploração comercial do espaço.

Como disse o jornalista Franklin Foer: "Se os revolucionários marxistas alguma vez tomassem o poder nos Estados Unidos, poderiam nacionalizar a Amazon e encerrar o assunto."[42]

Na cultura e na composição, a empresa de Bezos refletiu a configuração tradicional de poder da sociedade que a produziu. No fim de 2019, os 17 executivos que compunham a equipe sênior de Bezos incluíam precisamente zero afro-americanos e uma mulher.[43] Ainda assim, ele insistiu que a Amazon era uma meritocracia, desdenhando da palavra *diversidade* como sinônimo de rebaixamento dos padrões.

Durante o fim dos anos 1990, em meio ao *boom* das pontocom, Bezos foi uma estrela desenhada no Fórum. Como muitos de seus companheiros participantes, ele lançou seu sucesso pessoal como forma de triunfo social, uma validação do sistema que lhe havia permitido transformar uma boa ideia em um prêmio. Ele e os outros bilionários em Davos projetaram um entendimento de que seu sucesso não era o resultado de um sistema manipulado, ou privilégio racial, ou inclusão nas redes sociais da Ivy League, mas simplesmente de ter trabalhado mais duro. A riqueza que eles comandavam era sua justa recompensa, como se a única coisa que separava Bezos e as pessoas que trabalhavam em seus armazéns fosse seu fracasso em estudar tão arduamente para a prova.

O Homem de Davos implantou essa ideia como profilaxia contra a regulamentação da diluição do lucro. A inteligência e a ética de trabalho de Bezos eram irrepreensíveis, mas sua espantosa riqueza não era o resultado de forças puramente de mercado: ele havia aplicado seu dinheiro e seu conhecimento para distorcer o mercado a seu favor.

O sucesso da Amazon se baseou no comércio internacional. Bezos construiu um site intuitivo e uma operação logística sofisticada, mas ele dependia de fábricas ao redor do mundo para produzir o que entregava. Esse era o conceito para "a loja de tudo" que ele sonhou com Shaw.

"A ideia era sempre a de que alguém pudesse lucrar como intermediário",[44] disse D. E. Shaw em 1999. "A questão principal é: quem será esse intermediário?"

A Amazon recrutou ativamente fornecedores chineses para vender a seus clientes,[45] produzindo uma onda de produtos que não chegaram conforme anunciado ou violaram as normas federais de segurança, de acordo com uma investigação do *Wall Street Journal*. Em 2019, quase 40% das contas mais ativas da Amazon estavam sediadas na China (embora a empresa tenha contestado isso).

Bezos há muito se esquivava das críticas a respeito de sua empresa — seu tratamento desrespeitoso com os funcionários do armazém, sua impiedosa diminuição de vendedores de livros independentes e outros concorrentes — ao se fazer passar por um beneficiário inofensivo das mudanças que eram essencialmente inevitáveis, custeadas pela tecnologia, e além dos poderes dos terráqueos para conter.

"A Amazon não está acontecendo para o mercado de livros",[46] disse ele certa vez. "O futuro está acontecendo para o mercado de livros."

Mas Bezos havia deliberadamente moldado esse futuro. A Amazon tinha financiado esforços de lobby para combater os impostos sobre vendas que ameaçavam invadir seus negócios. Estados que contemplavam a cobrança de impostos sobre vendas se viram intimidados pela Amazon, pois a empresa ameaçou fugir para jurisdições mais favoráveis. A Amazon aplicou sua força para diminuir os impostos corporativos[47] — uma campanha que se tornou realidade quando Trump assumiu o poder.

Em 2018, a Amazon empregava 28 lobistas em Washington,[48] mais do que qualquer outro negócio de tecnologia, além de mais 100 contratados. Esse aparato formidável incluía quatro ex-membros do Congresso.

Além dos Estados Unidos, a empresa enfrentou sindicatos, especialmente na França e na Alemanha, sendo acusada de procurar americanizar a força de trabalho — um sinônimo de redução de salário.

A Amazon também provou ser um dos principais beneficiários de anos de lobby que tinham indeferido a lei antitruste norte-americana, permitindo a Bezos absorver várias empresas ao acumular maior participação no mercado. A Amazon tinha sido autorizada a organizar volumes de dados sem precedentes sobre os hábitos de compra de seus clientes, e depois usar esse conhecimento para vender mais de uma forma que não era transparente. Isso alavancou seu status como a loja decisiva para tudo,[49] desde canetas esferográficas até lava-louças, para conduzir os clientes a seus próprios produtos. Parte do motivo de Bezos ter reunido uma fortuna maior do que o PIB do Kuwait foi porque seus clientes estavam involuntariamente pagando uma bonificação.

Algo irônico, dado que a Amazon foi, acima de tudo, beneficiária de décadas de lobby empresarial que enfraqueceram a lei antitruste por intermédio de uma reivindicação decisiva: as grandes empresas eram mais eficientes, o que as tornava melhores para os consumidores.

Esse foi o mesmo argumento que os antepassados dos Homens de Davos utilizaram para desmantelar as proteções contra abusos corporativos que remontam ao New Deal* dos anos 1930. Era assim que as grandes empresas se defendiam da aplicação da lei por sua exploração de mão de obra e seu tratamento predatório das empresas menores. Qualquer coisa que produzisse preços mais baixos seria aplaudida como sendo consistente com o interesse público. A Amazon foi um monumento ao sucesso dessa fórmula.

Mesmo quando a Amazon aumentou o salário[50] de 500 mil de seus trabalhadores para um mínimo de US$15 por hora em abril de 2021 — sua resposta a relatos de condições perigosas dentro de seus armazéns — a mudança ressoou mais como uma forma de prejudicar os concorrentes do que para corrigir o tratamento injusto. Ao aumentar os salários, a Amazon garantiu que rivais como o Walmart teriam dificuldades para contratar trabalhadores suficientes. A Amazon poderia, então, captar mais do mercado de comércio eletrônico, reforçando seu domínio.

O comércio e a globalização funcionaram como os antepassados de Bretton Woods haviam previsto, transformando adversários em potências comerciais, gerando empregos e crescimento econômico, e entregando uma profusão de produtos a preços acessíveis para lojas em todo o mundo. Mas os Homens de Davos, como Bezos, tomaram para si a maior parte dos ganhos.

Foi assim que Michael Morrison, um trabalhador siderúrgico de longa data em Granite City, se viu tão desesperado por um salário que,

---

* O New Deal foi um plano de recuperação econômica, iniciado 1933, realizado no governo Franklin Delano Roosevelt, logo após a quebra da Bolsa de Valores de Nova York, em 1929. [N. da R.]

relutantemente, foi trabalhar em um armazém da Amazon, ganhando uma fração de seus salários anteriores.

« »

Morrison havia começado a trabalhar na siderúrgica em 1999, quando tinha 38 anos — um pai com três filhos pequenos, de repente considerando o transporte de produtos de longa distância.

"Senti que finalmente tinha entrado em um lugar tão confiável que podia me aposentar lá", disse.

Ele começou nos postos mais baixos, executando o trabalho suado de tirar o resíduo de metais dos fornos, antes de chegar a uma das posições mais valorizadas — operador de guindastes. De dentro de uma cabine enfiada nas vigas, ele operava os controles, guiando uma concha de 350 toneladas que derramava ferro quente derretido.

Era um trabalho difícil que exigia delicadeza e foco perpétuo, dado que um simples erro poderia ser caro ou até mortal. Ganhava US$24,62 por hora, o que lhe permitia pagar sua hipoteca. Ele comprou um caminhão e um barco para viagens de pesca.

Morrison queria que seus três filhos entrassem no mundo do colarinho-branco, então trabalhou o maior número possível de turnos de horas extras, guardando as economias para a faculdade. Sua filha completou seu mestrado em epidemiologia. Seu filho matriculou-se em uma faculdade particular próxima, a Universidade McKendree.

Então, no outono de 2015, a U.S. Steel começou a desacelerar a produção em Granite City. Dois dias antes do Natal, Morrison terminou seu turno habitual na fábrica e foi para a sala de descanso.

"Todos estavam ali parados como zumbis, olhando para o quadro de avisos", disse-me ele. Uma lista de nomes foi colocada ali, entre eles o dele. Os que estavam na lista tinham que limpar seus armários.

"Eu trabalho desde os 12 anos", disse ele, lutando para compreender essa mudança. Ele tinha começado entregando jornais, depois aceitou um emprego como cozinheiro no restaurante de tacos de seu irmão.

Uma camiseta azul do Sindicato dos Trabalhadores do Aço abraçava seu corpo robusto. Suas mãos calejadas atestavam anos de trabalho físico. Mas o salário quinzenal de US$2 mil havia se tornado um seguro-desemprego de US$425 por semana. E então o dinheiro parou de vir. Ele havia atingido o limite de seis meses para o subsídio de desemprego.

"Tive que dizer a meu filho que ele não podia voltar à McKendree para seu primeiro ano", disse Morrison, enquanto lutava para manter a compostura. "Ele tem que ir para a faculdade comunitária."

Ele engoliu em seco, lágrimas escapando pelo canto dos olhos. "Isso acaba com você", disse ele. "Eu não consegui ir para a faculdade. Queria que meus filhos fossem bem-sucedidos."

Morrison havia sido entrevistado recentemente para um trabalho como supervisor em um armazém da Amazon, mas isso exigia habilidades de informática que lhe faltavam. Então aceitou um emprego de nível inferior como "auxiliar de atendimento" — operários que vagam pelos corredores do armazém tirando produtos das prateleiras e colocando-os em caixas. Ele recebia US$13 por hora, quase metade de seu salário na siderúrgica.

Em seu primeiro dia, os supervisores fizeram fila com os auxiliares para um exercício de pré-treinamento da equipe. "Disseram: 'Vamos aplaudir três vezes e depois gritar: vai setor de expedição!'", Morrison lembrou.

Ele não fez isso, chamando a atenção de seus chefes da Amazon.

"Um cara veio até mim e disse: 'Notamos que você não estava aplaudindo'", disse Morrison. "Eu disse: 'Sim, não gosto disso. Esse não é o meu forte.' Ele disse: 'Bem, é mais ou menos assim que formamos unidade aqui.' Eu respondi: 'Bem, sou membro do sindicato há mais de 30 anos, e nunca aplaudi uma única vez.' Isso só fez eu me sentir humilhado."

Ele terminou seu turno e nunca mais voltou, e por fim foi a outro armazém onde trabalhava à noite por US$17,50 a hora. Como a maioria de seus colegas siderúrgicos, Morrison tinha sido democrata durante toda sua vida. E, como muitos de seus irmãos do sindicato, foi conquistado por Trump — por sua promessa de enfrentar a China; por seu foco nos imigrantes que estavam, na mitologia central da campanha Trump, roubando empregos.

Morrison viu o desagradável vídeo no qual Trump foi pego dizendo que agarrava as mulheres por suas vulvas, mas ele imaginou que era como muitos políticos se comportavam. Quando lhe perguntei se ele aceitava os elogios de Trump aos protestantes neonazistas e aos supremacistas brancos, Morrison respirou fundo e disse: "Eu não me considero racista de forma nenhuma", embora tenha deixado claro que havia comprado a ideia central da candidatura de Trump — que os brancos enfrentavam uma ameaça existencial. "Os estrangeiros ilegais estão chegando."

Ele acabou não votando em Trump em 2016, influenciado por Simmons, que suplicou para honrar seu sindicato. Mas outros tantos, simpáticos àquela ideia, votaram para enviar Trump à Casa Branca. Em uma nação acostumada a pensar em si mesma como uma terra de oportunidades, Trump explorou a queda de mobilidade, combinada com mentiras sobre imigrantes, como um caminho para o poder.

Ao contrário do que aponta a análise do Instagram do momento, Trump não venceu simplesmente porque capturou votos brancos da classe trabalhadora. Menos de um terço de seu apoio em 2016 veio desse grupo.[51] Homens de Davos como Schwarzman apoiaram Trump como uma forma de garantir a redução de impostos e a desregulamentação. Os eleitores brancos se uniram a Trump pela mesma razão que tinham tendência a votar em republicanos por uma geração — em homenagem a um governo enxuto e com baixos impostos, uma reprimenda implícita ao estado social que muitos norte-americanos brancos estavam inclinados a ver como esmolas para as minorias, mesmo que os brancos fossem os beneficiários mais numerosos.

Mas 60% dos eleitores brancos da classe trabalhadora deram vantagem para Trump em 2016, promovendo uma mudança constante e de longo prazo em direção aos republicanos. Os condados que haviam absorvido a maior pressão das importações da China e do México apresentaram os maiores aumentos no apoio ao candidato presidencial republicano.[52]

Sete décadas depois de Morgenthau ter proclamado o advento de uma era governada pela cooperação internacional, Trump proferiu um discurso de abertura belicoso que poderia ser resumido em duas palavras: "América Primeiro." Ele o repetiu, como se estivesse zombando daqueles que ainda acreditavam na globalização.

"Devemos proteger nossas fronteiras contra a devastação de outros países que fabricam nossos produtos, roubam nossas empresas e destroem nossos empregos", disse ele.

Em 2020, Morrison estava de volta a seu antigo emprego na siderúrgica, creditando o fato a Trump pelas taxas aplicadas aos produtos chineses. Ele votou em Trump naquele ano.

"Do jeito que eu sinto, os republicanos eram a favor de empregos, e os democratas eram a favor de sindicatos", disse-me Morrison. "E, se você não tem empregos, não precisa de sindicatos."

Até então, ele havia chegado a culpar a mídia pela destruição da vida da classe média. Ele culpou os democratas, os imigrantes, as redes sociais — todos menos o Homem de Davos, cujo saque foi tão abrangente a ponto de ser efetivamente invisível.

CAPÍTULO 3

"DE REPENTE, AS ENCOMENDAS PARARAM"

Os Antepassados do Homem de Davos

Para estudar a evolução do *Homo sapiens*, precisamos examinar os chimpanzés. Se quisermos entender o desenvolvimento do Homem de Davos, precisamos ir à Itália.

Tanto quanto em qualquer lugar, os italianos abastados dominaram a arte de esconder seu dinheiro fora do alcance do governo. A evasão fiscal às vezes parece rivalizar com o futebol como o esporte nacional — uma realidade que gerou cinismo na população, minando a governança ao mesmo tempo em que torna a política barulhenta, fragmentada e propensa a dar voz a oportunistas incompetentes.

Décadas antes do Homem de Davos prosseguir com sua depredação global, seus antepassados estavam aperfeiçoando a técnica na Itália. Seus saques dos cofres públicos enfraqueceram a capacidade do Estado de responder a crises como a pandemia, enquanto limitavam investimentos que poderiam produzir uma economia mais dinâmica.

Uma empresa se destaca como um exemplo especialmente pungente da perversão da elite italiana em relação ao capitalismo para seu próprio benefício. Ao longo de gerações, o povo mais poderoso da Itália tem explorado a

Fiat, depredando o gigantesco fabricante de automóveis para enriquecimento pessoal às custas do público.

Ninguém aplicou o golpe mais agressivamente do que Gianni Agnelli, conhecido em toda a Itália como *L'Avvocato* — o Advogado.

Nascido na cidade de Turim, ao norte da Itália, em 1921, Agnelli comandou o fascínio popular ao longo de sua vida. Seu avô fundou a Fiat, cuja ascensão foi a emblemática recuperação milagrosa da Itália após a devastação da Segunda Guerra Mundial. A empresa e o país enriqueceram mutuamente, aplicando suas habilidades de planejamento e de engenharia para produzir objetos que o mundo cobiçava.

Agnelli assumiu o controle da empresa em 1966. A Fiat prosperou com o crescimento da classe média, fornecendo carros confiáveis e acessíveis. Sua comercialização se envolveu com a bandeira: a empresa era italiana, da mesma forma que a Ford era norte-americana. Em 1970, a Fiat produzia mais de 1,4 milhões de veículos por ano na Itália, empregando 100 mil pessoas.

"Agnelli é a Fiat",[1] era um slogan popular; "A Fiat é Turim e Turim é a Itália."

Os Agnellis eram conhecidos como os Kennedys da Itália — sua riqueza, glamour, fama, pinceladas de tragédia e tendência ao escândalo operando em igual medida. Gianni preferia escapar para a Riviera francesa ao volante de carros esportivos, na companhia de vedetes. Em uma nação exclusivamente dedicada à moda, ele era um ícone que desprezava as convenções. "Ele usava sua gravata torta e seu relógio em cima do punho para sugerir *sprezzatura*[2] — a arte italiana de parecer não se importar com a aparência — e para desconcertar seus rivais", declarou a *Esquire* ao consagrar Agnelli em uma lista de "Os Homens Mais Bem Vestidos da História do Mundo".

Ele se casou com outra famosa influenciadora, meio norte-americana, meio italiana com um título que atesta sua nobre procedência — Donna Marella Caracciolo dei Principi di Castagneto. Colecionadora de arte e designer têxtil, ela era uma presença frequente nas revistas de moda. Seu casamento foi tema de incessantes fofocas, realçadas pelos namoros de Agnelli com a socialite e diplomata Pamela Harriman e Jackie Kennedy Onassis, a viúva do ex-presidente norte-americano John F. Kennedy.

No auge do poder, Agnelli foi celebrado como o rei da indústria italiana e o homem mais rico do país, com uma fortuna estimada em mais de US$2 bilhões. Suas empresas representavam mais de 1/4 do valor das bolsas de valores italianas, empregando 360 mil pessoas. Ele era proprietário de dois dos jornais mais importantes da Itália, bem como de um dos times de futebol mais formidáveis do país, o Juventus. Ele adquiriu participação majoritária na Ferrari, um ícone nacional, e liderou a Fiat em uma expansão global.

Quando morreu de câncer de próstata em 2003, a dois meses de seu 82º aniversário, o funeral de Agnelli foi transmitido ao vivo pela televisão nacional. Mais de 100 mil pessoas lotaram a sede da Fiat para uma última visão de seu corpo antes de ser levado para a catedral principal de Turim.

O então primeiro-ministro italiano, Silvio Berlusconi (um companheiro bilionário), participou da cerimônia. O Papa João Paulo II divulgou uma declaração celebrando Agnelli como "um protagonista relevante de alguns dos momentos mais importantes da história italiana".

Mas, seis anos após sua morte, Agnelli foi revelado como algo mais — uma fraude fiscal de proporções monumentais.

Isso veio à tona em 2009, quando a filha de Agnelli, Margherita Agnelli, entrou com uma ação judicial contra sua própria mãe e vários de seus assessores jurídicos e financeiros, acusando-os de terem escondido parte do patrimônio de seu pai. As manobras legais fizeram revelar um segredo que abalou a Itália. Durante anos, Agnelli havia guardado partes de sua fortuna no exterior.

O impressionante volume foi estimado em €1 bilhão,[3] incluindo apartamentos de luxo espalhados pelo mundo, seis somente em Paris. Agnelli havia escondido suas participações em um emaranhado de veículos estrangeiros — uma fundação em Liechtenstein, três empresas de fretes nas Ilhas Virgens Britânicas e um par de entidades suíças que continham empresas de holding em Amsterdã, Luxemburgo e Delaware.

Reverenciado por prover a Itália com carros e salários, Agnelli havia enriquecido sorrateiramente contadores e advogados enfiados em cada paraíso fiscal do mundo.

As autoridades italianas foram atrás da viúva e da filha de Agnelli por evasão fiscal. Elas acabaram se resolvendo com o Estado, embora Margherita tenha sido novamente obrigada a prestar contas das riquezas escondidas no exterior após a liberação dos Panama Papers — o acervo de documentos vazados que revelavam como as pessoas mais ricas do mundo haviam escondido suas riquezas. Os documentos revelaram[4] que ela também tinha estabelecido sua própria holding nas Ilhas Virgens Britânicas, com ações de €1,5 bilhão.

Até então, a Itália havia passado de um exemplo brilhante de sucesso pós-guerra para a economia mais infeliz da Europa. A corrupção se deteriorava enquanto a máfia mantinha sua força. Os bancos do país estavam cheios de empréstimos que nunca seriam restituídos, em parte porque tinham sido tomados em apoio a empreendimentos duvidosos geridos por supervisores politicamente conectados. Os níveis alarmantes da dívida do governo — uma ressaca de uma crise de gastos públicos nos anos 1980 — limitaram a capacidade do Estado de investir em educação, saúde e infraestrutura.

Como membro-fundador da União Europeia, a Itália havia adotado o euro em 1999, ganhando a estabilidade e a disciplina de um sistema monetário dominado pelos alemães com aversão a dívidas. Mas as regras rigorosas da moeda limitavam os déficits,[5] impedindo o governo de gastar para promover o crescimento.

A Itália nunca se recuperou da crise financeira global de 2008 — o resultado do jogo imprudente do Homem de Davos no covil de cassinos dos bancos internacionais. A evasão fiscal em grande escala e as proibições europeias de gastos deficitários combinaram-se para privar a economia de capital, levando à estagnação.

Conforme o desemprego em sua faixa etária aumentava — passava dos 40% em 2013 — os jovens fugiam rumo à Grã-Bretanha e à França em busca de trabalho. Muitos voltaram a morar com seus pais, adiando os planos de carreira e de constituição de família, contribuindo para uma queda acentuada na taxa de natalidade italiana. O que só aprofundou a causa do desespero: à medida que a população envelhecia, isso significava menos pessoas em idade de trabalhar, cujos impostos poderiam financiar pensões e cuidados de saúde para aposentados. Uma verdade sombria que se infiltrou no vocabulário italiano, induzindo a conversas sobre décadas perdidas, gerações perdidas e sonhos perdidos.

No sul da Itália, onde uma sensação incessante de depressão econômica era palpável, conheci um jovem de 29 anos chamado Elio Vagali, que havia se sustentado limpando casas e colhendo tangerinas — quase sempre informalmente, sem a proteção de um emprego em tempo integral. A medida de seu desespero se refletia em sua aspiração mais fervorosa. Ele estava ansioso por um emprego na siderúrgica Ilva, um complexo mal falado na cidade de Taranto, no Mar Jônico. A empresa estava envolvida em casos de câncer na comunidade vizinha. Vagali estava disposto a arriscar sua saúde por um salário que lhe permitisse sair do apartamento de seus pais. E mesmo assim não havia nenhuma vaga.

"Ou você conhece alguém, ou não entra", disse-me Vagali quando o conheci em fevereiro de 2018. "Não há nada aqui para mim."

No resto da Europa, o Homem de Davos tendeu a explorar a Itália como uma fábula enquanto agredia o poder sindical e induzia à "contenção fiscal" — seu termo favorito para cortes de gastos a fim de financiar cortes de impostos para si mesmo. O Homem de Davos lhe diria que a Itália foi o que aconteceu quando um governo desconsiderou as restrições orçamentárias enquanto esbanjava generosas aposentadorias para os trabalhadores. A quase impossibilidade de demitir trabalhadores prejudicou os esforços da Itália em atrair investimentos.

Havia verdade nessa narrativa. As proteções trabalhistas italianas eram extraordinariamente burocráticas, limitando o crescimento das empresas. Seu sistema judicial era irremediavelmente lento, uma das principais razões pelas quais os bancos não conseguiam resolver suas inadimplências: muitas vezes, eles achavam impossível valer-se das garantias. Mas muito do que estava errado com a Itália se resumia à falta de crescimento e à escassez de recursos governamentais. E a falta de vigor e as finanças perpetuamente desoladoras da Itália foram, em grande parte, o resultado das depredações do Homem de Davos.

Os tecnocratas em Roma concordaram com as exigências da União Europeia de cortes no orçamento sob as regras do bloco. A austeridade e a evasão fiscal foram combinadas para deixar a Itália perpetuamente com falta de fundos. Isso ajudou a explicar porque estradas, pontes e ferrovias estavam em decadência e como um sistema sofisticado de saúde se afundaria diante da pandemia. Executivos usaram conexões políticas a fim de obter apoio público para empresas privadas e depois embolsaram os lucros.

Diante de dívidas elevadas e déficits orçamentários, o governo concentrou-se em melhorar a cobrança de impostos para fechar a lacuna. Em 2009, o primeiro-ministro Silvio Berlusconi — mais tarde derrubado por um escândalo de evasão fiscal — introduziu um chamado escudo fiscal que convidava os italianos que haviam escondido seu dinheiro no exterior a trazê-lo legalmente para casa entregando apenas 5% ao governo.

O esquema provou ser atraente para os ricos que operavam nas sombras e caro para o estado italiano. As autoridades abandonaram grandes investigações sobre evasão fiscal que poderiam ter compensado retornos substanciais. Elas renderam sozinhas €700 milhões em um processo contra italianos que depositaram seu dinheiro em cofres de operações bancárias do HSBC[6] na Suíça.

As administrações italianas subsequentes ameaçaram guerra de forma intermitente contra os evasores de impostos, ao mesmo tempo em que concediam anistia. As dívidas da Itália aumentaram, sua infraestrutura se deteriorou e o ressentimento se infestou enquanto os pobres e a classe média observavam o país crescer cada vez mais desigual.

Até 2014, só a evasão de impostos europeus de valor agregado custou ao tesouro italiano mais de €37 bilhões,[7] de acordo com uma estimativa da União Europeia.

Ao longo do caminho, a Fiat traçou o declínio da Itália, ao perder dinheiro, perder empregos e produzir carros que os consumidores não queriam.

Sua habilidade de engenharia havia sido substituída por outro talento — destreza no controle político para assegurar generosidade pública.

Agnelli foi brevemente sucedido na Fiat por seu irmão Umberto. Quando ele também morreu, no ano seguinte, a empresa colocou Sergio Marchionne como CEO.

Direto, audacioso e singularmente dedicado ao resultado final, Marchionne evitava os ternos, favorecendo a indumentária casual. Ele assumiu uma empresa que perdia €5 milhões por dia. Marchionne demitiu os gerentes e cortou os negócios não lucrativos. Ele se revelou como um Homem de Davos por excelência, demonstrando talento em usar crises para extrair dinheiro do governo.

Em agosto de 2005, enquanto a maior parte da Itália estava na praia, Marchionne fez uma visita a Berlusconi em sua residência em Roma. A Fiat estava considerando a possibilidade de fechar suas fábricas restantes na Itália, advertiu Marchionne, um passo que eliminaria dezenas de milhares de empregos. A única alternativa era um socorro público. Marchionne exigiu uma injeção imediata de dinheiro[8] — mais de €130 milhões de euros — além de subsídios governamentais para programas de pesquisa e desenvolvimento, e incentivos fiscais para que os consumidores comprassem seus automóveis. Caso contrário, Berlusconi teria que explicar por que a empresa italiana de marca registrada não seria mais italiana.

Berlusconi concordou. Em outubro de 2005, a Fiat novamente lucrou e pagou dividendos aos acionistas. Encorajado por esse resultado, Marchionne repetiu a jogada, ameaçando demissões para garantir ajuda pública. Ele persuadiu o governo a assumir a responsabilidade pela maior parte dos salários em uma fábrica da Fiat fora de Nápoles. A Itália até entregou dinheiro para a expansão da empresa no exterior.[9] Apesar da ajuda pública, a Fiat fechou uma fábrica na Sicília, provocando a demissão de 1.500 trabalhadores.

O empreendimento mais significativo de Marchionne foi uma fusão que reorientaria o lugar da Itália na economia global: a Fiat assumiu a Chrysler, uma das três grandes montadoras dos Estados Unidos. A partir do momento em que o negócio foi concluído em 2014, as ações da Fiat começaram a ser negociadas na Bolsa de Nova York, dando aos investidores globais maior influência sobre as condições salariais e de trabalho na empresa mais proeminente da Itália. Ao mesmo tempo, a Fiat abandonou formalmente a Itália, estabelecendo-se legalmente no Reino Unido.[10]

Agnelli era conhecido por comentar que o I e o T em Fiat eram uma prova da ligação inquebrável da empresa com a Itália. Mas esses laços não podiam resistir ao fascínio de impostos mais baixos na Grã-Bretanha, especialmente sobre ganhos de capital, o que permitiu que a empresa distribuísse dividendos mais gordos aos acionistas.

A combinação entre ajuda estatal italiana e diminuição dos salários deveria ter tornado a Fiat mais competitiva, gerando empregos e futuras receitas fiscais. No entanto, a mudança para a Grã-Bretanha significava que a Fiat pagaria a maior parte de seus impostos lá.

Na década após Marchionne ter assumido o controle, a força de trabalho da Fiat italiana diminuiu de mais de 44 mil para cerca de 23 mil trabalhadores. Metade dos trabalhadores restantes foi coberta por um regime especial regulamentado pelo Estado no qual a Fiat pôde pagá-los abaixo de seu valor contratual.

Um funcionário, porém, prosperava. Marchionne tornou-se o CEO mais bem pago da Itália,[11] recebendo mais de €46 milhões de remuneração total em 2017, incluindo subvenções de ações e um bônus. Esse pacote foi uma recompensa das pessoas cujos interesses ele havia diligentemente atendido — os acionistas.

O destino da Fiat sinalizou que a Itália tinha sido conquistada pelo Homem de Davos. Anos de ajuda aos contribuintes e regimes de apoio subsidiaram uma empresa multinacional que agora distribuía sua recompensa aos acionistas em Londres, Nova York e outros centros distantes de riqueza, enquanto abandonava as comunidades e os trabalhadores que a fomentaram.

O saque abrangente da Itália pelo Homem de Davos e a perda de vitalidade do país se repetiram gradualmente ao longo de décadas. O declínio do país corroeu a fé nas instituições e na elite governante. Em 2019, 77% dos italianos descreveram a situação econômica como ruim,[12] de acordo com uma pesquisa do Centro de Pesquisa Pew, enquanto 73% disseram que os líderes eleitos do país não estavam preocupados com a situação do povo. Isso abriu caminho para políticos cínicos que atribuíam a culpa pelos problemas da Itália não às pessoas de dentro que haviam saqueado o país, mas aos forasteiros anônimos.

Assim como a ascensão de Trump nos Estados Unidos tinha sido impulsionada em parte pelo aprofundamento da raiva entre a classe trabalhadora branca, os extremistas de direita na Itália exploraram a escassez de oportunidades econômicas enquanto rumavam para o poder. E, assim como Trump conseguiu votos ao despertar medos infundados dos imigrantes, a direita italiana ganhou força ao culpar os migrantes da África pelos problemas domésticos.

À medida que um número crescente de migrantes começava a desembarcar na costa italiana em 2014, Matteo Salvini, líder de um partido chamado A Liga, usou o influxo como trampolim para se destacar. Sua receita simplista para os desafios da Itália — pare a imigração — e seus apelos racistas ao chauvinismo cultural ignoraram a raiz das causas da aflição popular: corrupção, evasão fiscal e austeridade. Ele poupou o Homem de Davos da culpa, enquanto jogava sua ira sobre os estrangeiros.

A eficácia de seu discurso se baseava no apelo duradouro do tribalismo em um país no qual a economia havia deixado de funcionar há muito tempo para muitos trabalhadores. Salvini e outros extremistas de direita prosperaram oferecendo uma narrativa aparentemente coerente, se bem que falsa, para o que havia acontecido com a classe média italiana.

Você podia ver essa transformação em lugares como Prato, uma cidade na região central da Toscana, onde os eleitores há muito apoiavam a esquerda política, e que de repente estavam se desviando para a direita.

Prato era uma cidade têxtil tal como Granite City era uma cidade siderúrgica. Edoardo Nesi possuía uma visão de comando sobre todos os trabalhos. Sua vila no alto das colinas acima da cidade olhava diretamente para a fonte da riqueza de sua família — a fábrica de tecidos iniciada por seu avô.

Nesi passava seus dias dirigindo o negócio têxtil e suas noites escrevendo romances. As paredes da vila familiar eram cobertas com estantes repletas de poesia, volumes de arte e textos esquerdistas de economia. Seu pai era amante de Beethoven, de literatura e de contas a pagar em tempo hábil. Ele deu a seu filho um arranjo lucrativo que compreendia 3/4 do negócio. Eles enviavam lã para os fabricantes de sobretudos na Alemanha que pagavam, infalivelmente, dez dias após a entrega.

"Meu pai disse: 'Vá para a escola e depois venha trabalhar para mim e tudo ficará bem'", disse-me Nesi. "'Sempre tivemos sucesso, você também o terá.' Ele não parava de me dizer como era simples, apenas entregar boa qualidade no prazo. Esse era o segredo. Vivíamos em um lugar onde tudo tinha sido bom durante 40 anos. Ninguém tinha medo do futuro."

Ao longo dos séculos, Prato acumulou riqueza como um centro têxtil de ponta. Tinha uma rede de canais estabelecida pelos romanos, permitindo que as águas do rio Bisenzio fossem desviadas conforme a necessidade.

Após a Segunda Guerra Mundial, as pessoas enchiam as usinas vindas das áreas rurais vizinhas. No início, as fábricas locais produziam cobertores de lã de baixo custo. Depois mudaram para tecidos de peso e textura variáveis, acrescentando sintéticos que esticavam e brilhavam. Nos anos 1980, as casas de moda de Milão enviavam estilistas para Prato a fim de colaborar em novas fibras, enquanto as fábricas locais produziam tecidos para Armani, Versace, Dolce & Gabbana, e outros ícones da área. Os empresários locais observavam modelos usando suas criações em passarelas de Paris e se sentiam invencíveis.

"Achávamos que éramos os melhores do mundo", disse Nesi. "Todos estavam ganhando dinheiro."

Os frutos da riqueza de Prato foram amplamente compartilhados por causa do domínio do Partido Comunista. Apesar de suas manobras marxistas e de solidariedade com a União Soviética, o partido não estava orientado a derrubar o capitalismo. Ele era esquerdista da mesma forma que os países nórdicos como a Dinamarca, seus líderes tinham a intenção de parcelar os ganhos do crescimento econômico para garantir que todos pudessem pagar uma casa, um bife na churrasqueira, um carro. Os sindicatos locais asseguravam salários altos e condições de trabalho confortáveis. Os comunistas usaram seu poder de controle de gastos para entregar obras públicas, incluindo uma biblioteca e um museu de tecidos.

Porém, nos anos 1990, os clientes alemães de Nesi estavam comprando tecidos mais baratos fabricados na antiga Alemanha Oriental, na Bulgária e na Romênia. Depois, começaram a comprar tecidos da China, onde material similar podia ser adquirido por menos da metade do preço do de Prato.

Em 2000, os negócios de Nesi lutavam para se equilibrar. No ano seguinte, a China entrou para a Organização Mundial do Comércio. "De repente, as encomendas pararam", disse ele.

Prato passou por uma punição que antes havia sido aplicada a outros. Em meados do século XIX, os artesãos da cidade começaram a importar roupas de lã usadas de todo o mundo e a transformá-las em fios muito mais baratos do que as alternativas, o que lhes permitia ultrapassar a concorrência na França e na Inglaterra.

Mas a magnitude e a ambição da ascensão da China foram sem precedentes. Fábricas em cidades costeiras como Xangai e Guangzhou compraram a mesma maquinaria de fabricação alemã utilizada pelas usinas de Prato. Eles contratavam consultores italianos que os instruíam sobre as artes modernas do ofício. As 6 mil empresas têxteis de Prato encolheram para 3 mil. Uma força de trabalho têxtil[13] que havia chegado a 40 mil trabalhadores despencou para 19 mil.

Assim como em Granite City, a miséria que se seguiu provocou uma discussão inflamada sobre a globalização e a impossibilidade de competir com a China. Mas a China foi apenas o meio pelo qual o Homem de Davos percebeu a maximização dos lucros para seu próprio benefício. O golpe vinha de empresas multinacionais que dominavam o comércio de vestuário.

Os clientes alemães de Nesi enfrentaram uma pressão implacável para baixar seus preços enquanto uma nova leva de varejistas assumia seu setor — empresas que respondiam aos acionistas. Enormes marcas como Zara e H&M estavam usando cada vez mais fábricas de baixos salários na Ásia para fabricar seus produtos.

A Zara foi fundada por um espanhol solitário chamado Amancio Ortega, que criou um conglomerado chamado Inditex, que se tornaria a maior rede mundial de varejistas de moda. Nascido em 1936, no noroeste da Espanha, Ortega tinha trabalhado como entregador para uma loja que vendia camisas masculinas, e depois como assistente de alfaiate, antes de lançar sua própria loja de roupas para atender aos ricos. Em 1975, ele abriu sua primeira loja Zara e foi pioneiro de um conceito conhecido como *fast fashion*: ele empregou uma equipe de observadores de tendências[14] que vasculhavam os desfiles de moda para novos visuais promissores e depois os copiavam, colocando versões a preços reduzidos nas lojas poucas semanas depois. A Zara vendia seus produtos em lojas requintadas e elegantes,[15] estrategicamente localizadas perto de marcas de luxo como a Gucci e a Chanel, usando a proximidade para capturar seu fascínio.

Embora a Inditex tenha mantido grande parte de sua produção na Espanha, sua crescente dependência das fábricas na China manteve seus salários baixos. Foi assim que Ortega se tornou o indivíduo mais rico de que a maioria das pessoas nunca tinha ouvido falar, um homem que supostamente preferia comer no refeitório da empresa, mesmo quando acumulou uma fortuna estimada em US$55 bilhões.[16]

A H&M foi o segundo maior varejista de roupas do mundo e outro ícone de *fast fashion*. Iniciada na Suécia em 1947 por um homem chamado Erling Persson, começou como uma varejista de roupas femininas. No início dos anos 1980, o filho do fundador, Stefan Persson, estava no comando e liderava a empresa em uma expansão global. Seus negócios no exterior revelaram exploração — trabalhadores supostamente desmaiavam expostos à fumaça química em uma fábrica de roupas no Camboja, e trabalhadores infantis foram encontrados na fábrica da empresa em Myanmar. Não por acaso, os lucros foram consideráveis, fornecendo à Persson uma riqueza estimada em US$13,5 bilhões.[17]

De volta a Prato, as vendas de Nesi evaporaram. Ele até tentou fazer roupas para Zara, mas ficou exasperado com as incessantes demandas por preços mais baixos.

"Você começa a trabalhar corrompendo sua própria qualidade a fim de vender para Zara", disse Nesi. "Tinha que ser algo que se parecesse com sua qualidade sem realmente ser. Isso é mais ou menos uma descrição do que eles queriam que nossa vida se tornasse — algo que se parece com sua vida, mas de menor qualidade."

Ele vendeu o negócio em 2004, antes do que parecia um colapso inevitável, a fim de poupar seu pai de "uma velhice cheia de vergonha".

Enquanto ele contava a história 15 anos depois sobre pratos de macarrão na mesa de sua sala de jantar, sua tristeza pelo fim continuava palpável.

"Meu pai era meu ídolo", disse Nesi. "Eu costumava pensar que meu pai construiu seu templo e eu o arruinei, porque não conseguia encontrar uma maneira de vender. Então, percebi como meu problema era muito comum. Muitas outras empresas não conseguiam mais vender seus tecidos."

Nas planícies de Prato, Roberta Travaglini, 61 anos e mãe de dois rapazes adultos, tornou-se dependente de esmolas da aposentadoria de seus pais para comprar mantimentos. Ela também tinha desenvolvido uma paixão pela direita italiana, e uma tendência a explicar sua perda de posto com lamentos racistas sobre as pessoas que ela culpava — os trabalhadores chineses que se instalaram nas fracassadas fábricas têxteis e os imigrantes africanos que vadiavam no canteiro ao lado de seu apartamento.

Travaglini e quase todos em sua família trabalharam nas fábricas têxteis locais e eram apoiadores inabaláveis da esquerda política. Ela tinha boas lembranças dos comícios do Partido Comunista, para os quais seu pai a levava quando criança, reuniões em meio a música, dança e vinho à vontade.

Mas quando a conheci em Prato, na primavera de 2019, Travaglini estava desempregada há três anos. Ela mendigava pequenos serviços de conserto de roupas para as pessoas do bairro, usando a oficina no andar térreo do apartamento dos pais. Ela estava enojada com o fluxo de imigrantes chineses e com o sucesso de seus negócios. Eles importavam tecidos da China, costuravam roupas e vendiam seus produtos finais em feiras de rua em Paris, captando preços premium ao afixar uma etiqueta valiosa — *Made in Italy*.

Os produtos com esse rótulo devem ser feitos por italianos, chiou, e o povo chinês nunca seria incluído nessa identidade. Nem mesmo os filhos dos imigrantes, que nasceram e estudaram em Prato, falavam italiano nativo, e estavam progressivamente expandindo na costura de roupas para trabalhos de design sofisticados, lançando suas próprias marcas.

Havia empregos nas fábricas chinesas, mas Travaglini não estava disposta a se candidatar. "Não acho justo que eles venham para tirar empregos dos italianos", disse ela. "Ideologicamente, eu luto contra isso, por isso não posso ir trabalhar lá."

Isso era um absurdo. Antes do surgimento dos imigrantes chineses, as fábricas fracassadas de Prato estavam vazias. Agora elas estavam repletas do som de máquinas de costura barulhentas. Longe de se aproveitarem de Prato, os imigrantes foram um motor de renascimento.

"Estamos fazendo trabalhos que os italianos não estão dispostos a fazer", disse Sang Wei, que tinha chegado 14 anos antes vindo de Anhui, uma das províncias mais pobres da China, e aberto um restaurante que vendia arroz e vegetais em embalagens para viagem. "Trabalhamos mais pesado. Levantamos bem cedo todos os dias, sete dias por semana, e estamos aqui das 6h às 20h. Os italianos não farão isso."

« »

Prato era, segundo muitas estimativas, o lar da maior comunidade de chineses da Europa. Travaglini patrocinava seus negócios, comprando roupas com desconto em uma boutique perto de seu apartamento. Mas ela falava dos imigrantes como um sintoma da decadência italiana — da globalização que deu errado, de sua própria vulnerabilidade em uma época na qual os líderes nacionais não mais se preocupavam com pessoas como ela. Nas eleições nacionais do ano anterior, ela votou no partido de Salvini.

Nos anos após a crise financeira global, o partido que Salvini liderou — o então conhecido como Liga do Norte — tomou o poder em Prato. Ele lançou uma repressão contra as fábricas de propriedade chinesa. Utilizou-se de ataques noturnos às fábricas para assediar os trabalhadores,[18] enquanto condenava a "imigração ilegal" como a origem do declínio econômico.

Em sua gestão atual, o partido se concentrava nos últimos desembarques — imigrantes desembarcando nas praias italianas vindos do norte da África, fugindo de guerras na Síria, no Afeganistão e na Somália. Salvini apontou a fé muçulmana dos imigrantes e advertiu que a Europa estava em vias de se tornar "um califado islâmico".[19] Ele descreveu a migração como uma "invasão" que ameaçava os italianos com uma "limpeza étnica".[20] Como Trump, se apresentou como um corretivo para a integração global, um nacionalista contumaz que resgataria os necessitados do que havia se tornado a esquerda italiana, há muito tempo metamorfoseada em uma elite distante.

Aos ouvidos de Travaglini, Salvini oferecia uma justificativa do que aconteceu com sua vida. "Estamos nas mãos das elites mundiais que querem nos manter cada vez mais pobres", disse-me Travaglini. "Quando eu era jovem, era o Partido Comunista que protegia os trabalhadores, que protegia nossa classe social. Agora, é a Liga que protege o povo."

Salvini já havia garantido um lugar no governo, em uma coalizão infeliz encabeçada pelo movimento espetacularmente incapaz: o Cinco Estrelas.* Então ele exagerou, fazendo o governo cair na aposta de que isso desencadearia eleições. Em vez disso, o Cinco Estrelas havia encontrado outro parceiro da coalizão, deixando Salvini de lado. Mesmo assim ele permaneceu firme, esperando sua vez até as próximas eleições.

Toscana, Umbria, Marche e Emilia-Romagna — quatro províncias italianas que elegeram comunistas tão recentemente quanto na década de 1980, e que depois apoiaram de forma confiável os candidatos de centro-esquerda — mais recentemente exaltavam partidos de extrema-direita.

O abandono da esquerda podia ser lido como um sinal de que seu programa funcionava apenas enquanto houvesse ganhos para distribuir. Quando chegaram os tempos difíceis — quando não havia pagamento para compartilhar — a esquerda não tinha resposta, abrindo uma oportunidade para a direita.

Mas por que não havia empregos suficientes?

Não tinha nada a ver com os imigrantes chineses que lotavam Prato. Eles geravam empregos.

Não tinha nada a ver com os imigrantes do norte da África, cuja chegada veio anos depois da Itália ter declinado a um Estado moribundo.

As pegadas do Homem de Davos estavam por toda parte — evasão de impostos, fraudes financeiras, o roubo do sistema pelos poderosos.

A extrema-direita mal falava sobre essas coisas. Suas prescrições para elevar o nível de vida eram mínimas e incoerentes. Ganhou influência jogando com o medo e prometendo reviver uma imagem reconfortante do passado da Itália, centrada em deter o fluxo de estrangeiros.

Ela forjou uma conexão emocional com os necessitados, pessoas que podiam ser alcançadas com a retórica nacionalista. Aqueles que ganhavam

---

* O Movimento 5 Estrelas (M5S), partido que se autodefine como um não partido, foi criado em 2009 pelo político e comediante Beppe Grillo com a ideia de estabelecer uma democracia direta com o uso da internet — deveria romper com a velha lógica do poder. [N. da R.]

a vida com suas mãos compreendiam que suas vidas e sua segurança eram moldadas por forças além das fronteiras nacionais. Salvini projetou a ilusão de ser capaz de restaurar o controle.

Olhando de cima para a antiga fábrica têxtil de sua família no alto de Prato, Nesi sofreu com essa mudança. Ele desdenhou da extrema-direita como uma manobra regressiva. Mas entendeu que esse era precisamente o apelo deles.

"É o poder da nostalgia", disse-me ele.

No ano seguinte à venda da fábrica, a filha da Nesi, então com 10 anos, arrastou-o para a H&M, ansiosa para comprar um sobretudo.

"A loja era fantástica", lembrou ele. "Muito bem iluminada, pessoas bonitas e as roupas eram lindas. Mas eu as via a 30 metros de distância. E a cada passo que eu dava, via algo errado."

"Então toquei as roupas", continuou Nesi. "O tecido era muito ruim. Depois você olhava para o preço e via que era menos da metade do que pagaria em qualquer outra loja, e percebi que o mundo ocidental estava acabado."

Essa conclusão, entretanto, foi apenas uma versão de alta qualidade da arrogância cultural que impedia a Itália de reconhecer seus problemas. Os negócios familiares de Nesi não haviam sido derrubados pelo "oriente" ou pela globalização, ou por outros termos nebulosos que realmente significavam concorrência desleal por parte da China. A Zara e a H&M eram, de fato, empresas europeias. Não foi sua procedência que explicou o tormento de Prato, mas sim a forma como essas empresas eram organizadas: um meio de maximizar os retornos para acionistas sobre todas as outras considerações.

O legado reduzido de Nesi não refletia o suposto fracasso da civilização ocidental. Era a prova de como um grupo seleto monopolizou os ganhos. Prato foi dizimada pelo Homem de Davos.

A nostalgia que Nesi identificou como o combustível para a extrema-direita refletia um anseio popular por uma época em que os italianos podiam menosprezar sua posição de classe média. As pessoas que levaram isso embora não estavam do outro lado do oceano. Estavam por toda parte — em escritórios governamentais em Roma, em elegantes vilas na vizinha Florença, e nos outros redutos para Homens de Davos, que desviaram o trabalho e as economias dos italianos para suas contas bancárias privadas.

A nostalgia era politicamente potente, uma forma de mobilizar pessoas muito além da Itália. Do outro lado do Canal da Mancha, uma facção renegada de Homens de Davos a usou para sabotar o lugar da Grã-Bretanha na economia global para ganho pessoal.

CAPÍTULO 4

"NOSSA CHANCE DE FODÊ-LOS DE VOLTA"

O Homem de Davos e o Brexit

George Osborne não estava disposto a buscar aprovação popular. Em postura e elocução, ele se apresentava como alguém acostumado ao respeito pela força de sua posição como membro da aristocracia inglesa.

Era o filho mais velho do 17º Barão de Ballintaylor, um título hereditário cuja linhagem datava de 1629. Ele frequentou o St. Paul's, um internato de elite no qual o campus de Londres ocupava um trecho do Rio Tâmisa que incluía uma casa de barcos e sete campos de críquete. Depois frequentou a Universidade de Oxford, o ninho revestido de hera da classe dominante.

Ao longo de uma carreira política meteórica, Osborne ganhou reputação como um estrategista astuto, sendo também alguém que não relutou em compartilhar sua esperteza com o resto da humanidade. Em 2010, quando tinha apenas 38 anos, Osborne assumiu o controle do tesouro nacional, tornando-se o mais jovem chanceler britânico do Tesouro em um governo chefiado por seu colega ex-aluno de Oxford — e membro da "drinking society"* — David Cameron. Ele usou aquela tribuna para atacar a rede de segurança social da nação, impondo cortes a uma vasta gama de programas do governo em nome da integridade fiscal.

Os tabloides o retrataram como implacável em sua cruzada ideológica por um governo menor, livre das necessidades dos pobres, enfermos, descapacitados e deficientes. Osborne pareceu considerar tais caracterizações como um distintivo de honra, evidências de que estava enfrentando lutas importantes, evitadas por personalidades menos heroicas. Diz-se que ele haveria supostamente advertido seu filho de oito anos de idade de que ouviria palavras desagradáveis sobre seu pai.

"Eu lhe disse que havia coisas que tinha que saber sobre o que o papai faz",[1] Osborne relatou. "Ele precisava entender que papai pode nem sempre ser muito querido e que pode haver pessoas que não gostam do papai."

Mas nesse dia, em junho de 2016, enquanto estava no saguão de um edifício de escritórios em Bournemouth, uma modesta cidade na costa sul da Inglaterra, Osborne se viu atipicamente buscando o favor de centenas de pessoas reunidas a seu redor.

Ele e o primeiro-ministro Cameron enfrentaram uma situação que corria o risco de consagrá-los como dois dos funcionários públicos mais desastrosos da história de sua nação. Em apenas três semanas, o Reino Unido iria às urnas para votar sobre uma questão colossal: se abandonaria a União Europeia ou não.

Cameron havia colocado essa opção diante do povo na forma de um referendo, com todas as expectativas de que votariam para permanecer, afirmando o lugar central da Grã-Bretanha na Europa e sua lucrativa zona de livre comércio. O primeiro-ministro havia convocado a votação na esperança de derrubar uma insurreição no interior de seu Partido Conservador governante, no qual uma facção corrupta há muito usava a inclusão da Grã-Bretanha na União Europeia para suscitar apoio entre os ruidosos nacionalistas. Uma vez que os eleitores rejeitassem o Brexit — como era conhecida

---

* As "drinking society" ["sociedades de bebida", em tradução livre] são instituições que existem há séculos nas universidades de Oxford e de Cambridge. Repletas de exclusividade e privilégios, são onde os alunos da escola pública se preparam para os escalões do poder. [N. da R.]

"NOSSA CHANCE DE FODÊ-LOS DE VOLTA" ✐ **95**

a opção de saída — esse estratagema eleitoral seria desativado para sempre. Os líderes conservadores poderiam continuar com segurança, sem medo de emboscadas dos oportunistas que agitavam a bandeira da Grã-Bretanha.

Só que os eleitores não estavam participando do mesmo jogo. A votação estava desconfortavelmente acirrada, o que colocou o futuro político de Cameron e de Osborne em grande dúvida, juntamente com a inviolabilidade de sua nação. A Escócia ameaçava abandonar a união se o Brexit passasse. O referendo também representava um risco monumental para a economia britânica, que dependia em grande parte do comércio livre pelo Canal da Mancha.

No centro das preocupações estava o setor financeiro, uma área integrante do trabalho de Osborne como supervisor do Tesouro e, como aconteceu, sua sorte individual no que viria a ser a fase pós-Brexit de sua carreira.

A história da economia britânica moderna estava profundamente ligada à ascensão das finanças e, especialmente, à expansão global dos bancos norte-americanos.

Na década de 1980, a primeira-ministra britânica Margaret Thatcher, a Dama de Ferro, cortejava os investimentos, removendo as regras que limitavam o comércio, um caminho que havia levado Londres a ser um centro financeiro global que rivalizava apenas com Nova York.

Todos os dias úteis, nos pregões das bolsas, as pessoas em Londres[2] concluíam transações envolvendo os instrumentos financeiros exóticos conhecidos como derivativos que valiam coletivamente quase US$1 trilhão, ou cerca de 3/4 do total do resto do mundo. Quase 1/5 das transações bancárias mundiais foram consumadas em algum lugar no Reino Unido, enquanto US$2,4 trilhões em moedas estrangeiras eram negociados diariamente.

As atividades ligadas a finanças empregavam mais de 1,1 milhão de pessoas na Grã-Bretanha, enquanto geravam receitas anuais superiores a 1/4 de um trilhão de dólares.

O Brexit ameaçou derrubar uma parte substancial desse negócio. Até 1/3 das transações financeiras na Grã-Bretanha envolviam clientes sediados em algum lugar da Europa continental. Se a Grã-Bretanha realmente deixasse a Europa, ninguém sabia que regras seriam aplicadas no futuro, o que era razão suficiente para que os responsáveis pelo dinheiro o escondessem em algum outro lugar.

Para ressaltar os riscos e incitar os eleitores a rejeitar o Brexit, Osborne veio a Bournemouth para visitar os escritórios de um dos principais protagonistas da ascensão da Grã-Bretanha ao domínio financeiro — o JPMorgan Chase, o maior banco norte-americano.

"A resposta aos desafios que enfrentamos neste mundo não é retirar as pontes levadiças e pensar que você pode isolar a si mesmo", declarou Osborne. "Não podemos nos dar ao luxo de construir um muro ao redor da Grã-Bretanha. E fomos bem-sucedidos em nos comprometermos."

Ele acenou reverencialmente para a estrela das festividades do dia — Jamie Dimon, o presidente e diretor executivo do banco, cuja presença em solo britânico era a própria mensagem essencial: o Brexit não era apenas uma questão política doméstica, mas uma ameaça para a economia global. As consequências potenciais eram suficientemente perturbadoras para provocar a atenção de um homem que administrava um banco, então abastecido com US$2,5 trilhões em ativos.

Ao contrário de Osborne, Dimon se comportava como uma pessoa que estava acostumada a ser apreciada. Seu charme vulgar, seu sorriso irônico e seu chumaço de cabelos grisalhos tendiam a desarmar aqueles que encontrava com o que parecia ser uma cordialidade genuína.

Outros CEOs sofreram rígidas interações com seus subordinados, distribuindo piadas enlatadas e fingindo se importar com a vida das pessoas fora do empreendimento de ganhar dinheiro. Dimon — conhecido por todos como Jamie — era uma figura que invocava familiaridade, mesmo entre aqueles que mal o conheciam.

Entretanto, nesse dia, com o referendo se aproximando rapidamente, Dimon não tentava fazer com que as pessoas se sentissem confortáveis. Ele mirava no medo. Ele atendeu ao requisito necessário de não interferir na eleição de outra nação soberana. "Não posso e não vou dizer ao povo britânico como devem votar", disse ele, antes de avisar a seus funcionários que votar no Brexit seria como queimar o próprio dinheiro.

"É uma péssima ideia para a economia e para os empregos britânicos", disse ele.

O banco de Dimon empregava cerca de 16 mil pessoas no Reino Unido, das quais por volta de 4 mil só em Bournemouth. Em grande parte, esses empregos estavam lá devido à inclusão da Grã-Bretanha na União Europeia. O banco utilizava seu centro britânico para atender a clientes de todo o continente europeu.

Se a Grã-Bretanha votasse pela saída, desencadearia um processo de dissolução tão enfadonho e intrincado que alguns o comparavam a uma omelete que se desfazia. Isso geraria anos de onerosas incertezas comerciais sobre os regulamentos que governariam as futuras negociações com os 27 países restantes da União Europeia. Ninguém sabia como isso funcionaria.

O banco de Dimon não poderia dar tempo ao tempo e ter a esperança de que um acordo surgisse preservando a configuração vigente. Ele seria forçado a assumir o pior e começar a planejar imediatamente, antecipando uma era na qual as operações de seu banco na Grã-Bretanha estariam separadas de seus clientes europeus por uma fronteira recém-renascida. Seria obrigado a começar a transferir as operações para o outro lado do Canal a fim de garantir que o banco pudesse continuar a servir os clientes lá sem interrupção, independentemente do que viesse a acontecer.

"Não sei se isso significa 1 mil empregos ou 2 mil empregos", disse ele. "Poderiam ser cerca de 4 mil."

O Homem de Davos estava, em geral, horrorizado com o Brexit, vendo-o como uma reordenação perturbadora da geografia do comércio global. Ao longo das décadas, Londres havia se tornado um centro financeiro preeminente em grande parte devido ao lugar da Grã-Bretanha no mercado único europeu — um zona franca de comércio que se estende do Chipre à Irlanda, que detém meio bilhão das pessoas mais ricas da Terra.

Quando uma concessionária espanhola precisou de dinheiro para construir uma nova central elétrica, veio a Londres para vender seus títulos. Os exportadores dinamarqueses de carne suína usaram Londres a fim de comprar derivativos para cobrir os riscos de flutuações nos mercados cambiais. Os fundos de pensão em toda a Europa contavam com Londres para administrar seu dinheiro.

O Brexit colocou grande parte desse negócio em jogo. A União Europeia já ameaçava exigir que a negociação do euro, a moeda utilizada por 19 de seus membros, fosse restrita ao continente.

Em matéria de regulamentação, o Homem de Davos preferia lidar com uma autoridade única e central. O Brexit exigiria que os executivos dos bancos passassem tempo descobrindo quem era importante dentro dos covis regulatórios espalhados da Estônia a Malta, cortejando e lisonjeando pessoas minúsculas que subitamente tinham nas mãos poderes gigantescos para interromper os fluxos globais de dinheiro. Isso exigiria jantares bajuladores, estágios para filhos desempregados e familiaridade com idiossincrasias. Era certo que seria tanto uma dor de cabeça para a diluição do lucro quanto uma perda de tempo.

Foi também historicamente retrógrado. Desde que Thatcher desregulamentou as finanças, transformando Londres no paraíso dos especuladores, os bancos globais centralizaram suas operações ali de forma constante. Eles haviam tirado pessoas de Milão, Frankfurt e Amsterdã e as trouxeram para as sedes em plena expansão em Londres, transformando antigas docas no leste de Londres em um emaranhado de arranha-céus conhecido como Canary Wharf. O Brexit ia fazer a história retroceder, forçando os bancos a transferir pessoas de volta para o continente.

Além das cruas considerações a respeito de dinheiro, o Brexit representou um desafio existencial para a União Europeia — outra peça do firmamento na ordem democrática liberal forjada no fim da Segunda Guerra Mundial. Foi concebida pelos Aliados vitoriosos como um meio de promover o comércio e substituir o nacionalismo por uma solidariedade mais ampla.

A UE foi uma organização construída ao acaso, cujos contornos e processos mendigavam a compreensão. O fim da Guerra Fria trouxe países do antigo Bloco Leste que engrossou suas fileiras, incluindo Hungria e Polônia, cujos governos demonstraram grande interesse no dinheiro do desenvolvimento europeu e menos preocupação com o Estado de Direito.

Famosamente burocrática e propensa à patética e filosófica confusão sobre sua missão, a UE normalmente levava uma eternidade para tomar decisões, mesmo diante de emergências terríveis. Era como um centro de controle de tráfego aéreo ainda debatendo qual canal de rádio usar enquanto um Jumbo mergulhava em direção ao solo. O bloco havia submetido a Grécia a anos de tormento depois que o país ficou insolvente, acabando por administrar um salvamento financeiro que protegia os credores — principalmente os bancos alemães — enquanto condenava os gregos comuns a anos de desespero. A liderança debateu incessantemente como responder às ondas de migrantes que desembarcavam nas praias do Mediterrâneo no verão de

2015 — quantos admitir e onde abrigá-los — antes de não fazer nada, deixando os governos nacionais culparem uns aos outros e erguer cercas, desviando a miséria para seus vizinhos.

A reforma da UE foi uma causa de constantes reuniões e dissertações de think tanks embora seus processos impenetráveis e seu gosto por jargões tecnocráticos tenham aparecido além das mudanças. Na Grã-Bretanha, a direita política há muito tempo detestava o bloco como uma incursão em sua querida soberania, uma erva daninha teimosa crescendo no jardim da vaidade nacional. Os tabloides de direita estavam cheios de histórias inventadas sobre regras europeias exageradas que supostamente governavam detalhes absurdos, como a curvatura aceitável de uma banana. A esquerda abominava a UE como um navio neoliberal dedicado a aplanar as regras nacionais como meio de abrir a Europa às depredações das corporações multinacionais.

No entanto, havia poucas dúvidas de que o projeto de integração europeia tinha sido um dos sucessos notáveis da era pós-guerra. A UE atuou durante décadas que foram em grande parte definidas pela paz, pela prosperidade crescente e pela formação de uma identidade europeia coletiva. O mercado único no centro do bloco tinha se mostrado durável e generoso. As empresas podiam tratá-lo como um país gigantesco, sem encontrar controles de fronteira, verificações alfandegárias e outros obstáculos ao comércio.

"A União Europeia, eu realmente acredito, é um dos maiores esforços humanos de todos os tempos", disse Dimon em Bournemoth. "Para este continente se unir e tentar viver em paz após não um século, mas mil anos de guerra, tem funcionado até agora. Não é perfeito. Precisa de alguma liderança, o que é mais um motivo para permanecer."

Dimon estava correto em sua avaliação sobre o Brexit — um fato que só seria esclarecido nos anos que se seguiram ao referendo. O azedume político incessante se manifestou enquanto a Grã-Bretanha lutava para organizar suas futuras negociações com a Europa, contra um pano de fundo de declínio econômico. Os exportadores britânicos vendiam quase metade de suas mercadorias a membros da União Europeia. Independentemente do tipo de Brexit que resultaria, algo desse comércio seria certamente impedido. Enquanto isso, negociações tortuosas assustavam os investimentos e retardavam o crescimento.

Um aspecto pouco examinado na campanha do Brexit foi o trabalho de um subconjunto desonesto de Homens de Davos no mundo dos fundos multimercado, que visava a fugir da Europa como meio de se livrar das regulamentações. Eles estavam dispostos a minar o interesse nacional na busca de seus próprios ganhos.

Embora a mensagem de Dimon fosse legítima, o supervisor do maior banco norte-americano não tinha condições de opinar sobre o que era melhor para o povo britânico. Além disso, sua tribo, os Homens de Davos, administravam as finanças globais, eram responsáveis pela raiva que desencadeou o Brexit: os socorros financeiros financiados pelo Estado, que poupou os banqueiros das consequências de suas especulações desastrosas, seguidos pela austeridade de orçamento para todos. O aviso de Dimon de que o Brexit prejudicaria a economia britânica colidiu com o fato de que os trabalhadores têm absorvido danos há décadas: estagnação salarial e declínio do padrão de vida sob políticas que os colaboradores do Homem de Davos, como Osborne, projetaram para cortejar o investimento de pessoas como Jamie Dimon.

O papel de Osborne como arquiteto da austeridade minou seu uso como emissário público em busca de votos para quase tudo. Seu pedigree, seus ternos azuis, seu ar de superioridade presunçosa e seu sorriso malicioso de marca registrada o tornaram fácil de ser ridicularizado por seu senso de direito permanente.

"Ele parece permanentemente jocoso e vê tudo cor-de-rosa",[3] disse certa vez um membro do Parlamento do Partido Trabalhista, "como se a vida fosse um grande trote de escola pública".

Esse não foi um traço útil para um político que ganhou mérito como o homem que sempre exigia sacrifício dos outros. Osborne cortou gastos com programas de assistência social e apoio aos governos locais, forçando as comunidades a fechar as instalações. Ele havia retido fundos para o sistema nacional de saúde do país. E cortou os impostos corporativos, ao mesmo tempo em que se entregava à Mentira Cósmica.

Em suma, ele trocou a segurança econômica dos britânicos comuns pelo enriquecimento do Homem de Davos.

E, enquanto estava ao lado de Dimon em Bournemouth, Osborne alegou que tudo funcionou magnificamente. "Estou orgulhoso da maneira

"NOSSA CHANCE DE FODÊ-LOS DE VOLTA" ✏ **101**

como demos a volta às coisas nos últimos cinco ou seis anos", disse Osborne. "Fomos bem-sucedidos ao nos comprometermos com o mundo."

O que fez com que o caso contra o Brexit soasse como um endosso para a continuação de um trauma nacional.

« »

Quando Jamie Dimon tinha 9 anos de idade, seu pai lhe perguntou o que queria ser quando crescesse.

"Eu quero ser rico",[4] respondeu ele.

Isso era menos uma aspiração do que um desejo de manter a vida na qual ele havia nascido.

Seu avô tinha chegado a Nova York vindo da Grécia em 1921,[5] começando como ajudante de garçom, antes de estabelecer uma carreira como corretor da bolsa. Ele ensinou o negócio ao pai de Dimon, que, por sua vez, iniciou seu próprio filho. Em algum momento, o nome de família, Papademetriou, foi trocado por Dimon,[6] em um ato tradicional de assimilação norte-americana.

Mesmo sendo rápido em divulgar suas raízes de imigrantes gregos e suas ligações com o bairro do Queens em Nova York — terra de gente comum do outro lado do rio da aristocrática Manhattan — Dimon passou a maior parte da juventude na Park Avenue.[7] A casa da família ficava no fim da rua do apartamento que ele compraria quando adulto.[8] Ele e seus dois irmãos frequentaram a vizinha Browning School,[9] uma instituição particular para meninos cujos ex-alunos incluíam vários membros do clã Rockefeller.

Ele passava os fins de semana na casa de campo da família em Greenwich,[10] Connecticut, cujo nome era sinônimo de riqueza e de poder extraordinários. Lá, conheceu Sandy Weill, o chefe de corretagem que se tornaria seu mentor, lançando-o em uma carreira em finanças que alcançaria as alturas.

Não foi um encontro casual. Seu pai trabalhava para Weill há três décadas. Suas casas em Greenwich eram próximas e as duas famílias socializavam regularmente. Weill cresceu no mundo de operários de Flatbush,[11]

Brooklyn, um judeu polonês cuja família fez parte da grande onda de imigrantes europeus que desembarcaram em Nova York nas primeiras décadas do século XX.

Os Weills e os Dimons compartilharam a sensação de que os Estados Unidos eram uma terra de oportunidades sem limites onde qualquer um prosperaria. Eles também ilustraram uma verdade menos celebrada: o sucesso norte-americano frequentemente envolvia o aproveitamento efetivo das redes sociais da elite. Depois do segundo ano de Dimon na Universidade Tufts, Weill lhe ofereceu um emprego de verão em sua empresa.[12] Após a faculdade de administração, Dimon voltou a trabalhar para Weill, que tinha acabado de vender sua empresa, a Shearson, à American Express.

Dimon seguiu Weill em sua próxima aventura, supervisionando uma série de fusões cada vez mais audaciosas que transformaram uma pequena operação de empréstimo baseada em Baltimore no que se tornaria o Citigroup, um dos maiores conglomerados financeiros da história.

Dimon foi amplamente visto como o herdeiro aparente para assumir. Mas ele pressionou impacientemente Weill a executar a transição mais cedo, enfurecendo seu mentor. Não pronto para se aposentar, Weill negou a Dimon um lugar na operação bancária antes de demiti-lo.[13]

Foi em 1998, no meio do *boom* das pontocom. Dimon cogitou aceitar um emprego em uma startup chamada Amazon.com, mas optou por permanecer na área financeira. Assumiu o Bank One, um credor baseado em Chicago, dobrando o valor da empresa em apenas quatro anos. Ele persuadiu o JPMorgan Chase a comprar o banco por US$58 bilhões em 2004.[14] No ano seguinte, se tornou o CEO da entidade combinada.

A ascensão de Dimon foi tipicamente atribuída à sua extraordinária ética de trabalho e à sua meticulosa preocupação com os detalhes. Em Wall Street, ele era celebrado o portador da verdade e um sabichão irascível.

"Não faça nada estúpido",[15] disse uma vez a um executivo que trabalhava para ele. "E não desperdice nenhum dinheiro. Deixe os outros desperdiçarem dinheiro e fazer coisas estúpidas. Então, nós os compraremos."

Em uma ruptura incomum do protocolo que não lhe rendeu nenhum respeito dos advogados do banco, Dimon admitiu em 2007 — um ano antes da crise financeira global — que Wall Street se empanturrou de dívidas e apostava em investimentos cada vez mais arriscados. "Ainda não conhecemos o impacto final dos recentes excessos do setor",[16] declarou em sua carta anual aos acionistas.

Mas sua empresa estava, na verdade, lucrando com esses excessos. Dimon parecia desviar o olhar dos sinais de perigo, pois permitiu que seu pessoal continuasse com apostas perigosas que elevaram o preço das ações do banco.

O JPMorgan Chase prestou serviços bancários a Bernard Madoff enquanto operava o que se provaria ser o maior esquema Ponzi* da história norte-americana,[17] enganando investidores em mais de US$19 bilhões. Dentro do banco, inúmeras pessoas advertiram durante anos que a contabilidade de Madoff parecia ter sido adulterada. Seus números eram "possivelmente bons demais para ser verdade",[18] escreveu um funcionário, enquanto um executivo realmente usou a palavra P, sugerindo que os resultados de Madoff "são especulados para fazer parte de um esquema Ponzi".

O banco protegeu a administração[19] da ameaça de culpa criminal argumentando que estava terrivelmente desorganizado para ter um entendimento coerente do esquema Ponzi operando sob seu teto. Ele concordou em pagar US$2,1 bilhões em multas às autoridades federais sem admitir as transgressões.

Dimon também foi responsável, já que o JPMorgan Chase desempenhou um papel central na solução da crise financeira global. A indústria financeira norte-americana tinha emitido hipotecas para quase todos os que possuíam uma assinatura. Os bancos agregaram milhões de empréstimos em títulos, pagaram agências de classificação de risco para avaliá-los como investimentos sólidos e depois venderam o produto para otários em todo o mundo.

Uma queda nos preços de imóveis para habitação comprometeu severamente trilhões de dólares de investimentos vinculados a hipotecas. No outono de 2008, as instituições que negociaram agressivamente em tais

---

* Um esquema Ponzi é uma operação fraudulenta sofisticada de investimento do tipo esquema em pirâmide que envolve a promessa de pagamento de rendimentos anormalmente altos aos investidores à custa do dinheiro pago pelos investidores que chegarem posteriormente, em vez da receita gerada por qualquer negócio real. [N. da R].

títulos entraram em colapso. A administração George W. Bush, o Congresso e o Banco Central norte-americano operaram com base no entendimento de que tinham que inundar os mercados com dinheiro ou assistir ao desdobramento de outra Grande Depressão.

Dimon se uniu ao secretário do Tesouro de Bush, Hank Paulson, engenheiro do JPMorgan Chase, para assumir o controle da primeira grande vítima da crise — o oscilante banco de investimentos Bear Stearns. Esse foi um exemplo clássico das relações próximas entre o Homem de Davos e suas supostas autoridades reguladoras. Paulson foi o antigo chefe de outro gigante do banco de investimentos, o Goldman Sachs. Ele explorava sua rede de Homem de Davos, usando Dimon para remover o Bear e sua pilha tóxica de investimentos relacionados a hipotecas do mercado, limitando a ameaça de fracasso em cascata por intermédio do domínio financeiro. Paulson ajudou a fazer com que o governo dos Estados Unidos colocasse US$29 bilhões em dinheiro público para cobrir mais perdas dentro da carteira do Bear. Dimon foi embora com o que restava de um rival mais um salvamento financiado pelos contribuintes.

Paulson logo correu para o Capitólio com um "plano" de três páginas que exigia autorização para gastar US$700 bilhões[20] da maneira que ele considerasse necessária, sem compromisso. Após um breve exame minucioso, o Congresso concordou, acrescentando apenas exigências simbólicas de que o dinheiro fosse gasto em outras coisas além do pagamento de bônus aos próprios executivos que quase haviam explodido o mundo.

O JPMorgan Chase recebeu uma ajuda federal de US$25 bilhões, embora Dimon tenha insistido que seu banco não precisava realmente do dinheiro, levando-o apenas a pedido do Tesouro. (Ele deixou de fora o fato de que, na ausência de uma ação federal, muitas das empresas que deviam dinheiro à sua empresa teriam desaparecido.) Em meio ao caos, o JPMorgan Chase também assumiu as operações de varejo do Washington Mutual, outro credor fracassado. Era tudo uma questão de boa cidadania, não de dinheiro, insistiu Dimon.

"Contra o que a maioria das pessoas pensa, muitas das ações extremas que tomamos não foram feitas para ter lucro",[21] disse Dimon uma década depois, em um memorando para seus funcionários. "Elas foram feitas para apoiar nosso país e o sistema financeiro."

Mas as ações que Dimon supervisionou tornaram seu já enorme banco ainda maior, o que elevou seu valor. Em 2019, os cinco maiores bancos dos Estados Unidos controlavam 46% de todos os depósitos bancários,[22] contra apenas 12% duas décadas antes. Os investidores compreenderam que essas instituições eram grandes demais para falir, o que significava que o governo sempre viria correndo para salvá-las. Isso lhes permitia tomar empréstimos a taxas menores, aumentando sua lucratividade, elevando o preço das ações e colocando dinheiro nos bolsos de Homens de Davos como Jamie Dimon.

A antiga firma de Paulson, a Goldman, recuperou US$12,9 bilhões em perdas comerciais dos contribuintes por meio da assistência financeira governamental de US$182 bilhões concedida à American International Group, uma gigantesca companhia de seguros. A AIG também aproveitou parte do dinheiro para pagar bônus a seus principais executivos. Menos de uma semana após a empresa ter recebido os primeiros US$85 bilhões em fundos de resgate, ela levou seus executivos a um retiro para um resort de luxo à beira-mar no sul da Califórnia, gastando mais de US$440 mil, incluindo US$23 mil em tratamentos de spa.[23] Esse episódio reforçou a sensação de que o capitalismo norte-americano havia se tornado um paraíso de vigaristas. Os supervisores corporativos puderam engendrar um cataclismo que acabou com quase US$8 trilhões em riqueza enquanto destruíam empregos de milhões de pessoas, e depois usavam o dinheiro de resgate para pagar massagens e morangos mergulhados em chocolate em um prazeroso local à beira-mar.

Quando Barack Obama tomou posse em janeiro de 2009, entregou um pacote de US$800 bilhões de medidas de gastos públicos com o objetivo de estimular a economia. Ele também convocou Dimon e os CEOs de outros grandes bancos para uma conversa dura na Casa Branca.

Obama os reuniu na sala de jantar, onde se sentaram ao redor de uma longa mesa de mogno, provida apenas de copos de água. Lá, o presidente admoestou os banqueiros por continuarem a oferecer enormes pacotes salariais. Quando os participantes protestaram que eles estavam apenas pagando o que o mercado exigia para reter seus talentos, o presidente os cortou.

"Cuidado como vocês fazem essas declarações, senhores",[24] disse Obama. "A população não está comprando isso. Minha administração é a única coisa entre vocês e os ancinhos."

Como se viu, a administração de Obama provou ser um amortecedor mais do que adequado para proteger o Homem de Davos de qualquer desejo de responsabilização. Seu Departamento de Justiça não enviou um único executivo para a prisão por seu papel na crise financeira,[25] optando, em vez disso, por negociar uma série de acordos moderados.

Obama também se recusou a administrar auxílio significativo aos proprietários de casas. Seu secretário do Tesouro, Timothy Geithner — uma criatura de Wall Street que administraria uma empresa de private equity — rejeitou propostas de auxílio direto para os proprietários de imóveis, mesmo quando as execuções hipotecárias dispararam juntamente com os problemas decorrentes de falência e de falta de moradia. Ele argumentou que perdoar dívidas hipotecárias seria um "risco moral", um final feliz para mutuários imprudentes que tinham utilizado seus endereços como caixas eletrônicos, usando linhas de crédito para financiar férias e carros novos.

Algumas pessoas contraíram empréstimos dessa forma, mas muitas outras ficaram inadimplentes porque seus salários estavam estagnados e em declínio há décadas, enquanto os custos de moradia, assistência médica e educação aumentavam. Os Homens de Davos, como Benioff, usavam seus salários baseados em ações para acumular bens imobiliários, fazendo os preços subirem ao céu, e com isso as pessoas comuns eram forçadas a pagar mais por suas próprias casas. Se elas quisessem colocar seus filhos em escolas de qualidade, tinham que pagar o que custava viver nos melhores distritos. As pessoas adquiriram segundas hipotecas a fim de conseguir o dinheiro para enviar os filhos à faculdade e para cobrir os custos de atendimento médico de emergência. Foi isso, na realidade, o que levou muitos proprietários a pedir mais empréstimos.

Mesmo assim, Geithner e Obama não cederam. Eles ofereceram aos mutuários em dificuldades formas de auxílio pouco expressivas que apenas prorrogavam os prazos de pagamento e baixavam as taxas de juros; depois, olhavam para o lado enquanto os credores sabotavam tais programas. O fracasso dessa política condenou os proprietários de imóveis à perda de suas casas, garantindo um estoque volumoso de imóveis em dificuldades para investidores oportunistas como Steve Schwarzman.

Nesse meio-tempo, o Fed [Banco Central dos EUA] captava trilhões de dólares em títulos, mantendo os custos dos empréstimos baixos e permitindo

"NOSSA CHANCE DE FODÊ-LOS DE VOLTA" ✎ **107**

que as corporações se enchessem de dívidas. Elas exploraram seu acesso ao crédito livre para enriquecer os acionistas, enquanto se recusavam a investir ou a contratar de forma agressiva.

Na década seguinte à crise financeira, as empresas que compunham o S&P 500* gastaram US$5,3 trilhões — ou mais da metade de seus lucros — para comprar suas ações de volta,[26] forçando o preço de suas ações para cima. Elas gastaram mais US$3,8 trilhões na distribuição de dividendos. Ao longo desses 10 anos,[27] a riqueza dos bilionários dos EUA aumentou em mais de 80%. Enquanto isso, a grande maioria dos norte-americanos ainda esperava por recuperação.

A empresa de Dimon acabou sendo submetida a um acordo com os reguladores norte-americanos que incluía uma multa de US$13 bilhões junto com o reconhecimento público de que ela havia tosquiado as instituições que compraram seus empréstimos. Muito do estrago foi obra do Bear Stearns e do Washington Mutual antes de o banco de Dimon assumir o controle, mas alguns tinham acontecido em seu comando. O negócio, realizado em 2013, foi supostamente um momento de castigo para o banco. Mas a multa foi uma bagatela para uma instituição com mais de US$2 trilhões em ativos. A remuneração de Dimon quase dobrou naquele ano,[28] chegando a US$20 milhões.

Mesmo assim, em Davos, em janeiro seguinte, ele reclamou da forma desagradável e perturbadora como seu banco era representado.

"Acho que muito disso foi injusto",[29] disse Dimon, "mas não vou entrar em detalhes".

Quando o Congresso dos EUA respondeu à crise financeira com regulamentos que obrigaram os bancos a reservar mais dólares contra futuros fiascos, Dimon e seus lacaios de lobby tentaram impedir a administração Obama de tornar as regras aplicáveis às subsidiárias estrangeiras. Ele reclamou das regras internacionais que ameaçavam impor sobretaxas aos bancos que não aumentavam suficientemente suas reservas. Em uma discussão acalorada a portas fechadas com Mark Carney — então diretor do Banco

---

* S&P 500 é um índice que mede o desempenho de 500 das maiores empresas norte-americanas de capital aberto. Juntas, elas representam cerca de 80% do capital social por capitalização de mercado [N da R.]

108 ⌁ HOMEM DE DAVOS

Central do Canadá, e mais tarde do Banco da Inglaterra —, Dimon chamou as regras de "antiamericanas".[30]

Os protestos de Dimon sobre o suposto excesso de regulamentação pareceram especialmente desonestos no ano seguinte, pois o JPMorgan Chase revelou que sua plataforma de negociação em Londres havia sido utilizada como local para uma série de apostas chocantemente malsucedidas, gerando perdas que excederam US$6 bilhões.[31] O trader responsável por essa imprudência ficou conhecido como "London Whale" [A Baleia de Londres, em tradução livre].

Dimon disse a qualquer um que pudesse ouvir que os maus elementos que produziram a crise financeira desapareceram, então era hora de o governo relaxar e deixar os banqueiros serem banqueiros. O desastre da London Whale serviu para lembrar que os grandes bancos ainda inventavam esquemas selvagens que seus próprios líderes aprovavam silenciosamente ou não compreendiam.

Nada dessa história infeliz impediu Dimon de oferecer sua recomendação à Grã-Bretanha sobre a imprudência do Brexit.

« »

A própria existência do Brexit foi, por si só, uma consequência dessa história desagradável.

No pior momento da Grande Recessão, em dezembro de 2009, os contribuintes britânicos estavam na corda bamba por quase £1 trilhão em garantias para os bancos em crise do país. A assistência financeira havia sido concedida por um governo do Partido Trabalhista. Um novo governo de coalizão liderado pelos Conservadores assumiu o poder em maio de 2010 e usou esse desastre como uma oportunidade para avançar uma longa ofensiva contra o que restava do Estado de Bem-estar Social britânico.

A crise financeira devastou as contas nacionais do país. O déficit orçamentário anual da Grã-Bretanha passou de cerca de £10 bilhões para £100 bilhões, elevando a dívida nacional total para cerca de £1 trilhão. Osborne, o novo chanceler do Tesouro, elaborou um orçamento de emergência

"NOSSA CHANCE DE FODÊ-LOS DE VOLTA" 109

prometendo a libertação por meio da dor coletiva. As despesas governamentais em quase todas as áreas da vida seriam reduzidas em cerca de 1/4 nos próximos 4 anos, e mais nos anos seguintes. Os programas para os pobres, deficientes e desempregados seriam simplificados, enquanto as pessoas seriam encorajadas a trocar cheques de bem-estar social por cheques de pagamento. Os impostos corporativos foram reduzidos como um suposto meio de atrair investimentos.

Osborne entregou essa aritmética sombria lançando-se como o adulto sóbrio em uma sala cheia de adolescentes bêbados que pegaram o cartão de crédito do pai.

"A verdade é que o país estava vivendo além de sua capacidade quando a recessão chegou", disse ele ao Parlamento. "Hoje, pagamos as dívidas de um passado fracassado e colocamos as bases para um futuro mais próspero."

Ele e Cameron retrataram a austeridade como parte de uma nobre remodelação referida como a "Grande Sociedade". Com a inchada burocracia governamental da Grã-Bretanha sendo cortada, organizações de base e a iniciativa privada dariam um passo à frente, revitalizando comunidades em dificuldade e assumindo o trabalho de administrar as pessoas necessitadas.

Até certo ponto, um espírito de voluntariado fluiu da austeridade. As bibliotecas públicas passaram a depender do trabalho voluntário de cidadãos preocupados, que por fim superaram o número de funcionários pagos. As escolas começaram a servir o café da manhã e o almoço, pois os alunos de famílias pobres compareciam às aulas sem comida. Os pais trocaram uniformes escolares usados. Mas celebrar esse tipo de coletivismo como parte da Grande Sociedade era como incendiar sua casa e depois celebrar o espírito comunitário enquanto seus vizinhos correm para ajudar a apagar o fogo.

O governo reduziu os gastos com a aplicação da lei, a manutenção das estradas e os cuidados com os idosos. Os tribunais lutaram para cuidar dos interesses deles. As prisões assistiram a um surto de violência e de suicídio em meio à superlotação e à redução de pessoal.

Mais do que um exercício orçamentário, a austeridade infiltrou-se na identidade nacional, diminuindo as expectativas sobre o futuro.

Isso era mais palpável no norte da Inglaterra, que estava cheio de cidades em dificuldade e desapropriadas por indústrias. Nessas comunidades, a história moderna tendia a ser contada na cadência da lamentação, sua história de negligência intermitente e pilhagem. O nome de Thatcher era um epíteto, devido à sua campanha para subjugar o trabalho organizado nos anos 1980. "Não existe tal coisa como sociedade", declarou ela famosamente. Ela esmagou os mineiros grevistas enquanto privatizava as minas. E diminuiu os programas do governo que ajudavam quem era coagido.

Vinte e cinco anos depois, a austeridade de Osborne foi absorvida como um esforço para completar o Thatcherismo.

"É claramente um ataque à nossa classe", disse Dave Kelly, um pedreiro aposentado de 60 anos na cidade de Kirkby, nos arredores de Liverpool. "É um ataque a quem somos. Toda a estrutura da sociedade está se desfazendo."

Durante a Segunda Guerra Mundial, Kirkby foi construída em torno de uma fábrica de munições. Após a guerra, prosperou como uma colmeia de indústrias. O pai de Kelly era um condutor de guindastes. Sua mãe trabalhava como inspetora em uma fábrica de alimentos congelados. Ele, seu irmão e sua irmã cresceram em uma casa de três quartos com garagem. Jogavam tênis de mesa em um centro comunitário local e nadavam em uma piscina pública do outro lado da rua de sua casa.

Mas no início de 2018, enquanto Kelly me conduzia em uma turnê mórbida, a fábrica onde sua mãe trabalhava havia sido desmontada. A piscina tinha sido fechada anos antes, quando o conselho local ficou sem dinheiro. O salão de dança que Kelly ajudou a construir havia se tornado um centro no qual trabalhadores demitidos arquivavam a papelada em busca de pagamentos por invalidez. No clube de jovens onde ele e seus próprios filhos se reuniam, um adesivo na janela da frente anunciava uma das principais razões pelas quais as pessoas iam lá agora: "Aconselhamento sobre Gerenciamento de Dinheiro e Débitos. Aconselhamento sobre Habitação. Aluguel Atrasado."

"É uma tragédia", disse Kelly. "A cidade está em declínio terminal." Alguns quilômetros ao sul, na cidade de Prescot, os residentes ficaram horrorizados ao saber que um parque popular foi incluído em uma lista de bens que o conselho local considerava vender a construtoras em uma tentativa desesperada de levantar dinheiro. Eles já tinham visto sua biblioteca ser vendida e transformada em uma casa de luxo com fachada de vidro. O museu local foi ele próprio incluído na história da cidade. A delegacia de polícia desapareceu, substituída por uma escrivaninha com pouco pessoal em um novo prédio do governo. Agora eles eram ameaçados com a perda de Browns Field. O parque, no centro da cidade, continha um playground e campos de futebol.

"Todos usam este parque", disse Jackie Lewis, que criou duas crianças na cidade e passeava com seu cão na grama exuberante. "Este é provavelmente nosso último pedaço de espaço comunitário. Tem sido um após o outro. Você acaba ficando desanimado."

As pessoas trocaram teorias de conspiração sobre como o futuro deposto chefe do conselho para o bairro vizinho de Knowsley, Andy Moorhead, optou por vender o Browns Field. Quando passei em Moorhead, ele não parecia nem parte de um vilão de austeridade. Então aos 62, ele havia passado a maior parte de seus anos de trabalho em serviços para crianças pobres. Ele era um membro de carreira do Partido Trabalhista, com a postura cotidiana de um cordial frequentador do pub da esquina.

"Eu não me tornei um político para tirar as coisas das pessoas", disse ele. "Mas você tem que lidar com a realidade."

A realidade era que o governo de Londres estava eliminando gradualmente os subsídios às localidades, forçando-as a pagar por serviços utilizando apenas impostos de habitação e comerciais. "É ideológico", disse ele. "Ninguém deveria fazer isso, não no 5º país mais rico do mundo."

Em Liverpool — uma bela cidade à beira-mar que abrigava meio milhão de pessoas — as autoridades locais viram seu orçamento ser reduzido em cerca de 2/3 desde o advento da austeridade.

O Serviço de Bombeiros e Resgate de Merseyside, cujo domínio abrangia Liverpool, tinha sido forçado a fechar 5 postos de bombeiros e reduzir sua força de cerca de 1 mil pessoas para 620.

"Esses cortes certamente não tornam ninguém mais seguro", disse o chefe dos bombeiros, Dan Stephens.

Ele se lembrou de um incêndio de três anos antes. Um casal de idosos ficou preso em sua casa no meio da noite. O primeiro caminhão de bombeiros chegou lá em seis minutos, mas o segundo só chegou quatro minutos depois porque tinha que vir de outra estação.

"Um sobreviveu e o outro morreu", disse ele. "Se pudéssemos sair mais rápido, as chances de ambos terem sobrevivido seriam maiores."

Os problemas orçamentários individuais foram combinados para tornar o resultado pior do que a soma das partes. A austeridade eliminou a assistência médica domiciliar, o que significava que um número crescente de pessoas idosas estava sendo deixado em casa sem assistência. A cidade cortou os serviços de saúde mental, de modo que menos funcionários estavam à disposição para checar os acumuladores, que tinham a tendência de juntar pilhas de jornais antigos. As pessoas pobres estavam perdendo ajuda financeira e atrasando suas contas de luz, recorrendo a velas para iluminar as horas de escuridão.

A maioria dessas preocupações não era problema do chefe dos bombeiros. Coletivamente, elas produziram um aumento alarmante no risco de incêndio. Pessoas idosas desacompanhadas, mais pilhas de jornais e mais velas: não era necessário um grande poder de imaginação para imaginar sirenes de lamentações.

"Há efeitos em cadeia em todo o sistema", disse Stephens. Algumas semanas depois, ele desistiu e se mudou para a Austrália. Assim como os Estados Unidos tomaram a Grande Depressão como o impulso para o New Deal durante a década de 1930, estabelecendo programas governamentais como o Seguro Social, a Grã-Bretanha produziu esquemas sociais marcantes, ancorados por seu Serviço Nacional de Saúde (NHS). O estabelecimento do sistema médico foi celebrado como um divisor de águas, o momento em que a Grã-Bretanha procurou superar seu legado histórico — sua barbárie colonial, seu papel como centro financeiro e logístico para o comércio de escravos — aplicando sua riqueza e sua engenhosidade em busca de objetivos mais honrosos.

"Nós, como país, dissemos: 'Temos sido cruéis. Vamos ser simpáticos agora e cuidar de todos'", disse Simon Bowers, clínico geral de um centro médico em Liverpool. "O NHS vai cuidar de todos. Não importa quão rico ou pobre você seja. Está escrito na memória deste país."

Quando a visitei em 2018, a clínica de Bowers estava lotada de pessoas esperando horas pela oportunidade de consultar um médico. Ele viu as impressões digitais da austeridade sobre as doenças relacionadas ao estresse que encontrava cada vez mais — pressão alta, problemas cardíacos, insônia, ansiedade.

Isso não foi o resultado de uma política de saúde fundamentada.

"É uma escolha política mover a Grã-Bretanha em um caminho diferente", disse ele. "Não vejo uma lógica que vá além de enriquecer ainda mais os ricos enquanto torna a vida dos pobres mais miserável."

Quando os eleitores britânicos foram às urnas em junho de 2016 para decidir se permaneceriam na União Europeia, a austeridade não estava na cédula de votação, mas seus impactos enquadraram o questionamento.

Os Leavers [a favor do Brexit] alegaram que um governo de Bruxelas, obcecado pelas regras, impedia a Grã-Bretanha de alcançar seu destino como uma potência global. Eles prometeram que o país faria acordos comerciais com nações de crescimento mais rápido como a China, a Índia e os Estados Unidos. O comércio com esses países dificilmente chegaria a mais de uma fração do comércio com a Europa, mas o simbolismo tinha uma aceitação maior do que a matemática.

Ao convocar a votação, o primeiro-ministro Cameron apostava que, após uma campanha ruidosa, os britânicos apoiariam a opção sensata de permanecer. Mas ele e Osborne não compreenderam a extensão do repúdio que grande parte do eleitorado sentia pela espécie deles. Ambos eram criaturas da elite, colaboradores do Homem de Davos, que haviam sido membros do famoso Bullingdon Club de Oxford, uma sociedade privada, exclusivamente masculina, com uma reputação de beber demais, vandalismo público e outros abusos sem consequências reservados a pessoas de privilégios extraordinários. Eles usaram seu poder para tornar a Grã-Bretanha hospitaleira para pessoas como Jamie Dimon.

O erro de cálculo dos dois tornou-se aparente na noite da votação, quando a BBC começou a comunicar os dados. Os primeiros resultados vieram de Sunderland, uma cidade do norte da Inglaterra, cuja maior empregadora era a Nissan, a montadora japonesa. A Nissan fabricava carros em Sunderland e depois os enviava para toda a Europa com isenção de impostos, um acordo posto em perigo pelo Brexit. O CEO da empresa expressou publicamente uma "preferência como negócio" que a Grã-Bretanha permanecesse na Europa.[32] Certamente, as preocupações com os cheques de pagamento excederiam outras considerações.

Em vez disso, Sunderland votou fortemente a favor de sair da Europa. Meses depois, peguei um trem para Sunderland a fim de tentar entender o que havia acontecido. Até então, as combinações de voto do Brexit eram claras. A Grã-Bretanha se encaminhava para anos de disputas sobre seu futuro relacionamento com a Europa. O investimento estava desacelerando. Qualquer dano que resultasse certamente atingiria Sunderland com tanta força como em qualquer lugar.

Por que as pessoas de lá votaram a favor disso?

Eu me juntei aos trabalhadores da Nissan e conversei com um dono de restaurante que havia votado no Brexit como forma de limitar os pagamentos da previdência social e já experimentava o "Regrexit" enquanto tinha dificuldade para contratar lavadores de louça. Os imigrantes da Europa Oriental, que normalmente aceitavam tais empregos, estavam abandonando a Inglaterra. Mas a coisa mais verdadeira que eu ouvi — e perdoe o palavreado — veio de um taxista.

"Ninguém aqui realmente entendia o que era Brexit, ou o que aconteceria se votássemos a favor", disse-me ele. "Sabíamos apenas que as pessoas em Londres nos fodiam há tanto tempo quanto podíamos lembrar. Thatcher nos fodeu. Depois, Cameron e Osborne nos foderam. E então Cameron e Osborne vieram até aqui e nos pediram para ajudá-los, votando contra o Brexit. Nós não estávamos votando com aquele pessoal. Era a nossa chance de fodê-los de volta."

Havia muitas outras razões pelas quais os eleitores enviaram a Grã--Bretanha em direção às saídas europeias. A campanha dos Leavers atendia aos medos do terrorismo, exibindo fotos de refugiados muçulmanos chegando à Europa. Eles promoveram o Brexit como o meio de fechar a porta para os imigrantes. A campanha mentiu sobre o dinheiro que a Grã-Bretanha supostamente economizaria ao deixar a UE, permitindo gastos em prioridades domésticas como o Serviço Nacional de Saúde. Eles negaram o fato de que a Grã-Bretanha recebeu fundos do bloco europeu e veria seus próprios cofres diminuídos por um golpe no comércio.

Mas o argumento acabou por se resumir a se os eleitores comprariam o que a Grã-Bretanha se tornou — um componente importante de um bloco europeu maior, cada vez mais multicultural e integrado com o mundo — ou prefeririam perseguir visões do que a nação foi há muito tempo: uma potência imperial autônoma.

Os Leavers se uniram em torno do mantra de que o Brexit tinha a ver com retomar o controle. Era um jogo cínico de nostalgia pressionado por uma facção renegada de Homens de Davos que geria fundos multimercados e apostava em imóveis. Eles acenavam com a bandeira da Grã-Bretanha em busca de controle sobre uma área que era de benefício único para si próprios — a regulamentação financeira. Sua nostalgia era um anseio por uma época em que eles podiam recorrer às redes sociais inglesas para escrever as regras sem as intrusões de burocratas europeus.

"Queremos sair da regulamentação pesada e desnecessária", disse-me Richard Tice, um magnata imobiliário de Londres que cofundou a campanha dos Leavers, quando fui vê-lo um mês antes da votação. A economia tem uma boa razão para esperar "um pouco de turbulência e aborrecimento" nos próximos anos, reconheceu ele. "A vida não é só dinheiro", disse.

A empresa de Tice administrava um acervo de bens imobiliários no valor de mais de US$750 milhões. Ele vestia um terno azul transpassado enquanto ocupava uma bancada acima do lobby do sofisticado Hotel May Fair, onde uma suíte de dois quartos custava US$4.300 por noite. "É como uma extensão do meu escritório", disse ele. Os garçons corriam com medo, levando bandejas carregadas de taças de champanhe. Um Maserati vermelho estava estacionado em frente à entrada.

Os reguladores da União Europeia responderam à crise financeira com regras que restringiam as operações dos fundos multimercados. Eles estavam sujeitos a uma enxurrada de papéis, obrigados a revelar suas reservas, limitados em seus empréstimos e forçados a aderir a restrições em sua remuneração. Na maioria das vezes, podiam vender só para "investidores profissionais",[33] com os clientes de varejo afastados para sua própria proteção.

Essas novas regras representavam uma ameaça para a perseguição do próximo castelo. O Brexit ofereceu uma saída, um retorno à era dourada na qual os administradores de fundos multimercados poderiam conduzir suas operações conforme desejassem.

Cem executivos do setor financeiro britânico assinaram uma carta apoiando a campanha dos Leavers.[34] "Preocupa-nos que a abordagem da UE à regulamentação represente agora uma ameaça genuína à nossa indústria de serviços financeiros", declararam.

Entre os signatários mais proeminentes estava o gestor de fundos multimercado Crispin Odey,[35] cuja riqueza era estimada em £825 milhões. Ele uma vez perdeu £130 mil para equipar sua propriedade rural com o galinheiro mais luxuoso do mundo, um templo de zinco cinza no estilo paladiano adornado com uma estatueta ateniense e que logo ficou conhecido como "Palácio de Cluckingham".[36] Ele também contribuiu com quase £900 mil para a campanha dos Leavers.[37] Outro signatário foi o gerente do fundo multimercado Paul Marshall,[38] detentor de uma fortuna estimada em £630 milhões.

Essas eram as pessoas que financiavam uma campanha que saturava a Grã-Bretanha com conversas bombásticas sobre reivindicar a soberania, acabar com a marginalização europeia e devolver dinheiro ao povo.

A verdadeira história de como o Brexit dominou a vida britânica foi semelhante à de como Trump levou a raiva dos trabalhadores siderúrgicos para a Sala Oval, colocando-o em posição de premiar os bilionários com cortes de impostos. Era uma rebelião dos despossuídos contra o Homem de Davos, cuja gula havia cedido à austeridade, fomentada por um subconjunto de Homens de Davos que buscava a liberdade para retomar a imprudência que havia iniciado todos os problemas.

« »

O Brexit se revelaria perigoso para seus encarregados, um caldeirão de bruxas cujos vapores venenosos se espalharam imprevisivelmente pela paisagem.

No dia seguinte à repreensão mortificante do referendo do Brexit, um pálido primeiro-ministro Cameron renunciou ao cargo. Foi substituído pela politicamente infeliz Theresa May, que se opôs publicamente ao Brexit na campanha de 2016, mas herdou o trabalho invejável de torná-lo realidade.

May sofreu durante três anos de tortura parlamentar ritualizada em um esforço fracassado para criar algo que tecnicamente pudesse se qualificar como Brexit sem perturbar elementos importantes, como a filiação ao mercado único, ao mesmo tempo em que era ameaçada por rebeliões dentro de seu partido. Após uma vida inteira de humilhação, ela entregou os negócios inacabados do Brexit a seu sucessor, Boris Johnson.

Johnson era outro produto da elegante sociedade inglesa — um colega de classe de Cameron no Eton College, a escola de elite que rendeu nada menos que vinte primeiros-ministros britânicos. Ele era o sonho de um cartunista de políticos, com um rosto globular cercado por uma crina de cabelos cuidadosamente caprichosos e um físico que atestava familiaridade íntima com o interior de uma churrascaria. Ele iniciou sua carreira como jornalista, fazendo seu nome em Bruxelas com uma série de ataques factualmente criativos à UE. Assumiu o poder com um mandato para "terminar o Brexit". A sabedoria convencional rezava que ele seria devorado como May.

Mas Johnson tinha a vantagem de estar livre de qualquer conjunto definível de crenças. Ele aparentava estar ali apenas em função de seu desejo de continuar a residir no número 10 da Downing Street. E lhe foi concedido um magnífico presente político: seu interlocutor do partido de oposição, Jeremy Corbyn, era tão amado quanto meias molhadas.

Estilisticamente e politicamente preso em outra época, Corbyn servia como membro do Parlamento desde 1983. Há muito ele nutria antipatia pela UE da esquerda. Isso prejudicou o apelo potencial de seu partido como um lugar de encontro para o crescente número de cidadãos que estavam horrorizados com o Brexit. Mesmo quando a maioria dos eleitores passou a pensar que o Brexit era um erro, Johnson aproveitou a fraqueza do Partido Trabalhista para lutar contra uma maioria esmagadora nas eleições nacionais de dezembro de 2019.

O triunfo de Johnson sinalizou o fim da primeira fase da guerra civil. O Brexit ia acontecer. Aconteceria por meio de um acordo com a Europa, ou em um mergulho caótico em águas inexploradas? Ninguém sabia. Mas alguma versão do Brexit estava à frente.

No entanto, a vitória de Johnson foi temperada pelo reconhecimento de que o caminho à frente era perigoso. Ele devia seu escritório em grande parte às comunidades do norte da Inglaterra, onde os eleitores trabalhistas tradicionais se tornaram Conservadores. Se ele quisesse manter o apoio deles, teria que libertá-los da austeridade. Ele tinha que liberar os gastos em linhas ferroviárias e estradas a fim de colocar as pessoas para trabalhar. Precisava aumentar drasticamente o financiamento para o Serviço Nacional de Saúde. Tudo isso exigiria dinheiro.

Mas Johnson também tinha uma dívida com sua base do Partido Conservador, que exigia um verdadeiro Brexit. Não do tipo brando que May tentou aperfeiçoar, mas uma ruptura limpa com a Europa. Isso tiraria dinheiro ao interromper o comércio.

Johnson poderia cumprir seu mandato de tirar a Grã-Bretanha da órbita europeia, ou poderia expandir a economia para gerar fundos a fim de tornar a vida menos miserável nas comunidades industriais que o haviam abraçado. Era difícil ver como ele poderia fazer as duas coisas.

Décadas de luta econômica para pessoas comuns produziram o Brexit. O processo confuso de negociar a separação da Grã-Bretanha da Europa ameaçou estender-se indefinidamente em direção à Brexiternidade. O que perpetuou o conflito econômico.

Após meses de dramas e de ameaças de se afastar da mesa de negociações sem nenhum tipo de acordo comercial, Johnson finalmente conseguiu um acordo mínimo com a Europa em dezembro de 2020, preservando aspectos-chave do comércio por meio do Canal da Mancha. Mas o acordo deixou de lado as finanças, levando Dimon a prever o dia em que seu banco poderia abandonar a Grã-Bretanha por completo.

"Paris, Frankfurt, Dublin e Amsterdã crescerão em importância à medida que mais funções financeiras forem desempenhadas ali", escreveu Dimon em uma carta aos acionistas divulgada em abril de 2021. "Podemos chegar a um ponto crucial muitos anos depois, quando pode fazer sentido transferir todas as funções que abastecem a Europa para fora do Reino Unido."

Do outro lado do Canal da Mancha, outro colaborador do Homem de Davos olhou de relance para a discórdia na Grã-Bretanha e viu uma oportunidade de atrair alguns de seus banqueiros a escapar para Paris.

CAPÍTULO 5

"TINHA QUE EXPLODIR"

O Presidente do Homem de Davos

Em uma nação famosa, e sarcástica, por sua hostilidade aos negócios, Emmanuel Macron — um ex-banqueiro de investimentos com admiração por bilionários — centrou sua presidência na proposta de que gratificar os ricos traria maiores oportunidades para a França.

"Para que nossa sociedade melhore,[1] precisamos de pessoas de sucesso", disse ele em 2017, nos primeiros meses de seu mandato. "Não devemos inve-já-las. Deveríamos dizer 'fantástico'."

A adesão de Macron à Mentira Cósmica moldou suas políticas e arriscou seu mandato. Ele cortou os impostos sobre os ricos e depois estabeleceu uma nova taxa sobre a gasolina, enfurecendo trabalhadores e provocando protestos furiosos conhecidos como o movimento dos Coletes Amarelos.*

Ao reconfigurar o sistema nacional de previdência, Macron tratou um bilionário como um oráculo — Larry Fink, presidente da BlackRock, o Homem de Davos que administrou mais dinheiro do que ninguém, e cujos

---

* O movimento dos Coletes Amarelos começou em novembro de 2018, quando, segundo o Ministério do Interior da França, 288 mil pessoas foram às ruas de Paris e de diversas outras cidades francesas para protestar contra o aumento da taxa sobre o combustível, que havia sido anunciada pelo governo federal. [N. da R.]

conselhos influenciaram a abordagem francesa da reforma da previdência. Quando o público soube do envolvimento de Fink, Macron absorveu as acusações de que estava vendendo os interesses da população francesa para o prazer dos bilionários.

Ao tentar transformar a França em um refúgio para o Homem de Davos, Macron ameaçou o habitat de todos.

« »

Macron passou a maior parte de sua vida imerso no pensamento e nas convenções sociais dos ricos. Ele trabalhou na divisão de bancos de investimento Rothschild, uma empresa singularmente interligada com a história da globalização, tendo financiado a construção de linhas ferroviárias através da Europa e as aventuras militares do governo britânico.

Abertamente ambicioso, Macron se preparou para liderar a França durante toda sua vida. Escreveu sua tese de graduação sobre Maquiavel e depois obteve um mestrado na Sciences Po, criadouro da elite francesa, entre os quais 7 ex-presidentes e 13 primeiros-ministros franceses. Em seguida, se formou para uma carreira no serviço público em outro campo preparatório para a classe dirigente, a Escola Nacional de Administração, que foi fundada por seu herói e modelo, Charles de Gaulle, o líder das forças francesas contra os nazistas e a figura nacional dominante durante as primeiras décadas da era pós-guerra.

A autoconfiança de Macron, a fluência em inglês, os ternos chiques e a admiração pelos bilionários o colocaram em uma boa posição no Fórum Econômico Mundial, no qual projetou a sensação de representar uma versão atualizada da França muito antes de assumir a presidência.

Sua eleição foi celebrada entre os endinheirados como um sinal de que a França estava se livrando de décadas de antipatia em relação aos empresários.

"Acreditamos que esta presidência[2] é favorável à França e acima de tudo à Europa", disse Larry Fink em junho de 2017. "A França vai mudar energicamente sua economia".

Em uma reunião para promover Paris como centro financeiro, Jamie Dimon disse que Macron seria um estímulo para "empreendedorismo, crescimento e emprego", estendendo o tapete de boas-vindas para os ricos.

"É bom ser querido",[3] acrescentou Dimon.

Com apenas 39 anos, Macron foi o presidente mais jovem da história da república. Ele é bem versado nas realidades da era digital, um curativo aparente para o estilo antiquado da vida francesa, muitas vezes romantizado pela tradição.

Ele conquistou o cargo ao se distinguir como a alternativa menos questionável aos predestinados candidatos apresentados pelo establishment* francês. O Partido Socialista implodiu. Seu porta-estandarte, o presidente em exercício François Hollande, era pouco popular para sequer concorrer à reeleição. Macron atuou como ministro da economia de Hollande antes de fugir, pois o partido se preocupava com a irrelevância. A centro-direita estava impregnada de discórdia interna.

Macron concorreu como um tecnocrata que iria pragmaticamente consertar o que precisava ser consertado. Construiu um novo partido do zero, o En Marche, implantando-o como prova de que ele não estava comprometido com nenhuma doutrina. Levantou uma campanha de arrecadação de fundos de quase €16 milhões, uma quantia espantosa que foi oferecida como evidência de um movimento popular.

A questão, entretanto, era bem outra. Desde o início, Macron cultivava o poder ao oferecer a si mesmo como colaborador do Homem de Davos. Quase metade de seus fundos de campanha[4] foi arrecadada de meros 800 doadores. Longe de uma revolta popular que assolasse a Bastilha, ele representava a corte erguendo seu próprio palácio. A operação de captação de recursos de Macron foi dirigida por um ex-executivo do BNP Paribas, um grande banco francês. Entre eles estava Emmanuel Miquel, um antigo líder sênior do JPMorgan Chase. Um diretor do Rothschild, Philippe Guez, foi anfitrião de uma campanha de arrecadação de fundos em seu apartamento em Paris, oferecendo o local para que outros executivos do banco se encontrassem

---

* Grupo sociopolítico que exerce sua autoridade, controle ou influência, defendendo seus privilégios; ordem estabelecida, sistema. [N. da R.]

com Macron. O sócio-gerente do banco, Olivier Pecoux, organizou uma arrecadação de fundos na Champs-Élysées.

Durante a passagem de Macron como ministro da economia, ele e sua esposa, Brigitte — sua antiga professora de literatura — recebiam regularmente as pessoas mais ricas da França em seu apartamento em Paris, com vista para o Sena. Às vezes organizavam dois jantares em uma única noite.

Quase toda semana, jantavam com Bernard Arnault, presidente e diretor-executivo da Moët Hennessy Louis Vuitton, a maior fabricante mundial de artigos de luxo. O império de marcas dessa empresa incluía Christian Dior, Bulgari e Givenchy. Atender a pessoas dispostas a gastar US$150 mil em uma mala proporcionou a Arnault uma fortuna estimada em mais de US$100 bilhões, tornando-o uma das três pessoas mais ricas do mundo.[5]

O iate de Arnault,[6] *Symphony*, era mais extenso que um campo de futebol e ostentava seis deques, incluindo uma pista de dança, um campo de golfe, um heliporto e um cinema ao ar livre. Sua piscina de fundo de vidro era alimentada por uma cachoeira. Ele possuía uma mansão no balneário de St. Tropez, uma ilha privada nas Bahamas, uma mansão em Paris e uma vinícola mundialmente famosa em Bordeaux, a Château d'Yquem, cujos vinhos de sobremesa ricos e doces inspiravam poesia. Sua coleção de arte moderna incluía obras de Picasso, Andy Warhol e Jeff Koons.

Entre as paixões de Arnault estavam tocar piano, caminhar pelos jardins floridos de suas propriedades e conjurar novas maneiras de evitar o pagamento de impostos. Ele rapidamente presumiu que Macron poderia ser útil nessa última busca.

Como ministro da economia, Macron se opôs ao esforço fracassado de Hollande para impor uma taxa de 75% sobre rendas acima de €1 milhão, advertindo que isso faria da França "uma Cuba sem sol". Arnault ficou tão alarmado com a proposta que solicitou um passaporte belga para evitar o imposto, suscitando acusações de traição.

Arnault usou seu jornal, o *Les Echos*, para publicar uma opinião editorial endossando a candidatura de seu amigo. "O programa de Emmanuel Macron[7] é baseado na convicção de que a iniciativa privada é a única alavanca eficaz para a criação de empregos sustentáveis, saudáveis e massivos na França", escreveu Arnault. "Uma empresa que não tem seu desenvolvimento impedido, que não se distrai de seu desejo de crescer por uma tributação ou procedimentos burocráticos irracionais, não tem outra pauta senão investir, inovar e criar empregos sustentáveis."

Arnault não parecia prejudicado. Ele era um mestre na arte de evitar impostos. Seu iate valia cerca de €130 milhões, o que o tornava responsável por impostos sobre a riqueza de cerca de €2 milhões por ano. Os contadores de Arnault fizeram[8] desaparecer esse projeto de lei colocando o *Symphony* sob o controle oficial de uma empresa de fachada que estava registrada no paraíso fiscal de Malta. Essa empresa alugou graciosamente a embarcação de volta a seu comprador para usufruto exclusivo de Bernard Arnault.

Quando os jornalistas sugeriram que tal arranjo fez de Arnault uma fonte menos que saudável de conselhos sobre política econômica, Macron defendeu seu parceiro de jantar. "O que você chama de fraude fiscal[9] não é criminalmente punível por lei", disse ele a um entrevistador.

Para Macron, a inteligência e a riqueza de Arnault foram o próprio motivo de seu endosso. Ele validou a relevância de Macron como candidato, inspirando outras pessoas ricas a contribuir para sua campanha. Sua arrecadação de fundos visava a banqueiros, empresários, lobistas e influenciadores, prometendo isenção de impostos.

Macron concentrou atenção especial em reverter o êxodo dos franceses ricos. Ele deu o tom com um jantar de arrecadação de fundos em outubro de 2016 em uma mansão fora de Bruxelas de propriedade de Marc Grossman, fundador da Celio, uma marca popular de roupa masculina francesa. Lá, o futuro presidente prometeu aos participantes que eliminaria os impostos sobre a riqueza. Ele fez várias viagens a Londres,[10] que era o lar de 300 mil cidadãos franceses, assegurando doações de expatriados que trabalhavam em financeiras internacionais.

Em um segundo turno eleitoral, Macron extinguiu a ruidosa insurreição da Frente Nacional, o partido extremista que se tornou popular, liderado por Marine Le Pen, cuja crescente popularidade e as denúncias estridentes de imigrantes muçulmanos aumentavam o temor sobre a inclinação da Europa para o populismo de extrema direita.

Macron poderia ser facilmente satirizado pelo discurso grandiloquente. Ele havia comparado a presidência francesa a Júpiter, o rei de todos os deuses na mitologia romana. (Mesmo Trump, que não fez segredo de sua inveja pelos poderes terrenos de Vladimir Putin e Xi Jinping, não tinha chegado a esse ponto.) Mas ninguém podia acusar Macron de falta de visão. Muito além da França, ele inspirou esperança como antídoto para as forças do nacionalismo e do iliberalismo.

Em janeiro de 2018, em Davos, ele lotou o auditório principal para seu discurso de abertura. Macron se apresentou como o guardião remanescente da democracia liberal, lançando o renascimento francês como central para a preservação da ordem do pós-Segunda Guerra Mundial. Ele receitou uma maior solidariedade europeia como resposta necessária ao Brexit, a Trump e ao rebaixamento da democracia.

"Se quisermos evitar essa fragmentação[11] do mundo, precisamos de uma Europa mais forte, isso é absolutamente fundamental", disse Macron ao Fórum. "A França está de volta ao centro da Europa, porque nunca teremos nenhum sucesso francês sem um sucesso europeu."

Macron tinha a intenção de entregar a única coisa necessária para minar o apelo de Le Pen e de outras pessoas que odeiam oportunistas: crescimento econômico. Ele eliminaria a letargia que havia se infiltrado na identidade nacional, com a taxa de desemprego travada em cerca de 10%. Impulsionaria a educação e, ao mesmo tempo, melhoraria as pesquisas em áreas como inteligência artificial a fim de incutir as habilidades necessárias para prosperar em uma economia moderna. E investiria em tecnologias que poderiam transformar a França em um líder mundial no combate às mudanças climáticas. As melhores e mais brilhantes mentes francesas voltariam de Londres, de Nova York e do Vale do Silício, transformando a França em um viveiro de inovações. O crescimento vacinaria a nação contra a raiva que envenenava as democracias ao redor do mundo.

"Se eu não puder explicar às pessoas[12] que a globalização é boa para elas, e que as ajudará a desenvolver suas próprias vidas, então serão os nacionalistas, os extremistas que querem sair do sistema", disse ele em Davos. "E eles vencerão em todos os países."

A chave para essa remodelação foi a liberação das empresas das restrições das regras arcaicas que desencorajavam a tomada de riscos.

A primeira iniciativa de Macron — uma grande reformulação da lei trabalhista francesa — o colocou diretamente em desacordo com os sindicatos do país. Embora eles representassem menos de 10% da força de trabalho francesa,[13] há muito provaram sua capacidade de mobilizar as massas, desencadeando greves que poderiam paralisar o país. Macron procurava reescrever uma famosa coleção obtusa de regras trabalhistas francesas que preenchia 3.324 páginas.

A demissão de trabalhadores na França era dispendiosa e demorada, envolvendo longos procedimentos de demissão e processos legais. Isso fazia com que a contratação de funcionários se assemelhasse a um casamento. Se o relacionamento ficasse comprometido, o divórcio implicava em uma agonia cara, dando aos empregadores franceses fobia ao compromisso. Eles tendiam cada vez mais a depender de trabalhadores por contrato determinado e temporários, o que mantinha o desemprego elevado e os salários baixos.

Durante as duas décadas anteriores, os empregos legais em tempo integral — do tipo que poderia permitir a uma pessoa comprar uma casa e planejar uma vida — tinham permanecido estáveis, em cerca de 1 milhão, enquanto o número de contratos com duração inferior a um mês[14] explodiu de 1,6 milhões para 4,5 milhões.

A reforma de Macron se baseou em uma premissa lógica: se a demissão de trabalhadores se tornasse mais fácil, os empregadores tomariam a iniciativa e contratariam. As pessoas com melhores empregos gastariam mais, impulsionando o crescimento econômico.

Macron foi ajudado em sua missão pelo fato de que os maiores sindicatos franceses foram, eles próprios, se afastando dos interesses mais amplos da população, funcionando como um clube privilegiado para seus membros. Eles se mobilizaram em defesa da manutenção do emprego dos franceses predominantemente brancos, de meia-idade e nativos que preenchiam suas fileiras.

Um a cada 5 jovens[15] abaixo de 24 anos estava desempregado. Os *banlieue* — bairros periféricos inconvenientes e distantes que circundam as grandes cidades — estavam cheios de imigrantes africanos que nunca conheceram um emprego formal. A extensão total da crise era desconhecida, porque as medidas de disparidade racial eram praticamente proibidas na França — um vestígio do passado nazista e um testemunho da fantasia francesa de igualdade para todos.

Os sindicatos estavam quase que comicamente desinteressados em discutir como criar empregos. Quando fiz a pergunta a Manu Blanco, membro da diretoria da CGT, um dos maiores sindicatos da França, ele sugeriu que a semana de trabalho fosse encurtada de suas atuais 35 horas para que mais pessoas pudessem compartilhar o trabalho existente. Somente na França um chefe de sindicato poderia sugerir que a solução para não trabalhar o suficiente era trabalhar menos.

As manifestações de rua saudaram previsivelmente a remodelação de Macron das regras trabalhistas, mas ele dividiu os sindicatos,[16] ganhando apoio medido com promessas de demissão adicional. Ele classificou sua alteração como sensível aos costumes sociais franceses. Esse não era o estilo norte-americano de capitalismo no qual Jeff Bezos dirigia seus armazéns como *gulags*,* mas uma variante mais gentil, como o estilo nórdico de livre mercado.[17] Em poucos meses, as greves se dissiparam. A reforma tornou-se lei.

Mas, então, Macron exagerou, apostando seu capital político em dar um belo presente ao Homem de Davos. Ele cumpriu sua promessa de remover o imposto sobre a riqueza, reduzindo-o efetivamente em 70%[18] — uma medida que se esperava que custasse ao Estado €10 bilhões durante os 3 primeiros anos.

Ele sustentou que essa generosidade para com os bilionários atrairia investimentos do exterior e estimularia a expansão das empresas.

A raiva resultante foi imediata, intensa e incessante.

« »

---

* Gulag era um sistema de campos de concentração da União Soviética no qual os presos políticos sofriam violência, tortura e abusos de todos os tipos, além de serem obrigados a trabalhar em regime sub-humano. Esse sistema teve seu auge durante o governo ditador de Joseph Stalin. [N. da R.]

A França parecia um local improvável para uma onda de agitação civil. A desigualdade econômica não estava nem perto[19] dos níveis dos Estados Unidos ou da Grã-Bretanha. O país oferecia assistência médica nacional abrangente a todos os cidadãos. Somente a Dinamarca, a Suécia e a Bélgica[20] gastavam uma parcela maior de suas economias em programas de bem-estar social para pessoas em idade de trabalhar.

No entanto, a distância entre os abastados e todos os outros vinha aumentando há décadas. Entre 1983 e 2015,[21] o 1% mais rico dos lares franceses viu sua renda média dobrar, enquanto o resto da França — os 99% mais pobres — viu sua renda aumentar em apenas 25%.

E o quadro geral mascarava formas extremas de desigualdade — entre as pessoas das cidades e as das vilas e aldeias; entre aqueles com empregos em tempo integral e os crescentes postos de trabalhos temporários; entre os idosos e os jovens, que foram amplamente excluídos dos programas governamentais.

A igualdade tinha uma moeda especial na França. Os ideais da revolução francesa — *liberté, egalité, fraternité* [liberdade, igualdade e fraternidade) — funcionavam mais do que como palavras gravadas acima das entradas dos edifícios governamentais. Eram um pacto entre o Estado e o povo.

Em épocas anteriores, o desastre se mostrou nivelador. Os anos entre o início da Primeira Guerra Mundial e o fim da Segunda Guerra Mundial testemunharam uma redução dramática da desigualdade,[22] destruindo a riqueza daqueles que controlavam a maior parte dela. Durante as duas décadas seguintes, a desigualdade se ampliou. Depois vieram as explosivas greves[23] e as ocupações nas universidades e nas fábricas em maio de 1968, uma tremenda revolução que foi tanto cultural quanto política — um retrocesso ao conservadorismo de Charles de Gaulle, desde os costumes sexuais tradicionais, à guerra norte-americana no Vietnã, ao próprio capitalismo.

Ao estabelecer o modelo que Macron implantaria meio século depois, de Gaulle impulsionou o salário mínimo para apaziguar os manifestantes. O resultado foi um maior poder de consumo para os pobres, fechando a brecha da desigualdade.

Mas na década de 1980 a inversão começou. Assim como Thatcher cortou os programas sociais na Grã-Bretanha, e como Ronald Reagan liderou a revolta contra o governo nos Estados Unidos, sucessivas administrações francesas anularam os aumentos salariais para os pobres e reduziram os benefícios de desemprego.

Em 2014, apenas 20% dos gastos nacionais[24] com programas sociais estavam sendo direcionados para as famílias na 5ª parte inferior da renda francesa — uma parcela menor do que nos Estados Unidos. Fundos que anteriormente tinham ido para os pobres iam agora para pessoas como Arnault.

Para aqueles atraídos pelos Coletes Amarelos, Macron não representou um novo ultraje, mas a gota d'água.

O imposto sobre a riqueza havia sido projetado para amenizar o impacto da reformulação mais ampla do país. Tinha sido instituído em 1982 pelo primeiro presidente socialista da França, François Mitterand, como um meio de reforçar os programas sociais. Desde então, tem servido como um adereço em representações da França como antagônica à riqueza, prova A no estereótipo de que a França era governada por antimaterialistas de boinas que viam qualquer um que vestisse um terno cinza como inimigo do povo.

Macron argumentou que a abolição do imposto sobre tudo, exceto bens imóveis, anunciaria que a França estava ansiosa para receber capital estrangeiro. Era uma mensagem adaptada em parte para encorajar pessoas como Jamie Dimon a contemplar Paris como um santuário para os banqueiros, que o JPMorgan Chase tiraria da Grã-Bretanha à medida que o Brexit se desdobrasse.

Em outra jogada para os negócios de Londres, Macron se comprometeu a baixar a taxa de imposto[25] sobre os lucros de private equity de 75% para 30% — um adoçante direto para executivos como Steve Schwarzman.

Uma vez no cargo, Macron agia com lentidão para não perturbar seus objetivos primários, especialmente as reformas trabalhistas. Mas a base mais leal de Macron — o Homem de Davos — estava impaciente pela bonança. As pessoas mais ricas da França tinham ficado indignadas com um discurso do primeiro-ministro Edouard Philippe no verão de 2017, no qual ele deu a notícia de que o imposto sobre a riqueza permaneceria em vigor por mais dois anos. Três dias depois, em um fórum econômico anual realizado na cidade de Aix-en-Provence, os executivos deixaram claro que estavam alimentando sentimentos de traição.[26] Os organizadores do fórum, um think tank neoliberal chamado Cercle des Economistes [Círculo dos Economistas, em tradução livre], exigiram que Macron removesse imediatamente o imposto sobre as fortunas.

Membros de um poderoso conjunto de empresas francesas, a Associação Francesa de Empresas Privadas, reuniram-se secretamente com o presidente[27] no Palácio Élysée para expressar seu descontentamento com o atraso. Entre os membros da associação estava a empresa de Arnault. Logo após a reunião, o Ministério das Finanças de Macron anunciou que o imposto desapareceria no ano seguinte, 2018.

A suspensão do imposto sobre as fortunas[28] atraiu as pessoas ricas a se mudarem para a França. Mas não produziu nenhum impulso perceptível ao investimento. Um relatório da Comissão de Finanças do Senado francês concluiu mais tarde que a redução de impostos fez as cem pessoas mais ricas[29] da França economizarem uma média de €1,2 milhões por ano. Eles não usaram esse dinheiro para expandir fábricas, lançar novos negócios ou contratar pessoas: compraram carros, ações e aumentaram a fortuna de Arnault comprando malas e bolsas da Louis Vuitton e caixas de Dom Pérignon.

"Não há efeito redistributivo", disse o presidente da comissão ao painel. "Esse é um presente considerável feito para os ricos."

No ano anterior à sua abolição,[30] o imposto sobre a riqueza havia sido aplicado a 351 mil famílias francesas em um país de 67 milhões — a metade mais rica de 1%. Entre os beneficiários[31] do corte estavam o presidente e sua esposa, que possuía uma casa em Le Touquet, uma estância à beira-mar para os parisienses ricos.

Macron satisfez sua base, mas ao custo de reforçar seu controle sobre um apelido indesejado — o Presidente dos Ricos.

Esse título foi se revelando um pouco por vez.

Primeiro veio a notícia de que, durante seus 3 primeiros meses de mandato, Macron tinha acumulado uma conta de €26 mil em serviços de maquiagem.[32] Para seu aniversário de 40 anos,[33] Macron deu uma festa no Château de Chambord — uma propriedade com diversas torres, com nada menos que 282 lareiras, situada em uma reserva de caça no Vale do Loire —, o que deu origem a acusações de que ele estava brincando de ser um monarca. Essa noção só foi reforçada com a divulgação de que Macron havia pedido um novo conjunto de 900 pratos de jantar[34] e 300 pratos de sobremesa para o Palácio Élysée, a um custo potencial de €500 mil, seguido de notícias de que Macron estava procurando instalar uma nova e luxuosa piscina[35] em seu refúgio presidencial em Côte d'Azur.

Os gostos caros de Macron coincidiram com a sua propensão para lamentar-se de orçamentos estatais inchados e com a recusa obstinada dos plebeus de se tornarem ricos — como se a negligência deles em melhorar suas próprias piscinas refletisse um fracasso a priorizar.

O governo "gasta um caminhão cheio de dinheiro em programas sociais",[36] disse Macron em uma ocasião especialmente desastrosa na televisão, "mas o povo ainda é pobre". Ele havia dado uma palestra aos trabalhadores prejudicados com o fechamento de uma fábrica em uma área rural, dizendo que "parassem de ficar à toa"[37] e simplesmente se mudassem para algum lugar que tivesse empregos.

Tais episódios não puderam ser descartados como gafes. Eles revelaram a identidade central de Macron como alguém imerso na visão de mundo do Homem de Davos, com um senso de direito a alguns dos espólios.

Esse foi o pano de fundo no outono de 2017, quando Macron tomou a decisão que definiria sua presidência. Após cortar a conta de impostos para amigos como Arnault, aumentou os impostos sobre a gasolina, argumentando que isso era necessário para incentivar a transição para a energia verde.

Em toda a França, os manifestantes vestiram coletes de segurança amarelos — o uniforme da classe trabalhadora — e pararam o país.

Paris, onde Macron residia, tinha uma rede eficiente de transporte público — um sistema de metrô confortável, ônibus públicos onipresentes e uma rede de ciclovias. Em quase todos os outros lugares da França, as pessoas dependiam muito dos carros para chegar a empregos, escolas e lojas.

Em muitas comunidades, as pessoas viam o imposto sobre a gasolina como prova de que suas lutas eram irrelevantes nos cálculos de Macron. A justificativa dele era especialmente chocante. Sua busca de uma França mais verde funcionaria bem em lugares como Davos, enquanto eles eram forçados a pagar por isso. Como disse um slogan popular dos Coletes Amarelos:

"Macron está preocupado com o fim do mundo. Estamos preocupados com o fim do mês."

O imposto sobre a gasolina transformou Virginie Bonnin, uma mãe solo de 40 anos e mãe de 3 filhos, em um soldado raso na rebelião que tremeu o país. Ela vivia em Bourges, uma cidade de 60 mil pessoas no coração do país. Bourges estava centralizada em torno de uma catedral gótica, suas ruas estreitas dando lugar a subúrbios monótonos, com hipermercados e estacionamentos que se estendem para os campos vizinhos.

Outrora núcleo de fábricas de munições e fábricas têxteis, Bourges viu desaparecer muitos de seus empregos. As fábricas que restaram estavam cada vez mais inclinadas a contratar trabalhadores temporários.

"Somos descartáveis", disse Bonnin, que havia passado a maior parte de sua vida profissional em fábricas locais de autopeças.

Ela ganhava €1.900 por mês. Tinha que esperar até quinta-feira à noite para receber sua escala para a semana seguinte, o que dificultava a gestão de suas responsabilidades como mãe. Esse tipo de queixa era familiar para os norte-americanos, que o associavam aos trabalhadores do Walmart, mas era cada vez mais a realidade na França, também.

Quando Bonnin ficava sem emprego, os benefícios de desemprego costumavam sustentá-la. "Tenho o suficiente para chegar ao fim do mês, mas é complicado", disse ela. "Em épocas assim, não como carne para deixar para as crianças."

O valor da gasolina subiu por meses, aumentando os preços dos combustíveis. "Você coloca combustível no tanque para ir trabalhar", disse ela, "e depois trabalha para poder comprar combustível".

O feed do Facebook dela ficou cheio de mensagens irritadas e chamadas para ação. As pessoas planejavam se reunir na entrada sul da cidade. Elas vestiriam seus coletes amarelos e bloqueariam caminhões e carros.

No primeiro dia em que o movimento aconteceu, em uma manhã fria e cinzenta em novembro de 2018, Bonnin estava entre as milhares de pessoas que apareceram. Enquanto estavam na calçada, impedindo fisicamente a França de prosseguir com seus negócios, a maioria dos motoristas presos no engarrafamento tocavam suas buzinas em solidariedade.

"Todos estão fartos", disse Bonnin. "Tinha que explodir."

O movimento dos Coletes Amarelos logo conturbou quase todas as cidades da França. Manifestantes inundaram Paris, quebrando as janelas de bancos e de lojas, incendiando carros e até mesmo vandalizando o Arco do Triunfo. Eles enfrentaram a polícia, que atirou balas de borracha e gás lacrimogêneo[38] para acalmar a fúria.

Macron, que geralmente aparentava ser imperturbável, parecia cercado. Após várias semanas, ele cedeu[39] e suspendeu o imposto sobre a gasolina. Foi uma concessão extraordinária diante de uma oposição violenta. Também era tarde demais.

Os protestos não eram mais sobre uma única política, ou mesmo sobre o que Macron viria representar. Os Coletes Amarelos haviam capturado o favor como uma expressão de indignação pela violação da ideia central da França: o entendimento de que a harmonia social fluiria da igualdade. Macron poderia eliminar o imposto sobre a gasolina, mas não poderia retirar o dano que infligiu à psique nacional, a sensação de que ele havia destruído o código moral da França.

Os protestos continuaram, destruindo a aura de calma tecnocrática de Macron e baixando seu índice de aprovação para 23%. Em cinco meses, ele esteve presente em uma série de prefeituras de todo o país para ouvir as reclamações e depois submeteu-se à primeira coletiva de imprensa de sua gestão.

"Sempre podemos fazer melhor",[40] disse ele. "Nem sempre colocamos o fator humano no centro de nosso projeto. Eu tenho dado a impressão de sempre dar ordens. De ser injusto." Ele se comprometeu a "uma profunda reorientação da filosofia em que acredito — mais humana, mais humanista".

Macron prometeu €5 bilhões de redução de impostos para a classe média. Prometeu parar de fechar hospitais, parar de fechar escolas rurais e até mesmo banir da história a Escola Nacional de Administração, a instituição de elite onde ele se formou para o serviço público.

Contudo, o dinheiro era de uso limitado em um conflito agora impulsionado por um senso de injustiça. A família de Bonnin vivia em um apartamento acessível pago em parte por um subsídio habitacional do governo.

O que a tinha atraído para os Coletes Amarelos era mais um sentimento de injustiça do que desespero.

"Ter que fazer sacrifícios enquanto os ricos não pagam mais impostos", disse ela. "Há um sentimento de desespero, assim como um sentimento de injustiça social."

Os Coletes Amarelos reuniam-se dentro de uma tenda rudimentar que construíram na margem sul de Bourges, no campo de um agricultor simpatizante, perto da rotatória de trânsito que foi seu primeiro ponto de mobilização.

Lá dentro, uma dúzia de pessoas ocupava bancos de madeira, tomava café instantâneo e compartilhava cigarros. Alguns ficavam do lado de fora na garoa, amontoados em torno de uma fogueira improvisada — uma pilha de paletes em chamas.

Um homem mais velho queixou-se de que sua aposentadoria não cobria suas contas. Uma mulher de 20 anos chamada Coralie Annovazzi reclamou que ainda vivia com seus pais enquanto passava de um emprego temporário de garçonete para outro. As pessoas de sua idade foram excluídas dos benefícios do governo, como subsídios em dinheiro para pessoas de baixa renda.

Seu ódio por Macron era visceral, mas nada provocou palavras mais duras do que um grupo de pessoas muito mais próximas — refugiados do Afeganistão, Sudão, Serra Leoa e outros países devastados por guerras, que viviam em um antigo motel ao lado da rodovia. Para Annovazzi, a presença deles era uma prova de que ela e seu povo haviam sido abandonados.

"Esses imigrantes conseguiram os melhores tênis, os celulares mais modernos e tudo isso pago pelo Estado", disse ela.

Outra mulher, Claudine Malardie, foi na mesma linha. Os refugiados estavam "constantemente agredindo sexualmente as mulheres locais", disse ela. "Se você é francesa, não recebe nenhuma assistência, e se você é estrangeiro, recebe", continuou ela. "Dê-me um pote de tinta preta, vou pintar meu rosto e assim terei benefícios."

Quando a pressionei para justificar essa descrição racista, Malardie deixou escapar que de fato recebia benefícios — um pagamento de €860 por mês por invalidez. Ela vivia em habitações públicas, pagando apenas €300 por mês de aluguel por um apartamento subsidiado pelo Estado.

Ela não conhecia ninguém que tivesse realmente tido contato com os refugiados. Quanto à alegação de que os homens estavam atacando as mulheres locais, Malardie reconheceu que estava apenas repetindo algo que tinha ouvido. "Li no Facebook", disse.

A noção de que os refugiados explicavam os problemas da classe trabalhadora francesa não passou nem mesmo por uma verificação mínima. Os 99 homens, na maioria jovens presos no antigo motel, estavam sentados em silêncio em seus quartos quando fui dar uma olhada. Eles não estavam autorizados a trabalhar enquanto esperavam que seus pedidos de asilo fossem processados, assim, usavam uma coleção de livros escolares desgastados para estudar francês, ou ficavam enviando mensagens de texto para amigos e parentes em casa. Não havia lojas a uma curta distância a pé, então eles andavam de ônibus pelo centro da cidade para comprar mantimentos, tentando esticar os €200 por mês que recebiam de ajuda pública.

Se estas eram as pessoas que roubaram a prosperidade francesa, elas estavam bem escondidas.

Mas os migrantes proporcionaram uma abertura para a extrema-direita oportunista. Enquanto fazia campanha para as eleições parlamentares europeias no início de 2019, Marine Le Pen reivindicava representar os Coletes Amarelos.

"A batalha agora é entre nacionalistas e globalistas",[41] declarou. Seu partido tinha a maioria total dos votos.

« »

Apesar da reprimenda dos Coletes Amarelos, Macron não havia terminado seu projeto de remodelação da França. No outono de 2019, ele embarcou em sua reestruturação do sistema de previdência francês.

A França gastava 14% de sua produção econômica com aposentadorias, em comparação com uma média de 8% nas nações mais desenvolvidas do mundo. O típico trabalhador francês estava se aposentando aos 60 anos.[42]

O sistema incluía 42 esquemas de pensão separados, cada um com suas próprias regras complicadas e inúteis garantidas por um ou outro sindicato.

Macron foi tão massacrado pelos Coletes Amarelos que começou com a tarefa de prometer não aumentar a idade da aposentadoria ou diminuir o que o governo gastava com aposentadorias. Seu objetivo era apenas impor a ordem. Ele pegaria o emaranhado de programas de aposentadoria separados e os reconfiguraria em um sistema unificado.

Os sindicatos sentiram o cheiro de artimanha. Do modo como viam a questão, gastar muito dinheiro em aposentadorias deveria ser considerado um ponto de orgulho nacional — a marca de uma sociedade civilizada — e não um problema que exige reforma.

Sob o sistema de pensão existente, as pessoas geralmente tinham o direito de se aposentar com um padrão correspondente à média de seus 25 melhores anos de salário. Macron propunha substituir isso por um esquema no qual as pessoas ganhavam pontos durante suas carreiras, com seu total final determinando seus pagamentos de pensão. A certeza de uma aposentadoria paga pelo Estado seria abandonada por algo que se parecia com a loteria. Algumas pessoas perderiam.

Uma figura havia se posicionado entre os vencedores finais — um Homem de Davos que, ao longo de décadas, silenciosamente acumulou influência inigualável sobre o movimento do dinheiro ao redor do planeta: Larry Fink ganhou a atenção de Macron e a estava usando habilmente para ajudar a reformar a previdência francesa, transformando-a, de um refúgio murado fora do alcance da indústria global de serviços financeiros, em uma fronteira sedutora.

Fink estava entre as figuras mais importantes nas finanças, mas curiosamente desconhecidas fora de seu campo de atuação. Sua empresa, a BlackRock, tinha vagado com sucesso pelo mundo, persuadindo os sistemas de aposentadoria, as doações universitárias, as redes de saúde e outras instituições a confiar-lhe a administração de suas carteiras, assumindo o controle de mais de US$7 trilhões. Nesse caminho, Fink havia se tornado um bilionário e uma figura parecida com Zelig no capitalismo global, um conselheiro de bastidores para presidentes, bancos centrais e colegas Homens de Davos.

Ele tinha se mostrado especialmente hábil em ganhar a confiança do cliente mais abastado de todos, o governo dos Estados Unidos.

"Ele é como o Mágico de Oz",[43] comentou certa vez o ex-banqueiro de investimentos que se tornou jornalista financeiro, William D. Cohan. "O homem atrás das cortinas."

Criado na expansão do Vale de San Fernando, ao norte de Los Angeles, Fink foi para o leste após a faculdade de administração, iniciando uma carreira em Wall Street.

Ele desembarcou no banco First Boston, no que era então uma reserva adormecida das finanças norte-americanas — o comércio de títulos. Fink ajudou a transformá-lo em um ávido centro de lucros, desenvolvendo um novo tipo de título chamado contratos garantidos por hipotecas. Ao comprar hipotecas individuais, agrupá-las e depois vender os títulos resultantes aos investidores, tais empréstimos eram transformados em matéria-prima para um mecanismo de investimento extremamente lucrativo.

A inovação de Fink foi inicialmente progressiva, diminuindo os riscos de empréstimos hipotecários e promovendo a aquisição da casa própria. Mas o jogo excessivo de Wall Street com títulos hipotecários surgiria como uma das principais causas para o ajuste de contas global de 2008.

Fink construiu sua reputação como um mestre dos detalhes de complexas reestruturações corporativas. Com apenas 31 anos, ele havia alcançado o status de diretor administrativo, o mais jovem da história do First Boston. Porém, em 1986, ele cometeu um erro grave que custou à empresa US$100 milhões, uma aposta ruim em um aumento das taxas de juros. Esse erro — que Fink atribuiu aos sistemas analíticos em que confiava — destruiu sua carreira no banco. Também marcou o início de seu interesse obsessivo em aproveitar o poder da computação usada para processar dados.

Dois anos após esse episódio, Fink deixou o banco e juntou-se à empresa de Steve Schwarzman, a Blackstone, dirigindo um empreendimento de negociação de títulos sob o arranjo de butique de investimentos que chamaram BlackRock.

Foi extraordinariamente lucrativo, mas Fink e Schwarzman eram cheios de ego e bravata para conviver pacificamente. Eles discordavam sobre como distribuir os ganhos, levando Schwarzman a vender a unidade a um banco em Pittsburgh por apenas US$240 milhões, uma transação rara e atroz para um dos principais negociadores de Wall Street.

A empresa de Fink engoliu os concorrentes em uma série de fusões e vendeu suas ações para o público em 1999. Ela se expandiu de títulos para todas as esferas financeiras — ações, bens imóveis, fundos de hedge.

A escalada da BlackRock forneceu uma perspectiva única sobre o mercado global. Isso se tornou a fonte de sua linha de negócios mais substancial. Castigado por seu caro erro no First Boston, Fink supervisionou o desenvolvimento de um sistema de gerenciamento de riscos computadorizado que examinava carteiras para perigos invisíveis, simulando os efeitos de mudanças abruptas nos sentimentos do mercado, mudanças nas taxas de juros e outros desenvolvimentos consequentes. O sistema avançado, conhecido como Aladdin, deu à BlackRock a capacidade de identificar os riscos que se escondem nos mercados. Em meados dos anos 1990, Fink descobriu que poderia vender o Aladdin a outras instituições financeiras como um serviço. O banco de Jamie Dimon estava usando-o. Assim como mais de uma centena de outras instituições financeiras.

O Aladdin foi o que posicionou a empresa para ganhar o negócio do investidor principal, o Tio Sam.

Quando Washington liberou os resgates em meio à crise financeira no outono de 2008, o governo assumiu o controle de vastas carteiras de títulos e outros ativos. Alguém teria que administrar todos esses investimentos. Larry Fink conseguiu o trabalho.

Ele estava em posição privilegiada, porque tinha informação privilegiado. Nos meses anteriores à crise, a BlackRock havia trabalhado[44] para quase todos os principais atores do desdobramento — o gigante dos seguros AIG, Lehman Brothers e as duas companhias hipotecárias apoiadas pelo governo, Fannie Mae e Freddie Mac. Sua equipe de especialistas em dados havia sondado suas carteiras, fornecendo um conhecimento aprofundado dos riscos.

Como os secretários do Tesouro dos EUA Hank Paulson e Timothy Geithner formularam a resposta de recuperação federal, eles confiaram no conselho de Fink. Quando questões legais quase descarrilaram a aquisição de emergência do Bear Stearns pelo JPMorgan Chase — especificamente, se o Tesouro tinha autoridade para cobrir perdas incorridas pelo Sistema de Reserva Federal ao servir como avalista — Fink resolveu a questão. Ele disse a Paulson e a Geithner[45] que a BlackRock poderia fornecer ao Sistema uma carta atestando o risco mínimo de perdas adicionais.

Fink estava errado sobre alguns detalhes importantes. Mesmo após o colapso do Bear, ele havia aconselhado seus clientes a fazer maiores apostas em investimentos mais arriscados em busca de maiores recompensas. E garantiu publicamente a solidez do Lehman Brothers[46] antes do gigantesco colapso do investimento, enviando ondas de terror por meio do cenário financeiro.

Mas ele possuía algo de valor inestimável — a confiança das pessoas que administram o sistema.

Sob seu acordo com o governo dos Estados Unidos, a BlackRock assumiu o controle das carteiras dos contribuintes recheadas com os detritos de posições comerciais desastrosas feitas por seus clientes — Fannie e Freddie, AIG e Bear Stearns, até então sob o controle de Dimon.

Isso constituía um vasto conflito de interesses.[47] A BlackRock estava influenciando os preços da dívida sofrida e negociando com ela.

Fink zombou dessa fala. "Nossos clientes confiam em nós",[48] disse.

Havia verdade nessa afirmação. Com suas roupas sem graça, calvo, energia nervosa e óculos antigos de arame, a marca de Fink era a de um nerd detalhista. Ele não passava seu tempo livre em iates gigantescos, mas sim em sua casa no Colorado, onde ele gostava de pescar. Arnault podia falar poeticamente sobre a magnificência de Sauternes.* Fink era um devoto de restaurantes de fast food.

Naturalmente, também era um frequentador assíduo do San Pietros,[49] o restaurante italiano no centro de Manhattan que funcionava como um clube privado para pessoas ligadas ao capital, chefes de banco, o chefe da Bolsa de Valores de Nova York e até mesmo Bill Clinton. Ele foi um participante confiável do Fórum Econômico Mundial, mais tarde ocupando um

---

* O Sauternes é um dos mais renomados vinhos de sobremesa do mundo, oriundo da região vitivinícola de Bordeaux, na França. [N. da R.]

lugar em seu conselho de administração. Isso deu a Fink um espaço para se enraizar com o colaborador do Homem de Davos que dirige a França.

Em junho de 2017, menos de um mês após assumir o cargo, Macron recebeu Fink[50] no palácio presidencial. Ainda naquele mês, seu ministro da economia, Bruno Le Maire, viajou para Nova York a fim de cortejar investimentos em Wall Street. Sua agenda incluía um jantar com Fink.[51] Quatro meses depois disso, o governo de Macron convocou um painel de 30 especialistas para formular planos para a reforma da previdência, incluindo o chefe da BlackRock France.

A BlackRock ajudou a organizar uma cúpula[52] convocada no palácio presidencial com mais de 20 empresas de investimento apresentando discussões sobre as oportunidades emergentes na França, incluindo a reforma da previdência. Fink assinou uma nota que foi enviada aos participantes e marcada como "Confidencial — Não é para Distribuição". Ele descreveu a cúpula como uma oportunidade para "conversas únicas e dinâmicas" com os principais líderes da nação. "Passaremos o dia todo discutindo a visão transformadora do Presidente Macron com representantes de seu gabinete."

Fink participou do encontro e trouxe consigo outro colaborador do Homem de Davos — George Osborne, o ex-chanceler britânico do Tesouro e arquiteto da austeridade. Um ano após o fracasso do referendo do Brexit, que custou a Osborne seu cargo, ele se reinventou como um instrumento da indústria de serviços financeiros.

A supervisão calamitosa do Tesouro por Osborne ajudou a produzir o Brexit, enquanto o transformava em uma figura vil em seu próprio país. Mas a experiência também lhe forneceu uma compreensão interna da interação entre finanças e governo — uma mercadoria valiosa pela qual o Homem de Davos estava disposto a pagar.

Osborne tinha prazer em vender. Nos meses após o referendo do Brexit, ele recebeu mais de £600 mil[53] para uma série de palestras a empresas de serviços financeiros, incluindo Citibank e BlackRock.

Osborne também trabalhava para o HSBC, um banco conhecido por ser sondado frequentemente em um ou outro país europeu por sua disposição de ajudar os clientes em suas necessidades de evasão fiscal.

Em 2015, quando ainda administrava o Tesouro, Osborne havia cortado um imposto bancário especial em um esforço para persuadir o HSBC a manter sua sede em Londres. O Brexit levou o HSBC a reconsiderar esses planos. Em Davos, em janeiro de 2017 — seis meses após o referendo do Brexit — o diretor executivo do HSBC disse que o banco estava considerando mudar aproximadamente mil empregos[54] para Paris. Nesse mesmo ano em Davos, o HSBC organizou um evento privado para 20 clientes, com uma palestra de Osborne.

Alguns dias depois, Fink anunciou que havia contratado Osborne como consultor. "No centro de nossa missão[55] está ajudar as pessoas em todo o mundo a economizar e a investir para a aposentadoria", disse Fink em uma declaração. "Os conhecimentos de George ajudarão nossos clientes a alcançar seus objetivos."

Osborne trabalhava apenas 4 dias por mês para a BlackRock, pelos quais conseguia £650 mil por ano. No fim de outubro de 2017, ele dedicou um desses dias a aconselhar Fink sobre como extrair lucros de aposentados na França.

Na cúpula em Paris, Osborne fez uma apresentação intitulada "Geopolítica e o Mercado". Foi seguida por uma série de palestras dos funcionários do gabinete de Macron — sobre os planos de reforma previdenciária e trabalhista, investimentos em transportes franceses e oportunidades de financiamentos internacionais.

Como a imprensa francesa notaria mais tarde, nenhum dos ministros inseriu essas reuniões em seus diários oficiais, escondendo-as da vista do público. A cúpula terminou com uma recepção de Macron.

Dois anos mais tarde, quando Macron iniciou o projeto de reconfiguração do sistema de aposentadoria, a BlackRock insinuou seus objetivos nas próprias propostas do governo.

De acordo com uma análise da empresa publicada em outubro de 2019, a França se tornou uma mina de ouro para gestores de ativos internacionais. Os franceses estavam sentados em montanhas de poupanças confiadas à moeda e aos títulos conservadores do governo. Apenas cerca de 5% da poupança francesa[56] estava em ações, em comparação aos 34% nos Estados Unidos.

A BlackRock pressionou o governo a promover a adoção de contas privadas de aposentadoria nas quais as pessoas comuns poderiam investir em uma cesta de ações.

Esses detalhes atraíram pouca atenção do público francês até janeiro de 2020, quando Macron concedeu a última distinção ao presidente da BlackRock France, Jean-François Cirelli, elevando-o às fileiras da Legião de Honra do país. O chefe da filial local da maior empresa de gestão de ativos do mundo era agora oficialmente um herói nacional.

O plano de reforma previdenciária já havia despertado um movimento de protesto vociferante. Nas barricadas, a aclamação pública do chefe da BlackRock parecia validar todas as suspeitas sobre Macron: ele era uma ferramenta para as finanças internacionais; o presidente dos ricos vendendo o interesse público por intermédio da canalização da economia nacional para os Homens de Davos.

Quase 100 manifestantes invadiram o escritório da BlackRock[57] em Paris, acusando a empresa de uma conspiração para confiscar a riqueza pública. Eles pintaram slogans anticapitalistas nas paredes e nos tapetes antes da polícia chegar fazendo prisões.

A BlackRock protestou, dizendo-se um espectador inocente. "Lamentamos o fato[58] de nossa empresa continuar a ser envolvida em uma controvérsia infundada movida por objetivos políticos", disse a empresa em uma declaração. "Reiteramos que a BlackRock nunca esteve envolvida no atual projeto de reforma previdenciária e não pretende se envolver."

Entretanto, tenha ou não feito lobby para mudanças nas pensões das aposentadorias, a empresa de Fink tinha certeza de que se beneficiaria de qualquer mudança nas poupanças francesas aplicadas no mercado de ações, em função de ser o maior gestor de dinheiro do planeta. Comprar quase tudo no mercado global — ações, títulos, fundos mútuos — representava a possibilidade da BlackRock capturar uma parte da ação.

O Homem de Davos se deu bem. O partido de Macron tinha o poder de instituir sua alteração previdenciária, além da histriônica.

Apesar de suas perpétuas humilhações, dos nomes provocadores e dos slogans acusatórios, Macron havia produzido nada menos que uma revolução: a França era agora governada pelo mesmo princípio que havia estimulado a mobilidade ascendente dos bilionários dos Estados Unidos para a Grã-Bretanha — a ideia de que a chave para a salvação nacional tornava a vida mais gratificante para pessoas como Larry Fink.

A Mentira Cósmica capturou o globo de forma tão abrangente que até moldava a política econômica no bastião final da social-democracia — a Suécia.

CAPÍTULO 6

"PARA TODO LUGAR QUE OLHAVA, EU VIA A BLACKSTONE"

Como o Homem de Davos Conquistou a Utopia

Como relatora especial sobre habitação para as Nações Unidas, a advogada canadense de direitos humanos Leilani Farha viajou pelo mundo, documentando os impactos dos agentes financeiros que comercializam imóveis como mercadorias substituíveis — os despejos e as execuções hipotecárias, o trauma para as famílias forçadas a abandonar casas e bairros, o desenraizamento e o desespero.

Em Praga, Farha tomou conhecimento de um prédio habitado por ciganos, um grupo minoritário vulnerável que há muito tempo é alvo de discriminação extrema. Eles estavam sendo expulsos por um novo empreendimento e ameaçados com a iminente falta de moradia. Farha ficou surpresa ao descobrir que uma empresa norte-americana era uma investidora no projeto. Ela logo encontrou a mesma empresa na Alemanha, na Espanha e nos Estados Unidos.

"Para todo lugar que olhava, eu via a Blackstone", contou-me Farha. "Eles eram onipresentes."

A Blackstone era a maior empresa de private equity do mundo. Estava no controle de uma inigualável coleção global de imóveis — um proprietário impiedosamente dedicado à obtenção de lucro. Ao longo dos anos, o cofundador da Blackstone, Stephen A. Schwarzman, aplicou seu inesgotável esforço para montar um império de negócios como nenhum outro.

Por meio de uma série de holdings e joint ventures, a empresa de Schwarzman assumiu o controle de blocos de apartamentos, casas e edifícios de escritórios em cidades ao redor do mundo, empregando o mesmo manual básico: comprar barato em comunidades onde os inquilinos eram vulneráveis, aumentar os aluguéis, impor taxas e reverter os ativos para outra pessoa.

Foi um modelo que se mostrou generoso para os acionistas da empresa de Schwarzman e traumático para as comunidades nas quais operava.

A Blackstone estava presente até na Suécia, o suposto paradigma da social-democracia iluminada. A empresa investiu com um parceiro local em uma comunidade de baixa renda na periferia de Estocolmo, onde os inquilinos estavam indignados com a diminuição dos serviços, aluguéis exponencialmente mais altos e despejos.

Farha achou isso espantoso. A Suécia era, por reputação, o tipo de país que parecia ter sido projetado para evitar a depredação provocada por senhorios bilionários.

Mas essa noção ficou desatualizada rapidamente.

Como em quase todos os outros lugares, o Homem de Davos conquistou a vantagem na Suécia, persuadindo o governo a cortar os impostos para os ricos. A desigualdade econômica se ampliava. Os serviços públicos eram insuficientes, semeando a infelicidade popular. Isso criou uma oportunidade para um partido de direita com raízes no movimento neonazista, os Democratas Suecos. O movimento estava ganhando apoio, culpando os imigrantes pelos problemas da Suécia. Assim como na França, na Itália e nos Estados Unidos, essa formulação mostrou-se altamente eficaz na captura de votos, mas seu poder interpretativo foi mal direcionado. Ela proporcionou um indulto para os verdadeiros culpados pelos problemas da Suécia — Homens de Davos como Schwarzman.

"PARA TODO LUGAR QUE OLHAVA, EU VIA A BLACKSTONE" ✍ 145

Entre as fontes de infelicidade na Suécia estava a dificuldade de encontrar moradias economicamente acessíveis — uma realidade que refletia como Schwarzman e outros bilionários subverteram o mercado imobiliário.

Em março de 2019, Farha e outro relator especial da ONU, focado nos direitos humanos, escreveram uma carta endereçada pessoalmente a Schwarzman.

"A financeirização da habitação[1] está tendo um grave impacto no gozo do direito à moradia adequada para milhões de pessoas em todo o mundo", dizia a carta. "Como uma das maiores private equity do ramo imobiliário do mundo, com US$136 bilhões em ativos sob gestão, operando na América do Norte, na Europa, na Ásia e na América Latina, suas práticas estão contribuindo significativamente para isso."

A carta citava diretamente um bairro que Farha visitou na Suécia, onde os inquilinos foram expulsos devido a aluguéis mais altos. Ela acusava a Blackstone de aplicar "recursos significativos e vantagem política para minar as leis e as políticas domésticas" — especificamente, retirar as leis de controle de aluguéis.

A Blackstone se defendeu com a impecável lógica do Homem de Davos. Seus empreendimentos imobiliários não foram a causa de problemas. Eles foram, na verdade, a solução.

"Compartilhamos sua preocupação com a escassez crônica de moradias nos principais centros metropolitanos do mundo", escreveu a empresa, "e estamos orgulhosos que a Blackstone tenha contribuído para a disponibilidade de moradias para aluguel bem administradas, trazendo capital e especialização significativa para o setor."

« »

Em quase todas as conversas sobre desigualdade econômica chega-se a um ponto em que alguém começa a falar sobre a Suécia.

Entre os que são a favor de que o governo desempenhe um papel ativo no enfrentamento dos problemas sociais, a Suécia serve como estandarte para uma abordagem ideal. Ela opera no chamado Modelo Nórdico, a configuração econômica que prevalece em toda a Escandinávia, gozando de um status exaltado entre muitos economistas como um meio comprovado de suavizar as arestas ásperas do capitalismo. O modelo mantém as virtudes das forças do mercado — inovação e competição — enquanto estabelece um limite para a sociedade, evitando a situação de rua e a miséria.

A chave tem sido a vontade compartilhada entre o povo sueco de pagar alguns dos mais altos impostos do mundo em troca de generosos serviços públicos. Os serviços de saúde e educação estão universalmente disponíveis e são fornecidos pelo Estado. Quando um bebê nasce na Suécia, os pais têm 480 dias de licença garantidos, a serem divididos entre eles. Essa política, combinada com o cuidado infantil proporcionado pelo governo, permitiu que as mulheres suecas trabalhassem[2] a taxas mais altas do que em quase qualquer outro país.

Os sindicatos se reúnem com as associações patronais para elaborar contratos que estabelecem escalas básicas de remuneração, com todos deixando claro que os trabalhadores têm direito a uma parte representativa dos lucros. Quando as pessoas perdem seus empregos, recebem benefícios de desemprego abrangentes e acesso a um programa de capacitação profissional notavelmente eficaz.

Os norte-americanos tendem a ver seu próprio sistema de "o vencedor leva tudo" como uma genuína forma de capitalismo, enquanto descartam a variante nórdica do socialismo de estado paternalista. Mas isso é retrógrado. O capitalismo como praticado nos Estados Unidos tem sido restringido, não promovido, pela rede de segurança social minimalista da nação. Quantos trabalhadores siderúrgicos demitidos poderiam ser capazes de se especializar para carreiras mais produtivas se um ano de faculdade não custasse tanto quanto uma BMW? Quantas startups deixam de existir porque os norte-americanos dependem dos empregadores para ter plano de saúde, fazendo com que as pessoas tenham medo de tentar algo novo?

Na Suécia, os funcionários do governo gostam de dizer que protegem as pessoas, não os empregos. Eles permitem que os mercados determinem quais empresas são bem-sucedidas e quais fracassam, enquanto asseguram que os trabalhadores sejam amparados das consequências de tais fracassos.

Em 2017, visitei uma operação de mineração no centro da Suécia, na qual os motoristas de caminhão estavam destinados a ser substituídos por veículos autônomos. As equipes que costumavam entrar no poço gelado da mina, inalando poeira e gases de escape, foram substituídas por alguns trabalhadores que se sentam no interior das máquinas e, usando manetes, controlam robôs que extraem fisicamente prata e níquel.

Em grande parte do mundo, a automação foi o terror para muitos trabalhadores, uma ameaça direta a seus salários. Os robôs nunca adoecem e não têm interesse em passar tempo com suas famílias. "A frugalidade impulsiona a inovação",[3] Bezos disse certa vez. Ele estava colocando esse princípio em prática no desenvolvimento de drones para substituir os motoristas de entrega e de robôs para substituir os trabalhadores do armazém. Em muitos países, os sindicatos se mobilizavam em resistência à automação.

Não na Suécia. Os mineiros apostaram no modelo nórdico.[4] Eles demonstraram confiança de que se sua empresa ganharia maior flexibilidade para proceder com a automação, o que elevaria os lucros e eles acabariam compartilhando os ganhos.

Mas essa confiança baseava-se na suposição de que o Modelo Nórdico perduraria por si só. E essa proposta estava enfrentando um teste rigoroso na forma do maior fluxo per capita de refugiados na Europa.

Os refugiados vinham de alguns dos lugares mais conturbados do mundo — Síria, Somália, Afeganistão e Iraque. Tinham cicatrizes físicas e emocionais. Exigiam moradia, assistência médica, aconselhamento de saúde mental e capacitação profissional. Seus filhos precisavam de escolas. Todas essas coisas custam dinheiro.

A propensão tradicional dos suecos de financiar serviços públicos extensivos há muito tempo se baseava em um entendimento básico: todos tinham que trabalhar.

Muitos dos recém-chegados enfrentariam dificuldades para iniciar carreiras na Suécia. Não falavam sueco e muitas vezes não tinham formação.

"As pessoas não querem pagar impostos para apoiar as pessoas que não trabalham", disse Urban Petterson, que ocupava uma cadeira no conselho de administração local na cidade de Filipstad, no lado oeste dos lagos de

Estocolmo. "Noventa por cento dos refugiados não contribuem para a sociedade. Essas pessoas vão ter uma dependência vitalícia do bem-estar social. Esse é um problema enorme."

Esses tipos de estereótipos eram comuns no partido de Petterson, os Democratas Suecos. Seus membros consideravam os migrantes como parasitas preguiçosos, apesar do fato de que a maioria estava ocupada estudando sueco e capacitando-se profissionalmente. O partido estava explorando os migrantes como uma oportunidade para uma transformação necessária. Ele estava reformulando sua rejeição racista do multiculturalismo, colocando-a como uma forma de retidão fiscal.

Quando nos sentamos em um café no centro da cidade em junho de 2019, Petterson falou de matemática orçamentária ao descrever sua oposição à imigração. Porém, quanto mais tempo passávamos juntos, mais ele traía seu desconforto básico com a presença de mulheres somalis que empurravam carrinhos de compras nas ruas de sua cidade.

"Esses grupos não têm a mesma linguagem", disse Petterson. "Eles têm religiões diferentes, modos de vida diferentes. Se há demasiadas diferenças, é difícil se dar bem. É interessante conhecer alguém de outro país por meia hora. Mas, se vamos viver juntos, é difícil."

Os Democratas Suecos haviam emergido do deserto político para capturar uma condição convencional. O partido ficou em terceiro lugar nas eleições nacionais de 2019, com a força da mensagem de que a integração dos refugiados era um dreno para o Tesouro.

Em Filipstad, o governo local havia inicialmente abraçado os refugiados como uma solução para um problema orçamentário. As minas de minério de ferro dos arredores, outrora um grande empregador, haviam sido fechadas nos anos 1970. A população da cidade foi reduzida pela metade, de 20 mil para 10 mil habitantes, pois as pessoas saíam em busca de trabalho. Aqueles que permaneciam normalmente eram mais velhos, necessitando de cuidados médicos caros. Cuidar da terceira idade era uma responsabilidade central dos governos municipais. Com a diminuição da base tributária, quem pagaria para cuidar dos avós?

Nos projetos do governo, os refugiados preencheriam a lacuna. A maioria das pessoas que chegavam precisava de apoio público, mas seus filhos cresceriam falando sueco. Eles seriam educados em escolas suecas, tornando-os plenamente capazes de seguir carreiras. Seus impostos financiariam os serviços necessários.

"Isso não abala de forma alguma o modelo de bem-estar sueco", disse-me Claes Hultgren, o secretário municipal de Filipstad. "Ao contrário, quando tivermos sucesso com essas pessoas, elas serão um recurso enorme."

Décadas de experiência sueca sugeriam que isso era verdade. O problema era que o governo não estava cumprindo com o apoio necessário.

Os primeiros refugiados começaram a chegar em Filipstad nos anos 1980, em sua maioria provenientes dos Bálcãs. A onda atual tinha começado em 2012, com o pico em 2015, quando 160 mil pessoas solicitaram asilo. A Suécia era um país de 10 milhões. Isso era o equivalente a 5 milhões de pessoas chegando aos Estados Unidos em um único ano.

O governo nacional os levou em massa para Filipstad, tirando proveito da disponibilidade de habitações vazias. Quando funcionários municipais expressaram preocupação com os custos de integração de tanta gente, o governo enviou dinheiro cobrindo os primeiros dois anos. Depois disso, o dinheiro parou com o entendimento de que os refugiados já estariam então prontos para o trabalho.

Mas isso foi uma ilusão. Os primeiros a chegar incluíam médicos e outros profissionais qualificados, que eram fáceis de integrar. Os que chegaram depois eram uma questão muito mais desafiadora. Quando visitei a cidade em 2019, haviam 750 refugiados em idade de trabalhar. Quinhentos nunca haviam concluído o ensino médio e 200 eram analfabetos.

"O Estado continua dizendo que precisamos preparar as pessoas rapidamente", disse Hannes Fellsman, que dirigiu os programas de capacitação municipais. "Isso é impossível. Você tem que educá-los."

Em minhas reuniões com os Democratas Suecos, cada conversa sobre imigração parecia começar com uma fala cuidadosa sobre as alocações do governo antes de se desviar para sua repulsa sobre a Suécia tornar-se uma sociedade mais diversificada.

Outro membro do partido no conselho de Filipstad, um motorista de ônibus chamado Johnny Grahn, se queixou dos cortes que a cidade tinha sido forçada a fazer, pois gastava mais com os refugiados. A cidade havia eliminado um coordenador de atividades em um lar de idosos. As pessoas esperavam eternamente por cuidados dentários.

"Há quase um colapso no sistema", disse ele. "Todos esses cortes são feitos para equilibrar o orçamento, que neste momento está sendo dominado pela assistência social. Quando há tantas pessoas chegando sem trabalhar, a coisa toda desmorona."

Depois ele me falou sobre a mesquita que foi construída na cidade. A chamada matinal para a oração despertava os moradores antigos, reclamou Grahn. As pré-escolas estavam "inundadas" com crianças refugiadas, disse. Os crimes violentos estavam aumentando.

"Estamos falando de pessoas que não querem aprender sueco e não querem fazer parte da sociedade", disse ele. "A integração não se trata apenas de nós os ajudarmos. Eles têm que querer."

Esse tipo de bobagem acabava ao se encontrar quase qualquer imigrante que suportou a viagem até aqui.

No sul da Suécia, passei uma tarde com um refugiado afegão chamado Babak Jamali. Seis anos antes, quando tinha apenas 13 anos, ele fugiu da guerra em seu país natal, dentro do porta-malas de um carro rodando do Paquistão para o Irã. Lá, ele encontrou empregos na construção nos quais ganhava US$2 por dia, enquanto se alojava em blocos de apartamentos semiacabados. Na falta de documentos legais, estava perpetuamente vulnerável à polícia que o extorquia. Ele contratou um contrabandista para levá-lo à Turquia e depois à Grécia. Subiu de ônibus pela península balcânica e depois foi para o sul da Alemanha. Outro refugiado afegão lhe disse que a vida seria mais fácil na Suécia, então ele pegou um trem para a cidade de Malmo.

Ele já morava há um ano com um artista fora da cidade de Horby, em uma velha casa de tijolos sem encanamento. Por lei, ele não podia trabalhar enquanto seu caso de asilo estivesse pendente, então estudou sueco, frequentando aulas seis dias por semana, na esperança de se formar eletricista. Para chegar à aula, ele andava 15 minutos por uma estrada de terra — mesmo em temperaturas negativas no inverno — e depois esperava um ônibus para a cidade. Um motorista se recusou a pegá-lo, forçando-o a esperar pelo próximo ônibus. Algumas vezes, os motoristas que passavam gritavam, dizendo-lhe para ir para casa.

Nos gráficos de pizza montados por funcionários encarregados de administrar refugiados, Jamali foi apresentado como o pior cenário possível — o tipo de pessoa com maior probabilidade de se valer indefinidamente dos benefícios do contribuinte. Ele não havia concluído o ensino médio e falava pouquíssimo sueco. Mas esse perfil mascara a realidade de que ele tinha navegado por obstáculos terríveis para chegar até aqui, e tinha a intenção de trabalhar em prol de uma carreira. Certamente, isso era uma prova de inteligência e de motivação.

"Quero viver da maneira que as outras pessoas vivem", contou-me.

O racismo impregnado nos Democratas Suecos não era um detalhe da visão que tinham das finanças públicas. Era o motor de uma aversão crescente ao pagamento de impostos, um sentimento que ameaçava o Modelo Nórdico. O espírito de coletivismo começou a se desgastar uma vez que os beneficiários da generosidade da comunidade incluíam um grande número de pessoas diferentes da maioria.

Uma redução semelhante da solidariedade foi fundamental para compreender as rebeliões contra os impostos nos Estados Unidos a partir dos anos 1980. A integração racial levou a estrutura do poder branco a desmantelar as obras públicas.

No sul dos EUA, o fim das leis racistas Jim Crow nos anos 1960 deu início ao êxodo das famílias brancas para os subúrbios em busca de distância das comunidades negras. Dependentes de suas minivans para transporte, as famílias brancas de classe profissional não pagavam impostos que financiavam serviços como o transporte público.

Nos anos 2010, com os Estados Unidos buscando escapar da Grande Recessão, os postos de desemprego em cidades como Atlanta e Nashville estavam cheios de homens afro-americanos que não conseguiam acesso aos empregos disponíveis. Muitos moravam no centro, enquanto o trabalho tinha gravitado para os subúrbios. Os ônibus públicos não faziam esse trajeto.

Uma vez os negros tendo assegurado direitos iguais no transporte público, os contribuintes brancos exauriram o sistema financeiro. Rosa Parks havia conquistado o direito de sentar onde quisesse no ônibus. Só que agora não havia ônibus.

A Suécia deveria ser mais compassiva, mas o país era uma das sociedades mais homogêneas do mundo. Como os suecos nativos enfrentavam o fato de que seus impostos financiavam a colonização de pessoas com aparência diferente e rezavam para deuses diferentes, alguns se recusavam a acompanhar.

O enquadramento da discussão sobre a imigração e o impacto sobre os recursos públicos poupou de análises um personagem central: os bilionários cujo sucesso na redução de sua carga tributária forçaram décadas de cortes no orçamento.

De fato, a Suécia lutava para manter seus serviços públicos tradicionalmente generosos. Contudo, isso não se devia aos recém-chegados, que construíam casas de oração cacofônicas e monopolizavam a assistência odontológica.

Devia-se ao Homem de Davos, que acrescentou a Suécia aos confins de seu refúgio.

« »

Quando morreu em janeiro de 2018 aos 91 anos, Ingvar Kamprad, o fundador da IKEA,* foi celebrado como um ícone nacional. Junto com as inevitáveis piadas sobre se seu caixão veio pré-montado em uma embalagem, seu falecimento proporcionou uma oportunidade para recontar a versão sueca da história de Horatio Alger.

Kamprad lançou seu primeiro negócio aos 5 anos de idade na fazenda de sua família, comprando fósforos a granel e vendendo-os a varejo aos vizinhos. Em pouco tempo, ele estava vendendo decorações de Natal, canetas esferográficas e relógios. Aos 17 anos, ele já tinha seu próprio catálogo de

---

* Fundada em 1943, A IKEA é uma empresa multinacional de origem sueca com sede na Holanda. Surgiu como uma empresa que vendia por correspondência por meio de catálogos. Atualmente, é uma marca global que oferece móveis e decoração acessíveis para o mundo todo. [N. da R.]

"PARA TODO LUGAR QUE OLHAVA, EU VIA A BLACKSTONE" ⌐ **153**

pedidos pelo correio, usando uma van que entregava leite para levar seus artigos à estação de trem local. Depois, mudou seu negócio para o ramo mobiliário. As pessoas gostavam do visual elegante e angular do que ele vendia e gostavam especialmente dos preços. Essa fórmula transformaria a IKEA no maior varejista de móveis do mundo.

Kamprad, como se sabe, desdenhava dos típicos adornos de um magnata ao viajar na classe econômica.[5] Ele dirigia um Volvo antigo — um detalhe necessário em cada perfil feito sobre ele (embora ele também tivesse um Porsche). Usava roupas de segunda mão[6] que comprava nos brechós e fazia questão de cortar o cabelo quando estava em países de salários mais baixos, como o Vietnã. Tinha o hábito de aparecer sem aviso prévio[7] nas lojas IKEA em todo o mundo fingindo ser um cliente para testar a experiência. Por sua atitude e comportamento, ele parecia apenas mais um sujeito mexendo em uma estante de livros barata antes de pegar um prato de almôndegas.

Nem todos os detalhes de sua biografia eram cativantes. Kamprad foi forçado a reconhecer sua participação em um grupo fascista[8] solidário aos nazistas. Ele tinha um temperamento lendário que mirava em subordinados infelizes. Mas, em sua maioria, ele mostrava uma combinação de traços que os suecos estavam inclinados a ver em si mesmos — trabalhador, engenhoso, inovador e disposto a percorrer grandes distâncias antes de uma boa ideia.

Mas se Kamprad era o empresário mais conhecido da Suécia, também era símbolo de uma conquista mais duvidosa — o triunfo do povo mais rico da Suécia em reduzir suas contas fiscais.

Em 1973, ele abandonou a Suécia para fugir dos impostos pesados, que chegavam a 90%, mudando-se para a Dinamarca e depois para a Suíça. Em 1982, transferiu o controle da IKEA para uma fundação registrada na Holanda, uma artimanha legal que permitia à empresa pagar impostos mínimos.

"Sua filosofia ao longo dos anos[9] foi que a IKEA deveria a todo custo evitar o pagamento de impostos", escreveu o assistente de Kamprad em um livro de memórias. "Ingvar não quer, por razões ignoradas por todos, menos por ele mesmo, ver os impostos irem para o bem-estar geral das pessoas. Serviço de saúde, escolas e assistência social, por assim dizer, não fazem parte do vocabulário de Kamprad."

Ele fez contribuições para instituições de caridade, "mas apenas quantias simbólicas",[10] escreveu seu assistente, acusando o fundador da IKEA de ter "uma avareza tão ilimitada que é difícil para qualquer contribuinte comum entender".

Em 2013, após a morte de sua esposa, Kamprad voltou para casa[11] na Suécia. Durante as quatro décadas de sua ausência, o país havia se tornado mais hospitaleiro para pessoas de posses inestimáveis, em parte para impedir futuros Kamprads de partir.

A Suécia havia baixado sua taxa máxima de imposto de renda para 57% enquanto eliminava muitos impostos sobre propriedade, riqueza e herança. E reduziu os impostos corporativos. O efeito líquido foi uma redução na receita governamental[12] equivalente a 7% da produção econômica nacional (embora cerca de 40% tenha sido recuperado, fechando brechas e ampliando outros impostos).

O país pagou por essa redução cortando os gastos públicos[13] em cerca de 65% de sua economia geral para pouco mais de 50%. E privatizou os serviços governamentais, incluindo a assistência aos idosos.

Grande parte da remodelação refletia como os políticos suecos estavam, tal como seus homólogos em quase todos os lugares, incorporando o pensamento de economistas como Milton Friedman. Nos campi universitários, nos think tanks e nas revistas de política, alguns economistas começaram a retratar o Estado menos como uma solução para os problemas sociais e mais como um obstáculo ao dinamismo nacional.

"É como a moda", disse Torbjörn Dalin, economista-chefe da Kommunal, um sindicato sueco. "Você não pensa que está seguindo a moda. Você não está interessado nisso. Mas, quando olha para trás, pode ver que 'Ok, eu a estou seguindo, mesmo que eu não entenda isso'. É claro que a está seguindo. É como uma mentalidade que vem de todos os lugares."

Fiéis à forma, os economistas advertiram que a generosidade da Suécia para com os trabalhadores era insustentável. O crescimento econômico alimentado pelos gastos do governo havia tornado o desemprego, em grande parte, desconhecido para a população sueca, com a taxa média de desemprego[14] um pouco acima de 2% entre 1960 e 1994. Mas os líderes empresariais reclamavam que o governo estava subsidiando indústrias que não eram

"PARA TODO LUGAR QUE OLHAVA, EU VIA A BLACKSTONE" ➤ **155**

competitivas internacionalmente. Com o aumento dos salários, a inflação se espalhava[15] pela economia sueca.

No outono de 1992, o banco central da Suécia elevou as taxas de juros[16] em até 75% para sufocar a inflação, enquanto prevenia um declínio no valor da moeda, a coroa sueca. A economia contraiu-se violentamente. No ano seguinte, a taxa de desemprego estava acima de 8%.[17]

Como a Suécia perseguia o objetivo de aderir à União Europeia, ganhando admissão em 1995, o governo cortou postos de trabalho no setor público[18] para cumprir com os limites do bloco em relação à dívida. A Suécia reduziu a capacitação profissional[19] e os benefícios de desemprego. Reduziu os gastos com a assistência infantil, acrescentou taxas ao sistema nacional de saúde e diminuiu os cuidados com os idosos.

As maiores empresas da Suécia usaram as expansões globais para reduzir os salários, empregando uma ameaça reconhecível para seus sindicatos nos Estados Unidos: trabalhar mais por salários mais baixos ou ver a produção ser transferida para o exterior.

E, enquanto o governo sueco gratificava os ricos com cortes nos impostos, seus ministros papagueavam a Mentira Cósmica de que pagariam para si mesmos[20] ao incentivar o investimento.

Alguns dos fundos que a Suécia gastou em programas sociais de alta qualidade foram doados a pessoas como Stefan Persson, herdeiro do fundador da H&M.

Nos anos que se seguiram à eliminação do imposto sobre a riqueza na Suécia, Persson, de fato, aumentou os investimentos na zona rural inglesa. Ele comprou uma propriedade rural de 8.700 acres,[21] uma vila inglesa inteira[22] completa com capela medieval e um campo de críquete, além de outra mansão de 8.500 acres[23] onde andava pela propriedade atirando em perdizes e faisões como um lorde.

Os rendimentos na Suécia alargavam-se[24] mais rapidamente do que em qualquer economia rica do mundo. Os atingidos pela pobreza dobraram[25] para 14% da população entre 1995 e 2013.

Enquanto isso, os que estavam no topo estavam se nivelando — especialmente porque o valor dos bens imobiliários subiu.

Em todo o país, 1 em cada 4 jovens adultos[26] vivia na casa dos pais, em grande parte porque o custo da moradia estava bem acima de suas possibilidades. As pessoas esperavam 14 anos por apartamentos em aluguéis regulamentados pelo Estado.

A situação era especialmente terrível em Estocolmo, onde a taxa de vagas era de cerca de 1%, em comparação com 3,8% naquele reduto de moradias populares, a cidade de Nova York.

Entre os responsáveis pelo aumento dos preços das moradias estava Steve Schwarzman.

« »

Como todo Homem de Davos, Schwarzman empunhava sua história de origem como proteção contra aqueles inclinados a escrutinar a injustiça de um homem que chegou a tanto.

"Cresci nos subúrbios da classe média[27] da Filadélfia, absorvendo os valores dos Estados Unidos dos anos 1950: integridade, simplicidade e trabalho duro", escreveu ele em suas memórias.

Quando adolescente, ele se irritava por ter que passar seus fins de semana trabalhando na loja do pai, a Schwarzman's Curtains and Linens. Em vez de frequentar os bailes do colegial, ficava preso medindo cortinas.

Os Estados Unidos estavam no meio do boom de construção pós-Segunda Guerra Mundial. Milhões de soldados que acabaram de voltar para casa estavam constituindo famílias, levando a uma demanda explosiva por novas moradias. Schwarzman implorou a seu pai que transformasse a loja em uma cadeia nacional.

"Poderíamos ser como a Sears", ele lhe disse.

Mas seu pai era culpado de uma emoção que Schwarzman nunca entenderia — contentamento.

"Steve", ele disse ao filho, "eu sou um homem muito feliz.[28] Nós temos uma boa casa. Temos dois carros. Tenho dinheiro suficiente para mandar você e seus irmãos para a universidade. Do que mais preciso?".

Schwarzman precisava de mais.

Perto do final de seu último ano em Yale, ele aproveitou sua inclusão na sociedade secreta Skull & Bones para procurar conselho de outro membro, W. Averell Harriman, o diplomata que se tornou governador de Nova York. Harriman o convidou para almoçar em sua casa no Upper East Side de Manhattan.

Quando Schwarzman confidenciou que alimentava pensamentos sobre uma carreira política, Harriman, então perto dos 80 anos, fez uma pergunta: "Jovem, você é independentemente rico?"

"Não", Schwarzman respondeu.

"Bem", disse-lhe Harriman, "isso fará uma grande diferença[29] em sua vida. Eu o aviso: se tiver qualquer interesse em política, saia e ganhe o máximo de dinheiro que puder. Isso lhe dará independência se alguma vez decidir que quer entrar na política. Se meu pai não fosse E. H. Harriman, da Union Pacific Railroad, você não estaria aqui sentado conversando comigo hoje."

Schwarzman estabeleceu uma carreira em Wall Street. Ele começou no degrau mais baixo[30] do banco de investimentos Donaldson, Lufkin & Jenrette, ocupando um apartamento infestado de baratas, no 4º andar de um prédio sem elevador no Lower East Side de Manhattan. Quando um colega mais velho o convidou para jantar no apartamento de sua família na Park Avenue,[31] onde a biblioteca exibia pinturas de Kooning, Schwarzman reconheceu um modo de vida superior.

Ele chegou ao Lehman Brothers, tornando-se sócio em apenas seis anos e cultivou um vínculo[32] com o então CEO da empresa, Peter G. Peterson, que havia atuado como secretário do comércio na administração Nixon.

Quando Peterson foi forçado a sair do Lehman devido a um expurgo, ele e Schwarzman uniram forças para abrir sua própria empresa, a Blackstone, lançada em 1985. Esse nome veio da junção de seus fundadores — *schwarz*, que significa "preto" em alemão, mais *stone* [pedra em inglês], derivado do significado grego de "Peter".

O negócio que eles buscavam, o assim chamado private equity, era um termo higienizado que substituiu seu predecessor desonrado, "a indústria de compra alavancada". Suas técnicas de ataque corporativo foram uma marca registrada dos anos 1980 e seu garoto propaganda,[33] Michael Milken, o investidor que passou quase dois anos preso por fraude de títulos. Os contornos da estratégia não mudaram: tomar emprestado somas astronômicas de dinheiro, comprar empresas, cortar custos (muitas vezes mediante demissões em massa), e extrair enormes dividendos antes de converter os ativos.

Ladrões de banco traçavam fugas; magnatas do private equity buscavam saídas.

A chave para a fórmula era a vantagem. Se você pagou US$10 por um ativo e o vendeu por US$11, isso significava um lucro de US$1, um mero retorno de 10%. Todavia, se pegasse emprestado US$9 dos US$10, colocando apenas um, o mesmo US$1 ganho se tornaria um lucro de 100%. Peterson e Schwarzman persuadiram os fundos de previdência a confiar-lhes suas economias. Eles aproveitavam doações de universidades e instituições médicas. Atraíam operadores internacionais bem-sucedidos para investir, cortejando fundos soberanos repletos de fortunas petrolíferas do Golfo Pérsico.

Um grupo seleto prosperava junto às posições executivas da Blackstone: advogados fiscais, contadores e lobistas empregados para manter as mãos sujas do governo fora dos espólios.

Schwarzman e o resto dos executivos da Blackstone trataram sua fatia dos ganhos com a chamada participação nos lucros — jargão contábil para a renda tributada por apenas metade da taxa paga pelos otários de outras profissões.

A Blackstone se expandiu, lançando um fundo de hedge que lucrou com a volatilidade no mercado global. Lançou outro fundo para investir no setor imobiliário.

A carteira imobiliária pessoal da Schwarzman cresceu em conjunto. Em 2000, ele pagou US$37 milhões por 35 salas espalhadas em 3 andares de um marco da Art Deco de Nova York, que já havia sido propriedade de John D. Rockefeller — o 740 Park Avenue. Dentre seus vizinhos no prédio[35] estavam Steve Mnuchin, o ex-executivo da Goldman Sachs que se tornaria secretário do Tesouro na administração Trump, e John Thain, o CEO da malfadada casa de investimentos Merrill Lynch.

"PARA TODO LUGAR QUE OLHAVA, EU VIA A BLACKSTONE" ✦ **159**

Três anos depois, Schwarzman pagou quase US$21 milhões por uma mansão de 1.200m² de estilo colonial britânico na Flórida. Ela foi projetada pelo arquiteto Maurice Fatio, de Palm Beach, e designada como um marco histórico, mas Schwarzman mandou demoli-la e reconstruí-la de forma mais ampla, o que causou grande consternação aos preservacionistas locais. Três anos depois disso, ele gastou US$34 milhões por um lugar nos Hamptons, acrescentando-o a uma coleção de casas de praia que incluía uma propriedade em St. Tropez e um terreno à beira-mar na Jamaica.

"Eu amo casas",[36] disse certa vez. "Não sei por quê."

A Blackstone logo entraria no mercado de ações, preenchendo a papelada para uma oferta pública inicial [IPO, na sigla em inglês] no início de 2007. O processo exigia que a empresa abrisse seus arquivos para análise pública, revelando que tinha US$78 bilhões em ativos[37] em seu balanço patrimonial.

O mundo logo soube do valor do IPO para Schwarzman — US$677 milhões em dinheiro, mais 24% das ações, para uma participação avaliada em US$8 bilhões. Ele e os outros beneficiários aproveitaram o poder da contabilidade criativa para proteger US$3,7 bilhões de dólares em renda[38] de impostos.

Até então, o "zeitgeist" ["espírito da época", em tradução livre] havia se movido contra ele, retratando Schwarzman como um símbolo dos excessos da época. A imprensa o saudou como o novo rei de Wall Street, especialmente porque a Blackstone fechou o maior negócio de private equity da história, pagando US$39 bilhões por uma vitrine de troféus de imóveis comerciais norte-americanos. Seu chefe executivo na Flórida confidenciou ao *Wall Street Journal* que entreter Schwarzman por um fim de semana implicava em gastos com mercadorias na faixa de US$3 mil,[39] incluindo caranguejos que custavam US$40 por garra. Schwarzman uma vez interrompeu seu banho de sol à beira da piscina para reclamar que um funcionário não estava usando o sapato preto adequado ao uniforme.

Peterson, exibindo seu conhecimento político, tentou avisar a seu parceiro mais jovem para evitar ostentar riqueza. Mas esse conselho foi dominado pelas visões de Schwarzman para seu 60º aniversário.

Ele e sua esposa, Christine Hearst Schwarzman, alugaram um arsenal com fachada de tijolos que ocupava um quarteirão inteiro no Upper East

Side de Manhattan. Eles o decoraram com orquídeas e palmeiras, e adornaram as paredes com réplicas da coleção de arte particular de Schwarzman, incluindo um retrato de corpo inteiro do aniversariante.[40] Eles contrataram o comediante Martin Short e a estrela pop Rod Stewart. A artista de soul Patti LaBelle cantou "Happy Birthday". Entre os convidados estava[41] um magnata imobiliário chamado Donald Trump, o bilionário e prefeito de Nova York, Michael Bloomberg, e vários CEOs de Wall Street, entre eles Jamie Dimon. O custo da festa foi estimado em algo entre US$3 e US$5 milhões. Schwarzman a descreveria mais tarde como "uma celebração com 600 pessoas[42] que gostamos".

Um século antes, uma socialite de Nova York, Cornelia Martin, havia deixado sua própria marca na Era Dourada com uma notória festa no Hotel Waldorf. A lista de convidados chegou a quase 800 pessoas, a elite dominante da época, em homenagem aos ícones afluentes entre seus antepassados europeus. Algumas participantes foram vestidas como Maria Antonieta,[43] cujos gastos luxuosos ajudaram a levar a nação à insolvência — e seu pescoço à guilhotina. Os foliões não apresentaram seus confortos como um sinal de uma sociedade justa. "Nós somos os ricos[44]", declarou um convidado. "Somos os donos da América. Nós a possuímos. Deus sabe como, mas pretendemos mantê-la."

Schwarzman e seus companheiros Homens de Davos não estavam satisfeitos com uma mera riqueza. Exigiam que a sociedade ratificasse seu privilégio como moralmente sadio. Ele desfrutava dos prazeres hedonísticos de um marajá enquanto reivindicava ser um homem comum.

"Eu não me sinto uma pessoa rica[45]", disse ele uma vez. "Outras pessoas pensam em mim como uma pessoa rica, mas eu não me sinto."

Outros certamente sentiam. Logo após a oferta de ações da Blackstone, a Comissão de Finanças do Senado apresentou um projeto de lei que visava a aumentar drasticamente os impostos sobre as empresas de private equity. Isso diminuiu a bonança dos juros. Apelidado de "o projeto de lei Blackstone",[46] seus quatro copatrocinadores bipartidários incluíam um jovem senador de Illinois chamado Barack Obama. Outro projeto na Câmara[47] produziu resultados semelhantes, ameaçando aumentar a taxa de impostos da Blackstone de 15% para 35%, enquanto proporcionava ao Tesouro um adicional de US$26 bilhões durante a próxima década.

Schwarzman se manteve fiel ao plano que idealizou décadas antes com Harriman. Ele havia acumulado riqueza como um meio de exercer influência. Agora, usava sua influência para proteger suas riquezas.

Ele se uniu a outros agentes do setor e formou uma associação comercial, o Conselho de Private Equity. O conselho e suas empresas-membros libertaram um batalhão de 20 empresas de lobby. A Blackstone sozinha gastou quase US$5 milhões com lobistas[48] em 2007.

Eles se concentraram no Senador Chuck Schumer, um democrata de Nova York, o estado que, não por acaso, era o lar de Wall Street. Schumer empregou um novo meio[49] de fingir defender a regulamentação do interesse público garantindo a manutenção do status quo: reformulou o projeto de lei para ampliar seu alcance, tornando-o aplicável ao setor imobiliário, o que garantiu uma oposição mais ampla. Os projetos de lei morreram.

Mesmo na vitória, Schwarzman não desistia. Ele reforçou sua armadura ao contratar funcionários internos de Washington, provenientes tanto das administrações dos republicanos quanto dos democratas. Entre 2011 e 2020, a Blackstone e seus funcionários doaram quase US$54 milhões aos candidatos a cargos federais e a seus chamados super PACs [Comitês de Ação Política, na sigla em inglês], reservas de dinheiro de campanha abastecidas com recursos corporativos.

Enquanto isso, Schwarzman perseguia uma nova obsessão. A economia dos EUA estava afundando na recessão mais punitiva dos últimos 70 anos. Milhões de famílias não estavam em dia com suas hipotecas. Como o novo governo Obama falhou em ordenar um alívio significativo, um tsunami de execuções hipotecárias ocorreu — uma magnífica oportunidade.

A Blackstone enviou equipes de compras a leilões realizados em etapas no tribunal.[50] No fim de 2014, a empresa de Schwarzman havia gasto US$7,8 bilhões — a maior parte desse dinheiro era emprestado — para colher cerca de 41 mil casas espalhadas por mais de uma dúzia de cidades norte-americanas, com a maior parte concentrada nos estados da Califórnia, Flórida, Arizona e Geórgia. Seu portfólio estava concentrado em bairros com grande número de famílias afro-americanas e latinas.

No fim das contas, os investimentos da Blackstone em casas hipotecadas aumentariam para US$10 bilhões. A empresa criou uma nova entidade para administrar seu reino de bens imóveis em dificuldades: a Invitation Homes. No relato de Schwarzman, sua compra em massa de casas hipotecadas foi um ato de retidão cívica, um momento em que ajudou seu país a se recuperar de um desastre épico.

"Milhões de norte-americanos estavam agora procurando alugar em vez de comprar", escreveu ele em suas memórias, como se a crise da execução hipotecária representasse uma mudança repentina nas preferências dos consumidores. Sua empresa contratou eletricistas, encanadores e trabalhadores da construção civil. Eles reparavam casas abandonadas, invadindo áreas infestadas de ervas daninhas e mato alto.

"Uma vez que consertamos as casas[51] e as alugamos às famílias, vimos esses bairros voltarem à vida, sua estrutura social restaurada", escreveu Schwarzman.

Você quase poderia ouvir a trilha sonora de um comercial de seguro de vida, enquanto uma criança de colo adorável brinca com um cachorro golden retriever no gramado de uma casa colonial recém-pintada. No entanto, a história da Invitation Homes era menos sadia. Os inquilinos reclamavam de insetos, vazamentos, mofo e esgoto entupido durante a interminável espera por alguém que os assistisse. A Invitation os convidava a pagar[52] aluguéis muito mais altos ou fazer as malas, e cobrava multas por atraso, mesmo quando resultante do mau funcionamento frequente do site da empresa.

Procurei Schwarzman para checar essas reclamações, mas a empresa se recusou a marcar uma entrevista, embora uma equipe de porta-vozes tivesse dado declarações atestando a excelência da Invitation Homes, a dedicação da Blackstone com o bem público e a falsidade das denúncias em contrário.

De forma impressionante, a Blackstone alegou que a empresa não havia lucrado com a crise de execução hipotecária, pois não possuía casas unifamiliares antes da crise financeira. Mas a empresa certamente se apresentou como uma beneficiária inteligente em suas negociações com os investidores. Em outubro de 2013, a Blackstone levantou US$479 milhões vendendo títulos lastreados por mais de 3 mil casas à beira ou já em execução hipotecária. A Schwarzman celebrou a emissão de títulos[53] com uma festa para 300 pessoas realizada dentro do hotel Waldorf Astoria, a mesma propriedade usada para o sarau da Era Dourada um século antes.

Quando vendeu a última fatia de suas ações na Invitation Homes, no fim de 2019, a Blackstone já havia recebido cerca de US$7bilhões — mais do que dobrando sua participação inicial.[54]

Os preços de moradias norte-americanas haviam se recuperado drasticamente, mas os ganhos não fluíram para as casas das classes operária e média cujas comunidades haviam sido dizimadas. Os magnatas do private equity, liderados por Schwarzman, embolsaram a maior parte da recompensa.

« »

A Suécia foi apenas um pequeno componente da estratégia da Blackstone para obter lucros com bens imobiliários em todo o mundo. À medida que a crise financeira se tornava global, o mesmo acontecia com a busca da Blackstone por mutuários residenciais inadimplentes — um momento que Schwarzman havia antecipado. "Ao olharmos para a situação atual na Europa, estamos basicamente esperando para ver como a psique das pessoas fica e até onde estão dispostas a vender ativos", Schwarzman declarou em uma conferência da Goldman Sachs em 2010. "Você quer esperar até que haja realmente sangue nas ruas."

A Blackstone estava ativa na Suécia desde meados dos anos 1990, quando se uniu a um banco de investimento sueco de referência,[55] o Enskilda Securities, para promover uma onda de compras em toda a Escandinávia. Seu sócio sueco tinha entre seus executivos uma presença familiar em Davos, Jacob Wallenberg,[56] cuja dinastia familiar detinha participações em grandes empresas europeias.

Em 2016, a Blackstone desembolsou US$287 milhões[57] por nem um 1/3 da maior empresa imobiliária de capital aberto da Suécia, a D. Carnegie & Co., que possuía e administrava 16 mil apartamentos, principalmente em Estocolmo. Acabou elevando sua participação[58] para 61%.

Foi assim que Eva Kaneteg e sua família conseguiram ver o Homem de Davos de perto.

Kaneteg vivia no mesmo apartamento de três quartos no subúrbio de Estocolmo, em Husby, há mais de quatro décadas. Criou seus dois filhos lá. O apartamento era espaçoso, bem iluminado e acessível a seu salário de motorista de ônibus urbano.

Quando ela se mudou para o bairro, o complexo era de propriedade do município. Os trabalhadores cuidavam prontamente dos reparos. Contudo, no início dos anos 1990, o complexo foi privatizado, mudando de mãos várias vezes.

Em 2017, a Blackstone efetivamente tornou-se seu senhorio.

O primeiro sinal de mudança foi no escritório local de atendimento ao cliente, onde Kaneteg organizava os reparos necessários. Anteriormente, o escritório ficava aberto cinco dias por semana. De repente, abria apenas dois dias por semana e depois por apenas duas horas. Kaneteg foi orientada a ligar para uma central de atendimento, mas isso normalmente exigia que ficasse em espera por até uma hora.

Seu apartamento não havia sido reformado por 44 anos, mas ela sabia que não poderia pedir uma modernização. Seu aluguel foi determinado por meio de negociações entre a subsidiária da Blackstone, conhecida como Hembla, e a associação de inquilinos, que a protegia de aumentos. Se os proprietários reformassem o imóvel, seriam liberados para negociar individualmente com os inquilinos, permitindo aumentos drásticos do aluguel.

"Eles estão aproveitando todas as chances para despejar os inquilinos", Kaneteg me disse.

Ela pagava 8.400 coroas norueguesas por mês — cerca de US$950 — incluindo serviços públicos. Uma de suas vizinhas, Binta Jammeh, pagava mais do que isso por um mero apartamento de um quarto que havia sido reformado. Ela e seu marido se mudaram em novembro de 2017. Apenas 6 meses depois, a Hembla aumentou seu aluguel e exigia que eles pagassem pela água e pela eletricidade — um aumento total de cerca de 1/5.

A família de Jammeh se mudou de Gâmbia para a Suécia fazia 20 anos, quando ela tinha 8 anos. Ela falava fluentemente sueco e compreendia seus direitos. Ela lutou contra o aumento, ganhando uma leve redução. Mas seus pais e seus amigos na comunidade de imigrantes africanos não dispunham de recursos para protestar, sendo, em seu ponto de vista, claramente discriminados.

"A maioria do nosso povo não quer ser um problema", ela disse. "Eles apenas aceitam as coisas como elas são."

No outono de 2019, a Blackstone vendeu sua participação na Hembla para uma empresa residencial alemã, arrecadando US$1,26 bilhão. O retorno confirmou o "foco inabalável da empresa em seus inquilinos[60]", declarou o diretor de imóveis da Blackston para a Europa.

Kaneteg ficou espantada com a transação. Salientou como sua casa — o lugar onde passou a maior parte de seus 64 anos — era apenas um jogo financeiro para poderes longínquos.

"As pessoas que vivem aqui não têm nada", disse ela. "Não consigo entender que uma das maiores empresas de private equity do mundo seja capaz de ditar as condições e alcançar esse ganho enorme sem fazer nada por nós."

"Nunca passamos por isso na Suécia", continuou ela. "Nossas casas são o único lugar em que devemos nos sentir seguros e protegidos, e já não é mais assim."

O que isso tem a ver com a resistência do Modelo Nórdico? Tudo e nada.

O espólio do Homem de Davos, os cortes nos gastos públicos, a privatização e o custo altíssimo das moradias, tudo isso se repetiu ao longo de décadas, formando o pano de fundo da vida. Os refugiados chegaram em uma onda notável. Era possível vê-los nas estações de trem, nas ruas comerciais e nos parques. Para os Democratas Suecos, os imigrantes eram um veículo útil para reunir o fervor patriótico, uma explicação definível, porém falsa, para o que aconteceu com o país.

Essa história podia acontecer dessa maneira mesmo na Suécia, o que significava que podia acontecer virtualmente em qualquer lugar.

A vigarice se acelerava, especialmente nos Estados Unidos.

CAPÍTULO 7

"AGORA ELES ESTÃO LAMBENDO OS BEIÇOS"

Donald Vai a Davos

Quando o Presidente Trump chegou a Davos para o Fórum Econômico Mundial, em janeiro de 2018, a sabedoria convencional dizia que sua presença era semelhante ao dono de uma churrascaria, sem camisa, misturado com uma reunião de estudiosos do Talmude.

Um ano depois de sua vitória, Trump tinha mais do que cumprido seu mantra "America First" ["Primeiro os EUA"]. Ele participou de um evento que tinha como premissa a importância da cooperação internacional — o tema da reunião daquele ano foi "Criando um Futuro Compartilhado em um Mundo Fraturado" — embora ele ridicularizasse o multilateralismo como a província dos otários. Trump negava a mudança climática e zombava de tudo que ele colocava sob a rubrica de "politicamente correto", desde a igualdade de gênero até a justiça racial — causas que a multidão de Davos supostamente se importava com paixão.

No entanto, a sensação de que a guerra de Trump contra a elite global o colocava em uma recepção hostil no Fórum confundiu as prioridades animadoras do Homem de Davos. Trump chegou aos Alpes tendo melhorado

167

drasticamente a parte do mundo que mais importava para os bilionários — suas rotundas pilhas de dinheiro.

Pouco mais de um mês antes de voar para Davos, ele havia aprovado o que chamou de "grande, belo" pacote de cortes de impostos no valor de US$1,5 trilhão. Com o título artístico de "Tax Cuts and Jobs Act" (Lei de Redução de Impostos e Empregos), era contundente sobre as reduções e duvidoso sobre o resto, um fato evidente para qualquer pessoa que prestasse atenção mínima à orgia de lobby que o Homem de Davos desencadeou em sua perseguição.

Os bilionários escaparam com grande parte da recompensa em uma redistribuição econômica hábil — de baixo para cima.

A questão central do pacote foi uma redução da taxa do imposto corporativo de 35% para 21%. Três quartos dos benefícios[1] dessa redução seriam absorvidos pelos acionistas, sendo que o 1% dos lares mais ricos obteria os maiores ganhos.

A classe média sentiu o gosto da redução de impostos, mas ele desapareceu após oito anos, dando lugar aos aumentos. Uma série de artifícios contábeis que impulsionariam as pessoas e as corporações mais ricas duraria indefinidamente.

Em 2027, os norte-americanos que ganhassem entre[2] US$40 mil e US$50 mil por ano pagariam coletivamente mais US$5,3 bilhões em impostos, enquanto as pessoas que ganhassem acima de US$1 milhão ainda saboreariam cortes que chegariam a US$5,8 bilhões.

"Quando você junta todas essas peças,[3] o que lhe resta é desperdiçar uma enorme soma de dinheiro", disse-me o falecido Edward D. Kleinbard, ex-chefe de gabinete do Comitê Conjunto de Tributação do Congresso. "Não visa ao crescimento. Não é voltado para a classe média. Está em cada curva cuidadosamente planejado para dar um beijo na classe financiadora."

Como alguém que jamais permitiria que um princípio se interpusesse no caminho de uma oportunidade de se agraciar com o poder, Klaus Schwab elogiou Trump pela realização do acordo.

"Em nome dos líderes empresariais aqui na sala, deixe-me felicitá-los particularmente pelo pacote histórico de reforma tributária aprovado no mês passado", disse Schwab ao apresentar Trump.

Ele atribuiu aos cortes de impostos "o incentivo à criação de empregos, assim como o estímulo ao crescimento econômico nos Estados Unidos, e também um tremendo impulso à economia global."

Schwab até atribuiu a Trump, o que soou como exoneração geral de suas espantosas violações da decência — seus ataques racistas, seu desdém pelas mulheres, sua anulação de grande parte da África como "países de merda".

"Estou ciente de que sua forte liderança está aberta a concepções errôneas e a interpretações tendenciosas", disse Schwab a Trump. "Por isso é tão essencial para nós na sala ouvirmos você diretamente."

O acolhimento de Trump em Davos revelou a farsa no espírito do Fórum, a ideia de que ele se dedicava às nobres preocupações de preencher sua declaração de princípios — "o interesse público global", "os mais altos padrões de governança" e a "integridade moral e intelectual" — em vez das aspirações de interesse próprio das pessoas que estão pagando as contas.

O Fórum era um adereço a serviço do Homem de Davos enquanto ele buscava maior riqueza e poder. Todo o resto era trapaça.

« »

Desde seu primeiro dia no cargo, Trump se destacou como um homem singularmente hostil à pauta que Schwab e sua organização supostamente buscavam.

Ele arrancou os Estados Unidos do acordo climático de Paris. Questionava a relevância da OTAN, a aliança militar que prevalecia na Europa desde o fim da Segunda Guerra Mundial. E, não menos importante, preparava uma guerra comercial total enquanto emitia decretos imperiais de que as empresas norte-americanas abandonariam a China.

Trump estava operando sob a orientação de seu principal conselheiro comercial, Peter Navarro, um economista ridicularizado como charlatão por muitos de seus pares, mas celebrado na Trumpilândia como um guerreiro

170 ✎ HOMEM DE DAVOS

que contava a verdade. Navarro tinha sido coautor de um livro chamado *Death by China* [Morte pela China, em tradução livre], que comercializava a ideia ridícula de que os problemas econômicos norte-americanos eram o resultado de decisões tomadas em Pequim, em vez da manipulação de Washington pelo Homem de Davos.

Trump ameaçava explodir o Acordo de Livre Comércio Norte-americano. Ele estava pensando em se afastar da Organização Mundial do Comércio, o elemento-chave do sistema de comércio internacional baseado em regras. No cálculo Trumpiano, a instituição era um impedimento gratuito ao crescimento dos EUA. Como a maior economia do mundo, os Estados Unidos possuíam autoridade para ditar as regras em seu próprio interesse, em vez de se submeterem aos projetos dos sabichões globalistas em Genebra.

Trump não estava blefando. Ele levava a sério a destruição da ordem liberal do pós-guerra, forjada por Morgenthau e aliados norte-americanos no século anterior. Se a retórica do Fórum tivesse algum significado, o Homem de Davos deveria estar chocado com essa reviravolta histórica, que fez da chegada de Trump ao Fórum uma fonte de expectativa excitante.

Grande parte do mundo corporativo estava de fato inquieto com a tendência de Trump de convocar as empresas multinacionais que haviam criado fábricas fora dos Estados Unidos — um jogo claro de apoio a lugares como Granite City. A guerra comercial se revelaria debilitante a muitas empresas dos EUA, ameaçando os empregos da própria manufatura norte-americana que supostamente preservaria. As tarifas perturbaram as fábricas do país ao aumentar o custo dos componentes e das peças que traziam da China.

Trump acabaria por impor tarifas ao aço, mesmo de aliados robustos como a Europa, o Canadá e o Japão, enquanto citava uma justificativa que equivalia à opção nuclear: alegou que as tarifas eram necessárias para enfrentar uma ameaça à segurança nacional. Na era da America First, comprar bobinas de metal de Ontário era como contratar o EI [Estado Islâmico] para administrar a segurança na Disneylândia.

A guerra comercial de Trump causaria uma queda na indústria norte-americana. As tarifas do aço eram especialmente prejudiciais. Grandes empresas como a Caterpillar, que fabricava tratores e máquinas de construção, estavam diminuindo a produção à medida que os preços do aço subiam.[4] Em

Michigan, fábricas que haviam resistido à transferência da produção para o México estavam repentinamente contemplando esse passo conforme as tarifas do aço aumentavam seus custos.

Trump estava cumprindo sua diretiva de atacar a China em nome dos norte-americanos da classe trabalhadora. Os resultados pioraram a situação das pessoas cujos votos haviam se mostrado cruciais para elegê-lo. No entanto, Trump permanecia popular nas comunidades industriais, uma prova de sua genialidade na única área da vida na qual ele teve um sucesso inegável — reality show. Em sua presidência, o imaginário prevalecia sobre a política.

Sete vezes ou mais norte-americanos trabalhavam em montadoras de automóveis em comparação com os empregados pelas siderúrgicas. As tarifas de aço de Trump estavam prejudicando a competitividade das primeiras para gratificar as últimas. Mas Trump entendia que — como conteúdo televisivo — um pequeno número de pessoas retomando o trabalho era muito mais poderoso que um número maior de pessoas mantendo seus próprios empregos. Podia-se apontar uma câmera para a primeira; a segunda era uma nota de rodapé em um relatório do Departamento de Comércio. Ele voou para Granite City, colocou um capacete e perseguiu os fotógrafos ao lado dos operários de aço quando a usina foi reaberta. A gratidão aos trabalhadores foi a realidade determinante.

O Homem de Davos esperava que a guerra comercial fosse um momento teatral antes que Trump passasse para outra coisa. Schwarzman ficou alarmado com a conversa de "separação" da China, como se as duas maiores economias do mundo fossem um par de cônjuges briguentos. Nos bastidores, ele trabalhou de ambos os lados, usando seu acesso a Trump e ao Presidente Xi[5] para tentar diminuir a tensão e evitar uma onerosa ruptura.

Fink também serviu como intermediário[6] ao buscar a bênção de Pequim para operar o primeiro negócio de fundos mútuos de propriedade estrangeira na China.

Dimon receava que uma guerra comercial seria imprudente. "Pode haver retaliação",[7] disse ele a um entrevistador. "Isso meio que abre uma caixa inteira de Pandora de problemas adicionais. Poderia escalar e prejudicar o crescimento."

Toda vez que Trump ameaçava uma nova ação comercial ou alegava que as guerras comerciais eram vencíveis, a bolsa de valores recuava horrorizada. Embora ele retratasse qualquer produto feito em outro país e vendido nos Estados Unidos como sendo roubado dos norte-americanos, os investidores abrangiam cadeias de fornecimento globais. Eles puderam calcular o golpe quando as fábricas de Michigan foram separadas das fábricas que produziam peças cruciais na China. Alguns esperavam que Mnuchin intercedesse e afastasse o presidente do conselho destruidor de riqueza de Navarro. Houve momentos de cessar-fogo e, depois, um acordo interino, mas tarifas maiores provaram ser uma característica imutável da presidência de Trump.

Esse foi o custo do desempenho que Trump encenava para os operários norte-americanos — uma demonstração gratificante, ainda que vazia, do machismo norte-americano.

Enquanto isso, ele dava ao Homem de Davos algo sólido e duradouro.

Ele dava dinheiro.

<< >>

Como Bernard Arnault na França, Steve Schwarzman estava decidido a aproveitar a utilidade de ter um Homem de Davos como colaborador em altos cargos.

Schwarzman jantava frequentemente com Trump em sua propriedade da Flórida, Mar-a-Lago, que ficava perto de sua própria mansão à beira-mar. Embora Schwarzman não tivesse contribuído para a campanha dele em 2016, compensou com um presente de 250 mil dólares para o comitê de inauguração.[8]

Trump escolheu Schwarzman para presidir um "Fórum Estratégico e Político" que deveria aconselhá-lo sobre questões econômicas. O painel também contava com Dimon e Fink. E, enquanto ele preenchia sua administração, Trump rodeou-se de homens (eram quase todos homens) que deram a Schwarzman uma sensação de conforto, aproveitando-se da abundância do private equity.

O secretário de Comércio, Wilbur Ross, havia começado sua própria empresa de private equity. O presidente da Comissão de Valores Mobiliários — a polícia das finanças — foi saudado por uma empresa de Wall Street, a Sullivan & Cromwell LLP, que apresentou seu trabalho em private equity como uma especialização essencial. Trump confiou o Tesouro à Mnuchin, vizinho de Schwarzman na Park Avenue e entusiasta da execução de hipotecas.

Logo após a inauguração de Trump, Schwarzman deu outra festa de aniversário marcante, seu 70º aniversário. Se o burburinho sobre o 60º o havia deixado relutante em promover sua reputação como o rosto da Nova Era Dourada, isso não era aparente a partir da extravagância que ele desencadeou em sua propriedade em Four Winds na Flórida. Dois camelos andavam pelas areias. Fogos de artifício explodiram durante 12 minutos durante a noite. A estrela pop Gwen Stefani cantou "Happy Birthday" antes de levar Schwarzman para requebrar pela pista de dança dentro de uma tenda de dois andares, na qual acrobatas saltavam. O bolo veio esculpido na forma de um templo chinês completo com um dragão. Isso era o que US$9 milhões podiam comprar[9] para uma pessoa que não quer deixar seu aniversário passar sem a folia apropriada.

Os convidados incluíam a filha e o genro de Trump, Ivanka Trump e Jared Kushner. Mnuchin também esteve ali. Sua presença ressaltou o papel que Trump deveria desempenhar para garantir que a 8ª década de Schwarzman estaria a salvo de qualquer ataque a seus depósitos de dinheiro.

Jamie Dimon também estava ansioso para explorar a presença de um amigo com espírito operacional dos plutocratas na Casa Branca.

Além de administrar o maior banco dos EUA, Dimon supervisionava a Business Roundtable, uma associação de diretores executivos. Ele assumiu sua presidência em janeiro de 2017, controlando uma organização que tinha sido um jogador menos central em Washington. Dimon estava interessado em impulsionar a influência da associação, estabelecendo um consenso. Ele resolveu uma questão que todos em posições corporativas poderiam rapidamente apoiar: redução de impostos.

Ele trouxe Joshua Bolten, que havia sido chefe de pessoal da Casa Branca sob o comando de George W. Bush, para servir como presidente da organização. Bolten tinha feito campanha ativa contra Trump, sugerindo que um magnata imobiliário frequentemente falido poderia não ser o mais adequado para o Salão Oval. Mas nada faz as pessoas em Washington perderem suas memórias mais rapidamente do que o cheiro de dinheiro grátis.

"Aquilo foi antes,[10] isso é agora", disse Bolten. "Estou entusiasmado com a oportunidade gerada pela administração Trump e pelo Congresso Republicano para a promulgação de políticas de crescimento extremamente benéficas."

Pró-crescimento era um daqueles termos mágicos em Washington, uma coisa à qual ninguém podia se opor. Veteranos experientes dos procedimentos federais o usaram sem pudor para descrever praticamente tudo — subsídios agrícolas desfrutados por algumas megacorporações, proteções comerciais que elevavam o custo de algo real para milhões de consumidores (pneus para neve, madeira) a fim de poupar da concorrência poucos financiadores políticos.

Mas os cortes nos impostos de Trump levaram o disfarce para outro nível. O ritual de Washington de entregar bilhões a bilionários exigia que eles fossem apresentados como um tônico para a classe média enferma. A Business Roundtable desencadeou uma campanha publicitária televisiva que foi uma grande proeza de manipulação cínica.

"Milhões de norte-americanos abandonam a força de trabalho", um narrador entoou em um anúncio em agosto de 2017 (quando a taxa de desemprego estava abaixo de 5%). Uma câmera passou por uma fila enorme em um centro de apoio ao trabalho, em seguida por um escritório comercial deserto e depois por uma fábrica fechada com janelas quebradas antes de focar o culpado nessa exploração de declínio: a sede da Receita Federal.

"O ultrapassado sistema tributário norte-americano[11] tem produzido um crescimento econômico lento", continuou o narrador. "Os bons empregos estão desaparecendo." A solução? "Reforma tributária."

Reforma era outra parte amada da nomenclatura do Homem de Davos, um meio de fazer qualquer coisa parecida com progresso, desde eliminar benefícios de aposentadoria até tirar dinheiro dos professores e dá-lo a Jamie Dimon.

"AGORA ELES ESTÃO LAMBENDO OS BEIÇOS" 〜 **175**

Trump enrolou seus cortes de impostos na Mentira Cósmica. As corporações investiriam e contratariam. Os ricos gastariam. O dinheiro cairia nos bolsos das garçonetes, revendedores de carros e em lavanderias.

"Esse plano fiscal não só pagará por si mesmo,[12] como também a dívida", disse o Secretário do Tesouro Mnuchin ao pedir a aprovação do Congresso.

Essa declaração provocou um escárnio quase universal. A Universidade de Chicago entrevistou[13] 38 conceituados economistas de todo o espectro ideológico. Apenas um deles acreditava que os cortes produziriam um crescimento econômico substancial.

Pressionado pelo Congresso para fundamentar sua afirmação, o Tesouro de Mnuchin produziu um memorando de uma página que idealizava taxas fantasiosas de crescimento econômico, gerando receita suficiente para cobrir os cortes.

"Reconhecemos que alguns economistas preveem taxas de crescimento diferentes", dizia a declaração — jargão de Washington para "Isso acontecerá logo após extrairmos petróleo de Saturno".

Dois anos após a entrada em vigor dos cortes fiscais,[14] o investimento corporativo foi inferior ao anterior. Em vez de comprar equipamentos e contratar pessoas, as empresas usaram seus ganhos[15] para comprar um valor recorde de US$1 trilhão de suas próprias ações no decorrer de 2018, enriquecendo os acionistas. Eles também pagaram um valor recorde de US$1,3 trilhão de dólares em dividendos[16] naquele ano.

Os salários subiram menos de 3% no primeiro ano após o corte de impostos, mesmo quando a taxa de desemprego caiu. O déficit orçamentário aumentou em mais de 1/3, zombando da afirmação de Mnuchin de que os cortes pagariam por si mesmos.

Os cortes de impostos, entretanto, funcionaram perfeitamente como uma vantagem para as pessoas que importavam — Jamie Dimon e seus colegas CEOs na Business Roundtable. A JPMorgan Chase relatou um lucro recorde de US$32,5 bilhões em 2018. Em sua carta anual aos acionistas, Dimon reconheceu que US$3,7 bilhões vieram por intermédio da redução dos impostos corporativos.

Dimon levou para casa US$31 milhões em remuneração para o ano, e Wall Street pagou um bônus coletivo de US$27,5 bilhões — uma soma superior ao triplo do total dos ganhos[17] de cada trabalhador de tempo integral com salário mínimo nos EUA.

A empresa de Marc Benioff fez lobby diretamente para diminuir a alíquota do imposto corporativo. Benioff creditaria os cortes de impostos a um abalo no investimento.

"A economia está crescendo",[18] ele diria mais tarde, em 2018. "Posso dizer enfaticamente que falei pessoalmente com milhares de CEOs — não apenas neste país, mas em todo o mundo — e todos eles têm dito constantemente que a razão pela qual estão investindo mais é por causa da confiança que têm nos benefícios fiscais."

Os cortes fiscais seriam acrescentados à dívida federal norte-americana, já superior a US$20 trilhões. Eventualmente, republicanos e democratas conservadores tomariam números como o impulso para o corte do orçamento, direcionando sua atenção para programas destinados às pessoas mais vulneráveis — Medicare e Medicaid, que forneciam assistência médica para pessoas idosas e de baixa renda, vales-refeição, ajuda habitacional e subsídios em dinheiro para os pobres.

Os republicanos gostavam de se apresentar como guardiões dos cofres públicos, agindo de forma sóbria, em contraste com os democratas, a quem acusavam de dar dinheiro às pessoas que preferiam o bem-estar ao emprego. Os cortes fiscais de Trump revelaram a falsidade dessa postura.

Os republicanos soaram o alarme sobre os déficits quando a conversa se centrou em elementos de nenhum interesse para os Homens de Davos que financiaram suas campanhas. A dívida pública foi apresentada como a razão pela qual os Estados Unidos não podiam arcar com o mesmo tipo de sistema de saúde nacional que era de alguma forma administrável em quase todas as outras democracias desenvolvidas. No entanto, sempre pareceu haver muito a gastar com cortes de impostos para bilionários.

Entre os participantes mais sérios em Davos — membros de alto nível de organizações não governamentais, grupos de direitos humanos e defensores do meio ambiente — a presença de Trump era de fato considerada perturbadora.

Em um jantar que ele organizava anualmente à margem do Fórum, George Soros, o comerciante financeiro e defensor da democracia, advertiu que Trump era parte de uma onda de governantes autoritários. "A sobrevivência de toda nossa civilização está em jogo", disse Soros, citando "a ascensão de líderes como Kim Jong-un e Donald Trump".

Mas, dentro da comunidade que mais gastava e fazia as festas mais luxuosas, Trump era o homem que tinha acabado de fazer chover dinheiro.

O painel de CEOs que Trump reuniu para aconselhá-lo no início de seu mandato, liderado por Schwarzman, havia sido abruptamente dissolvido depois que o presidente expressou simpatia pelos supremacistas brancos e pelos neonazistas que haviam marchado em Charlottesville, Virgínia. Os líderes empresariais não podiam encarar a ótica de aconselhar um presidente que havia descrito como "pessoas muito boas" os participantes de um desfile violento que havia apresentado exibições de suásticas e cânticos de "os judeus não nos substituirão".

Os cortes de impostos apagaram tal desconforto da memória.

"Há empresas em todo o mundo que olham para os EUA agora dizendo: 'Este é o lugar para estar no mundo desenvolvido'", declarou Schwarzman durante um painel de discussão. Em particular, Schwarzman defendeu Trump de acusações de preconceito. "Não há um osso racista em seu corpo", disse Schwarzman com frequência enquanto fazia as rondas no Fórum.

Trump ofereceu um jantar privado em Davos, convidando os chefes de algumas grandes empresas europeias. Ele andava em volta da mesa, dando tapinhas nas costas dos executivos e exortando-os a investir nos Estados Unidos, conduzindo a si mesmo como uma autoridade de desenvolvimento econômico unipessoal.

No dia seguinte, ele aproveitou sua vez no pódio do Centro de Convenções para proferir seu discurso de abertura.

O discurso de Trump foi breve, atipicamente suave, e até mesmo contido. Ele lançou uma oferta de paz aos internacionalistas, declarando que "América primeiro não significa América sozinha". Na maioria das vezes, ele fez campanha para os negócios norte-americanos, liderando a torcida por investimentos estrangeiros.

Mais tarde, encontrei o economista norte-americano premiado com o Prêmio Nobel Joseph Stiglitz. Ele tinha se encontrado com pessoas do setor financeiro.

"Agora eles estão lambendo os beiços", disse-me ele. "O Homem de Davos tem sido capaz de ignorar a retórica 'America First' de Trump, sua ação contra as mudanças climáticas, seu protecionismo, nacionalismo, racismo, fanatismo, narcisismo, misoginia, pela ganância que parece ser a verdadeira força motivadora por trás do Homem de Davos."

Seria preciso a pandemia para revelar as dimensões completas do apetite voraz do Homem de Davos.

PARTE II

Lucrando com uma Pandemia

O caos não é um abismo. O caos é uma escada.

— PETYR "MINDINHO" BAELISH,
Guerra dos Tronos

Protestantes São Criticados por Saquearem Negócios Sem Antes Abrir uma Empresa de Private Equity

— MANCHETE DE JORNAL SATÍRICO
The Onion, 28 de maio de 2020

CAPÍTULO 8

"ELES NÃO SE INTERESSAM POR NOSSOS PROBLEMAS"

Homem de Davos Dizima a Assistência Médica

Ming Lin podia ver o perigo aumentando.

Era março de 2020, e um número crescente de pacientes estava aparecendo com sintomas semelhantes aos da gripe no hospital onde ele trabalhava como médico plantonista em Bellingham, Washington.

O Dr. Lin era um veterano experiente da sala de emergência. Criado no Texas, trabalhou em Nova York durante os ataques terroristas de 11 de setembro de 2001, em um dos hospitais mais próximos do World Trade Center. Ele se mudou para o Noroeste do Pacífico com sua família em 2003, aceitando um emprego no hospital de Bellingham, uma pequena cidade em Puget Sound, cerca de 160km ao norte de Seattle. Dezessete anos depois, estava enraizado lá.

Os pais do Dr. Lin e sua esposa eram de Taiwan, onde o governo havia se destacado pela vigilância precoce contra a Covid-19. Ele acompanhou a propagação do vírus na Ásia, o que o deixou especialmente sintonizado com a ameaça que pesava sobre os Estados Unidos. A pandemia já havia infectado 100 mil pessoas em todo o mundo. Alguns casos foram confirmados no

Oregon, Califórnia e no estado de Washington, e o governador tinha declarado recentemente o estado de emergência. No entanto, mesmo quando os pacientes começaram a chegar ao hospital do Dr. Lin, em março de 2020, os administradores não pareciam levar a ameaça a sério.

As pessoas chegavam com febre alta e tosse seca, e depois saíam e se sentavam em salas de espera sem distanciamento social. Os atendentes na recepção não recebiam máscaras de proteção. Quando alguns traziam suas próprias máscaras, eram informados para não usá-las por medo de alarmar os pacientes.

Devido à escassez, os enfermeiros dentro da sala de cirurgia estavam recebendo uma máscara cirúrgica por turno e não a do tipo N95 que proporcionava maior proteção. Eles eram forçados a reutilizar essa máscara à medida que se deslocavam de paciente para paciente, uma quebra perturbadora da higiene básica.

Dr. Lin propôs que o hospital criasse um centro de triagem ao ar livre, permitindo aos médicos avaliar as necessidades dos pacientes que chegavam, enquanto limitava os riscos de propagação do vírus. A administração o ignorou. Igual postura teve sua sugestão de que os pacientes que chegassem para tratamento deveriam ser examinados com questionários e verificações de temperatura: a preocupação da administração era incomodar as pessoas que chegassem para cirurgias ambulatoriais lucrativas.

Ele pediu que o hospital se mobilizasse mais rapidamente para testar o vírus, utilizando um laboratório local que pudesse fornecer resultados dentro de um dia, em vez de depender de seu fornecedor habitual, o que implicava em esperas de mais de uma semana. Mas o laboratório habitual do hospital cobrava apenas US$50 por teste, 1/4 da opção mais rápida — nada feito.

O doutor era tecnicamente um funcionário da TeamHealth, uma empresa nacional de recrutamento de pessoal que fornecia médicos para as salas de emergência. Quando reclamou a seus supervisores que o hospital estava colocando em risco sua segurança junto com a saúde pública em um país de mais de 300 milhões de pessoas, eles optaram por não registrar queixa. Isso poderia enfurecer os gerentes do hospital — o cliente pagante.

Ele ficou horrorizado com o fato de que as considerações de rentabilidade superavam as preocupações sobre uma pandemia que acabaria tirando a vida de mais de meio milhão de norte-americanos. Mas não estava chocado. Seu empregador, a TeamHealth, era propriedade da Blackstone.

« »

Steve Schwarzman tinha um dom para gravitar em direção ao dinheiro. No século XXI, na maior economia do mundo, o dinheiro estava cada vez mais na área da saúde.

Os norte-americanos gastaram US$3,8 trilhões[1] em assistência médica somente em 2019. Isso foi mais que o dobro dos gastos de duas décadas antes, e uma quantia maior do que a produção econômica anual da Alemanha. O dinheiro estava mudando de mãos de uma forma que era especialmente atraente para o Homem de Davos — por intermédio de transações que eram muitas vezes inevitáveis e quase nunca transparentes.

O sucesso imobiliário de Schwarzman havia demonstrado sua destreza em explorar os vulneráveis. A assistência médica norte-americana acenava como a última oportunidade. Quase ninguém entendia as complexidades de suas apólices de seguro de saúde, tornando a medicina uma esfera gratificante para a fixação de preços. A assistência médica era uma atividade quase impenetrável a recessões econômicas.

As salas de emergência hospitalares eram excepcionalmente atraentes.[2] Quase metade de todos os serviços de saúde era prestada lá. O cliente frequentemente não estava em estado de espírito para barganhar custos ou considerar as consequências financeiras de cuidar da saúde.

"Algumas vezes na vida de cada investidor, aparece uma imensa oportunidade",[3] escreveu Schwarzman em sua biografia.

Uma delas chegou em 2016, enquanto a Blackstone pagava US$6,1 bilhões para assumir o controle do empregador do Dr. Lin, a TeamHealth, uma das maiores empresas de recrutamento de pessoal de pronto-atendimento dos Estados Unidos. Esse acordo foi um marco na marcha agressiva das private equity para o sistema de saúde norte-americano. Nas últimas duas décadas, o setor investiu mais de US$833 bilhões[4] em mais de 7 mil negócios — US$100 bilhões somente em 2018.

Operadores de private equity adquiriram clínicas médicas inteiras (enquanto estabeleciam estruturas fraudulentas que mantinham os médicos legalmente no controle para evitar tropeçar nas proibições estatais). O setor se concentrou em especialidades caras como cirurgia plástica, dermatologia e cirurgia cardíaca. Isso refletiu no transporte de pacientes.

Como em tudo o que o private equity tocava, a saúde ficou sujeita à intensificação da demanda por lucro. Os novos proprietários de hospitais e de clínicas reduziram os custos, o que normalmente envolvia uma diminuição dos cuidados de saúde. Eles reforçaram as instalações e aumentaram os preços, ao mesmo tempo em que usavam seus lobistas e seus advogados para desativar as tradicionais preocupações antitruste. Fecharam instituições que não geravam retornos adequados.

Como a lógica da maximização do lucro ganhava influência — competindo com as obrigações tradicionais da medicina — os gestores limitavam suas compras de equipamentos de proteção e respiradores, minando a prontidão norte-americana para futuros desastres. Eles introduziram métricas que encorajaram os médicos a operar como unidades de negócios, concentrando-se no aumento da receita em vez de priorizar a saúde.

A prevenção estava subordinada à eficiência. Em uma época governada pelos interesses dos acionistas, um quarto de hospital que não era utilizado não era diferente de uma suíte vaga de hotel ou de um carro não vendido. Era um desperdício de capital, uma despesa que deve ser evitada a fim de liberar dinheiro para retorno aos acionistas por meio de dividendos.

Alguns especialistas advertiram que confiar vastas faixas da assistência médica dos EUA a Homens de Davos como Schwarzman era perigoso.

"É a mesma estratégia de extração de valor[5] em que o private equity é especializado", escreveu a economista Eileen Appelbaum em 2019, "só que desta vez é literalmente uma questão de vida ou morte".

No ano seguinte, a magnitude do risco tornou-se inevitável, pois um novo coronavírus varreria os Estados Unidos e o mundo.

« »

A TeamHealth era uma das duas maiores empresas do setor de equipes de emergência. A maior era a Envision Healthcare, que foi comprada por quase US$10 bilhões por outra gigante de private equity, a KKR. Coletivamente, as duas empresas empregavam aproximadamente um de cada três[6] profissionais de saúde que trabalhavam dentro dos pronto-atendimentos dos EUA.

As duas empresas eram mestres das idiossincrasias do sistema de saúde norte-americano — um emaranhado único e confuso de seguradoras concorrentes afiliadas a redes separadas de médicos, todas governadas por taxas de reembolso variáveis e reguladas por regras que diferiam de estado para estado. Elas exploravam o fato de que pessoas com planos de saúde privados — ao contrário de programas administrados pelo governo como o Medicare — pagavam valores extremamente diferentes para os mesmos tratamentos, dependendo de sua cobertura de saúde. Eles também se beneficiariam da realidade de que mesmo as pessoas saudáveis e lúcidas, para não falar daquelas que eram levadas para o pronto-atendimento em macas, estavam frequentemente perplexas com os detalhes de suas apólices.

Uma das questões-chave que a maioria dos pacientes não entendia era que poderiam ir a um hospital que fizesse parte integrante da rede de seu plano, operando com base na suposição razoável de que eles receberiam cuidados ao menor custo, e seriam tratados por um médico de emergência que estava fora da rede, ocasionando contas frequentemente exorbitantes.

Muito antes da pandemia, essa prática enfrentava acusações de comissões parlamentares que investigavam o chamado faturamento médico surpresa. A surpresa não era propriamente feliz. Mais de 1/5 das vezes que os pacientes iam ao pronto-atendimento de um hospital que estava dentro de sua rede, descobriam mais tarde que um especialista fora da rede havia administrado o tratamento. Isso resultava em cobranças[7] que geralmente chegavam a ser sete vezes maiores do que o Medicare permitiria. As pessoas em empregos com baixos salários, que trabalhavam para pagar as contas, frequentemente eram incomodadas por agentes de cobrança[8] devido a contas exorbitantes. O faturamento surpresa estava no centro da história de como as crises médicas estavam levando os norte-americanos à falência.

Um artigo de 2017 de uma equipe de pesquisadores da Universidade de Yale descreveu o faturamento surpresa como um assalto organizado ao sistema de saúde norte-americano e uma afronta ao sistema de mercado livre. "Essas taxas de pagamento mais altas,[9] causadas não pela oferta ou demanda, mas pela capacidade de 'emboscar' o paciente, representam uma transferência do consumidor para os médicos."

No verão de 2020, a TeamHealth estava enfrentando um processo de ação coletiva na Califórnia que acusava a empresa de se aproveitar sistematicamente dos desavisados pacientes do pronto-atendimento. Um porta-voz da Blackstone rejeitou como "completamente falsas" as alegações de que a TeamHealth havia se envolvido no faturamento surpresa. Mas o jornal de Yale descobriu que, nos primeiros meses depois que a TeamHealth assumiu um posto de emergência, a proporção de pacientes cobrados por taxas fora da rede[10] subiu de menos de 10% para mais de 60%. O mesmo documento descobriu que a chegada da TeamHealth a um local de emergência hospitalar era logo seguida por um aumento de cerca de um 1/3[11] em suas taxas de faturamento fora da rede.

O faturamento surpresa tinha se tornado uma prática tão gratificante que a TeamHealth e a Envision gastaram mais de US$28 milhões[12] em uma campanha publicitária de 2019 que derrotou os esforços do Congresso para proibir a prática.

Os anúncios produzidos como parte de seu projeto — o trabalho manual de um grupo chamado União de Pacientes — foram obras-primas de direcionamento enganoso. Em um anúncio amplamente divulgado, uma mãe loira olhava para a câmera com um olhar de grande preocupação. "Uma conta médica surpresa pode ser traumática, especialmente após uma ida à emergência", disse ela. Mas a legislação proposta estava sendo desenvolvida por "grandes companhias de seguros", advertiu. Elas procuravam aumentar seus "lucros recordes" com "um esquema chamado de fixação de tarifas governamentais". Se tivessem êxito, o resultado seria "escassez de médicos e fechamento de hospitais".

Não foi a primeira vez que o Homem de Davos tentou preservar sua capacidade de tirar vantagem dos clientes provocando medo da própria trapaça em que estava envolvido, enquanto distorcia a proposta de correção regulamentar como fonte de traição.

A disseminação do vírus expôs a extensão em que o hospital do Dr. Lin, como grande parte da vida comercial, havia sido governado por uma compulsão excessiva para manter o orçamento enxuto como meio de recompensar os acionistas.

As empresas multinacionais haviam exagerado na "fabricação por demanda", poupando-se dos custos de estocagem de armazéns com peças de reserva enquanto contavam com a internet para encomendar o que precisavam em tempo real. Como os fabricantes de eletrônicos fecharam na China, as fábricas da Coreia do Sul a Michigan sofreram escassez de componentes de fabricação chinesa. O mundo poderia suportar um atraso na disponibilidade dos iPhones ou das peças de automóveis, mas as consequências da escassez de componentes na área da saúde foram profundas. A falta de equipamentos de proteção no hospital do Dr. Lin, e nas instalações médicas em todo o mundo, foi em parte um resultado dessa mentalidade de "demanda".

A manifestação mais séria do compromisso de manter esse orçamento foi uma grave falta de leitos hospitalares.

Nos Estados Unidos, na década anterior, haviam sido concluídas 680 fusões hospitalares, que foram praticamente incontestadas pelas autoridades federais antitruste. Os novos proprietários corporativos enxergavam as pessoas entrando pela porta menos como pacientes e mais como clientes. Eles queriam minimizar suas relações com pacientes cobertos por programas governamentais como Medicare e Medicaid — que eram regulados por restrições limitadoras de receita no preço — enquanto maximizavam os tratamentos de pacientes mais abastados com seguros privados. Eles fecharam hospitais em comunidades menos povoadas e de baixa renda, dada a relativa escassez de renda a ser coletada.

Somente nas áreas rurais, 170 hospitais foram fechados[13] nos 15 anos anteriores à pandemia. No mesmo período, os condados rurais norte-americanos sofreram quedas na disponibilidade de uma gama de serviços,[14] da cirurgia ao atendimento obstétrico — uma tendência exacerbada pelos cortes no Medicare.

Os proprietários corporativos dirigiam seus hospitais como fornecedores de serviços que tinham de ser administrados contra a demanda. Excesso de capacidade produziria uma pressão descendente sobre os preços. O fechamento de hospitais e a consolidação de suas operações para reduzir leitos garantiu as mesmas vantagens que as companhias aéreas obtiveram ao limitar os voos: a capacidade de cobrar mais.

Quando a pandemia começou, os Estados Unidos tinham 924 mil leitos hospitalares,[15] contra quase 1,5 milhões em meados da década de 1970. Nas 25 áreas metropolitanas[16] que absorveram a maior concentração de pessoas, o preço de uma estadia hospitalar havia aumentado até o dobro.

Em Nova York, 18 hospitais haviam fechado desde 2003, resultando na perda de mais de 20 mil leitos,[17] deixando exposta a área metropolitana mais populosa do país durante um aumento na demanda por cuidados médicos.

No fim de março de 2020, a cidade estava recorrendo à construção de um hospital de emergência no Central Park.[18] Os necrotérios locais ficaram sem espaço,[19] com corpos armazenados em contêineres refrigerados, enquanto esgotava o fornecimento de sacos de cadáveres.

Enquanto uma segunda onda surgia em dezembro de 2020, com mais de 200 mil novos casos de Covid-19 surgindo por dia nos Estados Unidos, os pacientes ficavam presos por horas em macas escondidas nos corredores dos hospitais à espera de atendimento por falta de leitos disponíveis. Hospitais que serviam a mais de 100 milhões de norte-americanos[20] — 1/3 da população — estavam em estado crítico, com pelo menos 85% de seus leitos de terapia intensiva ocupados.

Anos antes do coronavírus, o Dr. Lin havia notado as manifestações sutis da prática da medicina ao trabalhar para a maior empresa de private equity do mundo. Em seu hospital, a compra da TeamHealth pela Blackstone havia mudado o equilíbrio ligeiramente, mas de forma perceptível, para longe dos interesses dos pacientes e em direção ao imperativo fundo do poço. As preocupações dos médicos das emergências em uma série de questões médicas — desde protocolos adequados para vítimas de acidentes vasculares cerebrais até testes para infecções bacterianas — agora competiam pela primazia com os ditames da administração hospitalar, que tinha interesse em tratar os pacientes mais rapidamente.

Metade das reuniões de pessoal era sobre o tratamento de pacientes; a outra metade era sobre como extrair mais dinheiro de cada paciente. A empresa de Schwarzman pagava seus médicos de emergência com base em quantas Unidades de Valor Relativo (RVUs) eles geravam — uma medida de receita por paciente. Nas reuniões, os supervisores da TeamHealth lembravam aos médicos que alguns testes, como eletrocardiogramas, geravam RVUs adicionais. A implicação era clara: encomendar testes mais rentáveis e não se esquecer de documentá-los.

A TeamHealth reforçou esse imperativo ao distribuir planilhas listando o nome de cada médico e classificando seu desempenho pela RVU, deixando claro quem estava cumprindo e quem tinha que se esforçar mais.

O Dr. Lin viu os aspectos positivos dessa abordagem. Em hospitais que pagavam médicos de pronto-atendimento por hora, algumas pessoas se sentavam e faziam muito pouco. No hospital do Dr. Lin ninguém ficava parado porque seu pagamento estava diretamente ligado ao número de pacientes que tratavam.

Mas o lado negativo também era evidente. Os médicos foram incentivados a ver os pacientes como fontes de lucro.

O Dr. Lin também reconhecia a severidade do faturamento surpresa. Algumas vezes, as pessoas chegavam ao pronto-atendimento apresentando traumas graves, sofrendo ataques cardíacos ou lesões contundentes, e tinham medo de ser internadas devido ao alto valor das contas que suas idas anteriores geraram. Deitadas em macas e com dores, as pessoas se preocupavam com o que seu seguro cobriria.

Mas esse processo de mudança aconteceu gradualmente. A pandemia revelava rapidamente perigos agudos.

O Dr. Lin perguntou por que as pessoas na recepção não estavam usando máscaras e foi dito que o hospital não queria assustar os pacientes. Alguns estavam chegando para procedimentos eletivos como colonoscopias, próteses de joelho e quadril, reparo de hérnias e cirurgias de coluna — uma grande fonte de renda.

Essa era uma linha divisória que atravessava o sistema de saúde norte-americano. O governo federal, agindo de acordo com as advertências dos epidemiologistas, estava pedindo o cancelamento dos procedimentos eletivos. Mas hospitais controlados por entidades corporativas que respondiam aos acionistas resistiam a tais movimentos como uma ameaça a seus resultados. Nos hospitais que faziam procedimentos eletivos, muitos cortaram o pagamento[21] e até eliminaram pessoal em resposta ao impacto em suas receitas.

O Centro Médico da Universidade de Pittsburgh absorveu outros fornecedores em uma série de fusões, capturando 41% do mercado de assistência médica na Pensilvânia Ocidental. Com US$20 bilhões em receitas anuais, seu presidente e CEO, Jeffrey Romoff, havia lucrado mais de US$8,5 milhões em remuneração total[22] no ano anterior. A empresa se recusava a cumprir uma ordem do governador da Pensilvânia para cancelar os procedimentos eletivos. Ao mesmo tempo, o diretor médico e científico do sistema, Dr. Steven Shapiro, estava publicamente descartando a ameaça[23] da pandemia e exortando as autoridades a reabrir a economia — um óbvio conflito de interesses. Se a vida voltasse à normalidade, seu hospital estava pronto para ganhar mais dinheiro.

Em Bellingham, Dr. Lin argumentou que somente cirurgias que fossem necessárias para tratar de doenças com risco de vida deveriam ocorrer. Mas os procedimentos eletivos eram o ganha-pão do setor. Eles continuaram sem interrupções.

O Dr. Lin ficou especialmente irritado ao ver as enfermeiras dentro da sala de cirurgia trabalhando sem equipamento de proteção adequado, mesmo quando o hospital declarou ao jornal local que tinha grandes estoques. Ele se aproximou de seu gerente da TeamHealth, reclamando que a vida dos funcionários estava sendo ameaçada. Isso não resultou em nenhuma ação. A empresa não quis comprometer seu relacionamento com o hospital reclamando de sua administração.

Frustrado, o Dr. Lin foi para o Facebook soar o alarme.

Até então, ele tinha sido um visitante pouco frequente na rede social, ficando meses sem postar nada. Não se destacava como um promotor de nenhuma causa em particular. Sua foto de perfil era uma foto de si mesmo cercado por seus três filhos em uma piscina. Ele havia compartilhado anteriormente uma foto de um imitador de Elvis e uma foto de sua esposa tocando violino. Em 16 de março, Lin enviou uma nota a seu gerente detalhando suas preocupações com as condições perigosas dentro do hospital. Estava "muito atrasado quando se tratava de proteger os pacientes e a comunidade", escreveu ele, "mas era ainda pior quando se tratava de proteger os funcionários".

O departamento de relações humanas da TeamHealth localizou seu post no Facebook e agendou um telefonema no dia seguinte entre o Dr. Lin, os executivos da empresa e os administradores do hospital. Depois de uma hora ao telefone, o Dr. Lin não estava de forma alguma tranquilizado.

"A impressão que tenho é que eles não se interessam por nossos problemas", escreveu ele no Facebook. "Se bares, restaurantes e lojas não essenciais estão fechados, os procedimentos eletivos também devem parar."

O supervisor direto do Dr. Lin, Worth Everett, o chamou e solicitou que retirasse seu *post* do Facebook e pedisse desculpas ao CEO da TeamHealth. Ele disse que era inapropriado para o Dr. Lin criticar seu empregador. A administração da TeamHealth estava então lutando com o "baixo volume", disse-lhe Dr. Everett, pois menos pessoas estavam vindo para a sala de emergência. Ele acusou Dr. Lin de agravar essa tendência, assustando as pessoas.

O Dr. Lin recusou-se. Era um médico comprometido com os pacientes, os colegas e a saúde pública — não com a maximização da receita. Os casos de Covid-19 aumentavam dentro do hospital. Seu feed no Facebook estava repleto de apoio de todo o país. As pessoas o chamavam de herói. Outros profissionais da saúde relataram que também estavam trabalhando com proteção inadequada. Alguns se ofereceram para doar máscaras. Ele organizou um esforço de coleta, orientando as pessoas a deixar os itens em um centro de saúde próximo.

Então o CEO do hospital foi citado no jornal local, oferecendo garantias de que nenhum dos cuidadores do hospital que contraíram o coronavírus teria sido infectado por exposição aos pacientes.

O Dr. Lin estava irado. Ele ridicularizou a declaração no Facebook.

No mesmo dia — 12 dias após seu *post* inicial — outro supervisor lhe enviou um texto: "Você não precisa comparecer ao trabalho, seu turno foi coberto."

O Dr. Lin enviou uma mensagem de texto ao Dr. Everett para confirmar isso. A resposta de seu supervisor eliminou todas as dúvidas: ele havia sido demitido. Mais tarde, entrou com uma ação de demissão injusta contra o hospital.

O Dr. Everett não respondeu às repetidas mensagens deixadas em seu correio de voz. Quando cheguei à Blackstone para perguntar sobre os problemas que o Dr. Lin apresentou, um porta-voz da TeamHealth — trabalhando para uma empresa de comunicação corporativa chamada Narrative Strategies DC — enviou um e-mail com uma declaração.

"Desde o início da pandemia da Covid-19, a TeamHealth deu todos os passos possíveis para apoiar nossos médicos fazendo um trabalho heroico", dizia a declaração.

A TeamHealth não havia demitido o Dr. Lin, de acordo com a declaração. Ao contrário, ele foi "afastado" de seu cargo pelo hospital. "Nós nos oferecemos repetidamente para colocá-lo em outro hospital contratado em qualquer parte do país para que ele pudesse fazer o importante trabalho de cuidar dos pacientes durante uma pandemia global em andamento", dizia a declaração.

Essa era uma típica manobra de ataque do Homem de Davos — revidar com mais força. Confrontada com o testemunho de que a TeamHealth priorizava os lucros em detrimento da saúde pública, a empresa estava essencialmente acusando o Dr. Lin de negligência em um desastre.

Algumas semanas após a saída do Dr. Lin, a TeamHealth reduziu as horas de seus médicos do pronto-atendimento mediante o declínio da receita.

Até então, Schwarzman e seus colegas Homens de Davos tinham uma nova oportunidade a explorar. A pandemia havia se tornado uma ameaça terrível para a economia. Os governos do mundo inteiro estavam preparando pacotes monumentais de auxílio, com pouca supervisão.

O Homem de Davos já estivera ali antes. Ele sabia o que fazer.

CAPÍTULO 9

"SEMPRE HÁ UMA MANEIRA DE FAZER DINHEIRO"

O Homem de Davos Nunca Desperdiça uma Crise

Como magnata de cassino, Donald Trump se especializou em acumular dívidas que nunca pagou. Como presidente dos Estados Unidos, estava do outro lado, distribuindo dinheiro público para as pessoas mais ricas do mundo.

Os cortes fiscais de Trump deveriam ser seu bilhete para a reeleição. A estratégia poderia muito bem ter funcionado, se não fosse pelo coronavírus. Embora tenham conseguido pouco para a economia real, renderam em exuberância no mercado de ações.

Entre o fim de dezembro de 2017, quando Trump assinou sua lei de redução de impostos, e o início de fevereiro de 2020, o S&P 500 — um índice de ações amplamente observado — subiu mais de 20%, produzindo mais de US$3 trilhões em ganhos. Trump se gabou de cada recorde, apresentando o mercado acionário como padrão de sua excelência, um indicador intermitente do reaquecimento norte-americano.

Cerca de metade dos lares norte-americanos[1] não possuía um centavo em ações, enquanto o décimo mais rico possuía 84% de todas as ações. Como um critério para a segurança do operariado, o mercado de ações era tão útil quanto o preço de atracar um iate em Cannes. Mas essa realidade foi obscurecida por reportagens sensacionalistas sobre o preço recorde das ações. Essa fusão do mercado acionário e da economia real ajudou o Homem de Davos e seu colaborador na Casa Branca. Trump conseguiu usar a forte valorização da bolsa de valores para transmitir uma sensação de vigor econômico norte-americano. (E deixando de lado que a forte expansão econômica começou e aumentou os postos de trabalho enquanto Obama estava no cargo.)

A economia foi a réplica de Trump aos escândalos intermináveis que atormentaram sua presidência — o suborno pago a uma estrela pornô, o teatro sobre as intermináveis idas e vindas dentro de sua administração, as investigações, as incessantes mentiras, o fanatismo, o impeachment. Sua reivindicação por outro mandato repousava sobre a economia.

"O maior do mundo", ele repetia. "O maior da história."

A continuidade de Trump na Casa Branca parecia certa. Na campanha presidencial norte-americana, um presidente em exercício, que presidia uma economia forte, tinha uma excelente chance de garantir outro mandato.

Mas a pandemia destruiu seu desfile da vitória.

O vírus surgiu pela primeira vez no centro da China, na cidade industrial de Wuhan. Em fevereiro de 2020, ele havia se espalhado pelo norte da Itália, trazendo alertas de epidemiologistas de que se tratava de uma ameaça verdadeiramente global.

De Tóquio a Londres e a Nova York, os preços das ações caíram. No fim de março, o Índice Dow Jones[2] havia cedido mais de 1/3 de seu valor enquanto sofria as três piores quedas de um mesmo dia na história.

Os mercados estavam registrando uma verdade clara sobre a economia. Se as fábricas chinesas deixassem de produzir, grande parte do mundo em breve ficaria sem uma variedade espantosa de mercadorias. Os varejistas de Londres a Los Angeles teriam dificuldades para garantir roupas, smartphones e móveis fabricados na China, ou produtos fabricados em outros lugares com tecidos, eletrônicos e peças chinesas. Fábricas de automóveis, do Leste Europeu à América Latina, enfrentariam sérias dificuldades para adquirir os componentes necessários.

Uma desaceleração em massa da produção industrial em todo o mundo anunciava uma demanda mais fraca de petróleo e gás natural, ameaçando economias dependentes dessa fonte de energia, do Golfo Pérsico ao Golfo do México.

E a China não era apenas um enorme produtor de mercadorias. Era também um grande comprador e em rápido crescimento. Se os consumidores chineses fossem colocados em quarentena em vez de se aglomerarem em centros comerciais e locais de entretenimento, isso significaria menos demanda por uma vasta gama de bens e de serviços — filmes de Hollywood, equipamentos de construção, soja, minério de ferro e bancos de investimento.

Com o desenrolar da catástrofe, os bancos centrais, dos Estados Unidos à União Europeia, liberaram volumes de crédito sem precedentes, empurrando as taxas de juros para números negativos a fim de encorajar consumidores e empresas a gastar e a investir. Mas, nos primeiros meses da pandemia, cada novo anúncio de alívio provocava uma nova queda dos negócios.

Os bancos centrais estavam desdobrando seu arsenal tradicional, mas suas armas pareciam impotentes. As pessoas não estavam tirando férias e evitando as lojas de departamento porque as taxas de empréstimo estavam muito altas. As despesas caíam porque a interação com outros seres humanos era um risco de morte. A única maneira de salvar a economia global era deter o vírus; a única maneira de deter o vírus era sufocar a economia.

Para Trump, a crise foi agravada pelo fato de que ele tinha inicialmente anunciado a pandemia como uma farsa, apenas mais uma notícia falsa concebida para minar suas perspectivas de reeleição. Os meses que ele poderia ter usado para educar o público sobre o distanciamento social enquanto fazia testes em massa eram desperdiçados para manter a aparência de que tudo estava bem, que o vírus era como a gripe, que as pessoas só tinham que seguir em frente com suas vidas.

Quando os eventos tornaram essa postura insustentável, Trump mudou de estratégia. A pandemia foi terrível, mas não foi culpa dele. Culpou Obama, que já estava fora do cargo há três anos, pela falta de testes. Descreveu o vírus como a exportação mais recente e covarde da China, enquanto cedia às tropas racistas. Ele a chamou de *"Kung flu"* ["flu" é gripe em inglês] e de "vírus chinês", desencadeando uma onda duradoura de terror contra os norte-americanos de origem asiática.

Enquanto o vírus se espalhava desenfreadamente, Trump se reformulava novamente, agora como um presidente em tempo de guerra que supostamente tinha identificado o perigo antes de qualquer um. Ele presidia as coletivas de imprensa diárias da Casa Branca, dando garantias confiáveis de que fármacos milagrosos estavam à mão; as fábricas norte-americanas estavam se reequipando por sua insistência em fabricar respiradores.

Sua evidente falta de comando para detalhes básicos amplificou o medo. Em certo momento, ele sugeriu que os norte-americanos deveriam injetar alvejante para matar o vírus, forçando a Clorox, o conhecido fabricante de produtos de limpeza, a liberar uma declaração esclarecendo que aquela era uma péssima ideia.

Trump havia passado sua vida adulta desrespeitando convenções sociais, ignorando a contabilidade tradicional e renunciando a enormes dívidas sem nunca sofrer consequências significativas. Suas múltiplas falências e sua reputação por enganar tanto banqueiros quanto encanadores somente amplificaram sua aura, trazendo negociações para lançamentos de livros e séries de televisão de sucesso. A pandemia, no entanto, era algo completamente diferente, a primeira força que Trump encontrou que não poderia simplesmente ignorar ou responsabilizar outra pessoa. Não havia nenhum credor ingênuo que pagaria a fiança de sua perversidade anterior, encantado por seu poder de estrela. O globo terrestre não se importava com sua marca. A pandemia proporcionaria um castigo do qual Trump não poderia fugir.

Em uma única semana no fim de março, mais de 3 milhões de norte-americanos solicitaram o seguro desemprego, um recorde que foi quase 5 vezes maior do que a marca máxima anterior. A desaceleração apagou completamente o crescimento de empregos que havia ocorrido durante a presidência de Trump.

No mês seguinte, a taxa de desemprego ultrapassou 14%. As pessoas faziam fila durante horas nos locais de distribuição de alimentos, suscitando discussões sobre outra Grande Depressão. Quase da noite para o dia, as perspectivas de reeleição de Trump pareciam gravemente ameaçadas, colocando-o em desconfortável proximidade à pior palavra do vocabulário trumpiano — *perdedor*. Ele estava desesperado para suspender o lockdown. As pessoas tinham de voltar ao trabalho, aos shoppings, aos hotéis, aos aeroportos e aos restaurantes para que os mercados pudessem se recuperar.

Em meados de abril, Trump cedeu sua marca registrada bombástica e exibicionista ao anunciar a formação dos Great American Revival Industry Groups, uma reunião dos principais executivos representando as maiores empresas dos EUA. Eles supostamente o aconselhariam sobre como retomar a economia.

A formação foi um grande atrativo para Homens de Davos como Dimon, Benioff e Bezos.

"Enquanto nos preparamos para a próxima fase dessa grande luta, devemos também fazer tudo que estiver ao nosso alcance para restaurar a prosperidade do trabalhador norte-americano", disse Trump em uma coletiva de imprensa ao anunciar a criação do grupo. "A saúde e a riqueza dos EUA são o principal objetivo."

Essa construção — *a saúde e a riqueza* — omitiu elementos cruciais que estavam em conflito direto. Bezos foi o exemplo mais óbvio. Sua riqueza crescente derivava do trabalho desprotegido dos trabalhadores de seus armazéns de mercadorias.

A lista de consultores de Trump incluía Dean Banks, CEO da Tyson Foods, o enorme processador de carne. Trump logo invocaria a Lei de Proteção da Defesa em tempo de guerra para manter os abatedouros norte-americanos em funcionamento, mesmo que se tornassem pontos perigosos de propagação do vírus. Usando uma linguagem elaborada pela indústria de frigoríficos,[3] ele rotulou essas fábricas como "infraestrutura crítica", o que tornou as pessoas que trabalham dentro delas trabalhadores essenciais.

Os profissionais de escritório estavam se valendo da internet para trabalhar com segurança em casa. Mas milhares de trabalhadores de abatedouros — muitos deles imigrantes ganhando salário mínimo — arriscaram suas vidas para continuar a cortar carne de porco,[4] de vaca e de aves. Eles trabalhavam em conjunto nas linhas de produção. Podiam proteger sua saúde, ou podiam preservar seus salários. Não podiam fazer as duas coisas.

A Tyson alegou que a ação executiva de Trump era imperativa para evitar a escassez de carne. Não foi mencionado o fato de que a oferta de carne norte-americana tornara-se propensa à escassez porque a Tyson e seus dois maiores rivais tinham absorvido concorrentes menores. A consolidação reduziu a capacidade de processamento de carne de porco[5] em 1/4. Isso permitiu à Tyson e a seus acionistas colher ganhos por meio de preços mais altos.

Como era típico de Trump, o anúncio era apenas um trabalho de arte cênica. Benioff não tinha sequer ouvido falar do grupo até que alguém lhe disse que estaria nele. O grupo nunca se reuniu, Benioff disse, e nunca lhe foi pedido que desse qualquer conselho.

A tentativa desesperada de Trump de garantir outro mandato acabaria se resumindo à moeda que ele mais entendia — dinheiro. Ele adotou a pose do monarca magnânimo, atirando bugigangas para a população. Iniciou negociações com o Congresso para liberar um gigantesco pacote emergencial.

Diante de uma emergência de saúde pública combinada com uma economia desmantelada, as restrições políticas usuais sobre os gastos públicos foram efetivamente suspensas.

Trump supervisionaria a distribuição de trilhões de dólares em nome de poupar a maior economia do mundo — rapidamente, e com o mínimo de supervisão. Os Estados Unidos estavam prestes a ser inundados de dinheiro gratuito, cortesia do derradeiro ingênuo: o contribuinte.

O Homem de Davos soltou seus lobistas para estar em condições de participar das festividades.

« »

A medida de US$2,2 trilhões de dólares assinada por Trump no fim de março de 2020 foi intitulada Lei CARES, acrônimo em inglês para "Lei de Ajuda, Alívio e Segurança Econômica contra o Coronavírus". Era um acrônimo apropriadamente ambíguo ["CARES" corresponde a "CUIDADOS" em português] para uma legislação que entraria para a história como um excelente exemplo de interesses monetários explorando uma catástrofe para obter ganhos consideráveis às custas do público.

A lei incluiu uma grande expansão dos benefícios de desemprego — um pagamento semanal de US$600, além dos cheques de pagamento usuais, em um esforço para estimular os gastos. Milhões de famílias norte-americanas receberam subsídios em dinheiro no valor de US$1.200 para aliviar a crise. Essa abordagem acabaria se revelando altamente eficaz, fornecendo os meios para as famílias evitarem despejos, falências e outras calamidades, mesmo quando os chefes de família perdessem rendimentos e salários. Mas os cheques — estampados com o nome do próprio Trump, como um presente pessoal do imperador — não chegariam durante meses, mesmo enquanto as contas não pagas se acumulavam.

Coletivamente, os benefícios de desemprego, os cheques e os créditos fiscais para empresas que ajudavam funcionários com dívidas estudantis representavam um gasto de mais de US$600 bilhões, uma enorme infusão de alívio em tempos normais, e uma das principais razões da desaceleração não ter sido muito pior para os desempregados. Mas, como o preço político dessa ajuda era para as pessoas comuns, cada Homem de Davos foi convidado a tirar proveito.

Um item foi um descarado absurdo — um corte de US$170 bilhões em impostos para incorporadores imobiliários e outros cuja relação com a pandemia não era discernível. Como meu colega Jesse Drucker revelou, os republicanos do Senado colocaram a cláusula na página 203 do projeto de lei de 880 páginas, garantindo que ninguém a notaria até que o trabalho estivesse feito. O texto permitia às incorporadoras[6] deduzir de suas contas fiscais atuais as perdas em papéis em que haviam incorrido anos antes, quando ninguém tinha ouvido falar da Covid-19. Não tinha razão de ser, exceto como meio de transferir dinheiro do Tesouro para pessoas ricas. Donald Trump e seu genro, Jared Kushner, estavam entre os beneficiários.

A lei concedeu US$500 bilhões para grandes empresas, incluindo US$29 bilhões destinados a companhias aéreas e US$17 bilhões para "negócios necessários à segurança nacional" — ou seja, para a Boeing, a gigante aeroespacial norte-americana.

O Tesouro administraria cerca de US$454 bilhões em auxílio, comprometendo-o como garantia de mais de US$4 trilhões de empréstimos que poderiam ser emitidos pelo Banco Central — um processo complicado, mas extremamente coerente, que só um "insider" poderia entender.

Os números que eram lançados dia após dia já eram monumentais, mas US$4 trilhões era uma soma que simplesmente pedia compreensão. Esse valor foi mais que o dobro do que todas as corporações norte-americanas ganharam coletivamente no ano anterior. Para onde seria destinado aquele dinheiro e sob quais condições ele seria doado, seria totalmente influenciado pelo secretário do Tesouro de Trump, Steven Mnuchin.

Mnuchin lembrava uma versão em quadrinhos de um cara rico, seu sorriso perpétuo evocando imagens de pijamas de seda. Seu avô tinha fundado um iate clube,[7] e seu pai havia trabalhado em Wall Street, desbravando posições de gerência na Goldman Sachs. Nascido em 1962, cresceu na Park Avenue e passava os finais de semana nos Hamptons. Frequentou a Riverdale Country School, uma das instituições privadas mais exclusivas da cidade de Nova York, chegando ao exuberante e extenso campus em um Porsche vermelho. Ele seguiu as pegadas de seu pai — primeiro para Yale e depois para Goldman.

Mnuchin entrou no departamento de hipotecas,[8] absorvendo conhecimentos que por fim o posicionariam para obter sua própria grande conquista. Ele assumiu um banco falido, o IndyMac, aplicando taxas elevadas de serviço aos proprietários de imóveis inadimplentes enquanto executava hipotecas em massa, vendendo as casas com lucro.

Despejar pessoas de suas casas provou ser tão lucrativo que Mnuchin conseguiu pagar quase US$27 milhões por uma mansão[9] de 9 quartos e 10 banheiros em Bel Air para combinar com seu duplex da Park Avenue.

Quando ele entrou na campanha Trump em 2016, assumindo o papel de gestor financeiro, foi um choque para aqueles que o conheciam. Ele não tinha experiência em arrecadação de fundos e demonstrava zero preocupação com qualquer causa política. Mas conhecia Trump como um companheiro de viagem[10] entre a classe de negociantes imobiliários de Nova York. Ele o havia observado em um comício e tivera a certeza de que poderia vencer.

A família de Mnuchin ficou espantada com seu envolvimento com Trump. A esposa de seu pai começou a lembrar às pessoas que ela não era a mãe biológica de Mnuchin.[11] Após a eleição, Trump procurou persuadir Jamie Dimon a se tornar secretário do Tesouro. Quando ele recusou,[12] Trump optou por Mnuchin.

Estranho e reservado, Mnuchin era incapaz de conversa fiada, embora fosse conhecido por se fazer passar pelo inspetor Clouseau,[13] o herói dos filmes da Pantera Cor-de-Rosa. Com seus óculos grossos e de lente escura emoldurando um rosto em formato redondo, era frequentemente fotografado em roupas formais junto à sua esposa loira e muito mais jovem, a atriz escocesa Louise Linton.

Sua esposa ganhou fama pelas demonstrações insensíveis de privilégio desenfreado e sem noção. Certa vez ela desencadeou críticas oficiais do governo zambiano após publicar um livro com uma versão caricata do ano que passou no país após o ensino médio ("Logo percebi que a África está repleta de perigos ocultos.")[14] No dia em que a Casa da Moeda norte-americana imprimiu as primeiras notas de dólar com a assinatura de seu marido, Linton apareceu para as câmeras com luvas de couro pretas enquanto ela e Mnuchin seguravam uma nota de dinheiro recém-impressa como se fossem joias roubadas. Ela publicou uma foto sua saindo de um jato do governo enquanto acompanhava Mnuchin em uma visita ao depósito federal de ouro em Fort Knox, enquanto usava hashtags para garantir que o mundo reconhecesse suas roupas Hermès e Valentino. Quando uma mulher no Oregon considerou isso de mau gosto, Linton a atacou como "adoravelmente fora da realidade", enquanto exigia gratidão pelos enormes impostos que ela e Mnuchin pagavam desinteressadamente. Se Maria Antonieta tivesse vivido o suficiente para usar o Instagram, seu feed provavelmente seria parecido.

Agora, Mnuchin, trabalhando a serviço de um presidente não obcecado com as delicadezas do processo, assumiu a liderança na condução do Banco Central enquanto este distribuía uma soma cósmica de dinheiro.

O dinheiro destinado às companhias aéreas e à Boeing veio com regras que impediam os beneficiários de usá-lo para pagar dividendos ou aumentar a remuneração dos executivos, e exigia que as empresas retivessem a maior parte de seus trabalhadores. Mas o dinheiro grosso — os US$4 trilhões a serem desembolsados pelo Banco Central com a deliberação de Mnuchin — veio livre de tais condições.[15]

Uma decisão do Senado procurou impedir que as empresas resgatadas aumentassem o salário dos executivos e, ao mesmo tempo, as obrigava a evitar demissões e a respeitar a negociação coletiva. O texto, porém, apenas exigia[16] que Mnuchin "se esforçasse" para seguir aqueles detalhes. O Banco

Central estava ansioso para injetar dinheiro no mercado imediatamente, tornando os parlamentares relutantes em impor condições que restringissem os executivos de receber dinheiro.

Os Democratas no Congresso ficaram horrorizados com o que parecia ser um monstruoso caixa dois controlado pela administração Trump. Mesmo assim, eles cederam diante dos argumentos republicanos de que novas deliberações atrasariam o auxílio que chegaria aos trabalhadores em meio a uma emergência. A Lei CARES foi aprovada pelo Senado por 96 a 0. Os desempregados foram colocados com sucesso como reféns no serviço de engolir as fortunas do Homem de Davos. Os democratas fingiram se consolar com o fato de que os gastos vieram oficialmente acompanhados por uma supervisão do Congresso. Mas o resgate de 2008 revelou a superficialidade desse componente. O Congresso podia monitorar e registrar o que acontecia, mas não tinha poder para intervir e redirecionar dinheiro.

Em poucas horas após a assinatura da Lei CARES, Trump declarou o poder de silenciar o inspetor geral,[17] eliminando efetivamente a supervisão. Mnuchin e o Banco Central ganharam caminho livre para distribuir mais de US$4 trilhões, em grande parte livres de supervisão.

Como nas assistências financeiras governamentais que se seguiram à crise financeira, Mnuchin e o Banco Central tinham como objetivo restaurar a ordem, estabilizando o valor dos ativos financeiros. Inicialmente, eles se preocuparam em fortalecer as empresas cuja dívida era classificada como "grau de investimento", ou seja, tinha o selo de aprovação de uma agência de classificação de crédito. Essas eram, supostamente, as empresas que se mantiveram estáveis antes da pandemia. Porém, no fim de abril, Mnuchin e o presidente do Banco Central, Jay Powell, expandiram os parâmetros para permitir uma coleção especialmente confusa de empresas para garantir a caridade do público — empresas de petróleo e de gás que eram virtualmente insolventes, seus títulos classificados como sucata.

Durante anos, os especuladores do mundo da energia valeram-se do crédito barato que restava da última crise. Muitos dependiam da prática ambientalmente destrutiva do fraturamento hidráulico [método de extração de combustíveis líquidos e gasosos do subsolo]. A produção era cara, tornando a economia dependente dos preços mais altos do petróleo. Os preços da energia caíram,[18] transformando um grande número dessas manipulações duvidosamente concebidas em perda de dinheiro.

Não que isso os tenha impedido de canalizar a riqueza para os acionistas. Durante a década anterior, 5 das maiores empresas de petróleo e de gás haviam dedicado US$536 bilhões para dividendos e recompra de ações,[19] o que era muito superior a suas receitas. Enquanto exploravam o terreno para obter energia, colocavam seus funis em reservas mais gratificantes — grandes reservatórios de crédito — e entregavam os lucros aos investidores.

A festa parecia estar terminando. Com a economia global em isolamento, a demanda havia evaporado e o mercado estava retendo mais empréstimos. Assim, a indústria de petróleo e gás se dedicou à sua principal experiência em engenharia — fazer lobby em Washington. Uma campanha robusta anulou a regra[20] de que os fundos de emergência só poderiam ir para empresas sólidas, permitindo que a Mnuchin e o Banco Central socorressem financeiramente os insolventes.

Além das empresas em si, Mnuchin também estava resgatando agentes financeiros como Schwarzman,[21] cujos investimentos estavam perdendo valor em meio a um alarme mais abrangente no mercado de títulos.

O líder da Blackstone foi grato pelas ajudas financeiras.

"Eu teria que dar notas muito altas[22] à gestão econômica disso", afirmou Schwarzman durante uma aparição na televisão em abril. "Foi liderado pelo presidente e, felizmente para todo o resto de nós na sociedade, vai funcionar bem."

Todo o resto de nós na sociedade era uma parte hábil do jargão do Homem de Davos, uma frase que se unia muito bem aos interesses das pessoas que trabalham nos armazéns da Amazon, dos médicos que atendem os pacientes da Covid-19, dos desempregados na fila dos bancos de alimentos, e de um rei multibilionário de private equity em videoconferência para um programa de televisão de seu refúgio na Park Avenue.

« »

Outro componente importante da Lei CARES foi um esquema de US$349 bilhões — mais tarde ampliado para US$660 bilhões — conhecido como Programa de Proteção ao Salário. Os bancos distribuíam esse dinheiro, concedendo empréstimos a pequenas empresas. Segundo as regras, grande parte da dívida poderia ser perdoada caso os empregadores evitassem demissões.

Em teoria, as pequenas empresas poderiam solicitar um empréstimo diretamente ao governo. Mas, na realidade, isso era equivalente a telefonar para o escritório local da Receita Federal para ver se um funcionário gentil poderia aparecer depois do expediente para ajudá-lo a resolver seus formulários de impostos. O Banco Central não tinha pessoal para administrar o programa, tornando o governo dependente de grandes bancos para distribuir o dinheiro. Ao determinar quem recebia empréstimos, os bancos não atendiam às necessidades da sociedade, mas às de seus acionistas: eles faziam negócios com quem tinha a tendência de aumentar seus resultados. A obtenção de um empréstimo geralmente exigia um relacionamento com um banco como o JPMorgan Chase, que foi criado para impulsionar as inscrições em massa.

O banco de Jamie Dimon implementou esses empréstimos para pequenas empresas como brindes distribuídos a seus melhores clientes. Ele cedeu seu "serviço de *concierge*"[23] para os clientes mais antigos e valiosos, preenchendo sua papelada e enviando suas solicitações. Um fabricante de artigos esportivos com sede em Indiana,[24] negociado publicamente, que já tinha uma linha de crédito de US$50 milhões do JPMorgan Chase, acabou com mais um empréstimo de US$5,6 milhões. Grandes cadeias de restaurantes, empresas farmacêuticas e franquias hoteleiras conseguiram empréstimos sem ter que fazer nada, enquanto as empresas que não tinham uma conexão estabelecida com o maior banco dos Estados Unidos tinham livre iniciativa. O que quer dizer muito pouco.

As empresas pertencentes a afro-americanos, latinos e mulheres foram em grande parte excluídas. O programa acabaria por distribuir 650 mil empréstimos no valor de pelo menos US$150 mil cada. Somente 143 empresários negros[25] receberam empréstimos desse porte.

Mnuchin havia prometido que o "foco principal" do programa era "manter os trabalhadores pagos e empregados". Mas várias grandes empresas pegaram o dinheiro e depois demitiram seus trabalhadores, enquanto um desfile de personagens inescrupulosos foi embora com os empréstimos.

Um hotel de luxo em San Diego,[26] o Fairmont Grand Del Mar, recebeu US$6,4 milhões, mas depois fechou e parou de pagar os salários para centenas de trabalhadores.

Uma empresa biofarmacêutica sediada na Geórgia, a MiMedx Group, pagou recentemente uma multa de US$6,5 milhões para resolver as acusações de que havia fixado preços para o Departamento de Assuntos de Veteranos. Anteriormente, ela havia resolvido um caso com a Comissão de Valores Mobiliários sobre alegações de que havia exagerado suas receitas. Seus ex-executivos seniores haviam sido indiciados por promotores federais em Nova York por fraude contábil. Nada disso impediu a empresa[27] de se qualificar para um empréstimo de US$10 milhões no âmbito do Programa de Proteção ao Salário.

O maior beneficiário individual do programa de pequenos negócios foi Monty Bennett, presidente da diretoria de um trio de empresas sediadas em Dallas que controlavam coletivamente mais de cem hotéis, entre eles os resorts Ritz-Carlton em St. Thomas e Lake Tahoe, o Marriotts em Beverly Hill e Las Vegas, e um Hilton em Nova York. Em meados de março, com o negócio hoteleiro dizimado, as ações de uma das empresas de capital aberto da Bennett, a Ashford Hospitality Trust, caíram em mais de 90%. A empresa estava atrasando o pagamento de suas dívidas.

Ashford descartou planos para pagar dividendos a acionistas ordinários, embora ainda tenha conseguido juntar US$10 milhões[28] para acionistas preferenciais, incluindo US$2 milhões para Bennett e seu pai.

Com o fim próximo, Bennett estava em um clima de reflexão. Ele escreveu uma carta aberta com o título "O que há de errado com os EUA?".

"Minha indústria e nossos negócios estão completamente destruídos",[29] escreveu ele. "O que mais me entristece é o que está acontecendo em Washington, D.C. Alguns políticos estão muito preocupados se os programas governamentais propostos ajudam pequenas empresas em vez de 'grandes empresas', ou indivíduos em vez de 'corporações'."

Que prioridades perversas a capital do país estava orquestrando se magnatas imobiliários honestos não pudessem furar a fila de pessoas desempregadas para obter auxílio? "De qualquer forma, o que são todos aqueles impostos que pagamos e que deveriam nos ajudar?", Bennett escreveu. "Não vou pedir desculpas por ser um capitalista nos EUA."

Bennett doou[30] mais de US$200 mil para a campanha presidencial de Trump e o Comitê Nacional Republicano em 2016, e quase US$400 mil a mais para o fundo de campanha de reeleição do presidente. Ele rapidamente fez o que qualquer empresário norte-americano de sangue quente faz diante de um desafio. Ele contratou lobistas.

Primeiro veio Jeff Miller,[31] que foi vice-presidente de finanças do comitê inaugural de Trump, se enraizando com as pessoas responsáveis e trazendo quase US$3 milhões para o Comitê Nacional Republicano e para a campanha de reeleição do presidente. Bennett também contratou o Bailey Strategic Advisors,[32] que foi administrado por outro mandachuva de Trump, Roy Bailey. Logo, foi descoberta[33] uma lacuna no Programa de Proteção ao Salário que permitiu que grandes cadeias de hotéis e restaurantes se candidatassem a empréstimos desde que cada local empregasse menos de 500 pessoas.

O império hoteleiro de Bennett[34] garantiu empréstimos no valor de US$70 milhões. Todavia, à medida que se espalhava a notícia de que as empresas de capital aberto estavam recebendo fundos dos contribuintes anunciados como auxílio para as pequenas empresas, seguiu-se um escândalo. Qualquer que fosse o negócio de Bennett, não era pequeno. A Ashford Inc. havia registrado US$291 milhões[35] em receitas no ano anterior. Bennett havia levado para casa[36] um total de mais de US$5,6 milhões a título de remuneração.

Mnuchin adotou o modo "pessoa ofendida" por ter descoberto as apostas em Casablanca. Ele advertiu que as auditorias seriam liberadas conforme a administração tornasse mais rigorosas as regras do programa. As empresas que as infringiram tiveram duas semanas para devolver o dinheiro[37] ou enfrentar processos criminais.

Bennett — aparentemente preferindo uma suíte no Ritz-Carlton em vez de uma cela na cadeia — devolveu o dinheiro. Em agosto, suas empresas estavam sendo sondadas[38] pela Comissão de Valores Mobiliários.

Por total falta de vergonha, era difícil superar os agentes financeiros que assumiram o controle de grandes extensões do sistema de saúde norte-americano. Ao tornar o sistema vulnerável à pandemia, eles exploraram o desastre resultante como oportunidade de extrair dinheiro do auxílio.

Em março de 2020, a Steward Health Care, uma cadeia de hospitais[39] de propriedade da gigante de private equity Cerberus Capital, ameaçou fechar uma instalação ao norte da Filadélfia, a menos que o estado da Pensilvânia entregasse mais de $40 milhões. A empresa, cujo presidente era o ex-vice-presidente Dan Quayle, controlava investimentos no valor de US$43 bilhões. Seu cofundador e coCEO, Stephen A. Feinberg, tinha um patrimônio líquido estimado em US$1,8 bilhão. No entanto, a empresa insistiu que precisava de uma infusão de alívio estatal, ou as 30 mil pessoas de Easton, Pensilvânia, perderiam seu hospital no meio de uma pandemia.

O hospital havia sido fundado mais de um século antes com as contribuições de uma congregação da igreja local. Permaneceu sem fins lucrativos até 2001, quando foi comprado por uma rede hospitalar de capital aberto. Seis anos mais tarde, o imóvel onde funcionava o hospital Easton havia sido vendido a um fundo imobiliário cujos investidores incluíam a Cerberus. Os termos do negócio deixaram o hospital pagando milhões de dólares por ano[40] pelo aluguel dos mesmos edifícios que possuía anteriormente.

O Estado concedeu US$8 milhões de auxílio. Mesmo assim, Steward informou às autoridades que prosseguiria com o fechamento do hospital. Em junho, uma operação local sem fins lucrativos, a St. Luke's University Health Network, entrou em cena para comprar o hospital[41] e mantê-lo em funcionamento. Mas o novo proprietário notificou que se recusava a reconhecer os dois sindicatos[42] que representavam os quase 700 trabalhadores do hospital, ameaçando demissões.

A Lei CARES incluiu subsídios do Departamento de Saúde e Serviços Humanos para compensar os prestadores de serviços médicos cujos rendimentos tinham sido atingidos por proibições de cirurgias eletivas. Subsidiárias da TeamHealth — a empresa de propriedade da Blackstone que havia empregado o Dr. Lin — coletaram pelo menos US$2,8 milhões nesses empréstimos federais, de acordo com os registros públicos compilados pelo Norte-americanos para a Reforma Financeira.

Uma das maiores cadeias hospitalares do país, o Providence Health System, obteve subsídios superiores a US$500 milhões,[43] apesar de ter pago a seu CEO US$10 milhões em 2018, e até mesmo por ter recebido quase US$12 bilhões em dinheiro. A empresa administrava dois fundos de capital de risco que gerenciavam cerca de US$300 milhões, enquanto fazia transações com empresas de private equity.

A Clínica Cleveland tinha a reputação de ser uma das melhores instituições dos Estados Unidos, uma inovadora conhecida por elevar a qualidade do atendimento. Na pandemia, ela se distinguiu como algo mais — uma operadora de fundos de emergência e colaboradora do Homem de Davos. A empresa obteve do governo US$199 milhões[44] em assistência financeira, mesmo dispondo de US$7 bilhões em dinheiro e gerando US$1,2 bilhão em retornos de investimento. Distribuiu US$28 milhões a consultores de investimento para administrar sua carteira.

Em junho de 2020, quando a pandemia se espalhou incontrolavelmente pelo Sul e pelo Oeste norte-americano, a Clínica Cleveland fez um favor especial a um gestor monetário excepcionalmente dotado — o fundador da Blackstone.

"Steven Schwarzman teve uma das carreiras mais notáveis do nosso tempo", declarou o CEO da Clínica Cleveland, Tom Mihaljevic, ao iniciar um evento online como parte de uma série intitulada "Ideias Virtuais para o Amanhã". "Sua generosidade é igualmente notável."

Mihaljevic fez um vídeo promocional que apresentou uma montagem fotográfica da vida de Schwarzman — a loja de linhas de seu pai, seu negócio de infância cortando gramados suburbanos, suas reuniões com os presidentes Obama e Trump, seus empreendimentos na China.

Schwarzman vendeu sua biografia, sustentando a versão chinesa. "Tornei-me o número um em vendas na China", disse. Ele creditou seu sucesso a uma assídua dedicação à ética. "Você tem que estabelecer um padrão de integridade." Ele contou como quando era um estudante de Yale havia persuadido o balé da cidade de Nova York a enviar bailarinas a New Haven para uma apresentação especial que ele organizou para seus colegas de classe — uma armação para um comentário arrebatador sobre suas realizações gerais.

"O que aprendi na vida[45] é que você pode fazer muitas coisas se tiver uma visão", disse Schwarzman. "Se você realmente implorar de forma convincente, alguém pode ter piedade de você."

Em toda a economia norte-americana naquele momento, dezenas de milhões de pessoas se encontravam em condições deploráveis. A taxa de desemprego permanecia acima de 11%. No fim de 2020,[46] mais de 23 milhões de trabalhadores norte-americanos seriam prejudicados pela pandemia — quase 11 milhões oficialmente desempregados, outros 7 milhões sofrendo cortes de horas e de salários, e mais 5 milhões retirados das estatísticas por terem desistido de procurar trabalho. Para cada 10 pessoas[47] que haviam conseguido obter o auxílio desemprego, outras 3 haviam tentado, mas não conseguiram navegar na burocracia em meio a uma onda avassaladora de candidatos.

Salvador Dominguez foi um dos casos enquadrados[48] nessa contabilidade sombria. Depois de perder seu emprego vendendo imóveis em Manhattan, ele se qualificou para o subsídio de desemprego de emergência sob a Lei CARES. Mas nos 62 dias que separaram seu último pagamento em março de 2020 da chegada de seu primeiro pagamento do seguro-desemprego, teve que pedir emprestado a amigos e a parentes para que pudesse continuar pagando o aluguel do apartamento. Na falta de dinheiro para as compras, ficava no escuro do lado de fora de uma mercearia gourmet de Manhattan após o horário de fechamento, esperando que sacos de lixo cheios de itens vencidos fossem depositados na lixeira. Ele remexia o lixo em busca de alimento.

"Foi muito difícil", disse Dominguez. "Não me sentia só, porque sabia que muitas pessoas como eu estavam fazendo isso."

Cerca de 1 em cada 4 norte-americanos estava lutando[49] para manter suas contas em dia — um número que saltou para 43% entre os lares afro-americanos e para 37% entre os latinos. A fome infantil aumentava à medida que as escolas permaneciam fechadas, privando as famílias de baixa renda de refeições. Essas não eram comunidades com lobistas à sua disposição.

Schwarzman, por outro lado, mantinha escritórios em Washington que concentravam dólares federais. A empresa médica da Blackstone, a TeamHealth, buscava a caridade do Congresso, que novamente examinava seu modelo de negócios, com alguns legisladores exigindo que os futuros pacotes de ajuda federal incluíssem uma proibição de faturamento surpresa.[50]

Felizmente para Schwarzman, seus investimentos astutos nos legisladores renderam dividendos valiosos. O presidente do Comitê de Meios e

Procedimentos da Câmara, Richie Neal, um democrata de Massachusetts, conseguiu uma proposta que restringiria muito o faturamento surpresa por intermédio da tentativa da verdadeira estratégia legislativa de fazer avançar seu próprio projeto de lei, mais fraco. No lugar da regulamentação de preços, ele colocou um sistema de arbitragem para resolver disputas de faturamento. O árbitro usaria como ponto de referência as taxas pagas nos últimos anos — efetivamente travando as taxas de cobrança elevadas extraídas pelas empresas de private equity. E mesmo essa conta foi adiada por um ano. Esse foi um serviço constituinte, ao estilo de Washington. Executivos ligados à Blackstone foram a maior fonte de fundos da campanha de Neal.[51] Em uma declaração escrita enviada em vez de uma entrevista, a TeamHealth caracterizou a legislação resultante como um compromisso aceitável para todos. "Embora imperfeito, o produto final foi bom para os pacientes e foi uma melhoria significativa em relação às propostas catastróficas promovidas pelas principais companhias de seguros", lia-se na declaração. "Qualquer reivindicação de que a TeamHealth lutou contra uma solução de faturamento surpresa é completamente falsa."

A proteção definitiva da Blackstone foi sua escala e sua diversificação, o que limitou o risco para seus negócios a partir de qualquer ponto problemático. Enquanto a desordem no mercado fazia diminuir os valores das empresas, a Blackstone estava, de fato, posicionada para capturar acordos.

"Você começa a comprar títulos que colapsaram", disse Schwarzman em uma reunião de investidores naquela primavera. "Compramos US$11 bilhões em títulos nas duas ou três primeiras semanas."

Esse foi apenas o ato de abertura. A Blackstone procurava mais acordos, especialmente na área da saúde.

"Essa será uma área de enorme crescimento", disse Schwarzman. "Sempre há uma maneira de fazer dinheiro[52] nesses tipos de situações voláteis."

<< >>

O Banco Central estava cumprindo sua promessa de fazer o que fosse para endireitar a economia ao comprar enormes quantidades de títulos públicos e corporativos. Alguém teria que administrar seu portfólio. Em uma repetição da última crise financeira, a firma de Larry Fink ganhou o contrato. A BlackRock obteve autoridade para selecionar até US$750 bilhões em títulos para o Banco Central durante a execução das negociações.

Ninguém poderia acusar a BlackRock de não possuir a expertise necessária. A empresa estava então administrando US$7,4 trilhões em investimentos — uma soma que excedia a produção econômica anual do Reino Unido, da França e do Canadá juntos — dando-lhe familiaridade íntima com cada fenda do mundo financeiro.

Nos últimos anos, Fink havia se distinguido como o mais sábio dos sábios de Wall Street. Seu conselho era valorizado tanto por democratas quanto por republicanos.

Mas, se o papel da BlackRock na crise financeira de 2008 tinha representado um conflito de interesses, suas lealdades divididas desta vez foram exponencialmente mais preocupantes. Ela se tornou uma gigante incomparável, uma empresa interligada em praticamente todos os mercados, com escritórios em 30 países. A BlackRock controlava pelo menos 5% das ações de 97,5% das empresas que negociavam no S&P 500. Cerca de 200 empresas financeiras, mais os bancos centrais norte-americano e europeu, usaram o sistema de gestão de risco Aladdin da empresa, que pesquisava os mercados em busca de problemas. Isso colocou a BlackRock na posição de monitorar cerca de US$20 trilhões em investimentos,[53] fornecendo-lhe clareza incomparável sobre os movimentos de dinheiro em todo o mundo.

Enquanto os auxílios ganhavam forma na primavera [do hemisfério norte] de 2020, Fink operava nos bastidores para influenciar seus detalhes, ao mesmo tempo em que dirigia uma empresa empenhada em lucrar com os desenvolvimentos diários. Dias antes do Banco Central anunciar[54] sua incursão no mercado de títulos, ele foi a Washington se reunir com Trump e outros funcionários a fim de tomar as medidas apropriadas para deter a carnificina no mercado. Fink conversou com Mnuchin cinco vezes[55] durante o fim de semana antes do pacote de emergência ser revelado. Uma das chamadas incluiu o presidente do Banco Central, Powell,[56] e Larry Kudlow, o principal conselheiro econômico de Trump. As pessoas estavam se referindo à BlackRock como o 4º poder do governo.[57]

O Banco Central compraria títulos corporativos que já estivessem em circulação, bem como novas emissões para garantir que as empresas pudessem levantar dinheiro. O Banco Central serviria como o comprador de último recurso, com a BlackRock ajudando a decidir quais títulos seriam alvos. Isso deu a Fink uma influência preocupante sobre quem sobreviveria e quem desapareceria.

Em uma carta a Mnuchin e ao presidente do Banco Central, Jerome Powell, nove membros do Congresso — entre eles Alexandria Ocasio-Cortez, uma democrata de Nova York, e Jesus G. "Chuy" Garcia, um democrata de Illinois — exigiram maior supervisão das negociações da BlackRock com o governo federal.

"A BlackRock já é grande",[58] escreveram. "É preciso garantir que seu trabalho durante esta crise não cimente a importância estrutural da empresa na economia global e nossa dependência dela."

Parte das compras do Banco Central seria dirigida aos chamados fundos de câmbio negociados — investimentos em uma cesta de ações e títulos. A BlackRock era a fornecedora dominante, devido à sua compra de uma empresa chamada iShares. Ela havia comprado o negócio do banco britânico Barclays durante a última crise, pagando US$13,5 bilhões de volta quando a iShares controlava US$300 bilhões em ativos. A partir daí a BlackRock cresceu até se tornar um colosso que gerenciava quase US$2 trilhões.

O dinheiro do Banco Central certamente pousaria nesses fundos controlados pela BlackRock. A própria BlackRock decidiria em quais e quanto.

Essa configuração violou um senso básico de competição leal. Da mesma forma que um prefeito não deveria celebrar um contrato público com uma empresa controlada por sua família, o Homem de Davos que supervisiona o dinheiro do contribuinte em uma emergência deveria presumivelmente encontrar algum outro lugar para armazená-lo além dos fundos de sua própria empresa.

Em meados de abril, Fink realizou uma chamada online com analistas de ações para discutir os lucros trimestrais mais recentes da empresa. "A maior prioridade da BlackRock tem sido a saúde e a segurança de nossos funcionários e de todas as suas famílias", disse Fink.

Mas a empresa também conseguiu continuar a aspirar o dinheiro do investimento. Um novo influxo líquido de US$75 bilhões foi injetado durante as primeiras sete semanas do ano, disse Fink. Grande parte do dinheiro foi obtida pela iShares.

No ritual da chamada dos ganhos, os analistas geralmente bajulavam a chefia, usando suas oportunidades para fazer perguntas como momentos para dar os parabéns por mais um grande trimestre. Porém, nessa chamada, um analista, Patrick Davitt, da Autonomous Research, se concentrou nos fundos da BlackRock para apresentar uma questão inusitada.

"Muitos investidores têm reclamado que o Banco Central compra ETFs* e, em particular, ETFs de grau especulativo e, portanto, estabelece algum tipo de auxílio financeiro para a BlackRock na indústria de ETF de modo geral", disse Davitt. "Qual é a sua reação a isso?"

Fink ficou indignado. "Eu me oponho à sua...[59] à maneira como você a enquadrou como um auxílio", disse ele. "Nem mesmo sei de onde você tirou essa pergunta. Acho que é um insulto. Há... Todas as questões em torno do que estamos fazendo com os governos são baseadas em boas práticas."

A BlackRock estava trabalhando para o governo por meio de sua unidade de consultoria, a empresa enfatizava, ao mesmo tempo em que se limitava à operação de gestão de fundos — o que significava que não estava negociando sobre informações que ganharia como gerente de ativos do Tio Sam.

Entretanto, o Homem de Davos estava constantemente falando sobre as estruturas que suas empresas empregavam para garantir barreiras supostamente impermeáveis que separavam uma parte de suas operações de outra. As pessoas que ganhavam bilhões de dólares com a força da informação descobriam o que precisavam saber.

O contrato lançado pelo Banco Central em março de 2020 revelou que a separação entre a unidade de consultoria da BlackRock e o resto de seus negócios era flexível. A BlackRock estava impedida de receber "informações confidenciais" sobre as políticas monetárias do banco central, o que

---

* ETF (Exchange Traded Fund, em inglês), ou fundo de índice, pode ser traduzido livremente para fundo negociado em bolsa. Basicamente, é um fundo de investimento que tem como referência algum índice da bolsa de valores.

significava sua fixação das taxas de juros. Mas a BlackRock estava obtendo acesso a informações confidenciais sobre "os planos e as estratégias de negócios econômicos e políticos" do Banco Central. Era como se uma política de privacidade médica impedisse a divulgação da doença do paciente, mas permitisse a liberação de todos os medicamentos que ele tomava.

O contrato impedia a BlackRock de usar informações confidenciais para projetar negócios para qualquer outra pessoa que não o Banco Central. O pessoal da BlackRock que administrava os negócios do Banco Central estava "proibido" de aconselhar outros clientes de uma forma que "pudesse ser vista como Informações Confidenciais". Mas eis aqui a pérola: essa proibição permaneceu em vigor apenas durante um período de "reflexão" de duas semanas.[60]

Em resumo, a BlackRock poderia designar seu pessoal para cuidar das compras do Banco Central — aprendendo de dentro como o BC norte-americano via a economia — e então, duas semanas depois, empregar esses mesmos funcionários para gerenciar o resto de suas contas.

Quando a Bloomberg News investigou os números, concluiu que a BlackRock poderia ganhar talvez US$48 milhões[61] de sua atribuição governamental. Para uma empresa cujo lucro no ano anterior chegou a US$4,5 bilhões, isso era algo como uma pessoa encontrar uma moeda na rua. A BlackRock disse que estava doando seus serviços para o contribuinte norte-americano, renunciando à sua taxa de consultoria.

Mas, para Fink e a BlackRock, o valor do aprofundamento dos laços com o governo e da coleta de informações sobre o funcionamento interno do Banco Central ia além dos números em uma fatura.

No fim de maio, quando o Banco Central divulgou o primeiro de seus relatórios detalhando suas compras sob as operações de empréstimo de emergência, mostraram que ele havia gasto US$1,58 bilhões em títulos corporativos por meio de fundos negociados em bolsa. Quase metade desses gastos[62] representava compras de iShares — investimentos da BlackRock.

A BlackRock também se beneficiava do fato de que o Banco Central estava informando seus projetos. Ela planejava investir seu dinheiro em fundos cheios de títulos corporativos, então os investidores correram para chegar primeiro,[63] antes de um aumento praticamente garantido no valor.

Durante o primeiro semestre de 2020, a BlackRock viu um aumento líquido de US$34 bilhões[64] em investimentos nos fundos que o Fed havia adquirido, um aumento de 160% em comparação com o ano anterior.

Mais do que tudo, a BlackRock, como o resto do reino corporativo, beneficiou-se do fato de que o Banco Central estava tornando o crédito amplamente disponível. Devido às intervenções do Banco Central, as empresas podiam tomar empréstimos conforme necessário e a taxas baixas dos mercados privados, sem ter que se submeter às condições desagradáveis que acompanhavam os empréstimos de alguns dos programas oficiais de emergência do governo, tais como limitar bônus, reter dividendos e evitar demissões.

Mesmo empresas profundamente problemáticas[65] como a Boeing, cujos aviões mostraram uma tendência infeliz de cair do céu, foram capazes de pedir empréstimos a taxas atraentes. Os preços do petróleo estavam caindo ao lado da economia mundial, mas a ExxonMobil encontrou compradores[66] por US$9,5 bilhões de títulos a preços apenas um pouco acima do que o governo dos EUA pagava.

A Amazon, cujo balanço foi robusto, estabeleceu um recorde de taxas de juros mais baixas já pagas em uma emissão de dívida. Ela cresceu US$10 bilhões[67] e compensou os credores com apenas 0,4%.

No fim de agosto, o mercado de títulos tinha fornecido apenas US$2 trilhões em novos investimentos às corporações, o maior tributo anual da história.[68]

Esse jorro de crédito poupou o Homem de Davos de uma cascata de falências ao mesmo tempo em que desencadeou um boom gerador de riqueza no mercado de ações, mesmo quando o desemprego permanecia uma calamidade.

Os especialistas ficaram perplexos com essa suposta desconexão. Como foi possível para as grandes empresas prosperar enquanto os trabalhadores lutavam para quitar o aluguel? Mas o segredo sujo era que o capitalismo norte-americano funcionava assim há décadas, enriquecendo o Homem de Davos e deixando os assalariados para trás.

CAPÍTULO 10

"GROSSEIRAMENTE SUBFINANCIADO E ENFRENTANDO O COLAPSO"

Como o Homem de Davos Depenou Aposentadorias

Mitch McConnell, mestre de cerimônias no Senado dos Estados Unidos, e dedicado colaborador do Homem de Davos, ultimamente não demonstrava grande preocupação com o crescente déficit orçamentário federal.

Três anos antes, quando os cortes fiscais do Trump estavam em discussão, McConnell arregimentava os votos, perpetuando a Mentira Cósmica.

"Há um monte de economistas[1] que pensam que vão pagar a si mesmos", disse ele ao âncora de televisão George Stephanopoulous, que graciosamente se recusou a pressioná-lo a nomear qualquer um desses economistas. "É muito provável que ele seja um produtor de renda."

Essa afirmação provou ser falsa. Menos de dois anos após os cortes de impostos, o déficit do orçamento federal aumentou em mais de 1/4, atingindo quase US$1 trilhão.

No entanto, agora, em abril de 2020, assim como milhões de norte-americanos enfrentavam dificuldades implacáveis, McConnell estava de repente expressando horror pela descontrolada dívida federal. As despesas tinham que ser reprimidas, advertiu, ao se opor ao último projeto de lei de auxílio da pandemia. Supostamente, o país mais rico do mundo não poderia gastar mais para ajudar uma população vítima de um desastre único.

"Meu objetivo desde o princípio,[2] dados os números extraordinários que estamos acumulando com a dívida nacional, é que precisamos ser tão cautelosos quanto pudermos", disse McConnell. "Não podemos pedir dinheiro emprestado o suficiente para resolver o problema indefinidamente."

McConnell era uma lenda em Washington — um profissional dedicado ao serviço dos eleitores, com a ressalva de que seus eleitores eram empresas de energia, instituições financeiras, fornecedores de armas e empresas farmacêuticas. Ao longo de uma carreira no Senado que estava em sua quarta década, ele havia atendido incansavelmente aos interesses do Homem de Davos enquanto extraía o sangue vital da democracia norte-americana — dinheiro de campanha.

Seu sucesso é devido ao domínio dos procedimentos do Senado e sua capacidade de incutir medo em sua bancada, mantendo os votos unidos acima de tudo. Ele é uma raridade na capital norte-americana — um político de carreira que parece ter orgulho de ser apreciado por poucos. Ele já havia sido descrito como "um homem com o carisma natural de uma ostra".[3] Ele o usava como um distintivo de honra, um sinal de que estava muito ocupado se preocupando com a mecânica da legislação para fazer um social.

No dar e receber do mundo de McConnell, as virtudes de qualquer despesa proposta tiveram que ser avaliadas mediante um cálculo pragmático de quem ficaria com o dinheiro. Se o dinheiro fluía para uma indústria que dividia a recompensa por meio de contribuições de campanha, então os gastos representavam um investimento prudente em políticas pró-crescimento para a classe média. Mas, se os fundos fossem para pessoas sem condições de aumentar o poder de McConnell, então era um desperdício imprudente de dinheiro dos contribuintes.

O projeto de lei de ajuda humanitária em questão visava a ajudar as pessoas que estavam diretamente no último campo. Os democratas propunham o envio de US$1 trilhão em ajuda federal para os governos estaduais e locais sitiados a fim de evitar a demissão de professores, policiais e bombeiros

"GROSSEIRAMENTE SUBFINANCIADO E ENFRENTANDO O COLAPSO" ⚊ **219**

— grupos que em geralmente não arrecadavam dinheiro significativo para os republicanos.

Sem dúvida, o déficit orçamentário era enorme. O governo federal estava a caminho de gastar quase US$4 trilhões a mais[4] ao longo de 2020 do que esperava receber em arrecadação de impostos, o que rendia uma lacuna quase duas vezes maior do que em qualquer ano desde a Segunda Guerra Mundial. Mas a maioria dos economistas considerou isso apropriado, e até mesmo imperativo diante de uma ameaça colossal à saúde pública e à subsistência.

Nos arredores de São Francisco, William Gonzalez havia escrito recentemente a seu senhorio para implorar por misericórdia. Ele havia perdido seu emprego como atendente em um refeitório de funcionários dentro de um hotel que de repente estava sem hóspedes. Seu salário de US$700 por semana havia se tornado um seguro desemprego de US$414. Sua esposa, Sonia Bautista, tinha acabado de fazer seu último turno como camareira em outro hotel. O senhorio teve pena de sua família, permitindo-lhes pagar apenas metade do aluguel mensal de US$2.800, mas quanto tempo duraria sua generosidade? E quanto tempo demorariam para encontrar novos empregos? O vírus parecia ter poder de permanência.

Gonzalez e sua família estavam renunciando à calefação para limitar custos. Eles não tinham dinheiro para cinema ou outro tipo de entretenimento para seu filho de 14 anos, Ricardo. Sempre foram cuidadosos com suas contas, evitando dívidas, mas agora estavam recorrendo ao cartão de crédito apenas para pagar as compras. Recentemente, haviam desembolsado US$10 para comprar máscaras a fim de que pudessem ir ao posto de seguro desemprego. E ficaram aterrorizados com a iminente perda de seu benefício do seguro saúde, que era recebido pelo trabalho de sua esposa.

"Essa é a nossa maior preocupação", disse-me Gonzalez. "Estamos muito preocupados com isso. E se ficarmos doentes? Não podemos sequer pagar do nosso bolso."

Temores semelhantes se abateram sobre milhões de outros lares norte-americanos. O governo e sua variedade de programas emergenciais foram as únicas coisas que impediram um colapso total. Essa foi uma dura verdade que relembrava a Depressão e o influente economista John Maynard

Keynes. Quando a economia foi obrigada a fechar, destruindo a capacidade das pessoas de ganhar a vida, o governo teve que liberar dinheiro para criar demanda por bens e serviços.

Os Estados Unidos tinham o controle de sua própria moeda e os investidores estavam demonstrando um apetite insaciável pela estabilidade da dívida do governo norte-americano, dando carta branca ao Tesouro para financiar os gastos necessários.

Ainda assim, McConnell se mantinha firme contra a ajuda aos estados e aos governos locais. Isso arriscava uma repetição da Grande Recessão mais de uma década antes, quando a perda da riqueza habitacional combinada com o tumulto da bolsa de valores provocou um forte recuo nos gastos dos consumidores, diminuindo as receitas fiscais. Os governos locais responderam cortando cargos de professores, policiais e outros trabalhadores do setor público, diminuindo imediatamente os serviços prestados e enfraquecendo ainda mais suas economias.

Além de aceitar o desemprego e a redução dos serviços públicos em meio a uma emergência nacional, McConnell culpava a vítima. Ele alegou que cidades e estados estavam em apuros não por causa da pandemia, mas devido à generosidade excessiva para com as próprias pessoas ameaçadas de desemprego — policiais, professores de escolas públicas e outros funcionários do governo.

"Não vai haver nenhum desejo do lado republicano de salvar as aposentadorias estaduais pedindo dinheiro emprestado às gerações futuras", disse McConnell.

Se os estados não pudessem administrar suas contas, acrescentou, talvez eles pudessem fazer uso das manobras legais frequentemente empregadas pelo operador de cassinos que reside na Casa Branca.

"Eu certamente seria a favor[5] de permitir que os estados usassem a via da falência", disse ele.

Isso permitiria aos sistemas de previdência estaduais não pagar os trabalhadores do setor público.

No mundo de McConnell havia muito dinheiro para salvar o Homem de Davos, mas pouco para os trabalhadores comuns.

« »

Ao culpar os funcionários dos governos estadual e municipal pelos problemas orçamentários, McConnell estava cedendo a um nível de cinismo que era impressionante até mesmo para seus padrões.

Durante anos, os chamados gestores de ativos alternativos — o jargão benigno para fundos de hedge, estabelecimentos de private equity e outros piratas que navegam no alto mar das finanças — procuravam colonizar uma fronteira atraente repleta de diamantes: sistemas de aposentadoria estocados com as economias de aposentadoria dos funcionários estaduais e municipais.

O setor perseguia esse objetivo com frotas carregadas de dinheiro de campanha e exércitos de lobistas. Ele levou a melhor argumentando que gênios financeiros com algoritmos gerariam retornos mais altos do que simplesmente colocar dinheiro da aposentadoria em investimentos entediantes e de baixo custo, como fundos indexados e títulos do governo.

O setor de private equity tinha nos últimos anos persuadido fundos previdenciários públicos norte-americanos a confiar-lhe enormes somas de dinheiro. O total tinha subido[6] de US$320 bilhões para US$638 bilhões entre 2015 e 2018.

Liderado por oportunistas experientes como Steve Schwarzman, esse setor se vendeu aos clientes como uma máquina geradora de riqueza enquanto explorava a obtusidade de seus negócios inserindo uma gama interminável de taxas[7] — para gerenciar dinheiro, para cuidar de riscos, para monitorar posições e para uma série de serviços de consultoria mal definidos.

O Homem de Davos cortejou os gerentes previdenciários credenciados com um pequeno número de incentivos — ingressos para eventos esportivos, vinhos caros e excursões para todos os cantos. Em 2010, um gerente do sistema de previdência da Califórnia — um dos maiores do mundo — testemunhou em uma investigação de corrupção que empresas de investimento o levaram ao mundo todo em jatos particulares, para Xangai, Mumbai e Nova York, o que foi faturado como reuniões estratégicas "cara a cara".[8] (Nada como uma garrafa de Château Margaux para focar a mente na responsabilidade fiduciária.)

Uma década depois, os laços entre a empresa de Schwarzman e o homem que administrava as participações do sistema previdenciário da Califórnia levantaram novas questões sobre a propriedade de seus negócios. Ben Meng, o diretor de investimentos do sistema da Califórnia — até então abastecido com quase US$400 bilhões em ativos — possuía pessoalmente ações[9] na Blackstone, de acordo com um formulário de divulgação financeira de junho de 2020. Três meses antes, o sistema de previdência da Califórnia havia confiado US$1 bilhão a um fundo da Blackstone. Era razoável perguntar se tal transação havia sido influenciada pela participação pessoal de Meng no desempenho da Blackstone, em oposição aos melhores interesses dos contribuintes da Califórnia. Meng também havia recebido entre US$10 mil e US$100 mil por um trabalho freelance de ensino no programa Schwarzman Scholars na Universidade Tsinghua da China. Em agosto de 2020, enquanto essas revelações eram exploradas pelo blog financeiro *Naked Capitalism*, Meng se demitiu de repente. Uma investigação de ética estatal[10] estava em andamento.

Durante um período de 15 anos, o private equity sugou US$230 bilhões em taxas dos fundos de previdência e dos fundos universitários cujo dinheiro administrava, concluiu um estudo da Said Business School da Universidade de Oxford. No entanto, os retornos do setor não haviam igualado[11] opções tradicionais como os fundos indexados, que se caracterizavam por taxas ultrabaixas.

"Essa transferência de riqueza[12] pode ser uma das maiores na história das finanças modernas: de algumas centenas de milhões de membros do sistema previdenciário a alguns milhares de pessoas trabalhando em private equity", concluiu o estudo.

Ninguém operava uma máquina de extração de dinheiro mais eficiente do que Schwarzman.

Nos últimos anos, a Blackstone havia se transformado de um agente financeiro em crescimento metódico para o favorito de Wall Street, com seu preço por ação quase dobrando ao longo de 2019.

Seu desempenho havia sido impulsionado por um presente do vizinho de Schwarzman na Flórida, Donald Trump.

Ao cortar a alíquota do imposto corporativo, o presidente Trump permitiu que os investidores em private equity abandonassem suas estruturas anteriores, as assim chamadas parcerias — que haviam sido criadas para proteger os lucros do coletor de impostos —, convertendo-se em empresas comuns.[13] Isso havia desbloqueado um mundo lucrativo de novos investidores, tais como fundos mútuos. Anteriormente, eles haviam sido impedidos de investir em private equity por causa das complexas declarações fiscais envolvidas no tratamento de parcerias.

A conversão de Blackstone em uma empresa comum produziu uma explosão de dinheiro. No fim de 2019, com as ações da Blackstone em alta, o patrimônio líquido de Schwarzman[14] subiu para US$19 bilhões, contra US$13,2 bilhões apenas 8 meses antes.

Schwarzman havia compartilhado a sorte com a liderança republicana que a possibilitou. A principal atividade de captação de recursos de McConnell, o Fundo de Liderança do Senado, estava transbordando com US$20 milhões em contribuições somente de Schwarzman.

Ao mesmo tempo em que McConnell culpava os trabalhadores aposentados do setor público pelas condições precárias das finanças estaduais e municipais, uma ação judicial em seu estado de origem no Kentucky ofereceu uma perspectiva perturbadora sobre as interações sórdidas do private equity com o sistema previdenciário.

A ação foi movida pelo recentemente eleito Procurador Geral da República do Kentucky, Daniel Cameron, um republicano. Ele a apresentou em nome dos aposentados do estado, argumentando que foram enganados pela Blackstone e por outra gigantesca empresa de private equity, a KKR. Ele fez uma acusação cheia de detalhes nefastos sobre como elas aparentemente exploraram a ingenuidade dos supervisores previdenciários do estado — um conto clássico de banqueiros das grandes cidades que roubavam caipiras ingênuos.

Durante as duas décadas anteriores, os Estados Unidos desfrutaram de um dos maiores mercados de investimentos em processo de alta da história, permitindo que pessoas comuns investissem em fundos indexados de baixo custo e obtendo ótimos retornos. No entanto, o sistema de previdência do Kentucky estava "grosseiramente subfinanciado e enfrentando o colapso", observou a queixa. Ele havia perdido mais de US$6 bilhões desde 2000, passando de um superávit para uma situação de insolvência.

Buscando recuperar o terreno perdido enquanto camuflavam a extensão de seus problemas, os gestores da previdência do Kentucky compraram uma participação da Blackstone e da KKR, de acordo com a ação judicial. Em 2011, o sistema previdenciário estadual jogou mais de US$1,2 bilhão em um trio de fundos composto por fatias de outros fundos de hedge montados pelas duas gigantes de private equity.

A Blackstone e a KKR asseguraram aos funcionários de Kentucky que seus fundos produziriam um retorno positivo, embora fossem de fato projetados para gerar taxas exorbitantes, a queixa alegada. Quando as perdas surgiram, o estado foi forçado a pagar mais de US$1 bilhão para reforçar seu sistema de previdência. Legisladores conseguiram o dinheiro, em parte cortando o apoio a escolas públicas.

Em seus próprios arquivos legais, a Blackstone afirmou que os retornos que produziu para o sistema de previdência do Kentucky excederam a meta.

Um detalhe na queixa do estado transmitia a sensação de que Schwarzman tinha feito o Kentucky de idiota em um jogo de monte de três cartas: Schwarzman tinha supostamente usado seu jato particular para transferir dinheiro dos contribuintes do Kentucky para seus próprios bolsos. Ele havia supostamente empregado o avião para transportar os agentes da Blackstone ao Kentucky para reuniões, e depois cobrou o estado pelo custo dos voos. A conta supostamente ultrapassou US$5 milhões por ano.

Um porta-voz da Blackstone chamou essa conta de "totalmente falsa".

Foi uma reivindicação devastadora — uma acusação de que Schwarzman havia saqueado os funcionários públicos aposentados do Kentucky. Ele havia usado os lucros para financiar o colaborador do Homem de Davos que dirigia o Senado, que por sua vez estava aplicando seu poder para negar ajuda ao povo de seu próprio estado no meio de uma catástrofe.

Enquanto isso, Schwarzman estava prestes a ganhar outro dividendo do governo Trump.

Com o país concentrado na pandemia, o Departamento do Trabalho emitiu discretamente uma diretriz frutífera: o governo abriu o caminho para que os fundos de private equity e de hedge começassem a administrar trilhões de dólares economizados em aposentadoria, além dos sistemas de previdência do governo — ou seja, contas administradas por empresas e indivíduos.

Schwarzman vinha buscando essa mudança há anos, considerando corretamente a poupança privada para aposentadoria como uma fronteira repleta de tesouros.

A diretriz, cheia de jargões, de um setor pouco vigiado do governo federal, foi escassamente mencionada na imprensa. Na medida em que começou a ser mais conhecida, foi descrita nos mesmos termos neutros que as empresas de private equity preferem — como uma alternativa disponível para as pessoas que planejam seus anos dourados.

O regulamento permitiu que Schwarzman e o restante de seu setor mergulhassem em um vasto reservatório de investimento, ainda em fase de construção, avaliado em US$8,7 trilhões.[15] Mesmo para o Homem de Davos, isso era uma quantidade extraordinária de dinheiro.

Mas outros membros da tribo bilionária não se contentaram em simplesmente aproveitar as oportunidades apresentadas por um desastre épico. Eles procuraram explorar a pandemia como uma chance de demonstrar seus fundamentos morais — um dispositivo útil para o alcance de novos ganhos.

CAPÍTULO 11

"NA REALIDADE SOMOS TODOS UM"

As Palavras de Amor do Homem de Davos

Marc Benioff estava tendo uma pandemia incrível. Ela estava fortalecendo seu portfólio e sua alma, lembrando-o — na verdade ensinando a todos — que toda a humanidade era apenas uma grande *ohana*.

Conforme o mundo mergulhava no lockdown, os porões e os quartos se tornavam os novos escritórios. Aqueles que tiveram a sorte de poder fazer seu trabalho remotamente estavam trabalhando de casa, enquanto contavam com a tecnologia para ficar conectados ao mundo exterior. O Zoom — um software de videoconferência que, antes da Covid-19, a maioria nunca tinha ouvido falar — rapidamente garantiu o status como o meio padrão de interface com outros humanos. As mesmas forças tornaram a empresa de Benioff mais valiosa do que nunca.

A Salesforce distribuía seus produtos pela internet, de modo que as pessoas poderiam baixá-los onde quer que estivessem. Profissionais poderiam usar a plataforma para colaborar em tempo real, mesmo que suas mesas estivessem ao lado de pilhas de roupa íntima, enquanto seus filhos, confinados em casa por causa das escolas fechadas, ficavam mais agitados por mais tempo de tela, e os entregadores da Amazon interrompiam suas reuniões para entregar os carregamentos frescos de manteiga de amendoim, misturas para brownie e outros reforços para o apocalipse.

Entre o fim de março e meados de agosto de 2020, a Salesforce dobrou de valor, fazendo a empresa valer mais de US$225 bilhões.

O fundador da empresa, Benioff, também reforçava sua reivindicação ao título de chefe corporativo mais empático.

Durante a primeira onda da pandemia, ele apareceu no *Mad Money* da CNBC, apresentado por Jim Cramer, o bobo da corte supercafeinado de Wall Street. Lutando para conter sua euforia, Cramer apresentou Benioff como um "visionário" que estava provando que "o comércio é a mais poderosa fonte de mudança social nos EUA". O chefe da Salesforce insistiu com seus funcionários para que continuassem a pagar seu pessoal de limpeza e passeadores de cães à revelia. Ele se comprometeu em evitar demissões por ao menos 90 dias, enquanto convidava outras empresas a fazer o mesmo.

"Este é um momento no qual o comércio tem que ser a maior plataforma de mudança", disse Benioff. "E é por isso que desafiei os CEOs de todo o mundo a assumir o compromisso dos 90 dias."

O vírus estava reunindo as pessoas, disse Benioff, tornando obsoletas as divisões tradicionais de riqueza, classe, nacionalidade e etnia.

"Ele não discrimina",[1] disse ele. "Acho que é uma tremenda mensagem espiritual para nos lembrarmos. Por meio de todas as ilusões de nossas fronteiras e das ilusões da separação entre nós como seres humanos, na realidade somos todos um e esta é uma ocasião tremenda para nos reunirmos, como uma só humanidade, para servir a todos e também para expressar meu amor a todos aqueles que estão passando por este momento horrível."

Esse era um sentimento ouvido com fervor crescente pelo Homem de Davos, a ideia de que a pandemia era uma grande unificadora, uma experiência coletiva que diminuía a importância das disparidades de riqueza, das divisões étnicas e de outras distinções, reduzindo toda a humanidade a seu estado mais elementar — uma espécie que se tornou vulnerável pelo vírus que tratava a todos igualmente.

De fato, o vírus passou a residir em qualquer organismo disponível.

O primeiro-ministro britânico, Boris Johnson, adoeceu e precisou ser hospitalizado. Trump e grande parte de sua administração contraíram o vírus. O mesmo aconteceu com atletas famosos e celebridades de Hollywood. A riqueza e a fama claramente não proporcionaram nenhuma proteção.

Mas os perigos do surto eram distintamente maiores para as famílias de menor renda. Afro-americanos e latinos foram especificamente expostos, dadas as décadas de formas sistemáticas de discriminação, que deixaram essas comunidades mais concentradas em bairros densos que desafiavam o distanciamento social, e mais propensos a serem empregados em cargos de baixos salários do setor de serviços que não tinham plano de saúde.

Durante o primeiro semestre de 2020[2] nos Estados Unidos, a quantidade de afro-americanos que contraíram a Covid-19 foi praticamente três vezes maior que a de brancos; quanto aos latinos, a incidência foi ainda maior.

A expectativa de vida norte-americana caiu[3] em um ano e meio em 2020, o declínio mais acentuado desde a Segunda Guerra Mundial — uma prova do amplo e letal impacto da Covid-19. Mas a queda foi aproximadamente duas vezes mais severa para os hispânicos e os afro-americanos — 3 anos e 2,9 anos, respectivamente, em comparação com 1,2 anos para os norte-americanos brancos.

A noção fácil de que a pandemia era uma ameaça de igualdade de oportunidades foi desmentida pela observação mais simples sobre quem entregava as encomendas, quem armazenava produtos nas prateleiras dos mercados e quem esvaziava as comadres nas casas de repouso, onde os idosos morriam em números alarmantes. Nos Estados Unidos, as mulheres, os negros e os latinos estavam de forma proeminente super-representados em tais trabalhos, assim como estavam super-representados entre as pessoas mortas.

Na Grã-Bretanha, as pessoas de ascendência caribenha e africana sofriam o dobro e o triplo das taxas de mortalidade dos brancos, apesar do sistema de saúde socializado que oferecia atendimento gratuito a todos.

Nas cidades da África do Sul, nas favelas populosas da Índia e nos bairros da América do Sul, o distanciamento social era em grande parte impossível. As pessoas tinham de ir para o trabalho ou passariam fome.

Essas realidades não refletiam a natureza intrínseca do coronavírus, mas sim as grandes desigualdades das sociedades em que ele se espalhava. Milhões de norte-americanos economicamente frágeis estavam perdendo empregos e depois sendo despejados, refugiando-se com amigos e parentes, o que aumentava o risco do vírus. Nos 27 estados[4] que levantaram moratórias sobre despejos ao longo de 2020, pessoas morreram de Covid-19 em mais de uma vez e meia as taxas vizinhas. Os médicos e os enfermeiros arriscavam suas vidas para administrar o tratamento. As mães trabalhadoras arcavam com uma parte importante das torturantes responsabilidades pelo ensino à distância de seus filhos.

Benioff falava de sua casa de US$28 milhões com vista para a Baía de São Francisco. Ele seria forçado a cancelar a Dreamforce, sua adorada reunião anual. "O Metallica não está tocando",[5] disse Benioff aos analistas de ações. "Há uma tristeza por não estarmos todos juntos." No entanto, houve um prêmio de consolação. Como dezenas de milhões de norte-americanos comuns perderam seus empregos, o valor das ações da Salesforce subiu, elevando o patrimônio líquido de Benioff[6] de US$5,8 bilhões para US$7,5 bilhões até o outono de 2020.

Do Pacífico Sul ao Caribe, os agentes imobiliários estavam fazendo ótimos negócios em ilhas privadas[7] na medida em que aqueles com meios suficientes estabeleciam paraísos fora do alcance de outros seres humanos. A indústria de jatos privados[8] estava em plena expansão. Nos Hamptons[9] — a exclusiva reserva de praia da área de Nova York, onde Schwarzman possuía uma propriedade — jantares eram realizados e os anfitriões examinavam os convidados com os cobiçados testes instantâneos de Covid-19. Enquanto isso, a escassez de testes atrapalhava os planos de reabrir as escolas públicas de Nova York.

Os mais ricos há muito procuravam se separar do resto da humanidade. A pandemia forneceu um imperativo conveniente para agir com base em tais instintos.

No fim de agosto — enquanto os distritos escolares norte-americanos davam a terrível notícia de que muitos não ofereceriam ensino presencial naquele outono — Benioff voltou ao programa de Cramer para fazer uma reverência por ter superado as expectativas de Wall Street.

A Salesforce arrecadou mais de US$5 bilhões em rendimentos entre abril e junho. Uma nova ferramenta digital que as empresas podiam usar para rastrear a pandemia e localizar sua ocorrência, o Work.com, tinha crescido mais rapidamente do que qualquer produto na história da empresa. A Salesforce tinha acabado de ser elevada às posições exclusivas do Índice Dow Jones, suplantando a ExxonMobil.

A excitação de Cramer beirava o nível de uma convulsão. A ExxonMobil era um grande produtor de combustíveis fósseis, o que a tornava uma das principais responsáveis pelas mudanças climáticas. Benioff era um monitor ambiental cujos esforços filantrópicos estavam plantando milhões de árvores ao redor do mundo.

"Podemos concluir que *ser bom* realmente gera grandes números?" Cramer perguntou.

Benioff sorriu triunfantemente.

"Essa é uma vitória do capitalismo das partes interessadas",[10] disse ele. "O planeta é uma das principais partes interessadas."

No dia seguinte, a empresa de Benioff compartilhou tranquilamente notícias não tão maravilhosas com mil membros da *ohana*. Eles estavam perdendo seus empregos.

« »

O termo *capitalismo das partes interessadas* já existia sob várias formas há muitos anos, mas, de repente, foi um ponto de discussão proeminente desde os escritórios executivos até o circuito de conferências.

Klaus Schwab utilizava o Fórum Econômico Mundial para impulsionar o conceito desde a década de 1970, postulando um modo de negócios atualizado no qual os interesses das empresas se alinhariam com outras preocupações da sociedade.

O capitalismo das partes interessadas deveria representar um salto evolutivo da maximização do lucro.

"Precisamos de um sistema global novo e melhor",[11] declarou Schwab em seu livro de 2021 intitulado *Stakeholder Capitalism* ["Capitalismo das Partes Interessadas", em tradução livre]. "Neste sistema, os interesses de todas as partes interessadas da economia e da sociedade são levados em conta, as empresas otimizam mais do que apenas lucros a curto prazo e os governos são os guardiões da igualdade de oportunidades."

Na BlackRock, Fink tomou os princípios teóricos discutidos em Davos e os injetou nas salas de diretoria das corporações de capital aberto. Em sua apresentação, a desigualdade econômica, as mudanças climáticas e outras preocupações não eram apenas áreas de interesse legítimo para um negócio, mas considerações imperativas para empresas que lidam plenamente com os perigos modernos.

Em 2018, Fink foi notícia com uma carta aos colegas CEOs na qual ele advertia que as empresas que não conseguissem administrar seus negócios dessa forma seriam colocadas de lado por um julgamento inevitável. "Para prosperar com o tempo,[12] toda empresa deve não apenas demonstrar desempenho financeiro, mas também mostrar como ela dá uma contribuição positiva à sociedade", escreveu ele.

Em janeiro de 2020, Fink escreveu outra carta, exigindo que os CEOs incorporassem a mudança climática em seus planos. "Com o tempo", escreveu ele, "empresas e países que não respondem[13] às partes interessadas e abordam os riscos de sustentabilidade encontrarão um crescente ceticismo dos mercados e, por sua vez, um custo de capital mais elevado".

A imprensa financeira batizou Fink de "a nova consciência de Wall Street",[14] mas ele não estava pedindo por uma caridade de boa vontade. Ele defendia uma adequação dos padrões contábeis para capturar completamente os riscos. Em um mundo sob ataque por mares em elevação e clima turbulento, quão seguros estavam os imóveis e quais eram as implicações para os títulos hipotecários? Com os produtores de combustíveis fósseis cada vez mais vulneráveis aos boicotes do consumidor, qual era a avaliação adequada para os estoques das empresas de petróleo e gás? E se uma reavaliação estivesse em andamento, quão sólidos eram os balanços dos fundos de previdência que detinham suas ações?

"NA REALIDADE SOMOS TODOS UM" ⟋ **233**

Dada a inigualável quantidade de dinheiro que Fink conseguiu, isso era mais do que um comentário. Os investimentos que ele controlava lhe forneciam votos nas assembleias de acionistas. Ele ameaçou usar seu poder para desencadear consequências sobre os CEOs que não publicassem planos que abordassem adequadamente os riscos da mudança climática.

"Estaremos cada vez mais dispostos[15] a votar contra a administração e os diretores quando as empresas não estiverem fazendo progressos suficientes", escreveu Fink, sublinhando a ameaça.

Mas, a partir do início de 2021, os ambientalistas ainda esperavam por um seguimento que tornasse suas piedosas palavras algo mais do que uma explosão de relações públicas.

A BlackRock havia se unido a um órgão chamado Climate Action 100+, um grupo de gestores de fundos que controlavam coletivamente mais de US$40 trilhões em investimentos. Seu objetivo era forçar os produtores de combustíveis fósseis a comprometer-se publicamente com planos para reduzir as emissões de dióxido de carbono. No entanto, os fundos da BlackRock detinham mais de US$87 bilhões em ações[16] de empresas que estavam na mira do grupo, entre elas BP, Shell e ExxonMobil. E a BlackRock tinha repetidamente votado contra as resoluções propostas pelo órgão que procura impor metas claras de progresso.

Após incêndios devastadores na Austrália[17] no início de 2020, investidores de duas empresas petrolíferas australianas apoiaram resoluções exigindo o cumprimento das metas de redução de emissões dos Acordos Climáticos de Paris. A BlackRock votou contra eles.

No Brasil, as florestas tropicais da Amazônia estavam em chamas, ameaçando o repositório mais vital de carbono do planeta. Os pecuaristas, abrindo espaço para os pastos, eram os maiores responsáveis. A BlackRock tinha aumentado agressivamente sua participação em um dos maiores conglomerados de frigoríficos do Brasil.[18]

A BlackRock negociava a compra de uma participação em um negócio de oleodutos controlado pela Saudi Aramco,[19] o maior produtor mundial de petróleo. Nessa transação, ela estava sendo aconselhada pelo banco de Jamie Dimon.

Dimon foi outro importante proponente do capitalismo das partes interessadas, tendo usado sua vez como presidente da Business Roundtable para produzir sua manifestação mais consequente: uma atualização da Declaração Sobre o Objetivo de uma Corporação. Entregue com grande sensacionalismo no verão de 2019, a declaração foi elaborada como uma reformulação do modo anterior de organização corporativa, tal como foi descrita por Milton Friedman* meio século antes. As empresas não se concentrariam mais apenas em ganhar dinheiro, mas sim em equilibrar seus deveres para com os acionistas com suas responsabilidades para com os trabalhadores, os clientes, o meio ambiente e as comunidades em que operavam. Os chefes de 181 das maiores empresas norte-americanas haviam assinado a declaração.

"Grandes empregadores estão investindo em seus trabalhadores e comunidades porque sabem que é a única maneira de ter sucesso a longo prazo", declarou Dimon.

Um desfile de especialistas saudou a ação da Roundtable como um marco. Escrevendo na *Fortune*, o jornalista Alan Murray comemorou a declaração como um antídoto para as forças que rasgam a ordem mundial liberal e o reconhecimento dos CEOs de que eles tinham que ser parte da solução.

"Algo fundamental e profundo[20] mudou na maneira como eles abordam seus trabalhos", escreveu ele.

O Homem de Davos havia passado décadas empregando lobistas e advogados para enfraquecer a mão do Estado, eviscerando regulamentações e desativando as preocupações tradicionais antitruste. O envolvimento confiante da declaração da Business Roundtable destacou a magnitude de seu sucesso. Os bilionários haviam alterado a visão dos negócios na imaginação popular, remodelando-se como fonte de vitalidade e de bem, em contraste com a suposta incompetência do governo e outros impedimentos ao progresso.

---

* Milton Friedman (1912-2006) foi um economista norte-americano que se tornou o principal representante da Escola de Chicago durante a última metade do século XX. Em 1976, recebeu o Prêmio Nobel por suas significativas contribuições em vários ramos da teoria econômica. Ele escrevia e falava sobre questões relacionadas a políticas públicas por uma perspectiva de livre mercado. Foi um dos economistas mais influentes de sua geração. [N. da R.]

A declaração da Roundtable continha a noção implícita de que o Homem de Davos poderia ser confiável para fazer o certo por todos, realizando magnanimamente os ajustes necessários. A sociedade não exigia que reguladores e regras interferissem nos negócios para proteger interesses públicos como ar puro ou concorrência leal. Não eram necessárias as discussões com sindicatos de trabalhadores para garantir uma remuneração adequada. Os executivos eram mestres benevolentes de seu domínio, suas virtudes irrepreensíveis, de modo que qualquer contrapeso de interesses podia ser dispensado como impedimento sem fundamento a seu dinamismo.

Ainda naquele ano, o Fórum Econômico Mundial entregou um Manifesto de Davos que reforçou o elevado status do capitalismo das partes interessadas da Roundtable.

"As empresas devem pagar sua parcela justa[21] de impostos, mostrar tolerância zero à corrupção, defender os direitos humanos em todas as suas cadeias de fornecimento globais e defender a igualdade competitiva", escreveu Schwab em um ensaio publicado na revista *Time*, a venerável publicação que Benioff havia comprado no ano anterior. O conceito "posiciona as corporações privadas como administradores da sociedade".

Em essência, o combate à mudança climática e à injustiça social poderia ser terceirizado para Fink, Dimon, Benioff e os outros bilionários em ascensão.

Quando o Fórum se reuniu em Davos, em janeiro de 2020, seu tema oficial era um "foco no estabelecimento do capitalismo das partes interessadas". O discurso principal que mais chamou a atenção foi proferido por um homem que não era geralmente conhecido por sua empatia: Schwab novamente recebeu Donald Trump no palco.

Mais de dois anos se passaram desde que Trump havia distribuído o maior pacote de cortes fiscais da história norte-americana. Trump havia olhado além da matança selvagem[22] e do esquartejamento de um colunista do *Washington Post* pelo regime saudita — um governo cortejado por Fink — citando o fato de que os sauditas gastaram bilhões de dólares em empresas de defesa norte-americanas. Sua administração havia separado à força os filhos de imigrantes em situação irregular de seus pais na fronteira norte-americana. Ele tinha se recusado a liberar sua declaração de imposto de renda, reduzindo a transparência. E estava sendo julgado no Senado, tendo sido impugnado por pressionar a Ucrânia a seguir uma investigação de seu futuro adversário eleitoral, Joe Biden — uma corrupção da política externa norte-americana na busca de objetivos pessoais.

Aparentemente, nenhuma dessas credenciais de Trump foi invalidada como um exemplo de capitalismo das partes interessadas.

"Parabéns pelo que você conseguiu para sua economia, mas também para sua sociedade", disse-lhe Schwab. "Toda sua política certamente tem como objetivo criar uma melhor integração para o povo norte-americano."

Trump estava encantado por participar, assumindo sua pose bem treinada de homem do povo.

"Pela primeira vez em décadas, não estamos mais simplesmente concentrando a riqueza nas mãos de poucos", disse Trump. "Estamos erguendo norte-americanos de todas as etnias, cores, religiões e credos."

O novo coronavírus logo exporia as banalidades vazias do capitalismo das partes interessadas.

« »

Armada com sua nova declaração de propósito corporativo, a Business Roundtable convocou uma força-tarefa especial para coordenar as políticas sobre a Covid-19. Ela foi copresidida por Arne Sorenson, diretor executivo da Marriott, a maior cadeia de hotéis do mundo.

Sorenson — que morreria de câncer pancreático no ano seguinte — era um frequentador regular do Fórum, embora seu patrimônio líquido, estimado em cerca de US$121 milhões, o tornasse um plebeu entre os bilionários. Ele descreveu o capitalismo das partes interessadas como a extensão lógica dos princípios em ação em qualquer empresa que fosse administrada a longo prazo.

"Não vamos comprometer o futuro[23] para entregar este trimestre, ponto-final", disse ele, nos bastidores do Fórum, em janeiro de 2020. "E isso significa que você está investindo em seu povo, está investindo em suas comunidades, está investindo nessas outras partes interessadas para as quais seu sucesso a longo prazo é muito dependente."

Dois meses depois, Sorenson olhou seriamente para uma câmera e gravou uma mensagem de vídeo para seus funcionários. A pandemia apresentou o momento mais sombrio que ele já havia testemunhado.

Os 1,4 milhões de quartos de hotel da Marriott estavam espalhados por 131 países. Normalmente, essa dispersão era um ponto forte, isolando a empresa contra problemas em qualquer região. Agora, a onipresença significava exposição ao perigo em todos os lugares.

Os negócios diminuíram em 3/4 em muitos mercados, disse Sorenson. Nos Estados Unidos, a Marriott afastou os trabalhadores por ao menos dois meses e possivelmente por mais tempo.

"Não há simplesmente nada pior[24] do que dizer a colaboradores altamente valorizados, pessoas que são o próprio coração desta empresa, que seus cargos estão sendo impactados por eventos completamente fora de seu controle", continuou Sorenson. "Desejo-lhes boa saúde e senso de otimismo."

Protegidos em seu apartamento no sul de São Francisco, Sonia Bautista e seu marido, William Gonzalez — o atendente demitido da cafeteria do hotel — acharam o otimismo difícil de entender.

No ano passado, ela havia trabalhado como arrumadeira em uma propriedade de luxo da Marriott no centro de São Francisco, o Palace Hotel, ganhando US$26,44 por hora. Ela já havia recebido uma carta da gerência informando que estava sendo afastada.

Além das dívidas crescentes de sua família, do medo do despejo e da proximidade do vencimento de seu seguro saúde, Bautista cultivava um profundo sentimento de injustiça.

"Todos os executivos, Sorenson e os outros, recebem milhões todos os anos, e nós só recebemos alguns dólares", disse-me Bautista. "Estamos orgulhosos de trabalhar para a Marriott. Damos nossa alma para dar o melhor de nós para nossa empresa. Eu me esforço para deixar os quartos bonitos para os hóspedes, para que eles voltem. Não é justo. A Marriott não quer saber de nós."

Ela e seu marido eram imigrantes de El Salvador. Sobreviveram a uma guerra civil sangrenta nos anos 1980, estabelecendo vidas estáveis nos Estados Unidos. Eles se esforçavam para compreender como, diante de uma emergência séria, seu rico empregador não pudesse ter mais nada para as pessoas que realmente faziam o trabalho.

"Eles apenas dizem: 'Não precisamos de vocês. Vocês estão por sua conta'", disse Gonzalez.

A Marriott faturou mais de US$3,1 bilhões nos últimos dois anos. Ao contrário do que Sorenson disse sobre investir em seu povo, ele buscava a gratificação imediata de seus acionistas. Arrendou os lucros da Marriott mais a dívida para comprar mais de US$5 bilhões de suas próprias ações, deixando reservas mínimas para enfrentar a crise que se desenrolava rapidamente.

Esse era o modo-padrão do Homem de Davos. Mesmo quando Dimon fez campanha pelo capitalismo das partes interessadas por meio da nova declaração de missão, ele e o resto da Business Roundtable endossaram a recompra de ações como um meio de "tornar os mercados de capital eficientes" — discurso financeiro para usar o dinheiro a fim de saciar os investidores, em vez de desperdiçá-lo em salários.

Entre 2017 e 2019, as empresas que compunham o índice de ações S&P 500 gastaram um total de US$2 trilhões para comprar de volta suas ações.[25] Essas recompras aumentaram o preço das ações, enriquecendo pessoas como Sorenson e Dimon.

Em sua mensagem em vídeo, Sorenson se entregava ao ritual de sacrifício. Ele estava renunciando a seu salário — US$1,3 milhão anuais — em solidariedade aos trabalhadores afetados. Mas ele não disse nada sobre seu salário baseado em ações, que havia excedido US$8 milhões no ano anterior ou sobre o plano de incentivo em dinheiro que lhe rendeu US$3,5 milhões.

Menos de duas semanas depois, a Marriott deu continuidade ao pagamento dos dividendos programados, entregando aos acionistas US$160 milhões — o suficiente para empregar mais de 5 mil camareiras por 6 meses.

Alguns dias depois disso, Sorenson distribuiu um e-mail para os clientes da Marriott, atualizando-os sobre as ações da empresa. Estava hospedando profissionais da área de saúde em seus quartos de hotel; e estava ligando as luzes dos quartos em suas propriedades vazias para formar figuras de coração e palavras como *AMOR* e *ESPERANÇA*.

A Declaração da Business Roundtable e o Manifesto de Davos eram palavras vazias. O Homem de Davos nunca ficou sem novos termos gerenciais, ou promessas de transformação, ou garantias sobre sua intenção benevolente. Sorenson vinha supervisionando seus negócios da mesma forma que a maioria das empresas de capital aberto haviam sido administradas por décadas. Você poderia chamar as camareiras do hotel de "partes interessadas" ou "associados altamente valorizados" ou o que quisesse, mas, quando a lucratividade estava sob ataque, eles se tornavam custos a serem impiedosamente eliminados.

Quase nenhum dos signatários[26] da declaração da Business Roundtable obteve a aprovação de seu respectivo Conselho de Administração por se comprometer com o capitalismo das partes interessadas. Somente esse fato revelou que o documento era realmente um estratagema. Ele deu cobertura ao Homem de Davos para continuar como sempre, enquanto recebia elogios dos colaboradores.

Bolten, o presidente da Business Roundtable, descartou essa crítica. As empresas-membro já eram regidas pelos princípios da declaração, portanto não era necessária uma resolução.

"Não surgiu do nada", disse-me ele. "A declaração tem que ser vista tanto como a captura de uma evolução quanto como a expressão de uma aspiração."

Esse teria sido um argumento razoável se a divulgação da declaração tivesse sido acompanhada de um comunicado à imprensa anunciando a perpetuação histórica do status quo. Ou os acionistas se sacrificavam para melhorar a situação dos trabalhadores, ou a declaração era vazia.

Mas Bolten disse que a declaração deveria ser lida apropriadamente como um obituário para obsessões de curto prazo na gestão empresarial. As empresas há muito tempo projetavam saltos no preço de suas ações demitindo trabalhadores ou eliminando benefícios.

"A longo prazo, isso não vai servir bem à empresa se você não tiver cuidado adequadamente de todos os outros interessados", insistiu Bolten. "Você não pode cuidar de um sem cuidar de todos eles."

Essa foi uma maneira inteligente de enquadrar as coisas. Também era comprovadamente falso. Se o último meio século do capitalismo norte-americano tinha provado alguma coisa, era que uma parte interessada especial — o acionista — poderia prosperar espetacularmente às custas diretas de todos os outros.

« »

A declaração que a Salesforce lançou no fim de agosto de 2020 — no dia seguinte à última reviravolta de Benioff no programa de Cramer — nitidamente carecia da vibração *ohana*.

"Estamos realocando recursos[27] para posicionar a empresa em crescimento contínuo", declarou, um movimento que implicou "a eliminação de algumas posições que não mais se alinham às nossas prioridades de negócios".

A promessa de 90 dias de Benioff tinha se esgotado, deixando-o livre para reduzir os empregos conforme necessário.

Contudo, o CEO da Salesforce declarou que isso era uma conclusão injusta quando falei com ele ao telefone. A empresa estava contratando em outras áreas, somando mais de 4 mil empregos naquele outono, disse ele. E os mil funcionários afetados ainda estavam na folha de pagamento. Eles estavam sendo incentivados a concorrer a outros cargos dentro da empresa. Aqueles que partissem levariam com eles pacotes substanciais de indenizações.

Ainda assim, Benioff reconheceu a ótica menos do que ideal de declarar o triunfo do capitalismo das partes interessadas em um dia e cortar mil funcionários no outro.

"Parte disso é uma gafe de Relações Públicas", disse.

A Salesforce empregava 54 mil pessoas em todo o mundo. "Precisamos fazer alguns ajustes", disse Benioff. "Temos que ser capazes de crescer e de fazer mudanças ou não poderemos atingir nossos objetivos, que é nos tornarmos uma empresa maior e muito mais bem-sucedida para nossos clientes, nossos acionistas e também, sim, nossas partes interessadas."

O Fórum anunciou que sua próxima reunião de Davos, marcada para janeiro de 2021, havia sido transformada em um encontro virtual. Escondido no Havaí, Benioff ficou desapontado com isso.

"Acho que o mundo precisa de um Davos agora mesmo", disse ele. "Para que todos possam se reunir e falar sobre como seguir em frente."

Ele detectou meu ceticismo e o desafiou. O Fórum tinha sido o palco de uma parceria global que tinha imunizado milhões de crianças nos países mais pobres do mundo. Ambientalistas, defensores do trabalho e outros elementos-chave da sociedade civil usaram Davos como um ponto de encontro indispensável.

"Davos não é perfeito, mas qual é a alternativa?", disse ele. "Sua premissa é que as empresas, em sua maioria, ainda estão agindo sob o disfarce de Milton Friedman, usando o investidor como proteção aérea, e a questão em Davos ainda é principalmente ganhar dinheiro, e por isso todos eles vão."

Basicamente, sim.

"Eu entendo totalmente", disse Benioff, "porque vejo esse aspecto, mas também vejo todas as outras coisas que aconteceram, todas as outras conversas, todas as outras pessoas".

Minha descrição estava incompleta, insistiu Benioff. "Definitivamente, não é totalmente verdadeiro. É 50%? Talvez seja 60 a 70%. Mas há definitivamente uma divisão. E essa divisão está ficando maior."

Benioff insistia que seu foco em fazer o bem não poderia ser simplesmente alimento para os comunicados de imprensa, ou que seus funcionários se deixariam iludir com isso. Eles iriam a outro lugar, atraídos em direção a empresas que estivessem genuinamente imbuídas de um propósito social.

Isso fazia lembrar o argumento de Milton Friedman de que não precisamos nos preocupar com a discriminação racial no local de trabalho, porque o mercado livre a impediria. As empresas que limitavam seu acesso aos talentos seriam punidas. Desde então, o capitalismo norte-americano havia demonstrado que as empresas poderiam sobreviver — e poderiam, de fato, enriquecer enormemente seus acionistas — enquanto negligenciam tornar suas forças de trabalho remotamente representativas da sociedade.

A própria empresa de Benioff foi um excelente exemplo. Na Salesforce, os afro-americanos representavam menos de 3% da força de trabalho[28] e ocupavam apenas 1,5% dos cargos de liderança. Benioff havia contratado um diretor de igualdade, um executivo negro chamado Tony Prophet. Viu-se obrigado a responder aos funcionários que desprezavam o uso constante de *ohana* por Benioff como uma forma de apropriação cultural,[29] enquanto observava que os nativos havaianos, nativos americanos e habitantes das ilhas do Pacífico ocupavam coletivamente menos de 1% dos postos de trabalho.

Na primeira onda da pandemia, enquanto o vírus ameaçava sua cidade natal de São Francisco, Benioff se mobilizou para garantir equipamento de proteção para os hospitais locais. Ele chamou Daniel Zhang, o chefe executivo da Alibaba, a gigante chinesa de comércio eletrônico cujo fundador, Jack Ma, serviu com ele como membro do Conselho de Administração do Fórum. Zhang chamou seus fornecedores chineses para adquirir uma grande quantidade de equipamentos de proteção e Benioff contratou uma frota de aviões 747 para transportar as mercadorias da China para São Francisco.

Benioff convocou seus colegas da Business Roundtable, alistando seus colegas em outras grandes empresas para expandir o esforço. A Salesforce despachou um carregamento para Chicago, onde o Walmart estava esperando com uma equipe de caminhões para transportá-lo para hospitais da linha de frente tão distantes quanto Nova Orleans. A United Airlines concordou em descarregar os aviões gratuitamente.

Em poucas semanas, Benioff e o resto das empresas haviam gasto US$25 milhões para entregar 50 milhões de equipamentos de proteção individual a instituições norte-americanas. Ele enviou remessas para o Reino Unido, doando equipamentos para o Serviço Nacional de Saúde sitiado.

"Isso foi muito poderoso, sabe, ser capaz de ter esses relacionamentos", disse-me Benioff. "Tenho que lhe dizer que transformei essas relações em muitas oportunidades fantásticas para que essas empresas se saiam bem e, ao mesmo tempo, façam o bem."

A dimensão da empresa de Benioff, sua presença global, sua experiência operacional e sua familiaridade pessoal com outros CEOs tinham claramente rendido retornos significativos. Por causa de seus esforços, os suprimentos vitais foram assegurados em meio a uma emergência. Parecia razoável supor que sua campanha salvou vidas. Mas a ponte aérea de Benioff também suscitou uma pergunta-chave: por que o país mais rico e poderoso do mundo dependia da caridade de uma empresa de software com fins lucrativos para equipar seu pessoal médico com proteção básica em face a uma pandemia?

Parte do porquê de indivíduos como Benioff poderem se vangloriar de retribuir deveu-se a quanto eles tinham tomado para começar. Eles haviam se beneficiado de bens públicos financiados pelos contribuintes — as escolas que educavam seus funcionários; a internet desenvolvida por pesquisas financiadas pelo governo; as estradas, as pontes e o restante da infraestrutura moderna que possibilitou o comércio — e então implantaram seus lobistas, contadores e advogados para dominar as formas legais de evasão fiscal que matavam de fome o sistema.

Eles transferiram a riqueza do público para si mesmos, reescrevendo o código fiscal a seu favor, deixando o governo muito fraco para proteger a população contra a pandemia. E agora empregavam seus recursos resultantes no serviço de caridade enquanto exigiam adulação.

Como toda iniciativa defendida pelo Homem de Davos, o capitalismo das partes interessadas era um empreendimento voluntário, uma demonstração irrestrita de generosidade. Até mesmo Benioff reconheceu que alguns CEOs o utilizavam para projetar virtude ainda que dirigindo suas empresas da mesma forma de antes.

"É um risco muito real", disse Benioff. "Também acho que estamos fazendo progresso. Eu nunca disse que era uma revolução, mas disse que é uma melhoria."

CAPÍTULO 12

"NÃO ESTAMOS SEGUROS"
O Homem de Davos e o Problema Humano

Jeff Bezos também assinou a declaração da Business Roundtable, comprometendo-se a permitir "que cada pessoa tenha sucesso por meio de trabalho duro e criatividade e leve uma vida com sentido e dignidade".

Enquanto a tinta de sua assinatura secava, Bezos continuava com a mesma versão implacável do capitalismo que o tornou a pessoa mais rica do mundo.

Durante anos, a Amazon tem sido assunto de histórias sobre exploração dentro de seus armazéns, onde trabalhadores com baixos salários enfrentaram uma pressão implacável para administrar um fluxo avassalador de encomendas. A pandemia intensificou drasticamente a tensão. Havia mais encomendas do que nunca.

Entre abril e junho de 2020, quando a primeira onda atingiu o mundo, a Amazon vendeu 57% mais itens[1] do que no mesmo período do ano anterior. Somente em julho, a empresa despachou 415 milhões de pacotes.[2]

A enorme operação de armazenagem e entrega da Amazon, inicialmente cedeu diante desse extraordinário surto, produzindo atrasos e reclamações dos consumidores — um grave problema para uma empresa que citava a satisfação dos clientes como justificativa para as incessantes pressões sobre seus trabalhadores. Em um tremendo esforço para expandir capacidade, a empresa acrescentou armazéns, alugando espaço da Blackstone, que estava investindo bilhões de dólares para comprar tais instalações, explorando habilmente o crescimento do comércio eletrônico.

A Amazon também desencadeou uma onda de contratação semelhante a uma mobilização em massa em tempo de guerra. Ela acrescentou cerca de 500 mil funcionários[3] ao longo de 2020, estendendo sua força de trabalho para 1,3 milhão, aproximadamente o dobro do número de apenas 2 anos antes.[4] No entanto, mesmo esse ritmo de contratação foi superado pelo crescimento absoluto das mercadorias que circulavam por seus armazéns.

O império de compras online da Amazon há muito tempo prosperava com a redução dos preços das lojas físicas. Em 2020, o que restava do varejo físico foi repentinamente fechado ou evitado como zona de perigo, deixando o reino digital como praticamente a única forma de as pessoas comprarem.

A demanda por tudo, desde detergente a calças de moletom, estava explodindo. Os profissionais que equipavam os quartos de casa como espaços de trabalho precisavam de impressoras e monitores de computador.

As pessoas forçadas a tirar férias se consolavam com toalhas novas e sais de banho. Os pais encheram os porões com brinquedos e estocaram as cozinhas com suprimentos de panificação. Todos fizeram estoque de álcool em gel e de papel higiênico.

Durante o primeiro semestre do ano, a Amazon vendeu US$164 bilhões em mercadorias ou mais de US$10 mil por segundo. Durante esse tempo, o preço das ações da empresa quase dobrou, tornando o aumento do patrimônio líquido de Bezos um assunto para as conversas diárias, como o aproveitamento das tacadas de uma estrela de beisebol à procura de um recorde, ou a velocidade do vento de um furacão. Até o fim de agosto, Bezos foi o primeiro ser humano a possuir uma fortuna acima de US$200 bilhões, um aumento de US$87 bilhões desde o início da pandemia (que provavelmente ajudou a diminuir a dor de ter concordado com o maior acordo de divórcio da história, um pagamento de US$38 bilhões a MacKenzie Scott).

Antes de 2020 terminar, Bezos veio para personificar o oportunismo voraz da classe bilionária que extraía riqueza de uma emergência de saúde pública, às custas dos funcionários que trabalhavam próximos ao vírus.

Essa virada foi em grande parte por causa de um pai de três filhos de 31 anos, que simplesmente cansou.

Christian Smalls trabalhou para a Amazon por mais de 4 anos, começando no armazém da empresa fora de Newark, Nova Jersey, com um salário inicial de US$12,75 por hora. Ele começou como coletor, selecionando itens necessários para atender a pedidos e colocando-os em sacos que ele depositava em uma esteira transportadora, destinados a outra equipe que os colocava em caixas.

Smalls sentia-se à vontade na função, devido a seu trabalho anterior no turno da noite dentro de uma distribuidora de supermercado atacadista, onde ele puxava os itens das prateleiras e os empilhava em paletes, formando pirâmides que chegavam a três metros de altura. Naquele trabalho, quase todos os seus colegas eram homens afro-americanos dos arredores de Newark, nos quais a pobreza e a violência das gangues eram constantes, e os empregos, escassos. Os supervisores eram quase inteiramente homens brancos. Eles andavam sobre o chão de paletes, gritando com os trabalhadores que paravam para recuperar o fôlego.

"Era como escravidão moderna", disse-me Smalls. "Como se estivéssemos nos campos de algodão."

Smalls cresceu na classe média, criado por uma mãe solo que trabalhava em um hospital próximo. Ele se formou no ensino médio e frequentou a faculdade na Flórida, antes de ficar com saudades de casa e desistir. Apaixonado por hip hop, tentou uma carreira musical antes de abandonar esse sonho para a realidade de ganhar a vida. Casou-se aos 22 anos e sustentava o filho de sua esposa e depois os gêmeos deles. Quando sua esposa iniciou a escola de enfermagem, ele se tornou o único ganha-pão.

No outono de 2015, sua mãe ouviu falar da abertura do novo armazém da Amazon fora de Newark. Ela se candidatou em nome dele. Smalls foi uma das primeiras 500 pessoas a serem contratadas. Em comparação com seu antigo depósito, a Amazon foi uma evolução.

O piso era climatizado e as salas de descanso eram revestidas com consoles de videogame. Ele ganhou uma promoção para supervisor após apenas 7 meses, dando-lhe a responsabilidade de treinar os recém-contratados. Seu salário aumentou para US$18,50 por hora.

Quando a Amazon abriu outro armazém fora de Hartford, Connecticut, Smalls foi recrutado para se mudar para lá e iniciar os novos contratados. Ele ia de ônibus de Greyhound para casa em Jersey todos os finais de semana para ver a esposa e os filhos, mas o estresse e a distância fizeram com que seu casamento fosse por água abaixo. Quando a Amazon abriu outra instalação em Nova York no outono de 2018, Smalls se transferiu para lá, aceitando o turno noturno como preço para conseguir ficar mais próximo de casa.

Até então, tinha a custódia exclusiva de seus três filhos mantendo-o em Nova Jersey. O novo armazém da Amazon se situava em Staten Island. Ele não tinha carro. Para chegar ao trabalho eram necessários dois ônibus, uma viagem de metrô e a balsa de Staten Island — um trajeto de 3 horas que se justificava, embora mal, pelos US$27 por hora que ganhava por trabalhar à noite.

Depois de alguns meses, conseguiu voltar a trabalhar durante o dia. Ele supervisionava mais de 36 pessoas. O armazém estava repleto de milhares de trabalhadores.

Então, no início de março de 2020, seus funcionários começaram a reclamar de exaustão severa e apareciam com tosse seca.

Smalls se viu colado nos noticiários da televisão, acompanhando obsessivamente o andamento da pandemia.

"Estou sentado na sala de descanso observando tudo isso e pensando: 'Que diabos estamos fazendo para proteger esses trabalhadores?'"

A Amazon não estava fornecendo máscaras ou álcool em gel. Não estava impondo distanciamento social. Não estava nem mesmo educando os trabalhadores sobre a necessidade de lavar as mãos.

Smalls se preocupava em levar o vírus para casa e contaminar seus filhos. Quando foi aos recursos humanos para expressar suas preocupações, foi-lhe dito que a empresa estava "monitorando a situação".

Seus funcionários continuavam a ir trabalhar, mesmo quando alguns estavam com febre. Era isso ou renunciar a seu salário, porque a Amazon não concedia licença médica remunerada. Os Estados Unidos eram um dos poucos[6] entre as maiores economias em que isso era permitido, embora alguns estados exigissem legalmente licença médica remunerada.

Em Washington, os poderosos afirmavam ter preenchido essa lacuna. Quando o Congresso aprovou a primeira onda de auxílio federal, a presidente da Câmara, Nancy Pelosi, apresentou a inclusão de um mandato para que os empregadores concedessem licença médica remunerada.

"Não podemos retardar o surto de coronavírus[7] quando os trabalhadores estão presos à terrível escolha entre ficar em casa para evitar a propagação da doença e o salário que sua família não pode perder", disse ela.

Mas o projeto de lei aprovado, com o nome reconfortante de "Primeiro as Famílias", pouco fez para reordenar as prioridades. Deu aos trabalhadores em tempo integral dez dias de licença por doença, paga anualmente, mas isentou empresas com 500 ou mais pessoas.[8] A lei permitiu que empresas com menos de 50 empregados solicitassem isenções por privação.

Ao todo, a legislação deixou 80% dos trabalhadores norte-americanos diante do mesmo dilema: poderiam continuar trabalhando quando ficassem doentes ou poderiam renunciar ao salário.

Sob pressão, a Amazon anunciou que forneceria até duas semanas de licença remunerada aos funcionários enviados para quarentena por um médico. Mesmo assim, alguns trabalhadores relataram não receber o dinheiro.[9]

Ao reter licenças remuneradas por doença, a Amazon não estava apenas explorando uma brecha na lei norte-americana. Ela estava aplicando seu poder corporativo para manter essa brecha bem aberta. Ela terceirizou o trabalho sujo[10] para uma série de associações comerciais — a Câmara de Comércio dos EUA, a Federação Nacional de Varejo, a Federação Nacional de Empresas Independentes e o Instituto de Marketing de Alimentos. Todas relataram a atuação de lobistas nas políticas de licença médica remunerada na Lei Primeiro as Famílias. Assim fez a empresa de Dimon, a Business Roundtable, apesar de sua defesa pública do capitalismo das partes interessadas.

Quando Smalls pediu uma licença, citando preocupações com a saúde de sua família, os supervisores da Amazon lhe disseram que ele era bem-vindo para ficar em casa sem receber pagamento. Ele usou seu tempo de férias. E gastou os US$1.000 que tinha no plano de previdência.

Enquanto isso, ele enviou e-mails para os Centros de Controle de Doenças, o governador, o prefeito e a mídia local, alertando-os para o fato de que o armazém da Amazon em Staten Island continuava normalmente as operações sem medidas de proteção, mesmo quando as pessoas adoeciam. Não recebeu nenhuma resposta.

Em meados de março, sem dinheiro, ele voltou ao trabalho. Ainda não havia máscaras ou álcool em gel à mão, relatou. Alguns trabalhadores estavam trazendo suas próprias máscaras e reutilizando-as. Alguns vestiam sacos de lixo como proteção. Muitos de seus funcionários estavam apresentando sintomas de Covid-19, disse.

Quando Smalls pressionou os recursos humanos para os detalhes de sua política para a Covid-19, foi orientado a falar com seu supervisor. Mas seu supervisor tinha desaparecido.

"Os gerentes disseram que estavam tirando férias aos funcionários", disse. "No meio de uma pandemia. Eu disse: *férias*? Estavam mentindo para nós." Ele presumiu que os gerentes estavam trabalhando de casa para evitar a exposição ao vírus.

Não era a primeira vez que ele se via em uma situação semelhante. "A maioria dos gerentes são brancos e os trabalhadores são negros ou imigrantes pardos", contou. "Quem está realmente sendo protegido aqui?"

Preocupados com o fato de que alguns trabalhadores ficavam em casa, a Amazon começou a pagar mais US$2 por hora, mais o dobro da taxa usual para horas extras. Smalls chamou isso de "dinheiro de sangue". Em vários estados, os trabalhadores da empresa ganhavam tão pouco que muitos se qualificavam para os vales-alimentação — um subsídio efetivo do contribuinte que permitia que a empresa pagasse salários de miséria. Os trabalhadores da Amazon estavam desesperados e o dinheiro extra era um incentivo adicional para que eles superassem seus medos e continuassem trabalhando.

Em 21 de março, Bezos postou uma mensagem no site corporativo da Amazon. "Caros Amazonians",[11] lia-se. "Isso não é normal e é um momento de grande estresse e incerteza."

Bezos reconheceu que as pessoas estavam trabalhando sem equipamento de proteção suficiente, porque a Amazon — a empresa conhecida como a "Loja de Tudo" — não podia adquiri-lo.

"Fizemos pedidos de compra de milhões de máscaras que queremos fornecer a nossos funcionários e prestadores que não podem trabalhar em casa, mas pouquíssimos desses pedidos foram concluídos", escreveu Bezos. "As máscaras permanecem em falta em todo o mundo e, neste momento, estão sendo direcionadas pelos governos para as instalações mais necessitadas, como hospitais e clínicas."

Bezos apresentou uma justificativa moral para manter os armazéns funcionando, mesmo sem proteção adequada. "Prestamos um serviço vital às pessoas em todos os lugares, especialmente àquelas, como os idosos, que são mais vulneráveis", escreveu ele. "As pessoas estão dependendo de nós."

Em outras palavras, Smalls e seus colegas de trabalho não estavam sendo pressionados a arriscar suas vidas para que Bezos pudesse comprar sua próxima casa-troféu ou aprofundar sua paixão em explorar o espaço. Eles estavam mantendo heroicamente a segurança das avós das pessoas. Mais ainda: a empresa compartilhava o sacrifício.

"Mudamos nossos processos de logística, transporte, cadeia de fornecimento, compra e venda de terceiros para priorizar a estocagem e a entrega de itens essenciais como artigos domésticos, higienizadores, fórmulas para bebês e suprimentos médicos", escreveu Bezos.

Smalls podia ver o que sua equipe estava colocando nas caixas. "Eles nunca mudaram o estoque", disse ele. "Tudo isso era mentira. Era a mesma merda — brinquedos sexuais, vibradores, jogos de tabuleiro, artigos domésticos, roupas."

E, mesmo quando reivindicou uma auréola, a Amazon estava lucrando com o desastre: aumentou os preços dos próprios bens que supostamente priorizava, revelou posteriormente o grupo de vigilantes Public Citizen.

Os clientes podiam encontrar produtos de preços mais baixos de fornecedores independentes vendendo em sua plataforma, mas a Amazon estava subindo dramaticamente seus próprios produtos — os que promovia de forma mais agressiva.

Entre abril e agosto de 2020 — um período no qual 60 mil norte-americanos por dia estavam testando positivo para o vírus, enchendo hospitais e necrotérios — a Amazon cobrou US$39,99[12] por um pacote de 50 máscaras descartáveis que normalmente vendia por US$4. Cobrou US$7 para o sabonete antibacteriano que normalmente custava US$1,49.

A Amazon também dificultava envios de terceiros como parte de sua tentativa de dominar o negócio de entregas, penalizando os fornecedores que enviavam seus produtos aos clientes usando concorrentes como a Federal Express e a UPS. A Amazon conseguia isso ao limitar quais produtos poderiam ganhar sua cobiçada designação Prime — um selo interno de aprovação que garantia a legitimidade das mercadorias e a velocidade de entrega.

Para um comerciante que vende pela Amazon, o benefício de ganhar o status de Prime era como montar uma loja na Times Square, em comparação com a venda de mercadorias de um estande de beira de estrada no centro de Nebraska. Durante a pandemia, a Amazon efetivamente forçou os comerciantes a utilizar sua rede de entrega para se qualificar ao selo Prime.

A tática funcionou muito bem. A operação de logística da Amazon estava atolada,[13] gerando atrasos na entrega. Para Bezos, manter os clientes abastecidos de bens críticos foi uma tarefa difícil na busca do poder de monopólio.

Os trabalhadores testavam positivo e a Amazon mantinha esses casos em silêncio, disse Smalls. Ele exigiu que os gerentes alertassem a força de trabalho enquanto fechavam o prédio para uma limpeza profunda, mas extraiu apenas uma promessa de que os funcionários seriam discretamente informados em particular se tivessem entrado em contato com alguém que se revelasse portador do vírus. Os gerentes exigiram que Smalls colaborasse para evitar causar pânico.

Smalls havia passado sua vida adulta trabalhando para pessoas que haviam demonstrado indiferença por seu bem-estar. Agora, ele sentia que estava sendo pressionado a se tornar cúmplice de uma farsa potencialmente fatal. Ele se sentou em uma mesa dentro do refeitório e começou a dizer aos colegas de trabalho que estavam em perigo. As pessoas estavam doentes, e a Amazon estava encobrindo.

Em 25 de março, ele liderou um grupo de alguns trabalhadores do armazém em uma sala de reunião cheia de gerentes gerais, interrompendo seu atendimento com exigências de equipamentos de proteção e uma limpeza profunda. Os gerentes disseram que não havia nada que pudessem fazer.

Em resposta, a Amazon concordou em colocar um funcionário sob quarentena remunerada: Christian Smalls. Ostensivamente enviado para casa por razões de saúde, Smalls interpretou a mudança como uma tentativa de deixar de lado sua defesa.

Em 30 de março, Smalls retornou ao armazém e levou cerca de 50 dos colegas de trabalho para fora do prédio e na frente das câmeras dos noticiários.

Os trabalhadores estavam no estacionamento em frente ao prédio longo e baixo, empunhando cartazes de greve. "Alexa", lia-se — uma referência ao alto-falante ativado por voz da Amazon — "Envie-nos para casa". "Trate seus trabalhadores como seus clientes", declarava outro.

Smalls usava uma bandana preta como máscara enquanto olhava diretamente para as câmeras.

"Viemos aqui para pedir ajuda", disse. "Não estamos seguros."

Seu protesto viralizou, deixando claro o fato de que os lucros da Amazon e a riqueza de Bezos estavam vindo às custas de pessoas vulneráveis que geralmente eram invisíveis.

Duas horas depois, Smalls recebeu um telefonema da Amazon avisando-o de que fora demitido.

A razão oficial: ele tinha violado a quarentena.

"Tenho três filhos para cuidar", disse Smalls mais tarde naquele dia. "Acabei de perder meu emprego porque estou falando por pessoas que não têm voz."

Conforme a notícia da demissão de Smalls se espalhava, os funcionários da Amazon em todo o país divulgavam suas próprias experiências, desencadeando campanhas sindicais, inquéritos parlamentares e ações de fiscalização estatal.

No Império Interior a leste de Los Angeles, os trabalhadores reclamaram que a Amazon os obrigava a ir aos armazéns mesmo quando estavam doentes, desrespeitando uma ordem executiva[14] do governador que exigia duas semanas de quarentena remunerada.

Em um armazém fora de Minneapolis,[15] trabalhadores deixaram seus empregos após a Amazon ter rescindido sua política de licenças não remuneradas de curta duração, ao mesmo tempo em que acabava com os salários de risco. A fábrica empregava cerca de mil trabalhadores, muitos deles imigrantes da África Oriental.[16]

No outono de 2020, a Amazon confirmou publicamente que quase 20 mil de seus trabalhadores haviam contraído o vírus, embora a empresa tenha dito que os índices de infecção eram muito mais baixos[17] do que na população em geral. Essa foi uma manobra evasiva clássica do Homem de Davos — a utilização de dados para projetar um ar de autoridade num esforço para fechar uma investigação prejudicial.

Como os epidemiologistas apontaram, a análise da Amazon era ilusória.[18] Quase todos os grupos de trabalhadores empregados eram provavelmente menos suscetíveis ao vírus em uma comparação com a população em geral, que incluía pessoas desempregadas. Os desempregados se aglomeravam mais em busca de trabalho e de benefícios.

"Parece que alguém acabou de colocar um monte de números juntos",[19] declarou o especialista em doenças infecciosas Preeti Malani.

A Amazon respondeu aos protestos não como um impulso para a reflexão, mas como uma crise de relações públicas a ser gerenciada. Em uma reunião de altos executivos que incluiu Bezos, o conselheiro geral da Amazon, David Zapolsky, delineou uma campanha para desacreditar a revolta trabalhista crescente, apontando os holofotes para Smalls.

"Ele não é inteligente, nem articulado,[20] e na medida em que a imprensa quiser se concentrar em nós contra ele, estaremos em uma posição de RP muito mais forte do que simplesmente explicar pela enésima vez como estamos tentando proteger os trabalhadores", escreveu Zapolsky, em notas obtidas pela *Vice News*. "Faça-o a parte mais interessante da história e, se possível, faça dele a cara de todo o movimento sindical/organizador."

Zapolsky veio de um subúrbio de classe média predominantemente branco de Nova Jersey. Ele tinha diplomas da Columbia e da UC Berkeley. Sua página do Facebook exibia fotos de suas caminhadas nos Alpes e uma foto sua posando com o herói dos direitos civis John Lewis. Agora, ele em essência argumentava que os executivos da Amazon — em grande parte brancos e muitos deles provenientes das universidades da Ivy League — deviam derrubar uma rebelião, de grande parte da mão de obra negra e parda, desacreditando o movimento como o trabalho de um personagem inescrupuloso.

O relatório de Zapolsky, que foi amplamente divulgado dentro da empresa, observou que seu plano de ataque proposto obteve "acordo geral",[21] entre os participantes.

Como a Amazon conciliou essa história com sua devoção pública ao capitalismo das partes interessadas? A empresa recusou meu pedido de fazer essa pergunta a um executivo relevante, em vez disso lançou uma enxurrada de declarações que atestam suas nobres intenções.

"A Amazon tem trabalhado de todas as maneiras para proteger nossos associados durante a pandemia", lia-se em uma. Smalls havia sido "demitido por violar repetidamente as regras de distanciamento social da Amazon". Quanto às notas de Zapolsky, o conselho geral havia falado sobre muitas outras coisas na reunião, incluindo a necessidade de comprar equipamentos de proteção. Sua sugestão de que a empresa focasse a atenção no líder dos protestos tinha sido "o resultado de frustração pessoal com as circunstâncias em relação ao Sr. Smalls". No momento da reunião, Zapolsky não tinha conhecimento da "raça do Sr. Smalls".

A divulgação pública das notas de Zapolsky colocou a Amazon diante de um desastre de relações públicas. Bezos anunciou que a empresa dedicaria a totalidade dos lucros do primeiro trimestre — US\$4 bilhões — para contratar mais trabalhadores e muni-los com equipamento de proteção adequado.

"Se você é acionista da Amazon, talvez queira se sentar, porque não estamos pensando pequeno", disse Bezos no fim de abril. Ele insinuava que o principal pecado da Amazon era não ter antecipado a magnitude do perigo para seus trabalhadores, um lapso a ser remediado com montes de dinheiro.

Mas os perigos que os funcionários da Amazon enfrentaram foram causados por mais do que uma pandemia imprevista. As pessoas estavam doentes não por causa da falha da gerência em executar um plano apropriado, mas por causa do plano que esteve em vigor o tempo todo. Desde seu início, a Amazon tinha se dedicado a enriquecer os acionistas valendo-se de uma vigilância extrema contra gastos.

Não foi por acaso que Bezos possuía uma coleção de casas palacianas enquanto seus funcionários eram obrigados a arriscar suas vidas dentro de seus armazéns ou a arriscar suas próprias casas. Foi um crescimento direto da maneira como ele dirigia sua empresa, espremendo o máximo de produção de cada funcionário enquanto empregava métodos sofisticados para avaliar seu desempenho.[22] A Amazon estabeleceu métricas que capturavam a rapidez com que os indivíduos concluíam as tarefas e quanto tempo eles gastavam fazendo outras coisas como caminhar até o banheiro ou conversar com os colegas de trabalho. A abordagem obsessivamente sistemática de Bezos para cada faceta de sua empresa fez dele uma figura reverenciada entre a classe acionária, um estudo de caso a ser analisado nas faculdades de administração.

No ano anterior, um acionista ativista,[23] respondendo a uma onda de notícias sobre as péssimas condições de trabalho dentro dos armazéns da empresa, propôs uma solução a ser colocada em votação na próxima assembleia de acionistas. A Amazon deveria se comprometer com um plano detalhado para proteger a saúde e a segurança de seus trabalhadores, enquanto afirma explicitamente os direitos de seus empregados de aderir a sindicatos. O acionista enviou a proposta a Zapolsky.

À medida que se aproximava a data da assembleia de acionistas, a Amazon procurou silenciar a proposta solicitando à Comissão de Valores Mobiliários permissão para ignorá-la sem votação. A iniciativa era desnecessária, argumentou a Amazon, porque a empresa já havia prometido aderência a seus próprios Princípios Globais de Direitos Humanos. "Proporcionamos um ambiente limpo, seguro e saudável de trabalho", declaravam os princípios.

A CVM aceitou o argumento. A iniciativa desapareceu[24] da pauta.

Três dias após essa decisão, a Amazon demitiu Christian Smalls.

Duas semanas depois, a Amazon demitiu alguns funcionários que haviam divulgado uma petição exigindo que a empresa concedesse licença médica aos funcionários do depósito.

Em seguida, o vice-presidente da empresa, Tim Bray, demitiu-se abruptamente, escrevendo um post de *blog* que descrevia os valores corporativos tóxicos.

"A Amazon trata os seres humanos nos armazéns como unidades substituíveis de potencial de coleta e empacotamento",[25] escreveu ele. "Demitir denunciantes não é apenas um efeito colateral das forças macroeconômicas, nem é intrínseco à função dos mercados livres. É a evidência de uma veia de toxicidade que atravessa a cultura da empresa."

No fim de agosto, com o patrimônio líquido de Bezos acima da marca de US$200 bilhões, manifestantes se reuniram do lado de fora de sua mansão de 27 mil m² em Washington, pichando "Proteja os Trabalhadores da Amazon" em letras de várias cores no meio da rua. Eles montaram uma falsa guilhotina,[26] enquanto exigiam impostos sobre a riqueza.

A reputação de Bezos como um Luís XVI moderno escondido dentro do palácio foi logo ampliada com a divulgação de que a empresa estava reforçando o fosso: a Amazon tinha publicado listas de empregos para analistas de inteligência[27] em seu centro de Operações de Segurança Global em Phoenix para manter o controle sobre "organizações trabalhistas" e "grupos de ativistas". Após uma comoção pública, a Amazon apagou as postagens.

A Amazon também foi pega produzindo e distribuindo segmentos televisivos que divulgam as conquistas da empresa[28] em "manter seus funcionários seguros e saudáveis", enquanto os passam para estações de televisão locais sedentas de conteúdo como jornalismo real.

Pelo menos 11 estações transmitiram os pacotes, com seus âncoras lendo roteiros idênticos palavra por palavra.

Aquilo fazia um tributo adequado ao capitalismo das partes interessadas — palavras oficiais de empatia corporativa transmitidas em uníssono, enquanto as câmeras cortavam o caminho dos trabalhadores que se aglomeram em manifestações nos estacionamentos da Amazon.

CAPÍTULO 13

"ISSO ESTÁ MATANDO PESSOAS"
A Desventura Europeia do Homem de Davos

Chiara Lepora estava acostumada a trabalhar em meio à catástrofe. Ela era supervisora da organização Médicos Sem Fronteiras, ganhadora do Prêmio Nobel da Paz, que presta assistência médica de emergência em países pobres e devastados pela guerra, como o Sul do Sudão e o Afeganistão. Ela foi enviada recentemente ao Iêmen, onde choviam bombas do céu, forçando-a a remendar os membros de crianças emaciadas pela fome.

Mas Lepora não estava acostumada a pensar em seu país natal, a Itália, como uma zona de desastre. Sua missão na primavera de 2020 foi ao mesmo tempo desconcertante e inesperada. Ela foi alocada em um hospital público no norte da Itália, supervisionando uma equipe de médicos que dava apoio a um sistema de saúde sobrecarregado pela pandemia.

Lepora estava a caminho de sua base em Dubai, retornando de uma viagem aos Estados Unidos, quando parou para visitar sua família na região italiana do Piemonte. A pandemia praticamente encerrou as viagens aéreas, deixando-a presa. Dezenas de colegas italianos estavam igualmente presos. Assim, eles formaram sua unidade no hospital da cidade de Lodi, o epicentro do surto inicial.

Médicos e enfermeiros estavam trabalhando sem equipamento de proteção suficiente, contraindo e espalhando o vírus, já que eles cuidavam de uma unidade de terapia intensiva repleta de pacientes com Covid-19. Os leitos da unidade estavam cheios, mesmo quando mais pacientes chegavam a cada dia, forçando os médicos a decidir quem vivia e quem morria.

Nos quatro meses em que Lepora permaneceu em Lodi, compreendeu que a escassez de recursos a seu redor ia além da presença alarmante do novo coronavírus.

Os interesses com fins lucrativos tinham transformado o sistema de saúde da região da Lombardia — a mais rica da Itália — em algo mais parecido com um negócio do que com uma empresa pública organizada para proteger vidas. Ao longo de décadas, oportunistas haviam privatizado o sistema, gerando oportunidades lucrativas para si mesmos, enquanto enfraqueciam sua capacidade de fornecer assistência médica básica.

Em grande parte da Europa, o sucesso do Homem de Davos em priorizar seus próprios interesses financeiros sobre a saúde pública ajudou a explicar como a pandemia provou ser tão mortal. Ele também ajudaria a si mesmo com os auxílios emergenciais europeus.

Na Grã-Bretanha, uma década de austeridade debilitou o exultado Serviço Nacional de Saúde, deixando-o incapaz de lidar com a Covid-19 e, também, com as necessidades médicas diárias da nação.

Na Suécia, anos de diminuição dos cuidados nos lares de idosos — resultado de uma rede de segurança enfraquecida pelos cortes de impostos para o Homem de Davos — condenaram os idosos a uma onda de morte. Os recursos eram tão escassos que os médicos administravam cuidados paliativos, apenas amenizando a morte dos residentes dos lares, assim que apresentavam os sintomas da doença.

Ao contrário dos Estados Unidos, em que as vulnerabilidades de um sistema médico de alta qualidade poderiam ser reputadas diretamente em interesses financeiros, a tragédia da Europa resultou de uma série de elementos sobrepostos e decisões políticas, com a culpa menos facilmente colocada sobre os indivíduos.

Em toda a Europa, os sistemas nacionais de saúde eram a regra, garantindo que qualquer pessoa pudesse ter acesso aos cuidados médicos — um contraste muito acentuado com os Estados Unidos. Mas o pano de fundo comum era a escassez, consequência do sucesso do Homem de Davos em limitar sua carga tributária combinado com a injeção do motivo de lucro.

Essa foi a realidade que Lepora absorveu em Lodi.

Desesperada para economizar os estoques limitados de equipamentos de proteção do hospital, ela tentou instituir um sistema para limitar seu uso. A chave era restringir o número de pessoas que entravam no hospital. Esse plano, porém, se chocava com as operações de empresas privadas que haviam obtido contratos para fornecer refeições e serviços de limpeza. Eles se recusaram a limitar seus acessos, preocupados que pudessem ser acusados de violar seus contratos.

Lepora trabalhou com o serviço de saúde estadual para expandir uma iniciativa de telemedicina com o objetivo de reduzir o fluxo de pacientes. Oito empresas tinham uma parte do sistema e nenhuma delas estava totalmente no comando. Alguns pacientes de Covid-19 recebiam três ligações por dia; alguns não recebiam nenhuma.

"Em vez do paciente, o serviço foi colocado no centro das atenções", disse-me Lepora. "Se você considerar o lucro como objetivo do serviço médico e não a saúde, algumas pessoas ficarão de fora."

« »

A taxa de mortalidade na Europa contou a história de quais países continuaram a investir em saúde pública e quais permitiram que seus sistemas médicos ficassem em segundo plano em relação a outras questões.

Na Alemanha, o governo havia resistido à insistência de consultores internacionais em reduzir seu número de hospitais. A taxa de mortalidade na Alemanha, apesar de considerável, foi menos da metade da taxa na Grã-Bretanha e nos Estados Unidos durante o primeiro ano da pandemia.

Nos primeiros meses de 2020, a Itália era o extremo sangrento da Europa — o país que o resto do continente observava com uma mistura de incredulidade e horror, reconhecendo uma prévia do que estava a caminho.

A região norte italiana da Lombardia foi a mais duramente atingida de todas. Ancorada por Milão, a capital financeira e da moda do país, ostentava uma produção sofisticada junto com um atendimento médico de primeira classe. No entanto, seus hospitais e suas clínicas médicas familiares estavam sobrecarregados — o resultado de décadas de investimentos inclinados fortemente para especialidades lucrativas e não para os cuidados de saúde básicos.

Foi uma história que começou em meados dos anos 1990, quando a presidência da região Lombardia foi reivindicada por um extravagante político local chamado Roberto Formigoni.

Conhecido amplamente pelo apelido "Il Celeste" — o celeste — Formigoni era um mordomo na Fraternidade de Comunhão e Libertação, um movimento católico que combinava o piedoso conservadorismo social com a prodigiosa produção de dinheiro. A organização chamou a atenção dos principais hospitais da Lombardia, exercendo sua influência para restringir a disponibilidade de abortos.

A organização de Formigoni foi capaz de assumir o controle de hospitais por meio de uma lei de privatização que ele impôs à assembleia regional. Ela permitia que o dinheiro público fosse gasto em empresas privadas que prestavam assistência médica por intermédio do sistema de saúde regional. Nos 25 anos após a aprovação da lei, hospitais privados tomaram o controle de 40% do mercado da Lombardia.[1]

A privatização foi vendida como meio de injetar maior eficiência no sistema de saúde, uma vez que este se defrontava com diminuição dos níveis de apoio financeiro. Abalada pela crise financeira global e forçada pelas regras europeias a reduzir suas enormes dívidas, a Itália reduziu os gastos com assistência médica, depois de contabilizar a inflação, mesmo enquanto sua população envelhecia.

Quando a pandemia chegou, a Itália estava gastando muito menos com a saúde[2] do que muitos outros países europeus — 8,7% de sua produção econômica anual, em comparação com 11,7% da Alemanha, 11,2% da França e 10,3% da Grã-Bretanha.

O impacto nas unidades de terapia intensiva[3] foi especialmente acentuado, com os leitos em tais instalações caindo de 12,5 por 100 mil habitantes em 2012 para apenas 8,6 na véspera da pandemia, em comparação com 29,2 na Alemanha.

Mas nem todos os setores da assistência médica estavam se reduzindo na Lombardia. O esquema de privatização desencadeou uma onda de investimentos para recompensar especialidades como oncologia e cirurgia cardíaca, abandonando a medicina familiar tradicional.

No Hospital San Raffaele de Milão[4] — uma das melhores unidades da Itália — marcar uma consulta como usuário regular do sistema de saúde regional exigia ligar e ficar em espera por quase 40 minutos, enquanto aqueles que pagavam pelo serviço VIP garantiam vagas em 40 segundos.

Entre os beneficiários diretos da comercialização da assistência à saúde regional estava o homem que a colocou em andamento: Formigoni.

As revistas de fofocas o perseguiam em feriados luxuosos, descobrindo que ele estava curtindo passeios em um iate de seu amigo Pierangelo Daccò, um lobista e consultor de instalações médicas na Lombardia. Durante uma década, de acordo com uma ação penal, Daccò forneceu a Formigoni presentes e férias em estâncias exclusivas no Caribe,[5] onde ficou alojado em vilas particulares com chefs pessoais, a preços que chegavam a €80 mil por semana. Ao todo, o lobista demonstrou seu apreço pelo governo de Formigoni com €6,5 milhões em presentes. Em troca, o governador direcionava os gastos públicos com a saúde para os clientes de Daccò.

Daccò estava basicamente envolvido em um golpe complexo envolvendo outros políticos e administradores, com o qual arrecadou grande parte do dinheiro e o escondeu no exterior. Os promotores descobriram que ele lesou o sistema de saúde regional em €70 milhões.[6] O iate foi apreendido,[7] bem como uma enorme adega, várias propriedades e dezenas de contas bancárias.

Quando esse negócio sórdido veio a público no outono de 2012, a indignação que se seguiu acabou com o reinado de Formigoni como governador da Lombardia — embora não, incrivelmente, com sua carreira política.

Mesmo quando estava sendo investigado por corrupção, Formigoni foi eleito para o Senado como membro do partido de Silvio Berlusconi.

Formigoni acabou passando mais de cinco anos na prisão. Daccò, que se declarou culpado para reduzir a pena, cumpriu dois anos e meio. Os hospitais no centro do escândalo passaram para novas administrações. Em 2012, o Grupo San Donato, a maior cadeia hospitalar da Itália, comprou o Grupo San Raffaele.

Nos anos que antecederam a pandemia, os funcionários na Lombardia procuraram reduzir custos, dando aos gerentes hospitalares incentivo para cortar estoques de itens como tubos de ensaio e reagentes químicos — uma decisão que limitou a capacidade de testes em massa para a Covid-19 quando a pandemia chegou.

Os gerentes encontraram suas próprias maneiras de lucrar. De acordo com uma reclamação de promotores em Milão, os executivos do Grupo San Donato conspiraram com seus colegas das principais empresas farmacêuticas,[8] incluindo Novartis, Eli Lilly e Bayer, para burlar o sistema da Lombardia por meio da fixação dos preços dos fármacos. Os hospitais recebiam os medicamentos com desconto e os executivos embolsavam a diferença — cerca de €10 milhões — enquanto os contribuintes ressarciam os hospitais a preços inflacionados.

Essas manobras não eram atípicas, mas indicadores da mentalidade que impulsionava as privatizações. Os líderes locais operavam mais como capitalistas de risco do que como funcionários públicos.

"Especialidades como higiene e prevenção, cuidados de saúde primários, ambulatórios, doenças infecciosas e epidemiologia não eram considerados bens estratégicos, não eram suficientemente atraentes", disse Michele Usuelli, uma neonatologista de Milão que ocupava uma cadeira na Assembleia Estadual, representando o Partido Più Europa de centro-esquerda. "É por isso que temos um sistema de saúde muito bem preparado para tratar as doenças mais complicadas, mas completamente despreparado para combater algo como uma pandemia."

Dirigentes regionais não usaram sua autoridade para garantir que o público obtivesse o cuidado necessário. Em troca de concordarem em pagar por tratamentos oncológicos caros em centros oncológicos recém-construí-dos, eles poderiam ter exigido que os proprietários privados também forne-cessem serviços menos lucrativos como cuidados geriátricos e pediátricos.

"Eles deram permissão ao setor privado para abrir mais ou menos o que quisessem", disse Usuelli. "Foi uma oportunidade completamente perdida de responsabilizar as empresas privadas por sua responsabilidade social."

Como os primeiros casos de Covid-19 foram diagnosticados em fevereiro de 2020, o lobby empresarial mais influente da Itália,[9] a Confindustria, pressionou o governo a permitir que as fábricas da Lombardia continuassem operando para evitar danos econômicos, impedindo um fechamento mais rápido que poderia ter limitado a propagação do vírus. Isso foi especialmen-te imprudente, dadas as ligações entre as zonas industriais do norte da Itália e as fábricas na China. Muitas pessoas transitavam entre os dois países, um vetor de transmissão.

Milão era uma cidade com mais de 1,3 milhão de habitantes. Quando a primeira onda chegou, havia apenas cinco médicos especialistas em saúde pública e higiene. Eles foram responsáveis pela instalação de um teste e do regime de rastreamento de contatos. Como a segunda onda ganhou força, o departamento de saúde da Lombardia notificou os médicos de que "não poderia mais realizar investigações epidemiológicas imediatas".

"Os médicos de família são um custo",[10] disse Filippo Anelli, presidente da federação nacional de médicos e dentistas. "Se a mentalidade é que você precisa ganhar dinheiro com assistência médica, o investimento na medici-na comunitária parece claramente menos rentável."

Erika Conforti iniciou sua carreira como médica de família no início de fevereiro de 2020, bem a tempo da pandemia. Na casa dos trinta e pou-cos anos, recém-saída da residência, ela havia assumido a clínica de um mé-dico aposentado, trabalhando em um consultório particular em um prédio de Milão.

Ela foi atraída para a clínica geral por causa do desejo de ajudar as pes-soas com doenças crônicas. "Adoro falar com pacientes", contou-me. "Adoro passar tempo com eles."

Mas, à medida que a pandemia se espalhava, Conforti trabalhava doze horas por dia, e ainda não conseguia acompanhar a enxurrada de ligações e e-mails de pacientes que sofriam dos sintomas da Covid-19.

Com a segunda onda, no fim de 2020, a região acrescentou leitos hospitalares, mas faltavam enfermeiros e anestesistas. "Se não há pessoas suficientes que saibam trabalhar no ambiente hospitalar, então aumentar o número de leitos é inútil", disse Conforti.

Em sua própria clínica, 30 pacientes tinham se revelado positivos para Covid-19 em um único dia, enquanto outros 50 estavam em quarentena, aguardando testes que levariam 6 dias para ter os resultados.

"Gostaria de poder contatar pacientes que testaram positivo para Covid-19 pelo menos uma vez por dia, mas não tenho tempo", disse ela. "Estou preocupada que cada pequena distração tenha consequências muito sérias."

« »

Na Grã-Bretanha, a administração de Boris Johnson tinha a intenção de evitar o destino da Itália. Com a disseminação do vírus na primavera de 2020, o governo impediu que os hospitais fossem invadidos, mas a um custo terrível. Para liberar a capacidade, o Serviço Nacional de Saúde desviou milhares de pessoas idosas dos hospitais para lares de idosos — muitos deles privados, pouco regulamentados e terrivelmente despreparados para o desastre em curso.

Passados três meses após a chegada da pandemia, só na Inglaterra e no País de Gales, os lares de idosos viram 20 mil mortes[11] além do normal.

A Grã-Bretanha concentrou todos os recursos na luta contra a Covid-19, fechando efetivamente o resto do sistema de saúde. A escassez resultante revelou como o sistema era frágil antes da pandemia.

Em Liverpool, Simon Bowers — o médico que lamentou a austeridade — reclamou que seus pacientes com outras doenças estavam esperando semanas e até meses por tratamentos e testes que normalmente demoravam alguns dias.

"Fiz atestados de óbito para dois pacientes na última semana que não teriam morrido de câncer não fosse a Covid", disse-me Bowers em outubro. "Dez anos de austeridade deixaram o sistema quase dando conta da maior parte do ano. A pandemia é uma tempestade realmente perfeita em termos de expor impiedosamente as deficiências do sistema."

Também expôs como o favoritismo havia se sobrepujado a considerações de saúde pública. Como o governo concedeu contratos emergenciais para equipamentos de proteção, ventiladores e outros artigos vitais, isso permitiu que empresas politicamente ligadas explorassem um caminho secreto de VIPs.[12] Entre cerca de 1.200 contratos conferidos pelo governo central que por fim foram tornados públicos — negócios no valor coletivo de US$22 bilhões —, aproximadamente metade tinha sido assegurada por empresas que se deparavam com sérias questões de propriedade. As empresas beneficiárias eram frequentemente dirigidas por pessoas ligadas ao Partido Conservador governante.

Uma empresa chefiada por um funcionário da Junta de Comércio, um órgão governamental, conseguiu um contrato de US$340 milhões para fornecer equipamento de proteção para as equipes médicas. Ela acabou produzindo 50 milhões de máscaras a um custo de US$200 milhões que apresentaram irregularidades e não puderam ser utilizadas.

Enquanto isso, empresas qualificadas que não tinham amigos em altos cargos foram amplamente excluídas.

Com a mutação do vírus, que transformou a Grã-Bretanha no epicentro de uma variante de rápida disseminação nos primeiros meses de 2021, o sistema hospitalar do país foi novamente ameaçado por uma esmagadora quantidade de casos. Mais uma vez, pacientes idosos foram enviados para lares de idosos. Novamente, as taxas de infecção dispararam.

Em agosto de 2021, a pandemia foi culpada pela morte de mais de 130 mil britânicos — um dos piores números da Europa.

Mesmo na Suécia, a pandemia revelou até que ponto a degradação da rede de segurança social do país havia minado sua capacidade de administrar uma emergência de saúde pública.

Como o resto da Europa, a Suécia registrou o desastre na Itália como um presságio, enquanto optava por uma resposta pouco ortodoxa: o governo aconselhou as pessoas a se empenharem no distanciamento social, mas deixou lojas, restaurantes, casas noturnas e escolas abertos. Os suecos estavam praticamente livres para continuar com suas vidas sem regras sobre o uso de máscaras faciais.

O governo apresentou sua estratégia como uma abordagem mais esclarecida. Forçar as pessoas a evitar locais de trabalho e se proteger em casa produziria desemprego e desespero. Os impactos de doenças mentais como a depressão tinham que ser considerados em conjunto com as consequências do coronavírus.

Em todo o mundo, aqueles que censuraram restrições pandêmicas exploraram a Suécia como modelo alternativo. "Sem isolamento,[13] a Suécia — e esta é a questão — se saiu muito melhor do que outros países europeus que o fizeram", declarou o comentarista da Fox News, Tucker Carlson.

Havia um problema com tal constatação: a estratégia da Suécia foi um desastre.

No verão de 2020, mais de 5 mil pessoas morreram em um país de 10 milhões de pessoas, dando à Suécia uma das piores taxas de mortalidade per capita da Terra, e exponencialmente mais alta do que nos países vizinhos — 12 vezes pior do que a Noruega, 7 vezes pior do que a Finlândia e 6 vezes o nível da Dinamarca.

Em troca dessa onda de morte, a Suécia não ganhou essencialmente nada[14] em termos de benefícios econômicos. Foi ludibriada em uma recessão nem mais nem menos sombria do que em países vizinhos, onde os isolamentos foram impostos.

Os defensores da estratégia do governo insistiam que ela só poderia ser avaliada de forma justa a longo prazo. Mas, em meados de novembro, uma segunda onda brutal estava novamente levando os suecos aos hospitais[15] a uma das taxas mais rápidas da Europa.

Quase metade das pessoas mortas pela Covid-19 eram residentes em lares de idosos. Os campeões da estratégia oficial estavam implicitamente descartando suas mortes como danos colaterais — uma postura que provocou memórias desconfortáveis dos experimentos da Suécia com engenharia social extrema. Nos anos 1970, o governo havia imposto esterilizações forçadas a mulheres consideradas não socialmente aceitáveis, tais como órfãs e adolescentes problemáticas.

O epidemiologista estatal da Suécia, Anders Tegnell, o arquiteto da estratégia nacional, manifestava interesse particular em perseguir a chamada imunidade de rebanho,[16] expondo pessoas suficientes ao vírus para produzir anticorpos que impediriam uma propagação maior.

Conforme as críticas sobre a estratégia da Suécia se intensificavam, as autoridades começaram a excluir os idosos da conversa. Sim, havia um problema nos lares de idosos, mas fora isso a Suécia estava indo muito bem. Se você ignorasse os lugares onde muitas pessoas tivessem morrido, no fundo não havia morrido tanta gente assim.

Mas as mortes em lares de idosos não foram acidentais nessa história da Suécia no manejo não autoritário da pandemia. Elas foram a própria história — um resultado direto da liquidação da Suécia de partes-chave de sua rede de segurança social para liberar dinheiro para entregar ao Homem de Davos, enquanto confiava grande parte dos cuidados aos idosos a empresas privadas com fins lucrativos.

Sob uma série de reformas lançadas nos anos 1990, a Suécia transferiu a responsabilidade pelos idosos dos governos regionais para os governos municipais, ao passo que a assistência domiciliar teve prioridade sobre uma dependência tradicional dos lares de idosos. Os municípios ganharam permissão para contratar serviços de empresas privadas. Em 2020, cerca da metade dos residentes de lares na área de Estocolmo viviam em instituições com fins lucrativos.

Parte do movimento era filosófico. Os líderes suecos concluíram que seria melhor que as pessoas mais velhas aproveitassem os últimos anos de suas vidas no conforto de suas próprias casas, cercadas por entes queridos. As empresas privadas projetariam uma arquitetura e experiências mais confortáveis para pessoas idosas que necessitassem de uma instituição.

Mas as empresas privadas também trouxeram algo mais — a capacidade de extrair os custos para fora da equação.

Uma década de cortes fiscais que beneficiaram bilionários como o chefe da H&M, resultou na diminuição da receita do governo, apesar da Mentira Cósmica de que eles pagariam a si mesmos.

Assim como nos Estados Unidos, os lares de idosos com fins lucrativos geram economias em parte por meio da redução de funcionários.

"Essa é uma parte subvalorizada do mercado de trabalho", disse Marta Szebehely, uma especialista em cuidado de idosos na Universidade de Estocolmo. "Alguns cuidadores são mal pagos, mal treinados e têm condições de trabalho realmente ruins. E deveriam parar uma transmissão viral sobre a qual ninguém tinha conhecimento de nada e sem muito apoio."

A Suécia ainda dedicava grandes somas de dinheiro aos cuidados com idosos — cerca de 3,2% do seu PIB, em comparação com 0,5% nos Estados Unidos. Somente a Holanda e a Noruega[17] gastam mais. Mas somas crescentes estavam sendo absorvidas por custos administrativos e, o mais crucial, por dividendos para os acionistas de empresas privadas.

Mia Grane não sabia de nada disso quando levou seus pais para o asilo Sabbatsbergsbyn no centro de Estocolmo, no verão de 2018.

A instituição era de propriedade da maior operadora de lares de idosos com fins lucrativos da Suécia, a Attendo. Era o lar de 106 residentes, a maioria sofrendo de demência. Eles estavam divididos em 11 alas espalhadas por três prédios baixos.

A mãe de Grane estava desenvolvendo a doença de Alzheimer. Seu pai precisava de uma cadeira de rodas. As instalações incluíam belos jardins usados para festas de verão.

"Era um lugar perfeito", disse ela. "Eles se sentiam em casa."

Mas a ansiedade tomou rapidamente o lugar da paz de espírito conforme a pandemia se alastrava.

O primeiro caso surgiu na Suécia no fim de janeiro. Quando Grane pressionou o pessoal do asilo quanto a seus planos para proteger os residentes, eles a trataram como uma criança com medo de monstros.

"As pessoas que trabalhavam lá não tinham nenhuma informação", disse. "Eles me disseram 'Está tudo bem'."

No dia 3 de março, Grane visitou seus pais e tirou uma foto na sala de jantar, sentindo que aquela poderia ser sua última chance de vê-los juntos.

"Pensei: se o vírus conseguir entrar neste lugar, muitas pessoas morrerão", disse ela.

Alguns dias depois, ela leu em um jornal local que alguém da mesma ala havia morrido. Então ligou para a instituição em pânico para perguntar se a causa tinha sido a Covid-19. O pessoal se recusou a dizer, mas lhe disseram que seu pai estava com sintomas de gripe. Duas outras pessoas na ala também estavam doentes.

Dentro das instalações, os funcionários inicialmente não receberam instruções sobre como limitar a transmissão, uma assistente me contou. A gerência também não forneceu máscaras faciais de imediato, então ela usou uma pasta de arquivo plástico e um fio para moldar ela mesma uma viseira antes de entrar em sua ala.

A equipe de enfermagem formulou um plano de emergência. Os funcionários tinham que se dedicar a enfermarias individuais, evitando rigorosamente a entrada de outros para evitar a transmissão. Mas a esse projeto se opunham os escassos recursos disponíveis. Não havia enfermeiros o suficiente.

Uma enfermeira geriátrica que trabalhava no asilo vinda de uma agência de empregos normalmente atendia a toda instalação com apenas um ou dois outros colegas durante os turnos diurnos, ela me disse. Nos fins de semana e à noite, ela era frequentemente a única enfermeira de plantão.

A enfermeira exigiu que seus supervisores acrescentassem pessoal para impedir a disseminação do vírus, disse ela, mas eles a ignoraram. No início de maio, quando ela se demitiu, o vírus já havia penetrado em 7 das 11 enfermarias, disse ela, e pelo menos 20 residentes haviam morrido.

"A maneira como tivemos que trabalhar foi contra tudo o que aprendemos na escola em relação ao controle de doenças", disse-me a enfermeira. "Tentamos lhes dizer: 'Está errado. Isso está matando pessoas'. Eles não nos ouviram."

No ano anterior, a Attendo, empresa proprietária do lar de idosos, teve uma receita superior a US$1,3 bilhão. Mas não havia conseguido estocar o suprimento adequado de equipamentos de proteção como máscaras e vestimentas. Ela tinha o suficiente para cumprir as diretrizes nacionais, mas não o suficiente para enfrentar a pandemia. À medida que o vírus se espalhava, a Attendo corria atrás de suprimentos.

"Levou cinco ou seis semanas para conseguir os lotes fora da China", contou o chefe executivo da empresa, Martin Tivéus.

A escassez no interior das casas de repouso atestava o grau de apreensão da Suécia pela mentalidade de mercantilização. Estocar máscaras custa dinheiro. Assim como o emprego de enfermeiros em tempo integral. Por que não contar apenas com a internet e agências de trabalho temporário para entregar produtos e pessoal conforme a necessidade? Limitar as despesas e recompensar os acionistas tinha preferência sobre o bem-estar social.

"O que esta pandemia tem feito é demonstrar uma série de erros de sistema que têm passado despercebidos durante anos", disse Olle Lundberg, secretário geral da Forte, um conselho de pesquisa em saúde que fazia parte do Ministério da Saúde e Assuntos Sociais da Suécia. "Nós confiamos totalmente na cadeia de produção global e na entrega a tempo. As seringas que precisamos hoje devem ser entregues pela manhã. Não há margem de segurança. Pode ser muito eficiente economicamente de alguma maneira, mas é muito vulnerável."

Quando a cuidadora apareceu com febre, ela ficou em casa. Mas outros trabalhadores com salários baixos no lar da Attendo continuaram a ir. A enfermeira ouviu vários deles conversando no vestiário que tinham que continuar trabalhando porque a licença de doença paga pelo governo não começava de imediato e não cobria todos os salários perdidos.

Enquanto a cuidadora se recuperava em casa, recebeu um pacote da Attendo. No interior, havia um grosso fichário com instruções detalhadas para a gestão da pandemia: como colocar corretamente os equipamentos de segurança, que inicialmente não possuía; como os ajudantes tinham de permanecer ao menos dois metros afastados dos residentes, o que era impossível no cuidado de pessoas com demência.

No lar de idosos, o telefone tocava incessantemente, com as chamadas deixadas em espera. Mia Grane telefonava de cinco a dez vezes ao dia. Seu pai havia testado positivo para Covid-19. Ela estava aterrorizada por ele ser deixado ir em direção à morte sem intervenção. Ela exigiu que os funcionários o transferissem para o hospital.

"Eles disseram: ninguém vai ser enviado para o hospital", Grane recordou. "Essas são as regras."

Em Estocolmo, as diretrizes encorajavam os médicos a prescrever cuidados paliativos — renunciando aos esforços para salvar vidas em favor de manter as pessoas confortáveis em seus últimos dias — assim que os residentes de lares de idosos apresentassem os sintomas da Covid-19.

As diretrizes permitiam que os médicos prosseguissem sem examinar os pacientes ou realizar exames de sangue ou urina para obter informações sobre sua saúde geral. Eles receitavam morfina, sabendo que resultaria em morte em alguns dias. Especialistas comparavam isso à eutanásia ativa, que era ilegal na Suécia.

"Como médico, sinto vergonha por haver médicos que não fizeram uma avaliação individual antes de deciderem se o paciente deveria ou não morrer", disse-me Yngve Gustafson, um professor de geriatria da Universidade de Umeå.

Os médicos estavam se adaptando à escassez. Nas duas décadas anteriores, o número de leitos hospitalares na Suécia[18] caiu de 3,58 por mil pessoas para 2,1, colocando o país abaixo até mesmo da Itália e do Reino Unido.

"Entendemos desde cedo que tínhamos que pensar muito cuidadosamente sobre como beneficiaríamos a maioria dos pacientes", disse Michael Broomé, médico de uma unidade de terapia intensiva em Estocolmo. "Tivemos que pensar duas vezes se colocaríamos pessoas idosas com outras condições em ventiladores."

Os lares de idosos suecos tornaram-se depósitos de pessoas à espera da morte.

No lar de idosos Sabbatsbergsbyn, a enfermeira geriátrica dependia de relatórios registrados por colegas de trabalho sobrecarregados para fornecer os cuidados adequados. Informações vitais passavam despercebidas.

Ela ainda era torturada pelo caso de um homem idoso que havia mostrado sinais de ter chegado às suas últimas horas. Ninguém a havia informado da condição dele quando ela entrou de plantão. Sua família não havia sido informada de que o fim estava próximo.

"Eu teria ido vê-lo e talvez segurado sua mão para ver se estava sentindo ansiedade ou dor", disse a enfermeira. "Talvez eu tivesse lhe dado morfina."

Sua voz falhou. "Ele morreu sozinho", disse ela.

No dia 2 de abril, Grane ligou para lá e foi informada de que seu pai estava quase sem vida. Ele morreu mais tarde naquele dia, sem ninguém a seu lado.

Ela implorou aos funcionários que salvassem sua mãe. Mas ela não comia e estava desidratada. Dessa vez, Grane foi ao menos autorizada a ficar no quarto até o fim.

Grane ficou arruinada com a experiência. Ela revisou o que aconteceu — a confusão, a falta de pessoal, a falta de consciência à medida que a pandemia removia seus pais de sua vida.

"Para mim, está claro que eles queriam economizar", contou-me. "No fim, é o dinheiro que fala."

Em meados de 2021, a Suécia havia perdido mais de 14 mil pessoas para a Covid-19, o que lhe deu uma taxa de mortalidade per capita muito pior que a de seus vizinhos — mais do triplo da Dinamarca e quase oito vezes a da Finlândia. A Attendo convocou uma chamada com analistas de ações para discutir seus últimos ganhos.

A pandemia tinha feito os escandinavos relutarem em confiar seus parentes a lares de idosos. Isso limitou o número de "clientes", disse Tivéus, o Diretor Executivo, produzindo uma "menor ocupação média em comparação a um ano atrás".

Mas havia notícias melhores para os acionistas. A empresa reiterou sua meta de dividendos: 30% de seus lucros durante os próximos 3 anos.

« »

"ISSO ESTÁ MATANDO PESSOAS" ✎ **275**

Enquanto a pandemia dilacerava as economias da Europa, parecia improvável que trouxesse o melhor em um continente propenso a brigas, recriminações e animosidade tribal.

A Europa nunca se recuperou totalmente dos danos econômicos deixados pela crise financeira menos de uma década antes. Agora, um choque ainda maior estava ocorrendo, ameaçando uma onda de falências e desemprego.

A União Europeia era como uma família na qual o trauma só aumentava as disfunções existentes. Durante a crise da década anterior, o conflito estava centrado em saber se e como o bloco deveria mobilizar um esforço coletivo de auxílio, com alguns sugerindo que ele fosse financiado pelas vendas dos chamadas *eurobonds** com o apoio de todos os estados-membros. Mas os países do norte da Europa recuaram, levando as nações mais duramente atingidas como Grécia, Espanha e Itália a uma agonia total.

A relutância do norte da Europa em assumir dívidas coletivas tradicionalmente repousava sobre estereótipos grosseiros de seus irmãos do sul. Os alemães ficaram chocados com a perspectiva de arriscar suas economias tão arduamente obtidas para permitir uma orgia de empréstimos para a Grécia e a Itália, países em que funcionários públicos supostamente se aposentavam no auge de sua vida, vivendo de pensões extravagantes enquanto se reclinavam nas varandas das mansões de frente para o mar.

"Você não pode gastar todo o dinheiro em bebidas e mulheres[19] e depois pedir ajuda", observou certa vez o ministro das finanças holandês, Jeroen Dijsselbloem.

Esse tipo de colocação desconsiderava o fato de que os gregos realmente trabalhavam mais horas do que muitos países do norte da Europa. Eles ignoravam como os bancos alemães haviam emprestado agressivamente para financiar investimentos desastrosos no Mediterrâneo. Ao limitar o auxílio europeu e exigir austeridade, a Alemanha garantiu que as famílias comuns[20] do sul da Europa sofreriam anos de desespero para que seus credores pudessem cobrar suas dívidas.

---

* Eurobonds são um instrumento de dívida (títulos) denominados em uma moeda diferente da moeda local do país ou mercado em que são emitidos. [N. da R.]

Os europeus do sul não se esqueceram de nada disso. A pandemia reavivou suas queixas, especialmente porque os países integrantes do Frugal Four — Áustria, Holanda, Dinamarca e Suécia — exigiram que a ajuda fosse estendida sob a forma de empréstimos que teriam de ser pagos pelos governos nacionais.

"Pode-se ao menos perguntar[21] o que eles farão para se salvar da próxima vez", disse o primeiro-ministro holandês, Mark Rutte, em maio de 2020.

Os necrotérios da Espanha estavam transbordando,[22] levando as autoridades locais de Madri a utilizar uma pista de patinação no gelo para armazenar corpos. Aos italianos foram negados os funerais[23] em meio à quarentena. Palestras sobre a retidão fiscal dos países ricos do norte sempre foram irritantes. Agora, pareciam um sinal de que a solidariedade europeia era uma fraude.

Mas então surgiu um extraordinário consenso. Com velocidade e determinação incomuns, os líderes europeus abandonaram suas restrições orçamentárias para ceder à ação. A pandemia era tão alarmante, seus perigos potenciais ao mesmo tempo enormes e incalculáveis, que encobriu o rancor habitual que frequentemente dividia as nações da Europa, fornecendo um objetivo fundamental: limitar os danos. Os governos de mentalidade austera do norte da Europa que, no momento, tinham algo mais a temer do que a dívida pública, consentiram com a suspensão das regras, permitindo que os países mais atingidos pudessem pedir empréstimos conforme necessário. A União Europeia transcendeu seu legado de desconfiança nacional para estabelecer um fundo de auxílio compartilhado no valor de €750 bilhões. Mais significativo do que a soma foi como o dinheiro foi levantado — por meio de empréstimos coletivos.[24]

Ao firmar um acordo para vender esses títulos — chamados de "corona bonds" —, a Europa diminuiu as dúvidas sobre a inviolabilidade de sua união na era pós-Brexit, enquanto aplicava um bálsamo para curar amarguras fundamentais. Foi uma vitória arquitetada pela Alemanha e pela França, os dois membros fundadores cujas animosidades mortais haviam sido o incentivo para a criação do bloco. Macron tinha perseguido como alvo principal a construção da próxima fase da União Europeia. Ele conquistou uma fonte-chave de oposição à dívida coletiva, a chanceler alemã Angela Merkel, para quem a resistência e a vitalidade da União Europeia eram uma questão de legado. O Homem de Davos estava feliz em ver um gasto agressivo de dinheiro público, ciente de que ele poderia ser usado para salvar seus investimentos problemáticos em nome da proteção de empregos.

Décadas de desigualdade cada vez maior, imigração e cortes nos serviços públicos tinham abalado a estrutura da União Europeia, dando vida aos partidos extremistas que cortejavam votos atacando a instituição. A pandemia parecia ter fortalecido a solidariedade europeia, demonstrando ao mesmo tempo os méritos da social-democracia do estilo europeu.

Os Estados Unidos empregaram um método complicado, com o fundo de private equity de Mnuchin canalizado por meio do banco de Jamie Dimon e a firma de Larry Fink comprando títulos em nome do Banco Central, permitindo que o império de private equity de Steve Schwarzman conseguisse empréstimos gratuitos. Tudo isso deveria ser redistribuído para o restante da população.

Os governos europeus cortaram os intermediários do Homem de Davos e entraram diretamente na briga, nacionalizando, em essência, a folha de pagamento. Em vez de dar assistência financeira a bilionários, fizeram-no para os trabalhadores. Da Dinamarca à Irlanda, os governos concordaram em pagar a maior parte dos salários das empresas cujos negócios foram ameaçados pela pandemia, desde que mantivessem seus funcionários.

A taxa de desemprego nos Estados Unidos disparava, mas o desemprego só aumentou um pouco em grande parte da Europa até o outono de 2020.

Na Grã-Bretanha, o choque foi profundo o suficiente para acabar com a era da austeridade. No lugar dos severos discursos sobre a necessidade de viver dentro dos recursos nacionais, Boris Johnson decidiu gastar[26] com o devido apoio. No centro disso estava um aumento dramático nos gastos com infraestrutura, permitindo a Johnson fortalecer as comunidades do norte da Inglaterra, cujas fortunas em deterioração haviam produzido a revolta que o impulsionou ao poder.

Mesmo na Alemanha, onde a aversão à dívida era uma religião nacional, o governo tomou emprestado para financiar um programa de auxílio substancial — um pacote de medidas de gastos no valor de €750 bilhões.[27]

Mas quanto tempo duraria o novo clima de harmonia europeia?

As regras orçamentárias que restringiram os gastos dos Estados-membros da UE permaneciam registradas. Elas não seriam suspensas indefinidamente. No fim das contas, os auxílios de emergência seriam contabilizados e o dinheiro teria que ser restituído.

Em teoria, os governos poderiam aumentar os impostos para acumular o que fosse necessário. De fato, na ocasião em que o supervisor do Tesouro Britânico, Rishi Sunak, anunciou um novo orçamento, em março de 2021 — prorrogando os programas de auxílio para trabalhadores durante o outono — ele disse que a conta teria que ser, por fim, cobrada mediante aumento dos impostos corporativos.

Mas o Homem de Davos era hábil em exercer influência para desviar o fardo em outros lugares, levantando a possibilidade de que a dívida seria paga de uma forma que se tornou ritual — cortes nos serviços do governo e maiores encargos para os operários. Sunak já havia anunciado o congelamento dos salários de muitos trabalhadores do governo, enquanto prometia "manter a dívida sob controle[28]". Mesmo quando o primeiro-ministro Johnson esboçou a proposta de aumento de impostos para financiar um reforço do sistema nacional de saúde no outono de 2021, ficou claro que uma fatia maior seria paga pelos trabalhadores comuns.

A austeridade não era uma fé aleatória. Era o complemento da Mentira Cósmica, um sistema de valores promovido pelas pessoas abastadas que dela se beneficiavam. Menos gastos públicos significava menos necessidade de impostos — o que significava mais para o Homem de Davos. E os gastos públicos necessários para pacificar uma população inquieta poderiam ser pagos pelos sacrifícios de outros — assalariados comuns, especialmente os mais jovens.

A austeridade pode ficar adormecida por um tempo, mas nunca estava totalmente morta.

« »

A ajuda de emergência nos Estados Unidos não foi uma fonte de transparência. Mas, na Grã-Bretanha, o Tesouro recusou-se a divulgar os nomes das empresas que asseguravam empréstimos garantidos pelo governo, mesmo quando seu valor em aberto cresceu mais de £52 bilhões.

Representantes do British Business Bank[29] — uma entidade governamental que lidava com as transações — declararam que permitir que o público visse para onde seu dinheiro estava indo deixaria os mutuários desconfortáveis, talvez desencorajando-os a obter empréstimos.

Ainda assim, a estranha revelação sobre tais programas demonstrou que o Homem de Davos estava aplicando suas proezas habituais para aproveitar a generosidade do público.

O tesouro britânico dependia de uma rede de mais de 100 instituições financeiras qualificadas para distribuir os empréstimos. Uma financeira, a Greensill Capital, forneceu empréstimos no valor de £350 milhões[30] a uma coleção de empresas controladas por Sanjeev Gupta, um magnata do aço, nascido na Índia e educado em Cambridge, com um jato privado e uma mansão no País de Gales. Esses empréstimos evitaram, ao menos temporariamente, o desastre para ambas as empresas. A Greensill emprestou cerca de £3,5 bilhões ao império empresarial de Gupta ao longo dos anos. Esse dinheiro tinha permitido à Gupta[31] adquirir operações de aço e de alumínio nos Estados Unidos, na Europa e na Austrália, empregando cerca de 35 mil pessoas, enquanto acumulava lucros anuais de US$20 bilhões.

A paralisação econômica global estava ameaçando a capacidade de Gupta de continuar fazendo o pagamento de sua dívida. A inadimplência de seu grupo comercial seria colossal — uma falha suficientemente grande para derrubar seu credor.

Como as revelações posteriores deixaram claro, Greensill estava ciente[32] de que o grupo Gupta já estava atrasado em seus pagamentos e em sério risco de entrar em falência quando utilizou empréstimos apoiados pelos contribuintes para ajudar a tapar o buraco. Isso deveria ter feito com que a empresa ficasse impedida de receber um auxílio financeiro público.

Mas dois detalhes transcenderam tais considerações mundanas. As holdings do grupo Gupta incluíam siderúrgicas que empregavam mais de 4 mil pessoas na Grã-Bretanha, tornando o colapso da empresa uma calamidade potencial. E seu credor, a Greensill, empregou o ex-primeiro-ministro britânico David Cameron, pagando-lhe mais de £1,2 milhão[33] em salários e bônus anuais, além de participações em ações que lhe renderam mais de £3 milhões em 2019.

No ano seguinte, em março de 2021, as autoridades britânicas revogaram a participação da Greensill[34] no programa de empréstimos do governo enquanto investigavam a empresa por suposta violação de suas regras ao não exigir garantias adequadas das empresas de Gupta. Quando os investidores da Greensill sacaram seu capital, a empresa entrou em falência. Gupta estava escondido em Dubai, lutando para conseguir novos financiamentos.

O Banco da Inglaterra publicou uma lista de empresas cuja dívida estava comprando — uma conta que alcançou £19 bilhões no outono de 2020. A EasyJet, uma companhia aérea de baixo custo,[35] obteve uma ajuda do Banco Central de £600 milhões, mesmo quando planejava demitir 4.500 pessoas. Ainda assim, a empresa conseguiu £174 milhões para cobrir os dividendos para os acionistas.[36]

A British Airways, a maior companhia aérea do país, recebeu do banco central uma infusão[37] de £300 milhões, apesar de planejar dar um fim a 12 mil empregos.

Empresas que tinham conseguido evitar o pagamento de impostos ao tesouro britânico quando os tempos eram de abundância, agora usavam a crise como uma oportunidade para a mendicância corporativa. A família Agnelli — o clã que controlava a Fiat — possuía um conglomerado chamado CNH Industrial. Ela tinha conseguido obter reembolsos de impostos britânicos que excederam £15 milhões entre 2017 e 2019 — um período no qual confiou no conselho contratado de um tal George Osborne, o ex-secretário do Tesouro britânico. Em meio à pandemia, o conglomerado de propriedade de Agnelli ajudou a si mesmo com £600 milhões em créditos do Banco da Inglaterra.[38]

Contudo, o destinatário mais notável da assistência pública britânica foi uma empresa da qual as pessoas comuns provavelmente nunca tinham ouvido falar, mesmo que estivessem familiarizadas com suas participações — a Merlin Entertainment. Estavam no seu portfólio a Legoland, uma cadeia de parques de diversão com preços astronômicos, e o Madame Tussauds, famoso pelas cafonas imitações de celebridades em cera. Ela operava 130 locais de entretenimento e 20 hotéis em 25 países, ao mesmo tempo em que se autodenominava a maior operadora de atração de visitantes da Europa. Não era algo bom para ser em uma pandemia.

No início de abril de 2020, a empresa divulgou uma declaração com o objetivo de assegurar a seus credores que estava tomando medidas para cortar custos enquanto buscava assistência pública. "Esperamos nos beneficiar[39] de várias medidas governamentais." Mais tarde naquele mês, a Merlin divulgou seu relatório anual, soando o alarme de que os isolamentos e as medidas de distanciamento social representavam "uma interrupção sem precedentes em nossos negócios". A pandemia havia resultado no "atual fechamento temporário de praticamente todas as nossas atrações".[40]

A Merlin estava dispensando 80% de sua força de trabalho em todo o mundo. Ela havia "implementado reduções salariais voluntárias", o que faz alguém ficar imaginado quais seriam as outras opções para seus trabalhadores altruístas. Essas medidas reduziram suas despesas em 45%, mas a empresa precisava de £12 milhões por mês[41] apenas para se manter atualizada no pagamento de suas dívidas.

Essa dívida foi o resultado de uma fusão concluída no ano anterior por um trio abastado — o fundo de pensão canadense, a família bilionária que lançou a Lego e ninguém menos que a empresa de Steve Schwarzman. Eles tinham pago um total de £6 bilhões para assumir o controle da Merlin. Depois, seguiram o clássico jogo do private equity, usando seus novos ativos como garantia para empréstimos irrestritos a fim de financiar a expansão.

Essa estratégia estava arruinada. Os investidores estavam em busca de £10 milhões por mês em subsídios salariais, mais £2 milhões por mês em apoio governamental para empresas problemáticas.

A Blackstone me informou que a Merlin aproveitou o programa de licenças não remuneradas dos trabalhadores e ganhou com a redução de impostos em suas propriedades fechadas.

"Não acreditamos que os funcionários da Merlin devam ser arbitrariamente excluídos dos programas de apoio ao salário que estão amplamente disponíveis para praticamente todos os trabalhadores apenas devido à propriedade privada da empresa", disse a organização.

Mas, ao mesmo tempo em que a Merlin se valia da generosidade do contribuinte, Schwarzman se vangloriava publicamente da ótima situação financeira de sua empresa.

"Entramos nesta crise[42] em uma posição de grande força", disse ele aos analistas de ações.

A Blackstone estava com US$150 bilhões[43] em dinheiro e "buscava agressivamente" conquistar empresas que haviam sido nocauteadas para barganhar preços. A empresa de Schwarzman pagou mais de US$700 milhões em dividendos e recompra de ações no primeiro trimestre de 2020.

No ano seguinte, a Blackstone usaria parte de suas reservas para comprar uma participação majoritária em outra empresa britânica — a Bourne Leisure, um conjunto de resorts para famílias.

O auxílio do governo à Merlin esbarrou em uma proibição legal contra a ajuda a empreendimentos que pareciam estar falindo — um vestígio da lei da União Europeia que ainda se aplicava durante um período de transição que levou até o Brexit. Em face de sua pesada dívida, a Merlin caiu na categoria dos que corriam o risco de colapsar.

Mas a Merlin, o Tesouro e a Confederação da Indústria Britânica — uma associação comercial líder — fizeram pressão junto ao Parlamento para suspender a proibição do auxílio estatal, abrindo caminho para o governo prestar assistência financeira.

O Brexit tinha sido vendido ao público como um meio de retomar o controle. Livre da suposta camisa de força europeia, a Grã-Bretanha estava flexibilizando sua soberania, reivindicando o direito de entregar o dinheiro do contribuinte ao Homem de Davos.

« »

Meses depois que Chiara Lepora voltou a Dubai para retomar suas obrigações com os Médicos Sem Fronteiras, ela ainda lutava para entender como seu próprio país — uma nação europeia com instalações médicas de alta qualidade — havia falhado tão profundamente em proteger seu povo de uma emergência de saúde pública.

A pandemia foi precisamente o tipo de evento que motivou os seres humanos a moldar o governo — uma ameaça que excedia de forma incontrolável as capacidades individuais de contenção. Ela exigia uma série de recursos, um plano de batalha coletivo e uma execução eficaz supervisionada por especialistas. Em vez disso, Lepora observou horrorizada quando a Itália sofreu o tipo de agonia que ela e seus colegas estavam acostumados a ver nos países mais pobres do mundo, devastados por conflitos.

"Esse foi definitivamente um dos aspectos chocantes para nós", disse-me Lepora, "a ideia de encontrar em nosso país, em hospitais muito semelhantes aos que todos nós começamos a praticar medicina, os mesmos tipos de dificuldades que estamos acostumados a ver em todo o mundo."

Mas havia uma diferença crucial. Em lugares como o Iêmen e o Sul do Sudão, os recursos médicos eram escassos, deixando as populações em grande parte dependentes de organizações de ajuda externa. Na Itália — como na Europa em geral — o *know-how* e as instalações médicas eram ao mesmo tempo sofisticados e abundantes. Mas eles não estavam mais organizados predominantemente em benefício da saúde pública. Essa abordagem funcionava ao lado de um objetivo cada vez mais decisivo que frequentemente representava um conflito — o enriquecimento dos acionistas.

Ao incentivar os médicos a se concentrar em especialidades lucrativas, a Lombardia deu pouca importância aos cuidados preventivos básicos. Isso limitou o que constituía o sistema de vigilância mais básico em uma pandemia — médicos de família que interagiam com os pacientes. Ao privatizar uma série de serviços em seus hospitais, a região levou a uma situação na qual ninguém ficava totalmente responsável; na qual ninguém tinha o poder de pensar sistematicamente sobre como responder a uma emergência, racionalizando o equipamento de proteção disponível. Isso foi um convite para que o coronavírus se espalhasse.

Em toda a Europa, parte da explicação para a letalidade da Covid-19 foi, de fato, que os serviços de saúde haviam sido reduzidos para financiar benefícios fiscais para o Homem de Davos. Mas estrutura também era um elemento poderoso. Quando os interesses do Homem de Davos tomaram a prioridade na conversa política, isso relegou outras preocupações para um status secundário. Você poderia ter os médicos mais bem treinados, as instalações médicas mais formidavelmente equipadas, e acesso aos medicamentos mais avançados e ainda falhar em montar uma resposta eficaz a uma crise de saúde pública.

"O que vimos foi realmente este tipo de falta de direção centralizada e integrada que eu temo que seja realmente um sinal do que acontece em geral na região", contou-me Lepora. "A pandemia expõe todas essas fraquezas."

CAPÍTULO 14

"É HORA DE LUCRAR?"

O Homem de Davos Ganha ou Pessoas Morrem

Era março de 2020, e nada estava funcionando bem para o atual presidente dos Estados Unidos. Conforme as pesquisas de novembro se aproximavam, o coronavírus se espalhava por grande parte do país. Tendo falhado em controlar a pandemia, Donald Trump prometia salvação por meio do desenvolvimento de medicamentos e de vacinas milagrosas.

"Vamos encontrar algumas soluções realmente boas", declarou em um comício na Carolina do Norte. "Os Estados Unidos estão agora em primeiro lugar no ranking mundial de prevenção."

Essa era uma afirmação absurda. Ao afastar a ameaça da pandemia como notícia falsa, Trump tinha sabotado eficazmente o funcionamento da infraestrutura da saúde pública norte-americana, deixando os Estados Unidos longe de qualquer classificação de prevenção que se possa imaginar. Enquanto ele falava, o país estava registrando cerca de dezenas de novos casos de Covid-19 por dia. No fim do mês, o número se aproximaria de 20 mil. Em um esforço para organizar uma recuperação, juntou em uma sala de reunião na Casa Branca, os diretores de algumas das maiores empresas farmacêuticas do mundo.

O encontro incluiu representantes de algumas empresas que estavam desenvolvendo vacinas, incluindo a Pfizer e a Moderna. Trump demonstrou um interesse especial pelo homem sentado diretamente a seu lado na mesa — Daniel O'Day, um aspirante a Homem de Davos que dirigia uma empresa de biotecnologia chamada Gilead Sciences.

As vacinas levariam muitos meses e talvez anos para serem produzidas. Gilead estava trabalhando em algo imediato — um medicamento chamado Remdesivir. Como O'Day explicou, a droga era um antigo antiviral que foi desenvolvido há mais de uma década para ser usado contra outros tipos de coronavírus.

"Esperamos que tenha efeitos contra a Covid-19 agora", disse O'Day a Trump. "Sabemos que, *in vitro*, é muito eficaz."

Trump interrompeu animado, como se a notícia atraísse uma poção mágica de reeleição.

"Então você tem um remédio que já está envolvido com os coronavírus, e agora você tem que ver se é especificamente para esse", disse ele. "Você pode descobrir isso amanhã, não pode?"

Com receio, O'Day deu a notícia de que amanhã não era uma possibilidade.

"O essencial é fazer testes clínicos", disse ele, detalhando os testes em andamento.

Trump acenou impaciente, claramente desinteressado em ouvir porque ele tinha que esperar um grupo de cientistas verificar formalidades como a segurança humana, antes que ele pudesse colocar as mãos no elixir.

"Nenhuma resposta ainda?" Trump perguntou. "Quando você vai saber se funciona? Quero dizer, você já tem esse medicamento."

Os resultados preliminares estariam disponíveis no mês seguinte, respondeu O'Day. A Gilead já estava se preparando para fabricar o medicamento. "Estamos agindo o mais rápido que podemos", disse O'Day.

"Faça isso, Daniel",[1] Trump implorou. "Não nos decepcione, Daniel. Está entendido?"

O'Day faria isso. Embora os testes revelassem que o medicamento não teve grande importância na limitação das mortes por Covid-19, e embora o advento das vacinas falhasse em resgatar a condenada presidência de Trump, o Remdesivir se mostrou dramaticamente bem-sucedido como um remédio para a contabilidade de Gilead.

No início de 2021, Trump se foi, mas a previsão era de que o Remdesivir registraria US$3 bilhões em vendas ao longo do ano.

A indústria farmacêutica era uma parcela excepcionalmente gratificante da reserva do Homem de Davos, uma paisagem repleta de presas deliciosas, grande parte delas estocadas pelo público. As empresas farmacêuticas exploravam a pesquisa financiada pelos contribuintes para gerar novos medicamentos comercializáveis. Em seguida, fixavam os preços de seus produtos para maximizar o retorno para os acionistas, frequentemente fora do alcance de grande parte da humanidade.

A pandemia ampliou as apostas, fornecendo aos Homens de Davos que dirigiam empresas farmacêuticas um incentivo adicional para priorizar os lucros dos acionistas sobre as necessidades da sociedade.

A disseminação global do coronavírus também expôs as armadilhas da desigualdade que vinha se ampliando há décadas. O retrocesso da monopolização da riqueza pelo Homem de Davos havia colocado nacionalistas agressivos como Trump no poder, assim como a cooperação internacional era criticamente necessária.

Enquanto lutavam para garantir medicamentos e equipamentos de proteção, os países enfrentavam sérias rupturas na cadeia de abastecimento, resultantes, em parte, da guerra comercial de Trump. Da Europa à Índia, governos procuravam barrar as exportações de bens essenciais, ameaçando a disponibilidade para todos.

As consequências desse espírito de rivalidade se intensificaram quando as vacinas se tornaram disponíveis no início de 2021, trazendo uma nova e determinante forma de desigualdade: os que tinham ou não acesso a elas.

As empresas do Homem de Davos aproveitaram as capacidades de pesquisa de primeira linha para produzir vacinas eficazes em uma fração do tempo que a maioria dos especialistas achava possível. Mas o preço desses produtos salvadores de vidas deixou a maioria da população mundial incapaz de participar.

Em uma economia nacionalista livre para todos, os Estados Unidos, a Grã-Bretanha e outras economias avançadas encomendaram muito mais doses do que suas populações necessitavam. Os países pobres estavam, em grande parte, fechados, dependentes de esmolas de organizações que distribuíam mais comunicados de imprensa do que doses.

Do Sul da Ásia à África e à América Latina, bilhões de pessoas provavelmente ficariam sem vacinas por vários anos.

Havia apenas uma certeza: o Homem de Davos lucraria.

« »

Como muitos fármacos, o Remdesivir falhou em sua versão original. Seis anos antes, Gilead fez testes iniciais como tratamento para o Ebola. Esses testes foram malsucedidos, deixando o produto na prateleira. Depois veio a pandemia. De repente, qualquer forma concebível de atacar um vírus era digna de ser tentada.

Gilead havia fornecido Remdesivir às autoridades na China para testes como tratamento para a Covid-19. Um painel da Organização Mundial da Saúde[2] concluiu que o Remdesivir era "o candidato mais promissor" entre os potenciais terapêuticos. Os ensaios clínicos tinham começado nos EUA.

Quatro dias após O'Day ter participado da reunião na Casa Branca, ele foi ao Capitólio como parte de um contingente de executivos da indústria reunidos pela principal associação comercial, a Pharmaceutical Research and Manufacturers of America — mais conhecida como PhRMA. Em uma entrevista coletiva, mencionou o potencial do Remdesivir, afirmando que Gilead havia gasto "bilhões de dólares tentando desenvolver esse medicamento".[3]

Mas ele omitiu a referência a um investidor crucial — o contribuinte norte-americano. O Centro de Controle de Doenças (CDC), o Exército dos EUA e os Institutos Nacionais de Saúde (NIH) financiaram projetos de pesquisa[4] que prepararam o terreno para o desenvolvimento do medicamento.

Ainda naquele mês, Gilead recebeu outro presente do contribuinte, já que a empresa obteve aprovação da Food and Drug Administration (FDA) para registrar o Remdesivir como um suposto tratamento de doenças raras. Essa designação trouxe um tesouro de benefícios — um monopólio de sete anos nas vendas, livre da incursão de genéricos; créditos fiscais para custos de pesquisa e desenvolvimento; e um tempo de revisão mais rápido para liberação regulatória.

O Congresso havia criado tal categorização no início dos anos 1980 como um meio de estimular a pesquisa de doenças que afligiam tão poucas pessoas que, de outra forma, poderiam ser ignoradas. A designação era limitada às doenças que afetavam menos de 200 mil pacientes. Tecnicamente, a Covid-19 qualificou-se porque — no momento da apresentação do pedido de Gilead — os Estados Unidos tinham cerca de 50 mil casos. Mas isso foi como argumentar que a praia era um destino impopular porque ninguém ia lá no dia mais frio do inverno. A Covid-19 não corria o risco de ser ignorada pelo mercado. No outono de 2020, somente os Estados Unidos haviam registrado mais de 8 milhões de casos.

"Isso é um abuso inadmissível[5] de um programa projetado para incentivar a pesquisa e o desenvolvimento de tratamentos para doenças raras", declarou uma carta enviada a O'Day de 51 grupos de advogados de consumidores liderados pela Public Citizen. "Chamar a Covid-19 de uma doença rara, ironiza o sofrimento das pessoas e explora uma brecha da lei para se aproveitar de uma pandemia mortal."

Os contribuintes já haviam pago pelo medicamento por meio de "pelo menos US$60 milhões em subsídios[6] e inúmeras contribuições de cientistas federais", observou a Public Citizen. Um estudo mais amplo identificou o valor de US$6,5 bilhões[7] de projetos financiados pelo governo federal que haviam contribuído para o Remdesivir.

Esse era o procedimento operacional padrão do Homem de Davos. O contribuinte há muito tempo servia como o investidor-anjo principal[8] para medicamentos de sucesso. Entre 2010 e 2019, a FDA aprovou 356 novos fármacos. Cada um foi apoiado por pesquisas públicas, incluindo US$230 bilhões em doações dos Institutos Nacionais de Saúde.

À primeira vista, isso foi positivo. Os Estados Unidos tinham uma capacidade de pesquisa insuperável. O público aproveitava essa engenhosidade para produzir remédios que salvam vidas. Mas acionistas como O'Day e seus antepassados da Gilead monopolizavam os benefícios.

Entre 2000 e 2018, 35 das maiores empresas farmacêuticas apresentaram receitas totais de quase US$12 trilhões[9] e lucros de quase US$2 trilhões. Elas alcançaram esses ganhos em parte ao precificar seus medicamentos além do alcance das pessoas comuns. As insulinas, por exemplo, quase quadruplicaram o preço[10] durante a década anterior, enquanto os medicamentos para esclerose múltipla aumentaram mais de cinco vezes. Um em cada quatro norte-americanos[11] relatou dificuldades para comprar medicamentos prescritos.

Os executivos de empresas farmacêuticas defendiam-se contra acusações de exploração argumentando que os ganhos monumentais eram um requisito para o desenvolvimento de medicamentos vitais.

"Há aqueles que são ousados[12] e inovam dessa maneira, e assumem esse risco; é preciso que haja mais recompensa por isso", declarou certa vez Gregg H. Alton, então vice-presidente da Gilead para empresas e assuntos médicos. "Caso contrário, seria muito difícil para as pessoas fazerem esse investimento."

Mas essa noção exagerava o grau em que as empresas farmacêuticas aplicavam seus ganhos em investimentos socialmente úteis.

Entre 2006 e 2015, 18 grandes empresas farmacêuticas norte-americanas distribuíram 99% de seus lucros[13] aos acionistas por meio de dividendos e compras de suas próprias ações. Os US$516 bilhões que elas coletivamente destinaram aos acionistas excederam os US$465 bilhões que dedicaram à pesquisa e ao desenvolvimento.

As empresas farmacêuticas gastaram grande parte de seu dinheiro em campanhas de marketing. Elas pagaram contribuições a associações comerciais como a PhRMA que, somente em 2019, gastou um recorde de US$29 milhões[14] para fazer lobby no Congresso enquanto lutava contra as tentativas de regular os preços de remédios controlados.

A Gilead era um espantoso poço de riqueza. Ao longo de duas décadas, o diretor executivo da empresa, John C. Martin, levou para casa mais de US$1 bilhão em bonificação,[15] a maior parte sob a forma de ações da bolsa.

Esses ganhos refletiram o sucesso da Gilead como uma empresa que operava mais como um banco de investimento do que como um laboratório. Em 2011, a empresa pagou mais de US$11 bilhões para assumir uma empresa de biotecnologia baseada em Atlanta, a Pharmasset, que havia desenvolvido um meio promissor de tratar a hepatite C. Dois anos mais tarde, a Gilead obteve a aprovação da FDA para o medicamento resultante, e o rotulou de Sovaldi. O tratamento de 12 semanas custava US$84 mil — cerca de US$1 mil por pílula.

Em 2014, seu primeiro ano no mercado, o Sovaldi arrecadou vendas de US$10,3 bilhões. Mas seu preço era tão alto que os governos estaduais — que cobriam grande parte da conta para os pacientes do Medicaid — estavam prescrevendo-o apenas para os casos mais graves.[16] Cerca de 700 mil pacientes do Medicaid sofriam de hepatite C, mas menos de 3%[17] conseguiam obter o medicamento.

No ano seguinte, a Gilead vendeu quase US$14 bilhões de outro fármaco para hepatite C, o Harvoni, que custava US$94.500, pelo tratamento de 12 semanas.

Esses dois sucessos explicaram em grande parte como a Gilead foi capaz de direcionar mais de US$26 bilhões na compra de suas próprias ações entre 2014 e 2016, da mesma forma que os pacientes carentes eram incapazes de custear seus medicamentos. A Gilead estava explorando as brechas fiscais[18] para esconder sua ganância no exterior, evitando impostos sobre quase US$10 bilhões em lucros.

Em janeiro de 2017, John Milligan, então CEO da Gilead, voou para a Suíça para o Fórum Econômico Mundial, onde participou de um painel de discussão intitulado *Rebuilding Trust in the Healthcare Industry* [Reconstruindo a Confiança na Indústria da Assistência Médica, em tradução livre]”.

O painel foi moderado por Sara Eisen, uma âncora do canal de notícias financeiras CNBC. Ela denunciou exemplos recentes de executivos farmacêuticos saqueando o interesse público para ganho privado. Houve o caso da “Pharma Bro”, quando Martin Shkreli, um ex-gerente de fundo de hedge, assumiu o controle de um medicamento usado para tratar uma infecção parasitária mortal. Ele aumentou o preço de US$13,50 por comprimido para US$750, forçando os pacientes a gastar milhares de dólares por ano. Uma empresa chamada Theranos apresentou uma tecnologia revolucionária de testes de sangue que foi exposta como fraude.

Essas histórias tinham "deixado muitos se perguntando se existe um problema de confiança quando se trata de cuidados de saúde", disse Eisen ao abrir a discussão. Ela convidou seus "ilustres palestrantes" a fornecer "um pensamento progressista" sobre como recuperar a fé.

Essa configuração aderiu ao baile de máscaras central de Davos, no qual cada participante se apresenta como um cidadão preocupado. Em vez de questionar criticamente as pessoas que lucraram com um sistema que tratava pacientes como otários, Eisen convidou seu painel de executivos farmacêuticos a oferecer conselhos como aqueles dedicados a Melhorar o Estado do Mundo.

Milligan, cuja remuneração naquele ano excedeu US$15 milhões, foi questionado sobre a controvérsia dos preços dos medicamentos para hepatite da Gilead. Ele reconheceu o problema, mas lançou-o como um problema de comunicação — não o resultado de um modelo de negócios explorador.

"Não lidamos bem com isso", disse. "Não falamos o suficiente a respeito."

Essa era uma manobra clássica do Homem de Davos, minimizar seu papel no sofrimento humano ao confessar problemas de comunicação ou mal-entendidos. Isso tornou a boa comunicação a solução para todos os problemas — uma afirmação implícita da própria atividade em que estava envolvido. Ele fazia uma pose de candura e até de humildade, aceitando a culpa pelo crime menor de escolha de palavras erradas, enquanto desviava a atenção de questões muito mais sérias de pacientes que morriam por falta de medicamentos a preços acessíveis.

Milligan retratou a Gilead como vítima de um sistema excessivamente complexo — um sistema repleto de seguradoras e provedores médicos, cada um buscando um bom negócio e não querendo divulgar os termos por medo de prejudicar sua posição de negociação.

"Há uma falta de transparência", disse. "Sempre haverá oportunistas."

Isso era como o dono de um cassino desleixado lamentar a embriaguez que acompanhava o jogo. Assim como Schwarzman festejava a vulnerabilidade dos pacientes de salas de emergência que não estavam esclarecidos sobre as particularidades de suas apólices de seguro, a empresa de Milligan explorou a confusão que caracterizava sua indústria. A falta de transparência não era algo para Gilead lamentar; era como a empresa fazia bilhões.

A Gilead utilizou audácia semelhante ao extrair lucros da epidemia de HIV. Ela explorou uma técnica, desenvolvida pelos Centros de Controle de Doenças, que bloqueava a transmissão do vírus. O governo patenteou a técnica em 2015 e a Gilead a usou para desenvolver um fármaco, o Truvada, que vendia $20 mil por ano. Suas vendas atingiram US$3 bilhões em 2018, mas a Gilead não pagava um centavo em royalties[19] ao governo, argumentando que a patente era inválida. Finalmente, o governo processou a empresa para tentar cobrar um retorno.

A maior parte dessa história é anterior a O'Day, que se tornou CEO em dezembro de 2018. No entanto, quase imediatamente, ele se viu obrigado a responder pela reputação inescrupulosa de seu novo empregador.

Em uma audiência perante o Comitê de Supervisão e Reforma da Câmara em maio de 2019, membros do Congresso o interrogaram sobre o preço exorbitante do Truvada. Lá, O'Day aderiu à linha da indústria de que o mundo poderia ter preços razoáveis ou fármacos que salvam vidas, mas não ambos.

"Se tivéssemos baixado[20] os preços de nossos medicamentos uma década atrás, não estaríamos aqui sentados com as inovações que estão transformando o tratamento do HIV e da AIDS", disse O'Day.

Como de costume, negócios; uma postura especialmente arriscada no meio de uma pandemia global. O escândalo pelo sucesso da Gilead em certificar o Remdesivir como tratamento de doenças raras foi tão forte que a empresa cancelou sua aplicação. O'Day logo anunciou que a empresa doaria seu estoque de Remdesivir — 1,5 milhões de doses — a prestadores médicos, gratuitamente.

Esse gesto de generosidade foi limitado. A Gilead estava aumentando sua capacidade de fabricação, com o objetivo de produzir remédio suficiente para 1 milhão de pacientes até o fim de 2020. Até então, cobraria pelo medicamento.

Os Institutos Nacionais de Saúde logo anunciaram resultados de um ensaio clínico do Remdesivir. O medicamento encurtou o tempo que pacientes gravemente afligidos tiveram de permanecer no hospital, mas seus benefícios em limitar a morte[21] foram mínimos. Trump pressionou a FDA publicamente para deixar de picuinhas e colocar o fármaco no mercado. A antiga estrela de *reality show* percebeu que o anúncio de um novo medicamento para a Covid-19 estava aumentando seus índices na pesquisa eleitoral.

"Quero a maior rapidez possível",[22] disse Trump aos repórteres.

Dois dias depois, a FDA liberou o Remdesevir em caráter de emergência. O'Day apareceu com Trump em uma coletiva de imprensa na Casa Branca.

"Sentimos uma tremenda responsabilidade",[23] disse O'Day. "Estamos totalmente comprometidos em trabalhar, Sr. Presidente, com o senhor e a sua administração para garantir que os pacientes necessitados possam obter este novo e importante medicamento."

Antigamente, o governo norte-americano estava em condições de garantir esse resultado. Em 1989, os Institutos Nacionais de Saúde declararam que exigiriam preços "razoáveis" para os medicamentos[24] produzidos com o apoio de pesquisas governamentais. Mas a indústria farmacêutica pressionou ferozmente para que essa regra fosse eliminada, apresentando o argumento de que os preços astronômicos dos medicamentos eram uma exigência para a inovação. Ou o Homem de Davos recebia o pagamento ou as pessoas morreriam.

Em 1995, com o governo liderado por Bill Clinton, um angariador de fundos corporativos por excelência, e com as contribuições da indústria farmacêutica fluindo liberalmente, o NIH revogou sua regra.[25]

Ao liberar as empresas farmacêuticas da exigência legal de praticar preços razoáveis, o governo norte-americano ratificou o triunfo do pensamento do Homem de Davos. "A eliminação da cláusula[26] promoverá pesquisas que podem melhorar a saúde do povo norte-americano", declarou o NIH em um comunicado de imprensa.

Cinco anos depois, os membros do Congresso tentaram reativar a regra do preço razoável com uma emenda anexada a um projeto de lei mais amplo. Oito democratas se uniram aos republicanos para derrotá-la no Senado — entre eles, um senador de Delaware[27] chamado Joe Biden.

Duas décadas depois, em 29 de junho de 2020, Daniel O'Day publicou uma carta divulgando os preços da Gilead para o Remdesivir.

O medicamento parecia encurtar a permanência hospitalar em uma média de 4 dias, observou ele, um benefício que valia US$12 mil por paciente. A Gilead poderia, com base nisso, justificar a cobrança de US$12 mil. Mas a empresa, "com o objetivo de ajudar o maior número possível de pacientes",[28] estava abrindo mão do dinheiro, de forma abnegada. Cobraria aos governos dos países ricos US$2.340 por paciente para um tratamento de 5 dias. As companhias de seguro privadas pagariam US$3.120.

Por esse raciocínio, uma escova de dente poderia chegar a mais de US$1 mil, uma vez que poderia impedir um tratamento de canal. A Gilead poderia ter cobrado[29] o mínimo de US$10 pelo tratamento de Remdesivir e ainda ganhar dinheiro, uma análise concluiu. Mas isso teria retido a recompensa do Remdesivir do principal interessado — Daniel O'Day e seus colegas acionistas.

A administração Trump anunciou que estava comprando quase todo o fornecimento de Remdesivir da empresa pelo preço anunciado e que distribuiria o medicamento para os hospitais.

Nos Estados Unidos, uma coalizão bipartidária de procuradores-gerais representando 30 estados exortou a administração Trump a usar seus poderes para invocar os chamados direitos garantidos pelo governo federal,[30] permitindo que outras empresas fizessem versões genéricas do Remdesivir para aumentar a oferta e baixar o preço.

A Gilead pronunciou-se "profundamente decepcionada" com esse questionamento de sua benevolência. A empresa exortou a administração Trump a manter "incentivos para que a Gilead e outros continuem a investir no desenvolvimento de tratamentos e de vacinas de extrema necessidade".

A Gilead nada tinha a temer desde que Trump permanecesse no cargo.

Em outubro de 2020, um mês antes das eleições presidenciais, Trump contraiu Covid-19, e o medicamento foi administrado — uma propaganda útil na temporada final de seu programa.

« »

Um coronavírus que se espalhava rapidamente através das fronteiras exigia cooperação internacional. Mas décadas de saques do Homem de Davos haviam semeado desconfiança e deficiência, exaltando os tribalistas que viam a colaboração como uma ameaça aos interesses nacionais.

Enquanto a primeira onda da pandemia varria o mundo, os governos nacionais proibiram a exportação de praticamente qualquer coisa que pudesse ser útil — máscaras e roupas cirúrgicas, matéria-prima para produtos farmacêuticos e peças para ventiladores. Em abril de 2020, quase 70 países[31] haviam imposto tais proibições, incluindo vários membros da União Europeia. Dado que as matérias-primas e as peças foram retiradas da cadeia de fornecimento global, tais barreiras ameaçavam a disponibilidade para todos.

Dois países desempenharam papéis especialmente críticos na cadeia de fornecimento global: a Índia era o maior produtor mundial[32] de medicamentos genéricos, de antibióticos a analgésicos; e os fabricantes chineses forneciam à Índia quase 70% das matérias-primas para produtos farmacêuticos. Ambos eram governados por líderes que habitualmente alimentavam o nacionalismo como um meio de reunir o apoio popular. E, no verão de 2020, esses dois países estavam envolvidos em um violento conflito fronteiriço que cerceou severamente seus negócios.

O primeiro-ministro indiano, Narendra Modi, era um supremacista hindu que demonizava a população muçulmana minoritária. Ele se vendeu a investidores internacionais como o suposto mestre por trás de um milagre econômico em seu estado natal de Gujarat, deixando de fora seu suposto papel no fomento de um massacre de muçulmanos em 2002.

Com a intenção de penetrar em um mercado que abrigava mais de 1 bilhão de pessoas, o Homem de Davos participou do desfile de Modi.

"É maravilhoso estar com o primeiro-ministro Modi em Davos", Benioff tuitou do Fórum para seus 1 milhão de seguidores em janeiro de 2018, colocando uma foto de si mesmo enquanto apertava a mão do líder indiano. "A transformação da economia indiana é muito impressionante. Ele tem uma mão aberta para os negócios."

Para nunca ser superado, Klaus Schwab usou um post[33] no blog para elogiar Modi por presidir uma nação que possuía "um mecanismo institucional robusto para contrabalançar habilmente a diversidade difundida enquanto projetava uma identidade única". O texto foi publicado logo após um político do partido de Modi ter sido flagrado oferecendo uma recompensa[34] de US$1,5 milhão a qualquer um que decapitasse a estrela e o diretor de um grande sucesso de Bollywood que supostamente distorceu uma lenda hindu.

Na realidade, Modi se distinguiu como um incompetente desajeitado, presidindo uma desaceleração econômica, enquanto seu governo manipulava a contabilidade para esconder a extensão do desemprego.

A pandemia proporcionou a Modi uma nova oportunidade de empregar o machismo nacionalista como um desvio de seu desempenho econômico decepcionante. Ele restringiu as exportações de dezenas de medicamentos e matérias-primas, incluindo hidroxicloroquina, um medicamento antimalárico que mostrou uma promessa inicial como potencial tratamento para a Covid-19.

O líder supremo da China, Xi Jinping, estava empenhado em usar a emergência de saúde pública para demonstrar o status recuperado de seu país como uma superpotência — autossuficiente em casa e capaz de fornecer medicamentos e vacinas vitais a países de todo o mundo.

Ao mesmo tempo, a administração Trump aproveitou a pandemia como uma oportunidade para conter a ascensão da China, forçando os fabricantes norte-americanos a abandonar o país.

Quase 3/4 dos fornecedores de ingredientes usados na fabricação de produtos farmacêuticos nos Estados Unidos estavam localizados no exterior, incluindo 13% na China.[35] Mais da metade de todas as máscaras do mundo eram feitas na China. E a China era a fonte de 90%[36] dos principais produtos químicos utilizados para fazer as matérias-primas de uma vasta gama de medicamentos genéricos usados para tratar pessoas hospitalizadas com Covid-19.

Trump encarregou seu conselheiro comercial, Peter Navarro, de mobilizar a indústria norte-americana para produzir máscaras faciais, ventiladores e outros equipamentos vitais. Em março de 2020, Navarro começou a preparar uma ordem executiva que orientava as agências federais a comprar medicamentos e equipamentos de proteção de fornecedores norte-americanos.

Navarro alegou que a ordem não era dirigida a nenhum país em particular, mas isso era claramente um disparate: ele havia acusado a China[37] de criar o novo coronavírus e de propagá-lo intencionalmente no mundo.

Havia lógica na ideia de que os Estados Unidos deveriam diminuir sua dependência de fornecedores estrangeiros de medicamentos e equipamentos de proteção. Mas era uma loucura pressionar tal resultado no meio de uma emergência, ao mesmo tempo em que antagonizava o único país em posição de satisfazer a carência.

Grande parte da indústria norte-americana estava fechada. A Europa estava em situação semelhante. Como padeceu do vírus mais cedo, a China já estava reabrindo. Suas fábricas eram capazes de produzir o que o mundo precisava.

"Não é que estarmos comprando esse material da China tenha nos deixado vulneráveis", disse Chad Bown, um especialista em comércio do Peterson Institute for International Economics em Washington. "É que estamos comprando essas coisas da China e decidimos iniciar uma guerra comercial com eles."

Até mesmo Trump pareceu entender isso. Ele demorou para assinar[38] o pedido de Navarro. Quando finalmente assinou, em agosto, parecia mais uma diretiva para dar prioridade aos fornecedores norte-americanos[39] do que uma proibição contra fontes estrangeiras.

Quase duas décadas antes, quando a China foi devastada por outro coronavírus conhecido como SARS, os Centros Americanos de Controle de Doenças deslocaram seu pessoal para Pequim a fim de ajudar o governo a conter a ameaça. Nos anos seguintes, as autoridades chinesas e norte-americanas reuniram seus conhecimentos para ajudar a conter a epidemia na África.

Mas, mesmo antes do surgimento da Covid-19, a cooperação científica havia sido uma casualidade da remodelação geopolítica. Nos dois anos antes da pandemia, o governo Trump constantemente retirou cientistas de Pequim.

"Dado o sentimento geral de que qualquer pesquisa científica estará ajudando a China, os Estados Unidos estão realmente tentando reduzir qualquer colaboração com o país", disse-me Jennifer Huang Bouey, uma epidemiologista e especialista em China da RAND Corporation. "Isso realmente fere a saúde global."

« »

Em uma época implacavelmente sombria, as vacinas eram o último raio de esperança — a chave para que a vida voltasse ao normal. No entanto, os cientistas advertiram que as expectativas poderiam ser frustradas.

No decorrer da história da medicina, a vacina mais rápida a ser concebida foi colocada no mercado em quatro anos. Ninguém queria esperar tanto tempo por uma solução para a Covid-19. Com pessoas morrendo em todo o mundo, crianças com acesso negado às escolas, meios de subsistência dizimados e a fome se espalhando, um esforço extraordinário foi posto em andamento para produzir vacinas o quanto antes.

No outono de 2020, 45 candidatas potenciais estavam passando por testes clínicos em humanos em todo o mundo, com mais de 90 em alguma fase de testes em animais.

A urgência era apropriada, mas o espírito de rivalidade nacional era alarmante. Sugeria que o dinheiro e o poder ditariam quem teria acesso às criações salvadoras.

Trump salientou essa ameaça nos primeiros meses da pandemia com um movimento ousado para efetivamente tomar o controle de uma empresa alemã que estava desenvolvendo um promissor candidato à vacina.

A empresa, CureVac, estava sediada no sudoeste da Alemanha, mas também tinha um escritório em Boston. Seu chefe executivo, Daniel Menichella, participou da mesma reunião da Casa Branca na qual o CEO da Gilead havia mencionado o Remdesivir.

"Acreditamos que podemos desenvolver a vacina para a Covid-19 extremamente rápido", disse Menichella a Trump. "E nós temos os meios para fabricá-la."

Dias depois, Trump teria oferecido à CureVac US$1 bilhão[40] para transferir sua pesquisa e a eventual produção de sua vacina para os Estados Unidos, em uma tentativa de reter o fornecimento resultante para os norte-americanos.

Quando a notícia foi divulgada, a empresa negou o pedido de Trump e a Casa Branca insistiu que sempre teve a intenção de compartilhar os frutos de qualquer pesquisa com o mundo. Mas as autoridades alemãs consideraram o caso como uma questão de segurança nacional e fizeram uma contraproposta[41] que mantinha a empresa em seu solo natal. A empresa acabou produzindo uma vacina que foi apenas modestamente eficaz.

O empenho de Trump para conseguir a produção da CureVac ressoou como um sinal de que os governos tinham de tomar as rédeas — concentrando os esforços industriais para desenvolver e fabricar vacinas — ou correr o risco de ver seu povo morrer enquanto nações mais agressivas acabavam com as mercadorias.

A Grã-Bretanha, ignorando o Brexit, rejeitou uma abertura da União Europeia[42] para cooperar nos esforços de desenvolvimento e distribuição de vacinas. O governo de Boris Johnson apostou no futuro sucesso de um candidato promissor desenvolvido em Oxford, combinado com encomendas em massa de outras principais vacinas. Isso se mostrou sábio. A Grã-Bretanha inoculou seu povo agressivamente durante os primeiros meses de 2021, reduzindo drasticamente a propagação do vírus, enquanto a Europa inicialmente atrapalhou sua própria campanha devido à confusão burocrática.

Trump aproveitou uma unidade pouco conhecida dentro do Departamento de Saúde e Serviços Humanos a fim de distribuir subsídios às empresas para acelerar seu desenvolvimento de vacinas. Essas doações vieram com um requisito crucial: os destinatários eram obrigados a fornecer aos Estados

Unidos um estoque de quaisquer vacinas que desenvolvessem. Até outubro, vários segmentos do governo federal distribuíram mais de US$1 bilhão para estimular a produção doméstica[43] de medicamentos e de vacinas.

A extraordinária pressão por vacinas logo produziu três candidaturas altamente promissoras — uma da Pfizer em parceria com a empresa alemã BioNTech, uma da Moderna e a terceira de Oxford, em parceria com a empresa suíço-britânica AstraZeneca. A Rússia e a China produziram vacinas que — embora relativamente menos eficazes — ajudaram a conter a propagação do vírus.

Que a humanidade pudesse desenvolver vacinas salva-vidas tão rapidamente era milagroso. Que o Homem de Davos ditasse, em grande parte, quem obteria acesso era alarmante. Tudo isso garantiu que o mundo saísse da pandemia mais desigual do que nunca.

Fazer vacinas era um empreendimento relativamente lento, garantindo a escassez. O fornecimento limitado de elementos básicos como seringas, frascos de vidro e sacos biorreatores, juntamente com produtos químicos chaves, certamente constrangeria a rapidez com que a indústria poderia produzir suprimentos. As principais vacinas da Pfizer e da Moderna dependiam de uma nova tecnologia que exigia conhecimento especializado.

Para as empresas farmacêuticas, a escassez era um benefício. Elas estavam fazendo seus produtos no mercado do vendedor final. Os governos estavam desesperados para adquirir doses e dispostos a pagar o que custasse.

A AstraZeneca anunciou que renunciaria ao lucro enquanto a pandemia durasse. Mas a Pfizer continuou a seguir o mesmo modelo que havia fornecido a seu CEO, Albert Bourla, uma remuneração que alcançou US$21 milhões em 2020. A empresa cobrou tanto quanto o mercado suportaria.

Bourla foi outro dos signatários do compromisso de capitalismo das partes interessadas da Business Roundtable. No entanto, sua empresa abastecia os acionistas acima de qualquer senso de responsabilidade cívica.

Em fevereiro de 2021,[44] quando as vacinas começaram a chegar à população, a Pfizer antecipava receitas de US$15 bilhões com sua vacina para Covid-19 ao longo de 2021. Apenas três meses depois, quando os governos nacionais se engajaram em um frenesi de licitações para garantir vacinas, a Pfizer disse que esperava vender US$26 bilhões de vacinas de Covid-19[45] antes que o ano terminasse. A empresa previa que as vendas continuariam a crescer à medida que as nações ricas acumulassem estoques extras de sua vacina para as aplicações de reforço. Ela já tinha um acordo com o Canadá[46] para fornecer doses até 2024.

Bourla estava jogando os governos dos países mais ricos uns contra os outros, elevando o preço. "Era uma negociação constante",[47] disse ele. "Todos queriam isso, é claro, com antecedência."

Ele se aproveitou do desespero do primeiro-ministro israelense,[48] Bibi Netanyahu, que estava ansioso para reparar sua reputação esfarrapada diante de múltiplas acusações de corrupção. A Pfizer conseguiu um acordo para fornecer a Israel um enorme estoque de vacinas a preços 50% superiores[49] ao que os Estados Unidos pagavam. Inicialmente, Israel vacinou sua população mais rapidamente do que qualquer país do mundo — embora tenha negado o acesso a grande parte dos palestinos[50] nos territórios ocupados.

Os Estados Unidos obtiveram mais doses de vacinas do que as necessárias[51] por meio de contratos nos quais o preço era camuflado do ponto de vista público. A Europa e o Reino Unido fecharam mais doses que o suficiente para inocular suas populações em uma série de acordos escusos. Os países ricos em petróleo do Golfo Pérsico garantiram estoques substanciais.

No início de 2021, com o pior da pandemia assolando o mundo, as pessoas das nações ricas podiam vislumbrar os contornos potenciais de um fim à medida que as vacinas chegavam à corrente sanguínea. Mas aquelas dos países pobres provavelmente esperariam até 2024 antes que seus governos conseguissem colocar suas mãos em uma grande quantidade de doses.

O governo indiano prometeu vender suas vacinas a preços acessíveis a dezenas de países em nome do equilíbrio da distribuição desigual. "A Índia está pronta para salvar a humanidade",[52] declarou o primeiro-ministro Modi em janeiro de 2021. Mas dois meses depois, com a Índia registrando uma das piores ondas de infecção do mundo — mais de 50 mil novos casos por dia —, Modi cortou as exportações.[53] Isso privou os países pobres[54] de milhões de doses que esperavam receber do maior fabricante de vacinas da Índia, o Serum Institute. O Nepal parou sua distribuição de vacinas,[55] citando a incapacidade de adquirir doses da Índia, enquanto o Marrocos e o Brasil ficaram sujeitos aos atrasos.

A perda das exportações da Índia também deu um novo golpe em um esforço internacional já conturbado para garantir a distribuição equitativa de vacinas, um empreendimento conhecido como Covax.

A Covax tinha sido lançada pela Gavi, uma aliança de imunização criada em Davos em 2000 junto com a Organização Mundial da Saúde (OMS). Ela deveria funcionar como uma câmara de compensação global para vacinas, um árbitro racional das necessidades do mundo, assegurando que as populações mais críticas de cada país — idosos, doentes, trabalhadores médicos da linha de frente — recebessem a imunização em primeiro lugar. Ela foi projetada para evitar o próprio cenário que se desenrolava: pessoas jovens e saudáveis nos Estados Unidos e na Grã-Bretanha recebendo a vacina enquanto profissionais de saúde na África subsaariana e no sul da Ásia continuavam a tratar pacientes da Covid-19 sem a proteção vacinal.

A Covax nunca teve uma chance. Os governos, de Washington a Londres e Tóquio, furaram a fila para comprar doses para si mesmos diretamente, enquanto as empresas farmacêuticas norte-americanas e europeias lucravam com suas criações vendendo a quem fizesse a maior oferta. Isso reduziu a Covax a algo menor e menos promissor, embora ainda vital — uma operação essencialmente beneficente que visava a entregar vacinas a países que não podiam se dar ao luxo de comprar doses no mercado aberto. As contribuições prometidas das nações doadoras, infelizmente, diminuíram, mesmo quando a Covax emitiu uma enxurrada de anúncios que estabeleciam metas de distribuição impossíveis.

"A maioria das pessoas no mundo vive em países que dependem da Covax para ter acesso às vacinas", disse-me Mark Eccleston-Turner, especialista em doenças infecciosas da Universidade de Keele, na Inglaterra. "É uma extraordinária falha de mercado. O acesso às vacinas não se baseia na necessidade, mas na capacidade de pagar, e a Covax não resolve esse problema."

Em janeiro de 2021, o diretor-geral da Organização Mundial da Saúde, Tedros Ghebreyesus, criticou os países ricos por estocarem vacinas.

"Preciso ser franco", disse ele em um discurso perante a diretoria executiva do órgão. "O mundo está no limiar[56] de um catastrófico fracasso moral, e o preço desse fracasso será pago com vidas e meios de subsistência nos países mais pobres do mundo."

Suas palavras foram poderosas, mas não suficientemente contundentes. O problema foi além dos governos das nações ricas que monopolizavam os estoques de vacinas. O problema era como essas transações eram estruturadas — com o entendimento de que, acima de tudo, o Homem de Davos receberia o pagamento.

A menos de 4km da sede da Organização Mundial da Saúde em Genebra, outro procedimento estava em andamento na Organização Mundial do Comércio (OMC). Os países em desenvolvimento, liderados pela África do Sul e pela Índia, procuraram uma renúncia às patentes que protegem as vacinas, fornecendo-lhes autoridade legal para fabricar versões genéricas a preços acessíveis. Eles esperavam usar essa ameaça para forçar as empresas farmacêuticas a fornecê-las a preços acessíveis.

"A questão é realmente: 'É hora de lucrar?'",[57] disse-me um conselheiro da missão sul-africana, Mustaqeem De Gama. "Temos visto governos fechando economias e limitando liberdades, mas a propriedade intelectual é vista como tão sagrada que não pode ser tocada."

A OMC opera por consenso, o que significa que nada acontece a menos que todos os membros estejam de acordo. Durante meses, os Estados Unidos, a Grã-Bretanha e a União Europeia bloquearam a proposta — não por alguma fé abstrata na inviolabilidade da propriedade intelectual, mas por causa do poder do Homem de Davos. Empresas gigantes como a Pfizer financiaram grupos lobistas, como a PhRMA, que aplicaram com habilidade dinheiro da campanha para garantir políticas favoráveis.

A indústria desviou a tentativa dos países em desenvolvimento de deixar de lado as patentes, empunhando um argumento do Homem de Davos testado pelo tempo: os lucros extravagantes eram inseparáveis da inovação que salva vidas.

"A única razão pela qual temos vacinas agora é porque havia um setor privado dinâmico", disse Bourla, o CEO da Pfizer, no início de 2021, deixando de fora outra razão fundamental: a pesquisa financiada pelo setor público. "A vitalidade do setor privado, sua força vital, é a proteção da PI [propriedade intelectual]."[58]

A falácia dessa representação era evidente a partir de uma grande discussão anterior sobre os direitos de patente: a batalha pelo acesso a medicamentos antirretrovirais usados para tratar o HIV nos anos 1990. As terapias aprovadas pelos reguladores norte-americanos em meados daquela década produziram uma queda nas mortes nos Estados Unidos e na Europa, onde as pessoas podiam pagar os produtos que salvavam vidas. Mas as mortes continuaram a aumentar sem parar na África subsaariana por anos depois.

Em 2001, a OMC concordou em permitir que os fabricantes farmacêuticos deixassem de lado patentes e produzissem versões genéricas dos antirretrovirais, levando a discursos horrorizados da indústria de que os incentivos à pesquisa e ao desenvolvimento estavam sendo prejudicados.

De alguma forma, a indústria sobreviveu, continuando a produzir uma vasta gama de produtos que prolongam a vida útil e a coleta de dinheiro.

"Naquela época, isso agitava muita gente, por exemplo 'Como você poderia fazer isso? Vai destruir a indústria farmacêutica'", disse o Dr. Anthony S. Fauci, principal conselheiro médico do presidente Biden para a pandemia. "Não a destruiu de forma nenhuma.[59] Ela continua a ganhar bilhões."

Quatro dias após o aviso do chefe da Organização Mundial da Saúde, a Pfizer anunciou que estava se unindo à Covax, disponibilizando 40 milhões de doses de sua vacina durante 2021.

"Na Pfizer, acreditamos que cada pessoa merece ser vista, ouvida e cuidada", disse Bourla, o CEO da empresa, em um comunicado à imprensa. "Compartilhamos a missão[60] da Covax e estamos orgulhosos de trabalhar juntos para que os países em desenvolvimento tenham o mesmo acesso que o resto do mundo."

O mesmo acesso era uma peça descarada de ofuscação do Homem de Davos, uma mentira embrulhada como um presente para a humanidade. Menos de duas semanas depois, Bourla diria aos analistas de ações que a Pfizer estava no caminho certo[61] para entregar 2 bilhões de doses em todo o mundo até o fim de 2021. As vendas da Pfizer para a Covax — em termos não revelados — representaram apenas 2% dessa produção.

No início de maio de 2021, o presidente Biden rompeu com o lobby farmacêutico[62] e emprestou apoio norte-americano à iniciativa da OMC de deixar de lado as proteções de patentes sobre as vacinas da Covid-19. À primeira vista, esse foi um desenvolvimento impressionante. A indústria farmacêutica era especialmente poderosa em Washington, e Biden há muito se apoiava fortemente nas contribuições dela para financiar suas campanhas. Mas o anúncio era mais uma manchete do que uma alteração significativa da realidade. A Europa continuou a se opor à iniciativa, liderada pela Alemanha, que tinha como objetivo proteger o mercado da BioNTech. Assim como a Chanceler Merkel havia dado prioridade aos balanços dos bancos alemães sobre a solidariedade europeia durante a crise da dívida uma década antes, ela agora dava primazia aos lucros de uma empresa farmacêutica doméstica sobre a saúde pública global. Biden não mostrou sinais de pressionar Merkel a alterar essa postura.

De qualquer forma, os direitos de patente, por si só, tinham um valor duvidoso. O aumento substancial do fornecimento de vacinas exigia que os fabricantes existentes compartilhassem não apenas as formulações de seus produtos, mas também seus processos de produção por intermédio das chamadas transferências de tecnologia. A Europa era supostamente a favor disso, mas em uma base voluntária — uma construção benevolente do *status quo*. As principais empresas farmacêuticas eram, ao menos retoricamente, a favor da formação de parcerias ao redor do mundo, mas na maioria das vezes sustentavam que já tinham feito o máximo que podiam, esgotando o abastecimento de fábricas que possuíam a perícia e os padrões exigidos.

Alguns especialistas argumentaram que o debate na OMC foi um espetáculo perigoso, como discutir sobre o organograma no departamento de bombeiros durante um incêndio infernal. A capacidade produtiva do mundo era dominada por corporações multinacionais que respondiam aos acionistas. Se isso era desejável ou lamentável tratava-se de uma conversa melhor programada para um dia mais calmo. Os governos deveriam simplesmente permitir que empresas como a Pfizer continuassem sem obstáculos e produzissem a maior quantidade possível de vacinas. O resto era um problema de distribuição.

Entretanto, outros contrapuseram que a deferência paternalista à indústria farmacêutica era precisamente o que tinha gerado a crise. A pandemia não foi uma emergência pontual, mas parte de um continuum histórico. Desde a época do colonialismo, por meio da elaboração de acordos comerciais modernos, os líderes dos países ricos tendem a considerar o resto do mundo como fontes de matérias-primas a serem extraídas e trabalhadores com baixos salários a serem explorados, e não como lugares onde a justiça e a igualdade exigiam mais do que uma consideração nominal. As variantes de coronavírus já estavam ameaçando novas ondas de infecção, e seriam necessárias doses de reforço — potencialmente por anos — necessitando de um maior abastecimento. Outras pandemias poderiam se seguir, trazendo uma repetição da situação vigente. Nesse cenário, era imoral e irrealista esperar que os países em desenvolvimento ficassem à espera de benfeitores ricos e os salvassem da pandemia. Eles tinham de ser capazes de fazer as vacinas e os medicamentos de que precisassem para seu próprio povo, em vez de depender das boas graças do Homem de Davos.

Da Indonésia à Bangladesh e à África do Sul, os fabricantes de produtos farmacêuticos declararam-se dispostos a fazer vacinas somente se os fabricantes existentes os ajudassem. Isso não aconteceria por meio de gestos magnânimos ou do capitalismo das partes interessadas. O desempenho deplorável da Covax provou isso.

Em meados de agosto de 2021, a Covax havia entregue[63] meros 196 milhões das 1,9 bilhões de doses que havia prometido distribuir ao longo do ano. Apenas 2%[64] dos 1,3 bilhão de africanos haviam sido totalmente vacinados contra a Covid-19, em comparação a 62% no Reino Unido, 59% na Alemanha e 51% nos Estados Unidos. Tal divisão estava prestes a se alargar, à medida que as nações ricas aumentavam seus estoques de vacinas em antecipação às doses de reforço.

"Enquanto alguns países mais ricos estocavam vacinas, eles zombavam da equidade das vacinas",[65] declarou o diretor da Organização Mundial da Saúde para a África, Dr. Matshidiso Moeti.

Havia verdade nessa caracterização, mas era um relato incompleto. A disparidade na distribuição de vacinas não era apenas um reflexo de quais países tinham mais poder, mas também quais interesses mantinham a primazia dentro dos países. Como sempre, o Homem de Davos ditava o curso da política a serviço do Homem de Davos. O resultado foi uma tragédia humanitária nos países pobres — uma onda de morte incessante — juntamente com o potencial prolongamento da pandemia em todos os lugares. Como alguns países careciam de vacinas, o coronavírus teve uma chance de produzir variantes que exigiriam imunização adicional. A proteção dos lucros do Homem de Davos teve preferência em relação a salvar vidas.

No verão de 2021, o compromisso de Biden de reservar patentes sobre as vacinas de Covid-19 parecia uma memória distante. Buscando silenciar a conversa que os Estados Unidos estavam fazendo pouco enquanto a maior parte do mundo sofria o pior da pandemia, Biden anunciou planos para comprar 500 milhões de doses da vacina Pfizer e doá-las para países necessitados por meio da Covax. A doação envolveria uma compra[66] de US\$3,5 bilhões de vacinas da Pfizer pelos contribuintes norte-americanos. Esse preço equivalia a cerca de US\$7 por dose, em comparação com os US\$20 que a empresa estava obtendo naquelas administradas nos Estados Unidos. A Pfizer disse que esse era um preço "sem fins lucrativos".[67] Mas as pessoas de fora não estavam em posição de verificar a veracidade da afirmação.

Quinhentos milhões era um número atraente, mas era apenas de vacinas suficientes para imunizar completamente cerca de 3% da população mundial. E a maioria desses estoques não seria distribuída até meados do ano seguinte.

Enquanto isso, a Pfizer garantia que seus lucros seriam mais robustos do que nunca.

Em seus contratos com a União Europeia, a empresa aumentou os preços[68] de sua vacina da Covid-19 em 25%. Nos Estados Unidos, a Pfizer fez lobby junto à administração de Biden para autorizar mais rapidamente as vacinas de reforço, mesmo que muitos cientistas questionassem se os dados apoiavam esse curso. A disseminação da variante Delta no outono de 2021 levantou a perspectiva de que as doses de reforço poderiam de fato ser necessárias, mas era preocupante que a empresa mais bem posicionada para lucrar com doses adicionais era a que dava o conselho. A Pfizer estava dizendo aos analistas de ações para esperar um 1/3 a mais de receita com as vendas de vacinas do que o previsto anteriormente — mais de US\$33 bilhões[69] para 2021.

A narrativa da distribuição de vacinas aderiu à narrativa de praticamente tudo.

Os aspirantes a Homens de Davos, como Bourla da Pfizer, estavam ficando mais ricos, enquanto a humanidade permanecia vulnerável à propagação contínua do coronavírus, dada a multiplicidade de proteção. Os países pobres foram deixados para administrar problemas profundos em grande parte por conta própria, exceto por doações simbólicas e frases de impacto de preocupação das pessoas mais ricas e poderosas do planeta.

Muitos países em desenvolvimento estavam, de fato, vendo seus escassos recursos serem ainda mais insuficientes à medida que enfrentavam dívidas impossíveis, e enquanto os Homens de Davos, como Larry Fink, os pressionavam a pagar.

CAPÍTULO 15

"RECUPERAREMOS 100% DO NOSSO CAPITAL"

Ninguém Engana o Homem de Davos

Larry Fink estava pensativo.

Ao enfrentar a pandemia em seu chalé em Aspen, Colorado, no verão de 2020, Fink estava contemplando como o trauma global poderia se tornar uma fonte de progresso social.

As ordens de isolamento forçaram os funcionários a trabalhar em casa e deixar de se deslocar — um desenvolvimento potencialmente positivo para o meio ambiente e para a dinâmica familiar. Fink viu uma oportunidade rara para a sociedade reordenar suas prioridades.

O vírus não era mais a única fonte de agitação social. Um acerto de contas global com a injustiça racial estava em andamento, desencadeado pelo movimento Black Lives Matter após o assassinato de George Floyd por um policial branco em Minneapolis. À medida que os protestos se espalharam em maio e junho, alcançando mais de 60 países, eles expressaram queixas generalizadas sobre formas duradouras de discriminação. Da África ao sul da Ásia e à Europa, as últimas provas de violência policial contra afro-americanos mobilizaram ainda mais as pessoas a rejeitar a repressão e a injustiça em suas próprias sociedades.

Não por acaso as comunidades se enfureciam com a injustiça ao mesmo tempo em que a pandemia estava destruindo os meios de subsistência. A desigualdade econômica estava aumentando e se inclinava de forma acentuada em função da raça. O legado do colonialismo ainda se fazia sentir fortemente, deixando as pessoas na Índia sujeitas a táticas policiais brutais que remontavam ao domínio britânico. Apesar do fim oficial do apartheid há mais de 25 anos, os sul-africanos negros estavam sitiados em cidades distantes dos empregos.

As nações ricas da América do Norte e da Europa prometiam ajudar os países em desenvolvimento da Ásia, da África e da América Latina, mas faziam muito pouco, deixando os governos dos países pobres enfrentando a pandemia com recursos mínimos.

Enquanto isso, o Homem de Davos intensificava a crise exigindo que os governos pobres pagassem suas dívidas. Muitos países em desenvolvimento estavam enviando mais dinheiro aos credores em Nova York, Londres e Pequim do que gastavam com educação e saúde. Uma cúpula de grandes economias prometia alívio suspendendo as dívidas, mas deixaria de fora o agente mais importante — o setor de serviços financeiros.

Empoleirado em seu esconderijo nas Montanhas Rochosas, Fink apontava o movimento global de protesto como um ponto de inflexão; um direcionamento rumo à transformação corporativa que há muito defendia.

"Acredito que o impacto da desigualdade racial vai elevar ainda mais a questão do capitalismo de partes interessadas", declarou ele durante uma Cúpula Global virtual convocada pela BlackRock em julho de 2020. "E acredito que todos nós vamos ser julgados como empresas, como líderes de empresas, como empresários. Até mesmo as empresas do setor privado vão ser julgadas severamente por seu desempenho em relação às questões ambientais relacionadas às questões sociais."

Nas reuniões via Zoom com membros de governos estrangeiros, investidores e colegas executivos, Fink esboçou visões para "o mundo pós-Covid". Um grande número de pessoas continuaria a trabalhar de casa, livrando-se da angústia dos engarrafamentos. Os pais teriam mais tempo para passar com seus filhos.

"Vamos fazer disso um ponto positivo", disse Fink. "Eu posso trabalhar em Aspen, Colorado, durante 30 dias por ano. Não é tão ruim assim."

Parecia atraente. As aparições virtuais de Fink o mostravam sentado no que parecia ser um celeiro modernista com vigas de madeira expostas, com a vista de uma floresta atrás de portas de vidro.

"Há muitas dádivas que estamos colhendo com o horror da pandemia", disse Fink aos analistas de ações enquanto a BlackRock detalhava seus ganhos para o 3º trimestre de 2020.

Havia os US$129 bilhões em novos investimentos que fluíram para os cofres da empresa. Havia a economia inesperada de tempo para aqueles que estavam livres de suas viagens de ida e volta.

"Eles poderiam passar duas horas melhorando sua saúde praticando exercícios", disse Fink. "Poderiam passar duas horas a mais na construção de uma família mais unida, mais forte e mais resiliente."

Você poderia ver o choque da pandemia e a onda de protestos sobre a injustiça racial como indicações de uma economia global que era fundamentalmente injusta. Fink preferiu pensar nisso como uma chance de Melhorar o Estado do Mundo.

"A sociedade ficará melhor por meio desses processos", disse ele.

Mas, naquele exato momento, a própria indústria de Fink se esforçava para impedir uma iniciativa que poderia ter permitido aos países mais pobres obter alívio da pandemia.

« »

No outro lado do mundo, na capital do Catar, Doha, Mohammed Heron estava com bastante tempo, mas de forma alguma construiu uma família mais resiliente.

Ele estava desempregado, falido e abandonado em um dormitório lotado de outros homens em dificuldades similares, separado de suas esposas e seus filhos pelo Mar Arábico.

Três anos antes, Heron havia deixado sua aldeia em Bangladesh pela mesma rota de mobilidade ascendente traçada por milhões de trabalhadores migrantes do sul da Ásia. Ele havia se aventurado em busca de salários que lhe permitissem enviar dinheiro para casa, acrescentar carne e peixe à mesa, e manter seus filhos na escola.

Para financiar a viagem, ele pegou emprestado quase US$5 mil — mais que o triplo da renda média anual de Bangladesh. O dinheiro pago pela agência de recrutamento que comprou sua passagem aérea garantiu-lhe um visto de trabalho no Catar e um emprego na chegada.

Sua esposa, Monowara Begum, tinha ficado aterrorizada com tal plano. Uma década antes, seu primeiro marido — o irmão mais velho de Heron — tinha ido trabalhar como zelador na Arábia Saudita e nunca mais voltou. Foi morto por um motorista bêbado, sem consequências ou compensação. A ideia de mandar outro marido ao estrangeiro, deixando-a sozinha para criar três filhos, a enchia de pavor.

Mas a condição em que estavam não era defensável. Sua família vivia em uma barraca vulnerável às chuvas torrenciais de monção. Heron tinha a sorte de ganhar US$3,50 por dia trabalhando nos arrozais dos arredores. Eles subsistiam com uma dieta de arroz e batatas. Seu filho mais velho, Hasan, estava na escola, onde aprendia a usar um computador, mas a mensalidade era de mais de US$70 por ano.

Quando Heron aterrissou no calor semelhante ao forno de Doha, em setembro de 2018, a agência de recrutamento não havia conseguido alinhar um emprego. Ele procurou freneticamente por trabalho. Após vários meses, encontrou um em uma empresa de recrutamento que o despachou para diversas tarefas — limpeza de escritórios e de quartos de hotel, tirar ervas daninhas dos jardins e cavar valas para colocar cabos de fibra ótica. Ele ganhava cerca de US$250 por mês. A empresa lhe designou um beliche dentro de um dormitório que dividia com outros 15 trabalhadores imigrantes de Bangladesh. A cada dois meses ele enviava para casa algumas centenas de dólares.

Heron fez parte de um êxodo crucial para a sorte dos Homens de Davos em todo o Golfo Pérsico. Das instalações petrolíferas da Arábia Saudita aos jardins paisagísticos do Kuwait, as pessoas desesperadas para sustentar as famílias no Sul e no Sudeste da Ásia apresentaram uma fonte de mão de obra explorável — o elemento-chave nos impérios comerciais estabelecidos pelos homens mais ricos da região.

Em Dubai, trabalhadores migrantes que construíam um campo de golfe com a marca Trump[1] em um empreendimento de luxo no qual os imóveis chegavam a US$4 milhões reclamaram que a empresa deixara de pagar seus salários — entre US$200 a US$400 por mês. O sócio de Trump era um dos maiores empreiteiros de Dubai, a Damac Properties, liderado pelo magnata dos Emirados, Hussain Sajwani, cujo patrimônio líquido era estimado em US$2 bilhões.

Com seu salário, Heron teria que trabalhar por mais de 600 mil anos para ganhar tal quantia. De repente, ele não ganhava nada. A pandemia encerrou a construção e esvaziou os hotéis em Doha. O empregador de Heron deixou de lhe pagar. Ele sofreu um surto de asma que o obrigou a ir para o hospital, levando o que restava de seu dinheiro.

Quando me comuniquei com ele por um aplicativo de videoconferência em julho de 2020, ele não enviava dinheiro para casa há meses. Ele ficava deitado em seu beliche por horas, usando a conexão de internet para conversar com sua esposa e seus filhos no vilarejo em Bangladesh.

Essas conversas o deixavam triste e desanimado. Ele deveria estar sustentando sua família, mas agora eles eram forçados a reduzir a compra de alimentos enquanto ficavam angustiados sobre como pagariam suas dívidas. Sua esposa implorava para ele voltar para casa, mas não havia dinheiro para uma passagem de avião. Ela insistia com Hasan para abandonar seus estudos e encontrar um emprego — talvez na construção civil, talvez em uma oficina de conserto de automóveis. Hasan resistia, preferindo continuar seus estudos em casa.

"Sonho que meus filhos farão algo em suas vidas", disse Heron, lutando para manter a compostura. Então seu wi-fi foi cortado e nossa conexão, encerrada.

No ano anterior à pandemia, os trabalhadores migrantes em todo o mundo[2] enviaram um recorde de US$554 bilhões às suas comunidades de origem. Essa soma era mais de três vezes a quantia distribuída aos países pobres pelas agências oficiais de desenvolvimento. Mas, como a pandemia destruiu empregos, essas remessas estavam diminuindo. Países do sul da Ásia e da África subsaariana sofriam declínios de mais de 1/5 do PIB mundial.

Essa foi a principal razão pela qual até 150 milhões de pessoas corriam o risco de cair em um estado de extrema pobreza[3] e 265 milhões estavam à beira de níveis de desnutrição graves[4] — quase o dobro do ano anterior.

A diminuição do envio de dinheiro estava intensificando a pressão sobre os países pobres que já lutavam para conseguir o dinheiro necessário para se manter em dia com suas dívidas com credores estrangeiros. Durante a década anterior, o Paquistão, por exemplo,[5] viu seus pagamentos aos credores estrangeiros aumentar de 11,5% de suas receitas governamentais para mais de 35%. Menos dinheiro fluindo para os países pobres a partir dos trabalhadores estrangeiros estava exacerbando a crise no pior momento possível. Com a disseminação do vírus, o Paquistão aumentou os gastos com a saúde, mas cortou o apoio a uma série de serviços sociais, pois priorizou manter as dívidas em dia.

Em Washington, as instituições internacionais encarregadas de ajudar os países em dificuldade prometeram uma campanha extraordinária.

"O Grupo Banco Mundial pretende responder com força e massivamente", declarou seu presidente, David Malpass.

No mesmo dia, a diretora executiva do Fundo Monetário Internacional, Kristalina Georgieva, disse que sua organização não hesitaria em explorar o quanto fosse necessário de sua capacidade de empréstimo de US$1 trilhão para proteger os países pobres.

"Esta é, em minha vida, a hora mais sombria da humanidade", declarou ela. "Exige de nós permanecer firmes, unidos e proteger os mais vulneráveis."

Seis meses depois, o Fundo havia distribuído uma quantia relativamente irrisória[6] — cerca de US$31 bilhões em empréstimos de emergência a 66 estados-membros. No total, o Fundo estava emprestando cerca de US$280 bilhões, menos de 1/3 de sua capacidade total. O Banco Mundial tinha mais do que dobrado[7] seus empréstimos, mas foi lento em distribuir o dinheiro de fato.

O G20, uma cúpula das principais economias, havia estabelecido um acordo para proporcionar alívio sob a forma de suspensão da dívida. Mas isso apenas atrasou os pagamentos dos empréstimos, ao mesmo tempo em que os acumulou no topo dos saldos pendentes.

E o programa deixou de fora o maior detentor da dívida — o setor global de serviços financeiros.

Em outubro de 2020, 46 países — a maioria deles na África subsaariana — haviam obtido, coletivamente, auxílio de US$5,3 bilhões em pagamentos imediatos da dívida.[8] Isso representava menos de 2% do total dos pagamentos da dívida internacional devida pelos países em desenvolvimento naquele ano.

O setor de serviços financeiros alegou que os países pobres não estavam realmente buscando uma redução em seus pagamentos. Se eles pedissem a suspensão da dívida, as agências de classificação de crédito registrariam isso como inadimplência, colocando em risco sua capacidade de contrair empréstimos no futuro.

Havia verdade nisso, mas o medo de perturbar os deuses do dinheiro era ativamente fomentado pelo setor de serviços financeiros. À frente da acusação estava o Instituto de Finanças Internacionais, associação comercial global que representava mais de 400 empresas financeiras em 70 países.

Em uma carta enviada aos ministros das finanças do G20 em setembro de 2020, o presidente da associação, Timothy Adams — um frequentador habitual de Davos —, sustentou que as empresas financeiras continuavam "apoiando fortemente a intenção" da iniciativa de suspensão da dívida. Não importa que eles tenham demonstrado isso sem nenhum dinheiro.

A questão mais importante, acrescentou Adams, é que os países tomadores de empréstimos preservam sua capacidade de contrair mais empréstimos no futuro. "Se o capital privado é inevitável[9] ou proibitivamente caro, como esses países se recuperarão e atingirão as altas taxas de crescimento necessárias para melhorar o padrão de vida?"

Ao que se poderia razoavelmente acrescentar outra pergunta: como exatamente esses países obteriam crescimento econômico e padrões de vida mais elevados se eram forçados a economizar com escolas e cuidados de saúde para poder continuar o pagamento de dívidas ao Homem de Davos?

Como a pesquisa, a experiência e o senso comum deixaram claro, a melhor maneira de os países pobres saturados de dívidas crescerem era garantir frequentemente o perdão dos credores de uma parte de seus empréstimos. Para os financiadores, tais acordos não eram caridade, mas sim o produto de um cálculo pragmático. Se os governos ficassem presos a dívidas impossíveis, corriam o risco de inadimplência. Se recebessem ajuda, poderiam investir em infraestrutura, educação, assistência médica e outros incentivos ao desenvolvimento que lhes permitiriam ganhar o dinheiro necessário para cumprir suas obrigações.

Adams ofereceu garantias de que os credores privados estavam ansiosos "para ajudar os devedores problemáticos soberanos,[10] tanto com problemas de liquidez a curto prazo como com riscos de solvência a longo prazo".

Mas o membro mais influente da associação, a BlackRock, já tinha mostrado razões para estar cético em relação a essa descrição.

Apesar de sua notável defesa do capitalismo das partes interessadas, Larry Fink tinha traçado pessoalmente uma posição intransigente contra um credor excepcionalmente problemático — a Argentina.

« »

Nos anais dos países que encontraram seu caminho para o perigo valendo-se de empréstimos exuberantes, a Argentina ficou sozinha. Tinha falido sobre suas dívidas soberanas nada menos que nove vezes.

Fink esteve entre um grupo de investidores internacionais que apostaram em uma suposta mudança básica. Eles haviam acumulado recursos dentro da dívida da Argentina, apostando nos poderes transformadores do novo presidente eleito em 2015, Mauricio Macri. Um tecnocrata altamente instruído, Macri gerou esperança entre a classe de investidores de que libertaria a Argentina de sua tradição de nação caloteira.

Durante grande parte de sua história, a Argentina foi um país bastante próspero. Ondas de imigrantes europeus transformaram os solos prodigiosos do país em fazendas de grãos e criações de gado que vendiam seus produtos em todo o mundo. Em 1913, o país tinha uma renda per capita[11] maior do que a da França.

Depois, contudo, veio Juan Domingo Perón, o carismático general do exército que assumiu a presidência em 1946. Ele empregou uma força autoritária e o poder do Estado para defender os interesses dos pobres, sem considerações orçamentárias. Ele e sua esposa, Eva Duarte— amplamente reconhecida por seu apelido, Evita — dominaram a vida política da Argentina muito depois de sua morte, inspirando ondas de políticos a reivindicar suas posições de líderes.

Sucessivos governos gastaram com voracidade, financiando suas proezas, imprimindo pesos argentinos e produzindo hiperinflação. Para adiar o inevitável, pegaram emprestado o que puderam do exterior enquanto se apropriavam da moeda forte dos exportadores.

A história foi acontecendo como uma série de crescimentos e fracassos econômicos populistas. Os governos aceitavam a promessa tradicional peronista de fazer chover auxílio sobre os pobres, ignoravam deliberadamente a aritmética, e saíam em meio à crise resultante. Os reformistas neoliberais reivindicavam mandatos intermitentemente para corrigir tudo mediante retidão fiscal, enfurecendo os cidadãos com cortes nos serviços sociais.

Uma virada especialmente traumática ocorreu nos anos 1990, quando o Fundo Monetário Internacional pressionou a Argentina a vincular o valor do peso ao dólar norte-americano. Isso transmitiu a aparência de estabilidade, banindo a volatilidade da taxa de câmbio. Mas forçou o governo a uma situação impossível. Teve de prometer trocar um peso por um dólar o tempo todo, exigindo que a Argentina mantivesse um grande estoque de moeda forte. Como o governo ficou sem dólares, pediu emprestado ao FMI, o que condicionou sua ajuda a uma pílula venenosa — a austeridade.

Conforme a economia desacelerava, os investidores exigiam taxas de juros cada vez mais altas para conceder mais empréstimos, reforçando a desaceleração. Quando o esquema se desfez em 2001, os investidores fugiram, e a Argentina ficou inadimplente[12] na maior parte de seus US$141 bilhões de dívida pública. Uma verdadeira depressão acabou com a economia de milhões de argentinos, ao mesmo tempo em que transformou o FMI em sinônimo de canalhas brutais.

Sob a liderança da dupla de marido e mulher que dominou a Argentina na década e meia seguinte — as sucessivas presidências de Néstor Kirchner e Cristina Fernández de Kirchner — a economia cresceu, o desemprego caiu e o nível de vida aumentou, enquanto a pobreza recuou 71%. No entanto, ao final do segundo mandato de Cristina, as finanças argentinas estavam esfarrapadas, e ela havia se tornado um símbolo dos escândalos de corrupção que perseguiram sua presidência.

Macri se apresentou como um libertador dos ciclos destrutivos de populismo e austeridade de seu país. Ex-prefeito de Buenos Aires, ele encheu os escritórios palacianos do ministério da capital com economistas de língua inglesa educados em instituições norte-americanas de elite. Eles prometeram um retorno à disciplina fiscal — uma postura que conquistou a confiança dos investidores internacionais — e prometiam atacar a pobreza com programas sociais ampliados.

"Macri apelou para os Homens de Davos, porque ecoou a linguagem deles", disse-me Joseph Stiglitz. "Tratava-se de a Argentina começar a melhorar. Ela viria a ser um país neoliberal."

Ninguém ficou mais cativado por essa história do que Fink.

Macri "mostrou realmente o que um governo pode fazer se estiver tentando mudar o futuro[13] de seu país", declarou o dono da BlackRock em 2016.

Fink apoiou esse pronunciamento com dinheiro. A BlackRock estava entre uma série de instituições estrangeiras que de repente estavam ansiosas para retomar os empréstimos à Argentina. O governo de Macri vendeu títulos do governo no valor de US$100 bilhões durante os dois primeiros anos e meio de seu mandato, o que lhe permitiu adiar os cortes planejados nos gastos públicos.

Em 2018 uma terrível seca assolou as exportações de carne e de grãos da Argentina. Ao mesmo tempo, o Banco Central norte-americano começou a elevar as taxas de juros, encerrando as intervenções extraordinárias da crise financeira global. Os investidores interpretaram isso como deixa para cobrar os mercados emergentes e levar os recursos para os Estados Unidos, que pagavam rendimentos mais altos.

A retirada do dinheiro fez baixar o valor do peso argentino, elevando os preços de bens importados, como alimentos e combustíveis, e dando fim ao crescimento econômico. Em junho de 2018, Macri foi forçado a recorrer ao FMI para um pacote de ajuda — algo como perguntar a seu antigo sequestrador se você poderia passar a noite com ele.

O Fundo entregou o maior pacote de assistência financeira de sua história,[14] um empréstimo de US$57 bilhões. Como sempre, o dinheiro do Fundo veio com a exigência de que Macri cortasse gastos. Ele cortou os subsídios para eletricidade, combustível e transporte. No meio de outra crise sombria, isso não foi uma receita para a harmonia social. "É um governo neoliberal", disse-me Claudia Veronica Genovesi quando a visitei em um subúrbio da classe trabalhadora de Buenos Aires, em abril de 2019. "É um governo que não favorece o povo."

Ela e seu marido tinham uma vida miserável limpando escritórios. A perda dos subsídios os levou a deixar de comprar gás de cozinha. Eles haviam parado de comer carne e estavam diluindo o mate, a bebida quente que os argentinos bebem constantemente, transformando-a em uma perfumada infusão de folhas secas.

Fora da cidade de Parana, a noroeste da capital argentina, seis mil famílias viviam em barracos nas margens de um depósito de lixo municipal. Elas esperavam a chegada de caminhões de lixo e depois rasgavam sacos de lixo recém-descarregados, procurando qualquer coisa que pudessem vender para as usinas de reciclagem locais — pedaços de vidro, fios de arame — ou restos de carne que pudessem cozinhar para o jantar.

Com a economia em péssimo estado, aqueles que disputavam lugares na lixeira haviam dobrado nos últimos meses. Uma mãe que perdeu o trabalho como babá levava sua filha de dois anos para a lixeira enquanto procurava roupas descartadas que ela podia vender no comércio de rua para comprar mantimentos.

O curso tradicional da história da Argentina sugeria o que aconteceria em seguida: Macri seria expulso do cargo e substituído por um populista com empatia adequada e com orçamento bem definido.

A primeira parte foi realizada, quando o eleitorado despachou Macri nas eleições presidenciais do fim daquele ano. Alguns se perguntavam se a próxima administração continuaria a imprimir dinheiro e talvez até mesmo declarar moratória.

Mas o substituto de Macri, Alberto Fernández, rapidamente se destacou como um pragmático. Ele procurou negociar um acordo viável com credores privados detentores de títulos soberanos no valor de US$65 bilhões — incluindo a BlackRock — estabelecendo um acordo no qual eles perdoariam algumas dessas dívidas enquanto o governo afirmava seu compromisso de saldar o restante.

Ele ganhou o apoio de funcionários do FMI, que sinalizaram que iriam reformular os termos do pacote do Fundo depois que a Argentina resolvesse seus negócios com seus credores privados.

À medida que Fernández começou a envolver os credores da Argentina no início de 2020, o Fundo realizou uma avaliação de suas finanças, produzindo um relatório que efetivamente estabeleceu os parâmetros de um acordo. A dívida pública da Argentina havia atingido quase 90% de sua produção econômica anual — um nível alarmante. "Será necessário um alívio substancial da dívida dos credores privados da Argentina[15] para restaurar a sustentabilidade da dívida", declarou o diretor administrativo do Fundo.

O governo de Fernández inicialmente exagerou, usando a análise do FMI como base para uma oferta baixa na qual ele se propunha a pagar menos de US$0,40 por dólar em seus títulos em circulação. Os credores contra-atacaram em US$0,65, rapidamente baixando esse valor para US$0,60.

Os credores estavam organizados em três campos com interesses diferentes, refletindo o quanto haviam pago por suas participações e quais títulos haviam sido emitidos antes do governo Macri, ou os mais novos vendidos por sua administração. Com a pandemia, os participantes não podiam viajar para Buenos Aires para reuniões presenciais, então o fizeram via Zoom em chamadas de grupo que incluíam dezenas de credores.

Como chefe da BlackRock, Fink era o chefe de fato de um consórcio que detinha coletivamente mais de 1/3 dos títulos emitidos pelo governo Macri, fornecendo-lhe poder de veto efetivo sobre um acordo proposto. Segundo as cláusulas contratuais dos títulos, qualquer acordo para liquidá-los tinha que ganhar o apoio dos detentores de 2/3 de seu valor.

Fink estava claramente contrariado por sua aposta em Macri ter dado errado — uma vergonha pessoal. Ele também concluiu que as apostas eram maiores do que um país.

Com a pandemia devastando as finanças dos governos em todo o mundo em desenvolvimento, Fink sabia que enfrentaria demandas por alívio da dívida de outras nações. A BlackRock detinha quase US$1 bilhão em títulos[16] emitidos por Gana, Quênia, Zâmbia, Nigéria e Senegal, todos emprestados para financiar estradas ligadas à mineração, novas escolas, maior acesso a água potável e cuidados com a saúde. A pandemia havia dizimado suas economias, privando-as das receitas necessárias para se manterem atualizadas com suas dívidas, ao mesmo tempo em que seus serviços — especialmente a assistência médica — estavam mais pressionados do que nunca.

A Argentina constituiria um precedente. A experiência com ela teria que ser desagradável o suficiente para impedir que outros governos buscassem auxílio.

Em maio de 2020, com as conversações em um impasse, o dono da BlackRock telefonou para o ministro da economia da Argentina, Martín Guzmán, de 37 anos, que estudou com Stiglitz em Columbia. Se o governo abrandasse sua oferta para algo na faixa de US$0,50 a US$55 por dólar, Fink lhe disse que isso poderia garantir um acordo.

Em conversas particulares, Guzmán satisfez essa demanda. Mas Fink se esforçou por mais, sabendo que negociações semelhantes no Equador estavam se encaminhando para um pagamento mais generoso. Essa postura enfureceu o governo.

Fink sentiu uma pressão especial para conter suas perdas em parte devido ao tipo de investidor que ele representava. Dois terços do dinheiro que ele administrava pertenciam a planos de previdência e contas de aposentadoria individuais. Em décadas passadas, os títulos emitidos por países em desenvolvimento eram a província de alguns grandes bancos especializados nos chamados mercados emergentes. Quando uma crise surgia, um punhado de banqueiros poderiam se acotovelar em uma sala com seus interlocutores do governo e fazer um acordo. A escala incomparável da BlackRock atestou o sucesso de Fink em ganhar a confiança dos fundos que supervisionavam a reforma da previdência dos trabalhadores comuns. Contar aos bombeiros do Nebraska ou aos professores da Inglaterra que metade de seu dinheiro tinha desaparecido era uma opção a ser evitada categoricamente.

Nas negociações, Fink apresentou seus interesses como se fossem os mesmos do resto do planeta. As excessivas amortizações prejudicariam a demanda por títulos do governo em todo o mundo em desenvolvimento, ele advertiu, como se estivesse fazendo um favor a países pobres em todos os lugares ao insistir que a Argentina desembolsasse mais.

Esse foi o mesmo tema de conversa que o lobby global dos serviços financeiros empregou para justificar a falta de vontade desse setor de participar da suspensão da dívida. Os países tinham de proteger suas classificações de crédito para que pudessem tomar emprestado novamente mais tarde. Que Fink usasse esse argumento na Argentina, de todos os lugares, representava uma negação intencional da história. Se o trabalho do país com a inadimplência tinha provado alguma coisa, era que os oportunistas sempre voltavam oferecendo a próxima injeção de dinheiro.

Os argentinos acharam os negociadores da BlackRock arrogantes e até mesmo neocoloniais em sua condescendência. O time de Fink frequentemente não comparecia às reuniões agendadas, forçando os representantes do governo a sentar e esperar. A equipe da BlackRock ficou maravilhada com a inexperiência dos argentinos. A maioria deles eram jovens acadêmicos como Guzmán.

Ao impedir um acordo, Fink alegou que era incapaz de dar um desconto para a Argentina por causa de seu "dever fiduciário" — outro jargão do Homem de Davos usado por seus poderes de proteção contra a culpabilidade moral. Ele deu a entender que pessoalmente adoraria, acima de tudo, dar um desconto para a Argentina, permitindo que o governo financiasse mais cuidados de saúde no meio de uma pandemia. Mas ele não podia fazê-lo, porque não era seu dinheiro. Pertencia aos planos de previdência e a outras instituições que contrataram a BlackRock para administrá-lo.

A BlackRock tinha, de fato, uma obrigação fiduciária, mas isso poderia ser facilmente interpretado como um imperativo para aliviar a Argentina de suas dívidas insustentáveis a fim de diminuir as chances de inadimplência.

Em uma conversa com Fink, Guzmán explicou que a Argentina só poderia ir até certo ponto, dado que sua taxa de pobreza infantil era de quase 50%. Fink disse que entendia, mas depois fez um discurso contra o FMI, cujo plano de assistência não conseguiu estabilizar a Argentina. Como um consumidor irado agitando sua garantia diante de uma torradeira defeituosa, Fink exigiu que o Fundo assumisse a responsabilidade reduzindo alguns de seus empréstimos. Os EUA eram o maior acionista do FMI. Fink prometeu pressionar o secretário Mnuchin a exercer sua autoridade sobre o Tesouro norte-americano para pressionar o Fundo a compartilhar parte do esforço.

A troca deixou o ministro argentino abalado. Guzmán parecia estar lidando com um adversário desequilibrado que estava levando tudo para o lado pessoal. Fink ou estava alheio às regras das finanças internacionais ou era arrogante o suficiente para tentar ignorá-las. O Fundo simplesmente não reduziu seus empréstimos. Mnuchin não fez tal apelo ao Fundo, enxergando o pedido de Fink como inútil.

Guzmán logo ganhou o apoio público de seu antigo professor, Stiglitz, que se uniu a outro ganhador do Prêmio Nobel, Edmund Phelps, para pedir aos credores que aceitassem a última proposta do governo.

"A Argentina apresentou[17] uma oferta responsável aos credores que reflete a capacidade de pagamento do país", declararam em uma carta, que obteve assinaturas de 138 economistas, incluindo Carmen Reinhart, que logo se tornou a economista-chefe do Banco Mundial.

Fink ficou furioso com a carta, enraivecido porque um bando de professores responsáveis por ninguém se designaram árbitros da justiça. A BlackRock e seu consórcio continuaram a resistir.

Desesperado pela resolução, o governo aumentou sua oferta para US$0,53 por dólar. O presidente Fernández disse ser aquele o "esforço máximo", sugerindo que qualquer coisa além disso deixaria a Argentina enfrentando um fardo impossível. Sua posição foi afirmada pela nova análise do FMI.[18] A pandemia exauria ainda mais os cofres da Argentina. A capacidade de pagamento do país diminuía.

Fink calculou ter uma vantagem extra dada a forma como o último confronto da Argentina com credores internacionais havia se desenrolado.

Durante mais de uma década após o calote argentino de 2001, o abutre capitalista e Homem de Davos, Paul Singer — chefe do notório fundo de hedge, Elliott Management Corporation —, travou uma guerra brutal em busca de reembolso. Ele processou com sucesso a Argentina nos tribunais norte-americanos. Em seguida, procurou cobrar a sentença persuadindo um tribunal em Gana a ordenar a apreensão de uma embarcação naval argentina[19] que estava ancorada ao largo de sua costa. A Argentina acabou estabelecendo um acordo, pagando US$2,4 bilhões[20] — mais do que triplicando o investimento de Singer.

A BlackRock insinuou que um impasse forçaria os atuais detentores de obrigações a abandonar seus investimentos, vendendo para os fundos dos abutres. Então, o governo argentino se depararia não com pessoas razoáveis e equilibradas como Fink, mas com piratas gananciosos como Singer.

Durante uma ligação especialmente tendenciosa, o gerente de portfólio da BlackRock para mercados emergentes disse a Guzmán: "Ficarei aqui por mais tempo do que você." Seu significado foi óbvio para outros na conversa. Se o governo não aceitasse o acordo, os investidores simplesmente esperariam, permitindo que a crise se aprofundasse, acabando por derrubar a administração.

Nos bastidores, a BlackRock pressionou outros investidores a resistir, causando uma divisão. Além da ótica de intimidar um governo que luta contra a pobreza crescente em meio a uma pandemia, a posição de Fink corria o risco de produzir perdas maiores. Ele estava disposto a arriscar esse resultado em busca de enviar um aviso a outros governos saturados de dívidas que pudessem ter ideias de não pagar.

"Os caras da BlackRock entraram ao telefone com vários credores importantes", disse-me Hans Humes, presidente e diretor de investimentos da Greylock Capital Management, no fim de julho de 2020. "É simplesmente insano. É o ego. 'Somos a BlackRock, podemos dar as ordens e vamos mostrar a todos quem manda.' É um fiasco em todos os níveis."

Quando liguei para a BlackRock procurando entender o papel de Fink no verão de 2020, a empresa inicialmente encaminhou minhas perguntas para uma empresa de comunicação sediada em Londres cujo site o descreveu como especialista na arte da "gestão de reputação para a indústria de investimentos". Seus sócios se recusaram a gravar, enviando uma declaração que oferecia garantias de que os credores estavam motivados pela preocupação com o bem-estar do povo argentino.

Minha história foi publicada no *New York Times* no dia 1º de agosto, e observou que Fink foi mencionado como um possível secretário do Tesouro em uma futura administração Biden; que ele era um frequentador habitual em Davos e um defensor ativo do capitalismo das partes interessadas; que ele estava impedindo a Argentina de resolver a crise de sua dívida.

Três dias depois, a Argentina anunciou que finalmente havia chegado a um acordo com seus credores. O governo pagaria US$0,55 por dólar.[21]

O bilionário que dirigia a maior empresa de gestão de ativos do mundo havia ameaçado um país desesperado por dois centavos de dólar. Fink tinha resistido até que o dano reputacional se tornou grande demais.

Após o acordo, a BlackRock rapidamente abandonou grande parte de suas participações argentinas, provocando a queda do valor dos títulos em circulação. Meses depois, quando os títulos começaram a se recuperar, os investidores de Fink já estavam fora.

Escondido nas Montanhas Rochosas, Fink parecia um homem ainda lutando para aceitar uma humilhação rara.

"Se você estiver interessado na América Latina, há lugares mais seguros e mais consistentes para investir do que a Argentina", disse Fink durante uma conferência financeira virtual no fim de 2020. "Precisamos nos sentir confortáveis de que não prejudicaremos o dinheiro que nosso cliente nos confia, que podemos confiar que recuperaremos 100% de nosso capital."[22]

Esse era um padrão absurdo. Nenhum investimento vinha com uma garantia de 100%, e certamente não com títulos em um país de risco como a Argentina. A caracterização de Fink reforçou a sensação de que a BlackRock havia prometido demais aos fundos de previdência cujo dinheiro havia confiado à dívida argentina, fazendo valer os atraentes retornos dos títulos do país sem reconhecer suficientemente os riscos.

A marca de Fink era sua análise rigorosa e sua disciplina. Em um mundo de charlatães e seguidores da multidão, ele se apresentou como aquela figura rara que fazia as contas e avaliava as variáveis. Mas sua atuação na

Argentina desafiou essa reputação, revelando-o como um Homem de Davos que foi hipnotizado pelo presidente que havia atendido a seus preconceitos.

"A equipe dele não fez seu trabalho", disse-me Stiglitz. "Eles acreditaram em Macri e no mito que Macri criou, sem fazer o dever de casa. Em vez de admitir que fizeram uma escolha ruim, culparam a Argentina."

PARTE III

Restabelecendo a História

Para preservar os benefícios do que é chamado de vida civilizada, e para remediar, ao mesmo tempo, o mal que produziu, deve ser considerado como um dos primeiros objetos da legislação reformulada.

— THOMAS PAINE, *Justiça Agrária,* 1797

Podemos ter democracia neste país ou podemos ter grande riqueza concentrada nas mãos de poucos, mas não podemos ter ambos.

—SUPREMA CORTE DE JUSTIÇA DOS EUA
LOUIS BRANDEIS, 1941

CAPÍTULO 16

"NÃO É ALGUÉM QUE ESTÁ VINDO DESESTABILIZAR WASHINGTON"

*Biden Restabelece o Lugar
do Homem de Davos no Jogo*

Steve Schwarzman não estava acostumado a estar do lado perdedor.

Durante a campanha de 2020, o chefe da Blackstone investiu mais de US$40 milhões em organismos ligados ao Partido Republicano e em um fundo de campanha dedicado à reeleição de Trump. Ele foi o doador mais importante do setor de serviços financeiros.

Seu dinheiro foi um investimento na proteção dos portões do palácio do Homem de Davos — um reforço nas paredes que manteve fora aqueles que procuravam revogar os cortes de impostos de Trump, fechar a brecha relativa às taxas de desempenho ou liberar regulamentações.

Mas acontece que a má gestão de uma pandemia que matou mais de 230 mil norte-americanos até o dia das eleições não é uma maneira especialmente eficaz de garantir um segundo mandato como presidente dos Estados Unidos. Novembro chegou, os norte-americanos foram às urnas e Donald Trump foi demitido.

Ele não se foi pacificamente. Trump alegou que a eleição tinha sido manipulada, apesar de não haver dados comprobatórios. Colocou uma enxurrada de contestações legais frívolas e intimidou funcionários republicanos nos estados onde a votação foi apertada em um esforço fracassado para reverter os resultados.

Então, em janeiro, no dia em que o Congresso finalmente certificou os resultados, Trump incitou uma multidão que invadiu o Capitólio.

O cerco se revelou um dos dias mais repugnantes da história norte-americana. Milhares de pessoas — entre elas, policiais, ex-militares e autoproclamados supremacistas brancos — dominaram violentamente uma presença policial escassa, entrando nas salas da Câmara e do Senado. Vandalizaram os escritórios do Congresso e posaram para selfies, enquanto se cobriam com bandeiras dos EUA, exultantes em sua exibição de racismo, nacionalismo e raiva.

Ao encorajar e celebrar esse ataque, Trump solidificou suas credenciais como um homem disposto a destruir as normas mais básicas da democracia norte-americana para se manter no poder.

O fato de ele não ter admitido a derrota, permitindo uma transição suave para a administração Biden, não deveria ter surpreendido ninguém que passou pelos anos turbulentos de seu governo. Ainda assim, o comportamento de Trump foi tão extremo — incitar uma multidão que procurava sabotar uma eleição — que rendeu uma diferença anteriormente inimaginável. Ele se tornou o primeiro presidente a sofrer um impeachment pela segunda vez, um ato em grande parte simbólico e ao mesmo tempo legal.

O público ficou tão horrorizado com aquele ataque descarado à democracia que o Homem de Davos foi obrigado a finalmente renunciar ao presidente que havia sido tão generoso com ele.

"A transferência pacífica do poder é o alicerce de nossa democracia", disse Fink.

"Não há espaço para violência em nossa democracia", tuitou Benioff.

"Isso não é o que somos como povo ou nação", Dimon declarou.

"NÃO É ALGUÉM QUE ESTÁ VINDO DESESTABILIZAR WASHINGTON" 333

Até mesmo Schwarzman emitiu uma condenação cuidadosamente planejada: "A insurreição que se seguiu às declarações do presidente hoje é terrível e uma afronta aos valores democráticos que tanto apreciamos."

Note que suas palavras não culparam Trump diretamente pela violência que ele encorajou, mas sim colocaram o ônus sobre a própria multidão. Sua declaração também não mencionou as pessoas que durante anos ajudaram Trump a vencer e a manter o poder — o próprio Schwarzman e os outros Homens de Davos que, de repente, lutavam para repudiar uma presidência que tirou vantagem dos piores impulsos dos norte-americanos brancos; uma presidência que eles haviam capacitado e explorado como oportunidade para um maior enriquecimento.

Nos primeiros dias após a eleição, em meio às preocupações com os efeitos desestabilizadores de uma luta prolongada pelo resultado, Schwarzman e mais algumas dezenas de outros donos de grandes empresas se reuniram via Zoom para discutir a situação. Alguns estavam apreensivos, temendo que os ataques de Trump ao processo eleitoral poderiam ser interpretados como uma tentativa de golpe. Mas Schwarzman defendeu o direito de Trump[1] de contestar o resultado.

Schwarzman, então, entregou novos US$15 milhões em dinheiro a um fundo de campanha republicano alinhado com Mitch McConnell, garantindo amplo financiamento para dois senadores em exercício representando o estado da Geórgia. O segundo turno em janeiro determinaria qual partido controlaria a alta cúpula do Congresso. Ambos eram ferozes defensores de Trump. Ambos haviam expressado apoio para bloquear a comprovação de sua derrota eleitoral no Congresso — precisamente o que a multidão queria demonstrar.

Steve Schwarzman esperou até o final amargo para amortizar seu investimento em um segundo mandato de Trump. Foi difícil analisar seu alarme de última hora sobre a inviolabilidade da democracia norte-americana sem notar que Trump já era uma força perdida. Ele havia feito sua parte para expandir o império do Homem de Davos, concedendo cortes nos impostos, evitando regulamentações e abrindo vastas fronteiras para o private equity.

Schwarzman e outros bilionários tinham ficado com ele, financiando sua campanha, celebrando suas políticas e defendendo seu caráter

— enquanto Trump expressava aprovação aos supremacistas brancos e neo-nazistas, enquanto separava pais imigrantes e filhos na fronteira, enquanto meus colegas revelavam que ele e sua família eram sonegadores fiscais em uma escala que poderia fazer corar um magnata italiano. O duro julgamento que os bilionários fizeram sobre ele após a confusão no Capitólio veio depois que a capacidade de Trump em ajudá-los havia desaparecido.

O atentado à cidadela da democracia norte-americana tornou as associações com Trump radioativas, pondo em risco os lucros de qualquer pessoa vista como seu facilitador. Schwarzman — como Fink — estava perpetuamente ansioso para ganhar o negócio do próximo fundo de previdência, a próxima doação universitária em desenvolvimento. A exposição como um substancial apoiador de um presidente que havia incitado o ataque mais malévolo em solo norte-americano desde o 11 de Setembro, corria o risco de que alguns administradores de fundos pudessem reter ou mesmo retirar seu dinheiro dos cofres da Blackstone. Ativistas pressionavam os gerentes de previdência estaduais para que fizessem exatamente isso.

"Por que os planos de previdência de funcionários públicos continuariam a investir na Private Equity Corp, como a Blackstone de Steve Schwarzman, que financiou, se beneficiou e apoiou Trump e golpistas?", tuitou o coordenador sindical Stephen Lerner.

Houve outra razão para que o Homem de Davos se afastasse rapidamente do colaborador na Casa Branca. Os bilionários não tinham motivos óbvios para temer o novo presidente, cujo estado natal de Delaware era reconhecidamente compatível com os interesses corporativos.

Biden era literalmente simpático, uma presença familiar e tranquilizadora que possuía grande experiência, credibilidade institucional e uma compreensão das questões de política nacional e externa. Ele poderia ser confiável para desencadear um esforço para asfixiar a pandemia. Ele presumivelmente remendaria alianças e restauraria a liderança norte-americana como um defensor da ordem democrática liberal. Sua presidência representava o retorno da programação tradicional.

Durante toda a campanha, o restabelecimento da normalidade havia sido a principal promessa de Biden. Ele era aceitável pelos moderados — *elegível*, era a palavra que os políticos usavam. Ele apelou para as comunidades de operários que haviam se inclinado para Trump quatro anos antes, sem alienar os interesses empresariais cujas contribuições eram necessárias para financiar sua campanha.

Ao reivindicar a nomeação democrata, Biden havia prometido um retorno à normalidade ao ultrapassar rivais como Bernie Sanders e Elizabeth Warren, cujas próprias candidaturas foram agrupadas como ataques a um sistema manipulado, e que se definiam como inimigos da classe bilionária. Na formulação de Biden, os norte-americanos não precisavam de uma revolução, precisavam se livrar de Trump. Procurar o primeiro colocaria em risco o segundo.

"A América corporativa tem que mudar seus métodos", disse Biden em uma reunião com 17 doadores ricos em uma campanha de arrecadação de fundos em julho de 2020. No entanto, ele ofereceu garantias de que isso aconteceria suavemente. "Não exigirá legislação",[2] continuou Biden. "Não estou propondo nenhuma. Temos que pensar em como lidar com as pessoas."

A arrecadação de fundos foi organizada pelo diretor de operações da Blackstone, Jon Gray, cujo patrimônio líquido foi estimado em U$4,5 bilhões. Seu envolvimento sugeria que a empresa estava assegurando suas apostas. Schwarzman enviava cheques gordos para Trump, mas outros altos executivos da Blackstone estavam cultivando o acesso a Biden. E Biden ficou feliz em receber o dinheiro deles.

No mês anterior, o vice-presidente executivo da Blackstone, Tony James, organizou outro evento de levantamento de fundos para Biden, convocando 30 doadores ultrarricos.

Ao tranquilizar os colaboradores que não precisam temer mudanças legais em sua administração, Biden poderia muito bem ter endossado o capitalismo das partes interessadas. As boas pessoas que dirigem empresas de private equity e outras empresas de investimento, que coletivamente enviaram US$3,5 milhões para seu fundo de campanha, poderiam ser solicitadas a compartilhar a riqueza de forma mais equitativa, sem intrusões radicais como a legislação.

Como disse a agente democrata de longa data Hilary Rosen, Biden não era "alguém que está vindo para desestabilizar Washington.[3] Ele está vindo para restaurar Washington".

Mas a normalidade suscitou a perspectiva de repetir o ciclo de decepção e tristeza que havia permitido a Trump tomar o poder, lançando sua insurgência contra a democracia. A norma nas últimas quatro décadas foi o Homem de Davos usar seu dinheiro para comprar influência sobre a esfera política, elaborando regras que permitissem aos bilionários manter mais de seus ganhos. Foram os reis de private equity como Schwarzman desmantelando o sistema de saúde e a Amazon aplicando seu poder de mercado para esmagar os concorrentes enquanto explorava os trabalhadores.

O que há muito tempo era a norma na vida norte-americana havia gerado uma reação furiosa que permitiu a um autoritário claramente não qualificado tornar-se presidente com a força de uma promessa de destruir a normalidade. O perigo total dessa escolha foi revelado pela disfunção resultante no governo dos EUA, que deixou o país mais rico da Terra impotente diante de uma pandemia. Agora, a substituição de Trump prometia uma volta à normalidade.

Isso era mais do que uma preocupação retórica. O fato de que o Salão Oval não serviria mais como local para saudar militantes racistas declarados era um bem-vindo desenvolvimento. Que o presidente não celebraria abertamente os ditadores, não influenciaria a política externa para ganho político pessoal, nem incitaria intencionalmente o ódio, tudo isso constituía alterações significativas ao que se tornara uma atividade regular durante a presidência de Trump. Ainda assim, a normalidade estabeleceu um baixo padrão de mudança em termos de transcender as condições que haviam alimentado o Trumpismo — que, se mantido inalterado, produziria mais queixas que poderiam ser exploradas por outro oportunista político que oferecesse o tribalismo como resposta a problemas reais.

As desigualdades que definiam a economia norte-americana —a evasão fiscal legalizada, o racismo estrutural, a redução da força de trabalho e a crescente impossibilidade de pagar contas com salários normais — eram realidades muito anteriores a Trump. Elas não seriam corrigidas com a remoção dele da Casa Branca. O movimento que o havia levado ao poder era a continuação de forças que operavam na esfera norte-americana há décadas.

Reagan havia iniciado o impulso para desmantelar o governo e distribuir as economias por meio de cortes de impostos, transformando a redistribuição no princípio central da política econômica. Sucessivas administrações representando ambos os partidos desmereceram os gastos da previdência social e atenderam à classe dos acionistas ao mesmo tempo em que toleravam a desigualdade como subproduto da prosperidade. Clinton havia celebrado os poderes restauradores de cortar os déficits orçamentários, ao mesmo tempo em que afirmava a lógica de que a inovação exigia recompensas ilimitadas. Ele e Obama tinham centrado seus projetos econômicos em finanças e tecnologia, permitindo que o Homem de Davos acrescentasse zeros a seu patrimônio líquido. Eles relegaram a lei antitruste aos livros de história. George W. Bush sacrificou o governo no altar dos deuses cortadores de impostos, devastando ainda mais os programas sociais.

O Homem de Davos não tinha sido um beneficiário acidental dessa mudança ideológica. Ele foi seu impulsionador, financiando campanhas, empregando lobistas e advogados que promoviam a Mentira Cósmica, enquanto demonstrava sua suposta benevolência via filantropia e promessas para o capitalismo das partes interessadas.

Trump tinha simplesmente ido além de seus antecessores, distribuindo uma bonança ainda maior de cortes fiscais que favoreciam a classe bilionária, enquanto colocava o próprio Estado no controle dos interesses corporativos.

O comunicado oficial de que Trump havia sido derrotado desencadeou festas de dança espontâneas nas ruas das principais cidades norte-americanas. Mas, se o despejo de Trump da Casa Branca foi algo a ser comemorado, também pareceu o fim em si, e não o início de uma remodelação fundamental. Em palavras e atos, Biden sinalizou que não era uma ameaça ao Homem de Davos e seu domínio predominante sobre a governança norte-americana.

« »

Ao preencher sua administração, as escolhas de Biden indicaram que ele procuraria facilitar seu caminho, aceitando fortes incentivos para pessoas comuns, aumentando as receitas por meio de alguns impostos adicionais sobre os ricos, mas geralmente evitando ressentimentos com o Homem de Davos.

Mnuchin foi substituído por Janet Yellen, uma respeitada economista que anteriormente chefiou o Banco Central. Ela mostrou maior preocupação com a situação dos trabalhadores, mas suas declarações de transparência financeira também revelaram afinidade pelo Homem de Davos. Nos dois anos anteriores, Yellen recebeu mais de US$7 milhões em honorários para discursos a gigantes corporativos, entre eles Goldman Sachs, Salesforce e Citadel, um fundo de hedge lançado pelo grande doador republicano, Ken Griffin.

O assistente de Yellen seria Adewale Adeyemo, que foi o chefe de pessoal interino de Fink na BlackRock.

Como seu secretário de saúde e serviços humanos, Biden selecionou Xavier Becerra, procurador-geral da Califórnia, que pressionou o governo federal a empregar sua autoridade de quebrar monopólios para anular as patentes de medicamentos, baixando o custo dos remédios. Mas um dos conselheiros mais próximos de Biden, Steve Ricchetti, anteriormente trabalhou como lobista para grandes empresas farmacêuticas. Seu irmão, Jeff Ricchetti, havia sido recentemente contratado pela Amazon para fazer lobby para questões ligadas à pandemia, incluindo a Lei CARES.[4]

Uma equipe diversificada de economistas iniciou as operações na Casa Branca, liderada por Cecilia Rouse, uma respeitada economista trabalhista que se tornou a primeira pessoa negra a presidir o Conselho de Conselheiros Econômicos do presidente. Mas o principal conselheiro econômico de Biden foi outro ex-participante da BlackRock, Brian Deese. Ele supervisionou estratégias de investimento sustentável para Fink, tornando-o um arquiteto de políticas que levariam ao surgimento de mudanças significativas enquanto perpetuava o *status quo*.

Em outro golpe para Schwarzman, os dois senadores republicanos em exercício na Geórgia foram derrotados, fornecendo aos democratas uma estreita, mas crucial, maioria na Câmara. Isso deu a Biden o poder de transformar suas propostas políticas em lei. Mas a influência duradoura do Homem de Davos no processo político restringiria suas ações.

Mesmo antes de ser empossado, Biden propôs um novo montante de US$1,9 trilhão em gastos com auxílios emergenciais, incluindo aumento dos programas de desemprego, apoio aos governos estaduais e locais sitiados, e dinheiro para as famílias de classe média e de baixa renda. Isso constituiu

"NÃO É ALGUÉM QUE ESTÁ VINDO DESESTABILIZAR WASHINGTON" ⟋ **339**

uma correção substancial para os pacotes de assistência anteriores, que se concentraram no levantamento dos preços dos ativos.

Porém, uma rebelião dos centristas democratas impediu um elemento-chave que Biden tinha como objetivo anexar à conta — um aumento do salário mínimo federal para US$15 [por hora]. O salário mínimo não teve aumento em 12 anos. Ao longo de décadas, o Congresso havia permitido que ele fosse constantemente corroído pela inflação em resposta ao lobby de representantes corporativos como a Business Roundtable. Um salário mínimo mais alto destruiria empregos, os lobistas advertiram, embora a literatura econômica dissesse o contrário: coloque mais dinheiro nos bolsos dos trabalhadores e eles iriam gastá-lo, criando empregos para outras pessoas.

Depois de contabilizar a inflação, o salário mínimo estava mais de 1/4 abaixo[5] do que em 1968. Embora uma variedade de pesquisas mostrasse que a maioria dos norte-americanos era favorável ao aumento do salário mínimo, incluindo a maioria dos republicanos, a proposta de Biden foi rejeitada. Seu mandato seria claramente definido por concessões.

O Homem de Davos mantinha sua posição elevada, independentemente de quem estivesse na Casa Branca.

A ascensão de Biden e o controle de seu partido sobre ambas as Casas do Congresso alteraram o ímpeto do tratamento norte-americano da pandemia e da catástrofe econômica que a acompanhou. O posicionamento de Biden foi claramente alterado pelas circunstâncias em que assumiu a presidência. Ele defendia um plano de gastos maciço destinado a reforçar a infraestrutura da nação, e também outra medida cuja finalidade era reduzir drasticamente a pobreza por meio da expansão dos créditos fiscais para crianças. Em vez de traçar um caminho de volta à normalidade, Biden provocou comparações exageradas com nada menos que Franklin Delano Roosevelt e seu New Deal, os programas de segurança social inspirados na Grande Depressão. Biden procurou financiar seu renascimento de um governo forte, aumentando os impostos corporativos e fechando parcialmente a brecha das taxas de desempenho que há muito permitia que magnatas do private equity como Schwarzman protegessem sua renda dos impostos.

Em retórica e ação, Biden fala àqueles que nutrem um sentimento de que a democracia norte-americana tem sido sequestrada por interesses monetários. Mas se ele diminuiria significativamente a desigualdade econômica — se ele teria coragem para perturbar os doadores corporativos e a determinação para superar a oposição consolidada — são questões que permanecem em aberto.

Se ele falhar em seguir adiante, as consequências podem ser potencialmente profundas. Os anos de Biden podem aumentar as expectativas de uma reparação justa antes de dar lugar à conhecida decepção, já que os salários estagnam enquanto os bilionários aumentam seus ganhos. Isso poderia acabar abrindo caminho para uma versão atualizada e mais sofisticada de Trump — alguém que buscaria os objetivos tradicionais republicanos de desregulamentação, redução de impostos e desmantelamento do governo vendendo isso como um estímulo para crescimento; alguém que falasse empaticamente com a classe trabalhadora enquanto atende às necessidades dos plutocratas; alguém que se entregaria à linguagem da compaixão, ao mesmo tempo em que solidificaria as prerrogativas de pessoas privilegiadas que financiaram campanhas.

Trump se foi, mas o Trumpismo ainda pode ter um futuro brilhante.

Além dos Estados Unidos, realidades políticas enraizadas limitam as perspectivas de mudança à medida que os países vasculham os destroços da pandemia.

Na Grã-Bretanha, a chegada de uma variante especialmente contagiosa do vírus, no início de 2021, mais uma vez ameaçou sobrecarregar o sistema nacional de saúde problemático, levando o governo a impor outra paralisação que faz a economia voltar à recessão. A retração foi exacerbada pela saída da Grã-Bretanha da União Europeia, com um modesto acordo comercial que obrigou os exportadores de ambos os lados do Canal da Mancha para navegar em procedimentos aduaneiros renovados. O caos resultante nos portos foi ao mesmo tempo previsível e debilitante.

Em toda a Europa, os líderes discutiram sobre como distribuir os lucros dos títulos de todo o continente enquanto a pandemia continuava, sem controle pela campanha de vacinação inicialmente lenta.

A economia global parece certamente emergir da pandemia em um estado ainda mais desigual.

Aqui está o problema central, pois o mundo contempla a vida após um desastre de saúde pública que se tornou mais letal pela predação do Homem de Davos: como as sociedades democráticas podem atacar a desigualdade quando a própria democracia está sob o controle das pessoas que possuem a maior parte do dinheiro?

Sem um súbito desejo por parte dos bilionários de participar voluntariamente na redistribuição equitativa da riqueza, como as comunidades podem enfrentar uma injustiça econômica enraizada? Como podem promover o tipo de crescimento econômico que tem o potencial de melhorar amplamente o padrão de vida?

Essas são perguntas importantes, sem respostas óbvias. Mas soluções têm que ser exploradas. A alternativa é aceitar a contínua degradação da democracia.

Como já exploramos o covil do Homem de Davos, agora voltaremos ao restante do habitat humano.

Algumas comunidades têm experimentado maneiras de expandir a riqueza para pessoas comuns, reorientar os gastos públicos e testar novas formas de seguro social. Essas não são fantasias idealistas, mas projetos pragmáticos de recuperação do que o mundo já conhecia — uma forma de capitalismo que aproveita as virtudes do sistema de mercado enquanto compartilha equitativamente os lucros.

No norte da Inglaterra, em uma cidade chamada Preston, os líderes locais estabeleceram um caminho de progresso que ignorava completamente o Homem de Davos.

CAPÍTULO 17

"O DINHEIRO ESTÁ BEM AQUI NA COMUNIDADE AGORA"

Contornando o Homem de Davos

Como grande parte do condado de Lancashire no noroeste da Inglaterra, Preston cresceu em função da revolução industrial. Os navios carregavam algodão das docas de Liverpool, subindo o rio Ribble até os moinhos que o transformavam em tecido. No início do século XX, cerca de 600 mil pessoas eram empregadas pelas fábricas têxteis locais. A riqueza que produziam erguia bonitas casas de tijolos ao longo de ruas arborizadas.

Nas últimas décadas, à medida que o comércio têxtil se deslocava para países com salários mais baixos, as fábricas fechavam e o desemprego aumentava. As fachadas de lojas desapareciam atrás das tábuas. Nas calçadas do centro da cidade, os sem-teto às vezes pareciam existir em maior número que os compradores.

As autoridades locais atraíram investimentos para um esquema de desenvolvimento focado em um novo centro comercial. Ele substituiria um mercado central que passou de um ponto de encontro comunitário para um lugar a ser evitado — uma área com odor de peixe, onde batedores de carteira e bêbados espreitavam nos becos.

Em 2005, o conselho local assinou um acordo com o Grosvenor Group, uma incorporadora imobiliária internacional de origem aristocrática. Ele administrou parte da fortuna de US$13 bilhões controlada pelo Duque de Westminster, Gerald Grosvenor. Suas propriedades estavam espalhadas por 60 países, desde o luxuoso bairro londrino de Mayfar até o distrito de Roppongi, em Tóquio. Agora, Grosvenor transformaria o antigo mercado de Preston em um complexo comercial e de entretenimento.

Mas, quando a crise financeira global chegou, Grosvenor fugiu, deixando Preston em choque, assim como a austeridade assolou os cofres locais.

"Foi horrível", disse Matthew Brown, o líder do Conselho de Preston. "Estávamos totalmente limitados em nossa capacidade de ajudar as pessoas."

Brown concluiu que depositar fé em construtoras internacionais foi um erro, limitando as perspectivas da cidade aos caprichos dos gestores financeiros sem nenhuma conexão emocional com a comunidade. O que Preston precisava era de um plano que não dependesse de pessoas de fora.

Em uma noite de março de 2012, Brown foi a um pub local com Neil McInroy, que chefiou uma instituição de pesquisa chamada Center for Local Economic Strategies, com sede a menos de uma hora de distância em Manchester. O instituto estava focado na chamada construção de riqueza comunitária, projetando formas de manter os salários, a receita tributária e a poupança com base na economia local. Entre uma cerveja e outra, os dois homens esboçaram uma alternativa.

O plano que eles traçaram se centrava nas entidades governamentais locais negociando o máximo possível com empresas da área. Quando o distrito escolar precisasse de um prestador de serviços para fornecer refeições, ele concederia seus negócios a uma empresa local em vez de uma empresa nacional gigante. O empreiteiro que conseguisse o trabalho poderia, por sua vez, comprar carne e produtos de agricultores locais. As despesas ficariam em Preston, para serem distribuídas como salários para pessoas que comprariam em lojas dos arredores, em vez de serem repassadas a empresas controladas por acionistas distantes.

O que ficou conhecido como o modelo Preston era um antídoto para a austeridade. Ele não dependia do resultado de uma eleição nacional ou do

"O DINHEIRO ESTÁ BEM AQUI NA COMUNIDADE AGORA" — **345**

consentimento do Homem de Davos. Ele simplesmente exigia coordenação entre as entidades que já investiam na comunidade local.

Quando na manhã seguinte, já sóbrio, Brown apresentou essa ideia a seus pares no conselho de Preston, alguns concluíram que ele havia bebido cerveja demais. Parecia uma conversa de hippie. Mas à medida que a austeridade rasgava o tecido social, pressupostos básicos sobre governança surgiram para reconsideração. A maneira tradicional de administrar as coisas tinha produzido pobreza e desespero, fazendo com que se justificassem abordagens pouco ortodoxas.

"Houve uma transformação cultural, e agora eles olhavam para essas ideias de uma nova maneira", disse-me Brown enquanto estávamos em outro pub do bairro. "Estamos tentando encontrar alternativas para o modelo capitalista."

Brown assumiu a liderança na organização de instituições locais. O governo de Preston, o conselho do condado vizinho de Lancashire, o departamento de polícia local, a autoridade habitacional e duas faculdades próximas concordaram em negociar o máximo possível com as empresas locais.

Antes que o esquema fosse lançado, essas instituições chamadas âncoras direcionavam apenas 5% de seus gastos para Preston e 39% para o condado de Lancashire. Cinco anos mais tarde,[1] esses números haviam aumentado para 18% e 78% respectivamente.

O modelo Preston não operava com a força da lei. Funcionava como um pacto social estabelecido entre as instituições locais, um entendimento que eles precisavam considerar mais do que o resultado final quando gastavam dinheiro. Era algo como o capitalismo das partes interessadas dirigido por pessoas que realmente respondiam às partes interessadas — não por meio de promessas nebulosas como o Manifesto de Davos, mas por meio de eleições democráticas.

O departamento de polícia de Lancashire foi dizimado pela austeridade, com seus postos diminuindo para 2.200, quando uma década antes eram mais de 3 mil. Quando o departamento fez propostas para a construção de uma nova sede de polícia em Blackpool — uma cidade de praia conhecida pelos seus parques de diversão e suas taxas alarmantes de criminalidade

— estipulou que daria prioridade aos "valores sociais". Os concorrentes seriam favorecidos se fossem locais, se contratassem jovens aprendizes para aumentar suas habilidades e se reconhecessem os sindicatos. A empresa vencedora estava sediada em Manchester, mas era obrigada a gastar pelo menos 80% de seu orçamento dentro de Blackpool.

"Acreditamos que há uma correlação entre privação e crime", contou-me o chefe de polícia, Clive Grunshaw. "Se você puder investir nessas comunidades, então claramente elas serão beneficiadas."

O local do centro comercial abandonado tornou-se um monumento ao modelo Preston. O conselho renovou o antigo mercado, deixando intactas suas colunas de aço originais do século XIX. A nova estrutura — uma fachada de vidro, espaço convidativo sob um teto alto — incluía uma peixaria, um açougue, um bar que oferecia cervejas locais e cafeterias.

O conselho havia apoiado fortemente os comerciantes locais, entre eles John Bridge, um arquiteto nascido em Preston. Ele usou a experiência como um trampolim para alavancar seu negócio. Ele havia chegado a ver a deterioração da comunidade como um ponto de inflexão.

"Isso nos obrigou a começar a olhar para dentro", disse Bridge. "Tivemos de pensar diferente."

« »

Entre as pessoas que aconselharam Matthew Brown em Preston estava um norte-americano chamado Ted Howard. Fundador de uma organização sem fins lucrativos chamada Democracy Collaborative, Howard acreditava no poder das cooperativas para criar empregos com salários dignos, mesmo diante do Homem de Davos baixando os salários.

Ele e seus colegas lançaram uma série de cooperativas nos Estados Unidos, entre elas um serviço de lavanderia com sede em um bairro de baixa renda em Cleveland. A empresa pagava salários adequados para financiar um padrão de vida de classe média, incluindo assistência médica e participação nos lucros. Ela havia conseguido um contrato para lavar roupas de cama para a Clínica Cleveland, obtendo esse trabalho não por caridade, mas

"O DINHEIRO ESTÁ BEM AQUI NA COMUNIDADE AGORA" ⬩ **347**

participando de um processo de licitação competitiva. Como uma cooperativa, ela apenas tinha que prosperar. Livre da compulsão de entregar dividendos aos acionistas, ela poderia pagar aos trabalhadores o suficiente para cobrir suas despesas enquanto ainda ganhava negócios dos rivais.

"As cooperativas têm uma verdadeira missão social, a transformação da comunidade local", disse-me Howard, "mas no fim das contas precisam ser financeiramente bem-sucedidas".

A ideia de Howard foi inspirada no Grupo Mondragon, várias empresas cooperativas da região basca da Espanha, o local de trabalho de mais de 70 mil pessoas, tornando-o um dos 10 maiores empregadores do país. O grupo possuía uma das maiores redes de mercearias da Espanha, um banco e fábricas que exportavam autopeças e outros componentes ao redor do mundo.

A Mondragon era governada por um acordo segundo o qual o salário da alta administração era limitado a 6 vezes o salário do trabalhador menos bem pago, em comparação a uma proporção de mais de 300 para 1[2] entre as empresas de capital aberto nos Estados Unidos. Os trabalhadores eram proprietários da empresa como sócios, recebendo ações anuais de lucro. Se uma empresa atravessasse momentos difíceis, os sócios poderiam encontrar trabalho em outras cooperativas.

Após a crise financeira global, a taxa de desemprego subiu para mais de 26% na Espanha, mas a Mondragon evitou grande parte da perda de empregos. Quando a cooperativa original, fabricante de geladeiras, entrou em colapso em 2013, isso custou os empregos de quase 1.900 pessoas. No entanto, seis meses depois, muitos haviam encontrado novos postos de trabalho em cooperativas parceiras, e o restante garantiu a aposentadoria antecipada e generosos pacotes de demissão.

No mundo inteiro, as cooperativas já empregavam mais de 280 milhões de pessoas, de acordo com a Aliança Cooperativa Internacional. Somente os Estados Unidos possuíam mais de 30 mil cooperativas. Elas controlavam coletivamente mais de US$3 trilhões em ativos,[3] segundo uma estimativa.

Howard também perseguia outra ideia promissora que ganhou força nos Estados Unidos — um consórcio de 45 sistemas médicos sem fins lucrativos e governamentais que operava mais de 700 hospitais em todo o país.

Como um grupo, os membros da Healthcare Anchor Network gastaram mais de US$50 bilhões por ano e administravam US$150 bilhões em ativos.

Tal como o modelo Preston, os membros da aliança prometeram direcionar seus gastos para gerar empregos locais. Eles também se comprometeram a transformar alguns de seus fundos de reserva nos chamados investimentos de impacto — empréstimos para a compra de casas a fim de poupar pessoas de baixa renda de despejo, capital inicial para empresas de propriedade de minorias, creches para os trabalhadores pobres. No início de 2020, os membros reservaram mais de US$300 milhões para a compra de casas.

O modelo foi especialmente adaptado às condições que há muito atormentavam a governança norte-americana: a quase impossibilidade de dinheiro ser liberado pelo Congresso, exceto quando se tratava de projetos capazes de atrair votos, ou cortes de impostos para o Homem de Davos. Em vez de tentar persuadir o Congresso a financiar programas de desenvolvimento social, era possível arrecadar dinheiro para impulsionar os programas de comunidades de baixa renda redirecionando fundos corporativos que já estavam sendo usados.

A reserva de dinheiro era potencialmente vasta. Os hospitais e os prestadores de serviços de saúde norte-americanos gastavam coletivamente mais de US$780 bilhões por ano. Eles administravam carteiras de investimento de US$400 bilhões e empregavam mais de 5,6 milhões de pessoas. Mesmo um pequeno ajuste na forma como eles direcionavam seus fundos poderia ter consequências enormes.

"Nossa epifania é que uma resposta à suposta escassez de fundos é que o dinheiro está ali mesmo na comunidade agora", disse-me Howard. "Ele está em instituições que estão ali."

A saúde era um terreno especialmente fértil devido à Lei de Cuidado Acessível, mais conhecida como Obamacare. Ela exigia que os hospitais sem fins lucrativos produzissem avaliações anuais de suas necessidades de saúde comunitárias no contexto mais amplo — incluindo mercados de trabalho, a disponibilidade de moradias acessíveis, transporte público e parques. Eles tinham de propor medidas para melhorar as condições locais.

Esse processo se baseava na simples observação de que a pobreza era uma assassina. As pessoas que vivenciaram a falta de moradia eram mais propensas a serem readmitidas em hospitais após receber alta. Os desempregados não tinham o hábito de comprar frutas e vegetais orgânicos, e eram menos propensos a se tornar frequentadores de academias, deixando-os vulneráveis a uma série de enfermidades, desde doenças cardíacas a diabetes. Um número cada vez maior de pessoas foi obrigado a eliminar os seguros de saúde para financiar necessidades mais urgentes como consertar o carro para poder ir ao trabalho.

"Um em cada quatro norte-americanos tem que escolher entre 'Eu compro leite hoje?' ou 'Eu pago meu plano de saúde para conseguir minha receita?'", disse Bechara Choucair, diretor de saúde comunitária da Kaiser Permanente, um dos principais membros da rede, citando uma pesquisa da empresa. "Pago meu aluguel este mês? Ou pago a minha franquia para poder fazer a cirurgia?"

Como fornecedora de serviços de saúde para 12 milhões de norte-americanos, a Kaiser tinha motivações de resultado para participar. Se mais pessoas fossem empregadas em uma comunidade, isso significaria mais clientes potenciais para os serviços da Kaiser e custos mais baixos para a prestação de seus cuidados.

Esse foi o cálculo que fundamentou o planejamento da Kaiser ao construir um novo centro médico no centro sul de Los Angeles, onde os bairros de Baldwin Hills e Crenshaw convergiam.

A comunidade precisava de muito mais que consultórios médicos. Entre seus 278 mil — a grande maioria negra ou hispânica —, quase 30% eram oficialmente pobres. Muitos não concluíram o ensino médio. A violência das gangues já fazia parte da vida local há muito tempo. Ex-presidiários definhavam em projetos de moradia locais sem meios de sustento. Melhorar a saúde exigia a resolução de problemas que iam muito além do fornecimento de máquinas de raios X e da administração de uma farmácia.

No fim de 2015, a Kaiser realizou reuniões na comunidade local, procurando compreender a extensão das necessidades. O que as pessoas mais precisavam era de empregos.

Conforme a Kaiser foi abrindo caminho no início do ano seguinte, ela exigiu que seu empreiteiro reservasse 30% de todos os empregos para as pessoas que morassem a menos de 8km do local. Inicialmente, a empresa não teve êxito na tentativa de encontrar candidatos apropriados. Realizou uma feira de empregos e quase ninguém apareceu. Então, os gerentes de projeto encontraram John Harriel, uma presença constante do bairro conhecido como Big John.

Harriel cresceu na vizinhança e andava com a famosa gangue dos Bloods, cumprindo cinco anos de prisão por tráfico de drogas. Ele usou esse tempo para ganhar sua equivalência do ensino médio e treinar para ser eletricista, colocando-o em posição para estabelecer uma carreira no ofício quando saísse. Ele foi promovido para o cargo de supervisor, comandando equipes de dezenas de eletricistas que ergueram alguns dos maiores projetos da Costa Oeste, incluindo o Staples Center, lar do time de basquete Los Angeles Lakers. Ele era ativo na organização comunitária 2nd CALL (for Second Chance At Loving Life) [2ª Chamada (para Segunda Chance na Vida Amorosa), em tradução livre], que visava a preparar pessoas anteriormente encarceradas para carreiras que lhes permitissem sustentar suas famílias.

Fisicamente imponente e direto, Harriel não era um homem de conversas sem sentido patrocinadas por empresas. Ele era especialmente desconfiado dos brancos de fora que faziam poses de santos quando chegavam para resgatar sua comunidade predominantemente negra de qualquer aflição que estivesse acontecendo. Já na escola primária, havia aprendido a ridicularizar a noção de Papai Noel.

"Eu disse: 'Deixe-me ver se entendi bem'", ele me contou. "'Há um cara branco gordo andando no céu e entregando presentes pela chaminé? Eu não vejo nenhuma chaminé nos projetos.' Eu disse: 'Isso é mentira. Você está contando uma mentira.'"

Na prisão, leu a história afro-americana e se irritou na homenagem a Martin Luther King Jr. pelo establishment branco, especialmente seu famoso discurso "Eu tenho um sonho".

"Os sonhos vêm para quem dorme", disse Harriel. "Eles escolheram o cara não violento com um sonho."

Quando a Kaiser se aproximou dele para ajudar a recrutar trabalhadores, Harriel inicialmente sentiu cheiro de uma manobra publicitária.

Ele exigiu controle sobre o recrutamento de trabalhadores potenciais, pois aprendeu que converter ex-prisioneiros em pessoas empregadas era transformador e repleto de perigos.

Cerca de 600 mil pessoas eram liberadas nas prisões norte-americanas todos os anos. A taxa de desemprego entre os ex-presidiários[4] chegou a 27%. Harriel olhou para esse número tanto como um aviso quanto como um indicador de promessa. Pessoas recém-saídas da prisão estavam cientes das probabilidades contra elas, o que as deixava ansiosas para trabalhar mais. O salário delas era muito mais do que uma forma de pagar contas; era o meio de preservar sua liberdade.

Mas Harriel também entendeu que o empregador médio não estava ansioso para contratar assassinos condenados ou traficantes de drogas. Eles tinham de ser convencidos dos méritos das pessoas que estavam aceitando. Aqueles que ele enviava para empregos tinham que demonstrar atitude e decoro adequados.

"O mundo está olhando para nós", disse ele. "Melhor estar duas horas adiantado do que dois minutos atrasado."

Dizer que a empresa de Harriel organizava seminários de treinamento para empregos era uma falta de entendimento. Ela ajudava as pessoas a ultrapassar as armadilhas da vida fora da prisão. Ela organizava cursos de gestão da raiva e alfabetização financeira, e fornecia terapia de trauma. Harriel orientou ex-membros de gangues de negros e latinos a olhar seus supervisores brancos nos olhos — uma ação que poderia provocar violência na prisão. Ele se recusava a enviar qualquer pessoa para um estágio até que o convencessem de que eram verdadeiramente dedicados.

"Se alguém estiver de brincadeira", disse ele, "serei o primeiro a dizer que deve ser demitido".

A Kaiser encarregou Big John do recrutamento. Ele entrava nas comunidades de gangues e batia nas portas. Na feira de empregos seguinte, centenas de pessoas apareceram. Kaiser contratou dezenas delas, incluindo um homem chamado Charles Slay.

Como Harriel, Slay tinha crescido na vizinhança. Sua mãe morreu quando ele tinha apenas 10 anos. Ele foi criado pelo pai, que trabalhava como mecânico. O dinheiro era sempre escasso e não existiam bons empregos. As pessoas faziam hambúrgueres ou empacotavam compras, mas isso não era um caminho para sair da pobreza. Slay assinou com uma organização que oferecia uma forma bruta de melhoria financeira. Ele se uniu aos Bloods.

Aos 14 anos, ele roubava lojas à mão armada e encurralava pessoas em um terreno baldio em Baldwin Village — o próprio local onde a Kaiser construiria seu novo campus.

Aos 21 anos, Slay estava atrás das grades por matar um homem de uma gangue rival. Ele completou sua equivalência do ensino médio e depois estudou sociologia. "Comecei a pensar nas pessoas que roubei", disse ele. "Comecei a pensar sobre a magnitude de minhas ações. Como passei de um garotinho que minha mãe amava para um homem disposto a tirar a vida de outro homem? Comecei a pensar em algumas das coisas que me faltavam. Eu disse: 'Se alguma vez tiver a oportunidade de voltar para casa, vou aproveitar.'"

A chance veio quando ele tinha 48 anos. Solto após 27 anos de prisão, Slay foi morar com sua tia. Ele se candidatou para ser motorista de caminhão, mas as condições de sua liberdade condicional o impediam de viajar a mais de 80km de casa. Ele aceitou um trabalho de descarga de navios em um porto. Recebia US$9 por hora sem plano de saúde.

Então ele conheceu Big John. Quando a Kaiser começou a construir seu novo centro médico, Slay fazia parte da equipe, trabalhando como eletricista.

"Nunca em minha vida usei uma ferramenta elétrica", disse ele. "A única ferramenta que usei foi uma arma. Sinto como se tivesse vivido várias vidas no passado."

Slay habitava um mundo que mal estava ligado ao processo político norte-americano. A normalidade, se esse era o destino da nação, não incluía empregos de qualidade em comunidades pobres, predominantemente negras.

Abordagens como o modelo Preston e a Healthcare Anchor Network foram adaptações inteligentes para um sistema que era deficiente — um lugar significativo para começar. Eles mantinham a riqueza existente dentro das comunidades, em vez de enviá-la para o Homem de Davos. Mas tirar as pessoas da escala massiva da pobreza e restaurar a segurança da classe média exigiria algo mais abrangente — um mecanismo para transferir a riqueza do Homem de Davos para todos os outros.

Durante séculos, teóricos sociais, líderes de direitos civis e economistas debateram a forma mais eficaz de abordar a realidade de que alguns membros da sociedade simplesmente carecem de sustento. Conforme a pandemia se espalhava, ameaçando milhões de pessoas com a miséria, esse debate assumiu uma nova urgência.

Uma ideia intrigante que nunca tinha parecido inteiramente prática ganhou, de repente, novos ares.

CAPÍTULO 18

"COLOCAR DINHEIRO NOS BOLSOS DAS PESSOAS"

A Ascensão da Renda Básica Universal

Quando ouvi falar da renda básica universal* depois de mais de uma década escrevendo sobre economia, confesso que a descartei como uma ideia utópica e fantasiosa.

Em essência, corresponderia a um subsídio periódico que o governo daria a todos para cobrir suas necessidades essenciais. Isso parecia tão provável quanto Steve Schwarzman doando seu império imobiliário aos desabrigados.

Mas o conceito em si já existia sob várias formas há séculos, e uma versão moderna ganhava força. À margem do debate sobre desigualdade econômica, alguns ativistas e economistas alternativos defendiam a renda básica universal como solução para problemas que eram impossíveis de ser desconsiderados. O capitalismo global encontrava-se claramente em xeque. Um número crescente de pessoas tinha empregos sem futuro nas economias

---

* No Brasil, a renda básica universal, com o nome de Renda Básica da Cidadania, foi instituída pela Lei 10835 de 08/01/2008. Sua abrangência deverá ser alcançada em etapas, a critério do Poder Executivo, priorizando-se as camadas mais necessitadas da população. [N. da R.]

de todo o mundo. A quantidade de trabalhadores pobres estava se expandindo juntamente com aqueles que abandonaram o mercado de trabalho. Com os salários não sendo mais uma fonte confiável de subsistência, os governos podiam distribuir uma parcela fixa a todos — velhos e jovens, ricos e pobres, saudáveis e enfermos — garantindo que ninguém tivesse necessidades como alimentação, moradia e cuidados com a saúde.

No outono de 1983, um trio de pesquisadores na Bélgica formou um coletivo em torno da discussão de uma ideia que eles chamavam de *allocation universelle*. Três anos mais tarde, eles realizaram uma conferência internacional que atraiu cerca de 60 participantes, incluindo o economista britânico Guy Standing. O evento rendeu uma instituição agora conhecida como Basic Income Earth Network [Rede Mundial de Renda Básica], um lugar de encontro online para os interessados no assunto.

"A segurança é um bem precioso",[1] escreveu Standing em um livro de 2017 sobre o assunto, *Basic Income: And How We Can Make It Happen* [Renda Básica: e Como Podemos Fazer Isso Acontecer, em tradução livre]. "Deve ser um objetivo de todos que genuinamente queiram construir uma boa sociedade em vez de uma que facilite o engrandecimento de uma elite privilegiada que lucra conscientemente com a insegurança de outros."

De fato, a segurança estava em falta, mas a renda básica ainda me parecia um objetivo impraticável para um sistema político dominado pelo Homem de Davos — um desvio do que poderia ser realmente alcançável. Nos EUA, onde os problemas dos trabalhadores pobres eram profundos, qualquer coisa que trouxesse bem-estar era fácil de ser derrotada pelos lobistas. E a renda básica era facilmente descartada como uma forma de socialismo — o rótulo final para matar ideias na superpotência capitalista mundial.

Então, em 2016, quando me mudei para Londres a fim de cobrir a economia europeia, a Finlândia anunciou que estava realizando um teste de dois anos de um programa de renda básica.

A Finlândia é um país nórdico no qual os contribuintes já estavam financiando extensos programas de bem-estar social, tornando a renda básica uma aspiração realista. É também a economia orientada principalmente para o mercado das nações que compõem a Escandinávia [Dinamarca, Noruega e Suécia], uma região dedicada à impiedosa concorrência no mundo dos negócios. Qualquer que fosse essa experiência, ela não poderia ser descartada como um socialismo confuso. Em vez disso, parecia representar uma tentativa de revigorar o capitalismo.

Decidi ir e explorar de perto a experiência da Finlândia, no mesmo momento em que uma parte dos economistas se apaixonara pela renda básica. De Aspen a Londres, as conferências sobre o futuro do trabalho subitamente apresentavam discussões sobre os méritos de vários esquemas de renda básica. O trabalho havia mudado tão fundamentalmente que o argumento típico era de que a ideia tradicional de um emprego para cada pessoa apta seguia o caminho da caneta-tinteiro. A renda básica serviria como uma ampla forma de seguro social. Seja lá o que acontecesse — se todos se tornassem motoristas de Uber em tempo parcial ou se estes fossem substituídos por carros autônomos — as pessoas podiam contar com o sustento.

Em Davos, em janeiro de 2017, Standing parecia estar em todos os lugares. Um moderador o apresentou como "a consciência moral" do Fórum, baseado em seu trabalho sobre o Precariado — a crescente classe de pessoas cuja capacidade de se sustentar tinha sido ameaçada pela globalização.

O Precariado estava crescendo devido à fé excessiva nas forças de mercado e "à mercantilização de tudo", ao lado do "desmantelamento sistemático de todas as instituições e mecanismos de solidariedade social", disse Standing. A renda básica era uma forma de ir em direção ao equilíbrio.

Homens de Davos como Benioff favoreciam cada vez mais a ideia, colocando a renda básica como uma compensação pela forma como suas inovações tecnológicas lucrativas destruíam empregos. Se os bilionários gostassem da ideia, isso aumentaria a perspectiva de que ela era, como o capitalismo das partes interessadas, um meio calculado para evitar uma transferência de riqueza mais significativa. Mas isso também significava que a renda básica tinha maior potencial para obter apoio político.

Chris Hughes, um cofundador do Facebook, lançou um grupo de defesa e pesquisa, o Programa de Segurança Econômica, dedicado a defender a ideia. Seus fundos transformaram Stockton, Califórnia, uma cidade dizimada pela crise da execução hipotecária, no campo de teste para um programa de renda básica.[2]

No Quênia, um grupo chamado GiveDirectly, supervisionado por um grande número de acadêmicos credenciados, começou a distribuir pagamentos a pessoas em quase 200 aldeias, enquanto estudava o que aconteceria ao longo dos 12 anos seguintes. Testes eram planejados ou estavam em andamento na Índia, na Coreia do Sul e no Canadá.

Em 2018, outro empreendedor de tecnologia, Andrew Yang, estava colocando a renda básica no centro de uma campanha presidencial improvável que atrairia mais apoio do que alguém previa, prometendo um "Dividendo de Liberdade" de US$1 mil por mês para cada adulto norte-americano.

No entanto, mesmo que a renda básica tivesse claramente atraído a atenção, ainda era difícil superar o custo — não necessariamente pelos méritos, mas pelas perspectivas de aprovação política.

Se cada norte-americano recebesse US$10 mil por ano, a conta seria de quase US$3 trilhões. Isso era cerca de oito vezes o que o governo gastava em programas de serviço social existentes. Washington poderia muito bem ter se comprometido a distribuir unicórnios.

Mas a *realpolitik* [termo alemão para política baseada principalmente em considerações práticas] pode facilmente se transformar em cinismo. Apenas alguns anos antes, a campanha "Luta por US$15" do movimento trabalhista norte-americano para dobrar o salário mínimo federal foi anulada por muitos especialistas como irrealista. Esse esforço nacional havia persuadido muitos estados e localidades a honrar seus objetivos.

E crises expulsam os parâmetros de possibilidade política. A pandemia sacudiu o cálculo habitual. Em nome da prevenção de outra Depressão, os governos de Washington a Bruxelas estavam jogando em torno de números que normalmente pareceriam absurdos. Dos subsídios de desemprego e subsídios salariais aos cuidados de saúde mobilizados pelo governo, o projeto de lei seria enorme, justificando a consideração profunda de formas alternativas de distribuição da generosidade pública.

A pandemia também reforçou a realidade de que, em muitos países, as pessoas comuns estavam a apenas um infortúnio da catástrofe. Antes do coronavírus, 4 em cada 10 norte-americanos lutavam para conseguir meros US$400 para lidar com um evento inesperado, como um conserto de automóvel ou de um aparelho quebrado, de acordo com uma pesquisa amplamente divulgada pelo Banco Central.[3] De uma só vez, milhões de norte-americanos estavam sofrendo muito mais do que ver quebrar a transmissão do carro.

Quando o coronavírus paralisou a vida norte-americana em 2020, os hotéis extravagantemente iluminados em Las Vegas estavam vazios, assim como milhares de desabrigados acampavam nas calçadas da cidade. De Minneapolis a Madri, o que se via eram shoppings abandonados e postos de distribuição de alimentos lotados.

Países europeus pagariam para minimizar o sofrimento valendo-se de programas automáticos como seguro-desemprego, apoio habitacional e subsídios em dinheiro. Os programas norte-americanos eram relativamente modestos, mas uma onda de desemprego certamente seria acompanhada por questões de longo prazo que drenariam os contribuintes — por meio da aplicação da lei e de prisões, se o crime disparasse, ou mediante pagamentos feitos aos prontos-socorros que atendiam às dezenas de milhões de pessoas que não tinham seguro saúde. De fato, o custo dos programas de auxílio da pandemia produzidos em Washington — primeiro com Trump e depois com Biden — excedeu US$5 trilhões até meados de 2021.

Mesmo entre os pragmáticos impassíveis que costumavam administrar governos, a renda básica universal de repente parecia uma solução potencialmente prática para problemas que se manifestavam em todos os lugares.

Como candidato, Biden tinha desdenhado da ideia, colocando ênfase na criação de empregos de qualidade. Mas, em maio de 2020, sua futura vice-presidente, Kamala Harris, então senadora da Califórnia, havia patrocinado um projeto de lei que parecia um pagamento básico de renda bem acima do nível da Lei CARES, que vigoraria durante a pandemia. Pessoas solteiras receberiam US$2 mil por mês. Famílias receberiam até US$10 mil por mês.[4]

Nancy Pelosi, a presidente da Câmara dos Deputados, e uma orgulhosa praticante de realismo, sugeriu que a renda básica merecia um lugar na agenda pública.

"Talvez tenhamos de pensar[5] em algumas maneiras diferentes de colocar dinheiro no bolso das pessoas", disse ela. "Outros sugeriram uma renda mínima, uma renda garantida para as pessoas. Será que isso merece atenção agora? Talvez sim."

Pelosi foi apenas a última de uma linha de figuras poderosas a se entusiasmar com a ideia. Logo, Biden daria um passo nessa direção.

Ao longo da história, as crises que revelaram as armadilhas da desigualdade levaram os principais pensadores a abraçar a noção de um sistema de seguro social sob responsabilidade do governo — uma quantia regular de dinheiro para pessoas comuns. Alguns favoreciam esse conceito por razões éticas; outros como um meio de evitar que multidões desordeiras ultrapassassem seus portões.

A pandemia revelou a magnitude da desigualdade nos tempos modernos. A renda básica ganhava credibilidade como uma solução potencial.

« »

Convenhamos que há outras soluções que também merecem consideração.

O governo poderia elevar diretamente o padrão de vida criando uma garantia federal de emprego. Sob essa abordagem, o governo operaria um banco de empregos que sempre teria vagas disponíveis para os necessitados, pagando o chamado salário de subsistência — suficiente para financiar o básico da vida. Quando o trabalho fosse abundante, o banco de empregos seria um lugar deserto. Quando houvesse uma crise, o governo se tornaria um empregador em massa, em vez de pagar seguro-desemprego.

A garantia de trabalho é uma elegantemente simples correção para a escassez de trabalho, e também vem ganhando adeptos.[6] Sua maior virtude é seu amplo impacto sobre as condições de trabalho: o governo poderia garantir que toda pessoa capaz pudesse conseguir um emprego que pagasse um salário digno. Isso forçaria todos os empregadores privados a cumprir o padrão ou a sofrer uma escassez de funcionários.

Se a Amazon não fornecesse equipamento de proteção suficiente no meio de uma pandemia, as pessoas poderiam se refugiar no centro de emprego federal. A Amazon seria forçada a melhorar o tratamento a seus funcionários ou ver seus pacotes sem entrega se amontoarem.

De uma só vez, a garantia de trabalho resolveria de forma clara dois problemas norte-americanos profundos — a realidade de que muitas pessoas precisam trabalhar ao mesmo tempo que há muito trabalho a ser feito.

Nas principais cidades dos Estados Unidos, as rodovias estão desmoronando por falta de manutenção, as escolas públicas estão se deteriorando e as conexões de transporte público precisam ser expandidas como parte da batalha contra a mudança climática. Enquanto isso, trabalhadores experientes da construção civil estão sentados em postos de assistência a desempregados procurando empregos que pagam salários muito baixos. A garantia de emprego poderia criar poder de consumo para aqueles que estão em subempregos, ao mesmo tempo em que estabelece uma infraestrutura que poderia impulsionar o crescimento econômico para todos por meio da melhoria da educação e do transporte.

Não precisamos nos envolver em nenhuma versão progressiva da Mentira Cósmica — fingindo que esses investimentos pagarão a si mesmos — para justificar o gasto do que é necessário. Simplesmente precisamos evitar cair no habitual desespero de gastos deficitários que vêm de colaboradores do Homem de Davos como McConnell, sempre prontos para estender o próximo corte de impostos para bilionários enquanto choram miséria quando o assunto é ajuda para pessoas comuns.

Mas a garantia de emprego enfrenta obstáculos políticos muito mais difíceis do que a renda básica. Ela envolve a criação de uma burocracia em larga escala, aumentando substancialmente o papel do Estado na regulamentação da remuneração. A renda básica elimina a burocracia. Em vez de forçar as pessoas a satisfazer regras complexas para esquemas de ajuda individual — de auxílio moradia a creches subsidiadas — implica simplesmente entregar a todos uma quantia regular de dinheiro e permitir que eles decidam por si mesmos como utilizá-la.

Tal característica tem sido central para a atratividade da renda básica; o elemento que lhe tem permitido ganhar credibilidade em todo o espectro político ao longo dos séculos.

« »

Há meio milênio, o influente romance de Thomas More, *Utopia*, incluía a sugestão de que a assistência pública poderia deter melhor os ladrões do que a ameaça de uma sentença de morte.

Em meados do século XVIII, o agitador revolucionário norte-americano Thomas Paine defendia a criação de uma reserva nacional de dinheiro, financiada por impostos sobre a herança de terras e distribuído a todos os adultos como um meio de garantir o que hoje chamamos de justiça social.

Paine afirmava que cada pessoa nasceu no mundo com o que ele chamava de "herança nacional" — o alimento fornecido pelo espaço natural. A propriedade privada negava a algumas pessoas o acesso ao solo, o que limitava sua capacidade de se alimentar.

"Os mais abastados[7] e os mais miseráveis da raça humana encontram-se nos países que são chamados civilizados", escreveu Paine. "O contraste entre a abundância e a miséria que continuamente se encontram e ofendem os olhos, é como corpos mortos e vivos acorrentados juntos."

Paine não era um progenitor do marxismo. Sua lealdade estava com os cultivadores ricos do solo. Mas ele argumentava que todos tinham direito a uma atribuição regular de dinheiro como recompensa pela ruptura da herança nacional. Ele tinha que ser pago universalmente, "a toda pessoa rica ou pobre", de modo a "evitar distinções injustas".

Se Paine estivesse por perto hoje, ele presumivelmente favoreceria alguma forma de imposto sobre a riqueza para financiar um sistema abrangente de seguro social. E rejeitaria a filantropia e o capitalismo das partes interessadas como substitutos insustentáveis para uma redistribuição significativa da riqueza.

"Ao defender o caso da pessoa assim despossuída, é um direito[8] e não uma caridade o que estou pleiteando", escreveu Paine. "Existem, em todos os países, algumas magníficas instituições de caridade criadas por indivíduos. No entanto, é pouco o que qualquer indivíduo pode fazer, quando toda a extensão da miséria a ser aliviada é considerada. Ele pode satisfazer sua consciência, mas não seu coração."

Quase dois séculos mais tarde, o reverendo Martin Luther King Jr. promoveu uma forma de renda básica como parte do movimento pelos direitos civis. Ele descreveu a desigualdade econômica como uma injustiça fundamental, que era inseparável de formas de discriminação abertamente racistas como as leis Jim Crow.

"Deslocamentos no funcionamento do mercado de nossa economia e a prevalência da discriminação empurram as pessoas para a ociosidade e as amarram no desemprego constante ou frequente contra sua vontade", escreveu King em seu livro final, publicado em 1967. "Chegou a hora[9] de nos civilizarmos pela total, direta e imediata abolição da pobreza."

King defendia que o governo fornecesse uma ajuda de custo que garantisse que todos pudessem viver na "média da sociedade", com aumentos acompanhando o padrão de vida. Ele citou uma estimativa do economista John Kenneth Galbraith sugerindo que tal programa poderia custar US\$20 bilhões,[10] o que foi apenas um pouco mais do que o governo planejava gastar naquele ano com a guerra fútil no Vietnã.

Milton Friedman, o padrinho da maximização dos acionistas, também adotou uma variante de renda básica — impostos de renda negativos que colocam dinheiro nos bolsos dos pobres. Sempre desdenhoso da burocracia governamental, ele via o dinheiro como uma forma muito mais eficaz de ajuda pública do que os programas dirigidos pelo temido Estado.

Em sua encarnação moderna, a renda básica ganhou moeda como uma abordagem maleável que pode ser adaptada às concepções amplamente divergentes da sociedade.

Progressistas como Standing a veem como um meio de emancipação da falta de significado do trabalho com salários baixos. Pessoas presas em empregos de salário mínimo em restaurantes de fast-food poderiam ganhar liberdade para abandonar a grelha, ir para casa brincar com seus filhos, fazer música e cuidar de hortas.

Os defensores do trabalho adotam a renda básica como uma forma de aumentar o poder de barganha, permitindo que os trabalhadores recusem empregos com salários de nível de pobreza.

Os liberais veem a renda básica como uma forma de remover o estigma da assistência pública. Em vez de depender de vouchers governamentais [no caso dos EUA] na mercearia enquanto sofre o olhar crítico de outros compradores — *Ela não deveria comprar espinafres em vez de pizza congelada?* —, os pobres receberiam o mesmo apoio constante que todos os outros.

Os conservadores, como o comentarista político David Frum, são atraídos pela renda básica por sua simplicidade, vendo-a como um substituto para o emaranhado de programas de assistência social sobrepostos que já estão disponíveis.

E o Homem de Davos favorece a renda universal como um meio de aliviar-se da responsabilidade moral de lucrar com a tecnologia que ameaça os empregos.

"Como líderes empresariais,[11] temos a obrigação de assegurar que as mudanças trazidas pela tecnologia transcendam nossas empresas e beneficiem toda a humanidade", escreveu Benioff para a *Fortune* em 2017. "Para aqueles que não podem ser requalificados, e mesmo aqueles tradicionalmente não compensados por criar uma família ou se voluntariar para ajudar os outros, precisamos considerar a renda básica universal."

Esse tipo de conversa é o motivo pelo qual alguns economistas — Stiglitz, entre eles — desprezam a renda básica como um substituto artificial para os salários. As pessoas querem trabalhar para viver, diz ele. Elas não querem esmolas perpétuas.

Não deixa de ser verdade, mas sua crítica se baseia na estreita concepção de renda básica que prevalece no Vale do Silício: como um esquema de bem-estar permanente para aqueles substituídos pela automação.

Esse quadro distópico é de fato digno de oposição — robôs fazendo a maior parte do trabalho, enquanto humanos desempregados vivem de restos fornecidos pelo governo. Mas existem outras maneiras de aproveitar a renda básica para uma visão diferente que envolve a expansão do emprego e o incentivo ao crescimento econômico.

Quando a Finlândia lançou seu teste em 2017, ela estava olhando para a renda básica não como um substituto para o trabalho, mas como um meio melhor de incentivá-lo.

« »

A Finlândia nunca se recuperou da crise financeira global, que se manifestou tanto quanto a ascensão dos tablets e dos smartphones dizimou uma das maiores indústrias do país — a produção de papéis comerciais. A Nokia, a empresa finlandesa que outrora tinha dominado os telefones celulares, não conseguiu fazer dinheiro. Durante uma década, a economia finlandesa não havia crescido em absoluto. A taxa de desemprego estava presa acima de 8%.

Tratar do custo humano dessa desgraça foi caro, porque o sistema de bem-estar social da Finlândia era generoso. Como parte de sua economia geral, os gastos da Finlândia[12] com o subsídio de desemprego haviam aumentado em 70% entre 2008 e 2015.

Os líderes da Finlândia tinham motivos para se preocupar que seu programa de desemprego estivesse impedindo as pessoas de seguir em frente com suas vidas. Como em muitos países, a Finlândia exigia que os beneficiários de benefícios de desemprego visitassem regularmente as repartições competentes para satisfazer uma gama confusa de ditames burocráticos. As pessoas tinham de provar que estavam realmente procurando um emprego enquanto participavam de cursos de qualificação. Elas tinham que continuamente revelar e comprovar sua renda.

Os beneficiários foram desencorajados a aceitar empregos de meio período ou a abrir seus próprios negócios. A renda extra corria o risco de prejudicar sua elegibilidade para os benefícios. Por isso, as pessoas deixaram passar oportunidades por medo de comprometer o apoio do governo.

Isso enlouquecia Asmo Saloranta, cuja startup de tecnologia estava lutando para contratar trabalhadores. Ele estava baseado em Oulu, uma cidade de 200 mil pessoas que ninguém confundiria com Palo Alto. Entalhada em florestas de pinheiros baixos, a apenas 160km ao sul do Círculo Ártico, parecia muito distante de tudo.

Mas a cidade já era há muito tempo um centro de comunicações sem fio — um importante posto avançado para a Nokia, antes da empresa cair no esquecimento. A taxa de desemprego local estava acima de 16%. Muitos engenheiros criativos estavam à disposição e necessitando de trabalho.

A empresa de Saloranta, Asmo Solutions, tinha desenvolvido um carregador telefônico que só consumia energia quando o dispositivo estava conectado à tomada. Ele estava de olho em um antigo funcionário da Nokia que era uma lenda no desenvolvimento de protótipos. Saloranta só precisava dele em meio período. Ele oferecia €2 mil por mês — menos do que a potencial contratação estava trazendo por meio de benefícios de desemprego.

"É mais lucrativo para ele apenas esperar em casa pelo emprego ideal", reclamou Saloranta.

Em sua experiência com a renda básica, o governo finlandês planejou selecionar aleatoriamente 2 mil pessoas que recebiam benefícios de desemprego e enviar a elas €560 por mês, automaticamente, isentando-as de exigências burocráticas. Elas teriam permissão para ganhar dinheiro à parte.

O governo estava ansioso para ver o que aconteceria. Será que mais pessoas se juntariam às startups ou abririam suas próprias? Quantas seguiriam uma educação que as posicionaria para carreiras mais gratificantes? Quantas abandonariam a vida e dedicariam suas horas à vodka? O experimento foi tanto um teste da natureza humana quanto da política econômica.

Saloranta estava confiante de que os resultados seriam positivos. "Isso ativaria muito mais pessoas desempregadas", disse ele.

Jaana Matila era o tipo de pessoa que ele tinha em mente. Quando a conheci em uma fria e cinza manhã do Ártico. Aos 29 anos, tinha 3 graduações em computação e um interesse obsessivo por softwares. O que ela não tinha era um trabalho de verdade. Fez três estágios não remunerados. Fazia alguns trabalhos eventuais, tendo mais recentemente projetado um site para um salão de cabeleireiro. Às vezes dava aulas de natação para adultos. Mas precisava limitar esses trabalhos para não colocar em risco seu seguro desemprego de €700 mensais. Uma vez ela não guardou um recibo de uma das aulas de natação. Enquanto o procurava, perdeu seus benefícios por um mês.

"Tive que pedir ao meu namorado: 'Você pode me dar algum dinheiro mensalmente para que eu possa comprar comida?'", ela me disse. Jaana passava a maior parte do tempo levando seu cão para passear pela floresta enquanto tentava não pensar em como suas habilidades estavam ficando para trás com os constantes avanços da tecnologia.

"Pessoas em uma posição de desvantagem usam a maior parte de sua capacidade cognitiva preocupando-se com suas vidas", disse-me Mikko

Annala, um pesquisador da Demos Helsinki, uma think tank. "E se tivermos esse potencial que está lá continuamente se preocupando com a vida, com sua realização? E se conseguirmos fazer uso disso, dando-lhes algo? Essa é uma hipótese que devemos testar sem dúvida."

Esse foi um aspecto que poderia se perder na conversa básica sobre renda. Resumidamente, a renda básica era frequentemente descrita como dinheiro para nada, uma dose de socialismo para as massas, mas a Finlândia a estava testando como uma forma de melhorar o capitalismo.

"Algumas pessoas pensam que a renda básica resolverá todos os problemas sob o sol, e algumas pessoas pensam que é da mão de Satanás e destruirá nossa ética de trabalho", disse Olli Kangas, que supervisionava a pesquisa na agência do governo finlandês que administrava os programas de assistência social. "Espero que possamos criar algum conhecimento sobre tal questão."

Os resultados do experimento, três anos depois, não resolveriam a discussão. O tamanho da amostra era tão pequeno que os resultados não tinham força, ao mesmo tempo em que ofereciam um pouco de algo para validar todos os preconceitos.

Aqueles que receberam pagamentos de renda básica eram apenas ligeiramente mais propensos a trabalhar do que aqueles que começaram no tradicional programa de desemprego. Mas aqueles no estudo mostraram uma tendência pronunciada para maior satisfação e felicidade. Era menos provável[13] que estivessem deprimidos, tristes, solitários ou estressados.

Isso por si só valia alguma coisa.

A Finlândia optou por não avançar[14] com a renda básica, em vez de impor requisitos de trabalho mais rigorosos aos beneficiários de desemprego — um passo na direção oposta. Mas em outros lugares a renda básica estava mais em voga do que nunca.

Em março de 2021, Stockton, na Califórnia, divulgou os resultados[15] de sua experiência, na qual distribuiu US$500 por mês a 125 pessoas selecionadas aleatoriamente durante 2 anos. Lá também os destinatários eram menos propensos à depressão e à ansiedade. E estavam mais propensos a serem empregados — especialmente mulheres — pois o dinheiro extra financiava os cuidados infantis necessários, roupas para entrevistas e transporte.

Entretanto, uma limitação importante estava em ação: renda básica parecia ser politicamente mais viável nos lugares onde era menos necessária.

Países que já gastavam muito com programas de bem-estar social, como a Noruega e a Finlândia, poderiam reorientar seus orçamentos para produzir alguma versão da renda básica. Poderiam fazer isso sem exigir que alguém pagasse impostos mais altos e sem cortar algum outro programa para conseguir o dinheiro.

Mas em lugares como os Estados Unidos e a Grã-Bretanha, nos quais os programas sociais haviam sido drasticamente reduzidos, a renda básica exigiria um novo imposto ou cortes em alguns outros gastos. A história sugeriu como isso funcionaria: com reduções no apoio às pessoas mais vulneráveis.

<< >>

Nos Estados Unidos, a demonização do bem-estar social pelo Presidente Reagan na década de 1980 produziu a chamada reforma da previdência social assinada por Clinton em meados da década de 1990, que abandonou o apoio por uma ninharia, produzindo um aumento da pobreza. Mães solo pobres foram obrigadas a trabalhar, mesmo quando os aumentos prometidos nos cuidados infantis[16] subsidiados nunca se materializaram.

Nos subúrbios de Atlanta, conheci uma mãe solo de 19 anos que não tinha condições de cuidar de sua filha menor, o que significava que ela não podia frequentar as aulas de capacitação profissional[17] que o estado da Geórgia exigia como condição de seu pagamento de ajuda social mensal de US$235. Como perdeu esses benefícios, vendia seu corpo para conseguir dinheiro para fraldas. Desde a reforma do bem-estar social de Clinton, o número de famílias pobres com crianças[18] no estado da Geórgia quase dobrou, mas a parcela de tais famílias que recebiam assistência em dinheiro tinha caído de 98% para 8%.

Entre os conservadores, a renda básica era atraente justamente porque justificava o corte de outros programas de assistência social. O que era vendido como uma forma abrangente de seguro social poderia se tornar um único alvo na missão de desmantelar o governo.

A partir dos anos 1970, Washington havia se afastado dos chamados programas de benefícios, nos quais qualquer pessoa que satisfizesse critérios básicos como o de renda teria direito a assistência pública. Em seu lugar vieram os chamados blocos de subsídios concedidos aos Estados, juntamente com a liberdade de determinar como utilizar esses fundos. Os estados consideraram isso como impulso para apertar a elegibilidade para a assistência, retirando as pessoas de suas listas de assistência social. Mais pessoas caíram na pobreza, levando os conservadores a atacar os programas restantes como ineficazes — motivos para novos cortes.

Entre 2000 e 2017, o Congresso reduziu em mais de 1/3 o financiamento[19] para 13 blocos de subsídios que eram uma fonte de apoio para pessoas de baixa renda. Trump administrou mais reduções para ajudar a financiar seus cortes de impostos para o Homem de Davos.

Na Grã-Bretanha, a austeridade incluiu a consolidação de múltiplos programas sociais em um só esquema conhecido como Crédito Universal. Osborne, então dirigindo o Tesouro, defendeu essa reformulação como uma maneira de cortar gastos, forçando as pessoas a trabalhar.

"Por muito tempo, tivemos um sistema em que as pessoas que faziam a coisa certa — que se levantavam de manhã e trabalhavam duro — se sentiram penalizadas por isso, enquanto as pessoas que faziam a coisa errada eram recompensadas", disse Osborne em abril de 2013. "Neste mês, faremos o trabalho render."[20]

Em vez disso, Osborne projetou o inverso. Nos quatro anos subsequentes, o emprego aumentou em lares de baixa renda no Reino Unido, enquanto os ganhos médios aumentaram em quase 4%. Mas esses ganhos foram eliminados e depois alguns foram cortados em 7% para o apoio estatal aos britânicos em idade de trabalho, juntamente com a eliminação dos créditos fiscais para os pobres. De modo geral, as pessoas de baixa renda sofreram[21] uma queda de 3% na renda naqueles anos. Em 2018, a proporção de crianças britânicas[22] que eram oficialmente pobres havia subido de 27% para 30%.

Sob a mudança para o Crédito Universal, o governo restringiu a elegibilidade para níveis que eram cruéis e absurdos.

Em Liverpool, conheci uma mulher com paralisia cerebral que viveu com uma pensão por invalidez durante os oito anos após ter perdido o emprego de atender os telefones de uma empresa de peças automotivas. Ela havia sido convocada recentemente para uma avaliação de sua elegibilidade contínua.

A primeira pergunta anulou qualquer pretensão de que esta fosse uma exploração sincera de sua situação: "Há quanto tempo você tem paralisia cerebral?" Desde o nascimento. "Vai melhorar?" Não.

Ela tinha então 61 anos e seus ossos estavam enfraquecendo. O homem que conduzia a avaliação deixou cair uma caneta no chão e ordenou que ela a pegasse — um teste de sua destreza. Logo chegou uma carta informando-a de que tinha sido considerada apta para o trabalho — e, portanto, sem direito à sua pensão por invalidez.

"Acho que eles estavam apenas marcando as respostas", ela me disse.

A renda básica era uma frase que significava coisas diferentes, dependendo de quem usava o termo. Ela poderia claramente ser concebida para reforçar a segurança econômica, permitindo que as pessoas vivessem vidas mais felizes, mais saudáveis e mais prósperas.

Poderia melhorar as condições de trabalho, aumentar os salários e limitar as vulnerabilidades a infortúnios comuns como problemas com carros, juntamente com desastres globais como pandemias.

Mas no uso que ganhou maior tração política — o defendido por pessoas como Benioff — era um subsídio oferecido como justificativa para o *status quo*, um pagamento que indenizava o Homem de Davos por ter prosperado às custas de pessoas necessitadas, um substituto para bilionários que se submetem a sacrifícios significativos como a tributação progressiva.

A renda básica tinha potencial como meio de atacar a desigualdade, mas tinha de ser protegida contra o desvio por parte dos beneficiários da desigualdade contínua. Tinha de ser um complemento a uma rede de segurança social robusta — talvez combinada com uma garantia de emprego — e não um substituto.

Biden lhe deu um importante impulso. O pacote de US$1,9 trilhão de estímulo aos gastos que assinou em março de 2021 incluía uma provisão que totalizava uma versão da renda básica: a maioria dos pais norte-americanos receberia[23] um cheque de US$300 por mês como parte de uma expansão dos créditos fiscais para crianças.

Essa disposição foi autorizada por apenas um ano, mas a administração Biden pretendia estabelecê-la como permanente. Os pesquisadores da Universidade de Columbia estimaram que a política poderia reduzir a pobreza infantil[24] em 40%.

A renda básica tinha se tornado mainstream.

CAPÍTULO 19

"EM GUERRA CONTRA O PODER DO MONOPÓLIO"

O Homem de Davos Sob Ataque

Jeff Bezos parecia vagamente irritado. Apesar de suas tentativas cuidadosas de fazer uma pose genial, a tensão nos cantos de sua boca o traía.

Por mais de 25 anos, ele tinha conseguido expandir seus negócios junto com sua fortuna pessoal sem ter que se justificar perante o Congresso. Essa corrida chegou ao fim em uma sala de audiências do Capitólio, no fim de julho de 2020.

Dados os contínuos perigos da pandemia, ele aparecia por videoconferência, sentado em uma mesa com prateleiras escassamente ocupadas atrás dele. Sua imagem preenchia um quadrado branco em uma tela que era visível para os membros do Comitê Judiciário da Câmara e para milhões de pessoas que assistiam pela televisão.

Sua expressão era forçada, sua linguagem corporal inquieta, pois falhas técnicas perturbavam seu áudio de forma intermitente. "Sr. Bezos", um legislador disse em certo ponto: "Acho que você está no mudo."

A seu lado, no quadrado à direita, estava Mark Zuckerberg, o fundador do Facebook, outro homem com muito a explicar. Abaixo deles e à esquerda estavam Tim Cook, o CEO da Apple, e Sundar Pichai, que comandava o Google.

Ali, reunidos para interrogatório público, estavam os líderes de quatro empresas que haviam conseguido um domínio tão inigualável que destruíram qualquer conceito significativo de concorrência. Coletivamente, eles possuíam riqueza pessoal superior a US$265 bilhões — mais do que a produção econômica anual da Finlândia.

A audiência tinha sido antecipada como uma luta de boxe. Foi o ponto culminante de um ano de investigação pelo subcomitê com alegações de que as quatro empresas estavam prosperando às custas da sociedade norte-americana. Elas tinham erguido monopólios que estavam esmagando injustamente os concorrentes e tirando vantagem dos consumidores por meio de preços elevados, enquanto extraíam dados pessoais sem o consentimento de seus clientes involuntários. Elas eram acusadas de distorcer a funcionalidade do mercado, sufocar a inovação, destruir empregos, acabar com a privacidade e exercer o controle da tecnologia para redobrar sua supremacia.

Suas tendências orwellianas e seu desejo por expansão eram visíveis antes que alguém tivesse ouvido falar da Covid-19, mas a pandemia aumentou sua primazia. Com os norte-americanos sequestrados em suas casas e com a internet como método central para os negócios básicos do comércio, as empresas que controlavam a esfera digital pareciam ter tomado conta da própria vida moderna. Elas pareciam certas de ter emergido da pandemia com maior participação de mercado e enfraquecido a concorrência.

Assim como na época dos barões ladrões, seu domínio exigia uma ação corretiva por parte do governo. A audiência foi o ato de abertura de um processo que terminaria com tentativas de desmembrar[1] algumas dessas empresas em pedaços menores, o que correspondia à mais ampla afirmação da autoridade antitruste em décadas.

Durante meses, Bezos evitou a comissão como um homem que adiava uma ida ao urologista. A conversa sobre uma intimação eliminou seu espaço de manobra. Assim, ali estava ele, ema situação incômoda de um réu primário na acusação de um crime contra um governo representativo.

"A democracia norte-americana sempre esteve em guerra contra o poder monopolista", declarou o presidente da subcomissão antitruste, David

Cicilline, um democrata de Rhode Island, na abertura dos trabalhos. "Nossos fundadores não se curvariam diante de um rei, nem nós deveríamos nos curvar diante dos imperadores da economia virtual."

Quando Bezos teve sua chance de falar, recorreu às suas origens bem conhecidas como contra-argumento para a afirmação histórica.

"Nasci em uma grande riqueza, não monetária, mas a riqueza de uma família amorosa, uma família que despertou minha curiosidade e me encorajou a sonhar grande", disse ele à comissão.

Bezos falou sobre sua mãe, uma adolescente quando ele nasceu. Observou que seu pai adotivo tinha vindo da Cuba de Fidel Castro para os Estados Unidos. Ele descreveu o abandono de seu "emprego estável em Wall Street" para a garagem de Seattle, onde começou a Amazon. E fez uma referência ao recém-falecido herói dos direitos civis John Lewis.

Bezos se enrolou na bandeira norte-americana como uma defesa contra a depredação sistemática de sua empresa. A Amazon não era um monopolista cujos lucros eram extraídos mediante a exploração de mão de obra, da mineração invasiva de dados e da escala cósmica. Era uma história de sucesso vermelho, branco e azul, o resultado de uma ideia inteligente perseguida por um batalhador aventureiro que aproveitou as virtudes de um país amante da liberdade. Essa era a verdadeira narrativa norte-americana, ele estava implicitamente afirmando, não o absurdo diversivo sobre a rejeição da monarquia.

"Mais do que em qualquer lugar do mundo, as empresas empreendedoras começam, crescem e prosperam aqui nos Estados Unidos", disse Bezos. "O resto do mundo adoraria até mesmo o menor gole do elixir que temos aqui nos EUA. Imigrantes como meu pai veem o quanto este país é precioso."

O interrogatório que começou continuaria por mais de quatro horas enquanto os membros do comitê procuravam investigar as fendas das quatro empresas.

Bezos foi forçado a defender sua empresa contra revelações de que ela havia violado regularmente suas próprias políticas, examinando as vendas de comerciantes independentes que vendiam os produtos em seu site e depois destruindo aqueles vendedores com seus próprios produtos. Ele teve de responder perguntas sobre como a Amazon havia comprado um grande concorrente que vendia fraldas e depois aumentou drasticamente os preços; e como tolerava as vendas de produtos falsificados em sua plataforma.

Ele sofreu o vigoroso interrogatório com uma postura de paciência e deferência. "Agradeço por essa pergunta", disse Bezos repetidamente. "Não sei a resposta a essa pergunta", foi outra frase que apareceu com recorrência. "Não me lembro de nada disso", disse ele em certo momento, enquanto acrescentava cuidadosamente palavras de pacificação. "Gostaria de compreender isso melhor."

Seu tom, que sugeria um esforço para sufocar sua exasperação, era um lembrete de que Bezos estava acostumado a exigir respostas dos outros e não o contrário. Pressionado para explicar o que ele havia feito para investigar as alegações de que a Amazon estava abusando das empresas que vendiam em sua plataforma, ele disse: "Não é tão fácil de fazer quanto se pensa."

Sua última defesa poderia ser resumida a isso: a Amazon estava dando às pessoas o que elas queriam.

"A obsessão pelo cliente tem impulsionado nosso sucesso", disse ele.

Essa era uma manipulação programada do Homem de Davos, a afirmação que permitira que gerações de controladores de empresas norte-americanas destruíssem os esforços para restringir seu poder de monopólio, voltando até os barões ladrões.

O Homem de Davos usou tal argumento — em combinação com contribuições copiosas de campanha e um forte lobby — para persuadir Washington a olhar para o outro lado enquanto ele realizava fusões cada vez mais audaciosas, manipulava os mercados financeiros e explorava os trabalhadores. Ele fazia o certo pelo cliente. Sem danos, sem faltas.

Ao colocar os consumidores no centro da ação, o Homem de Davos lançou outras encarnações da humanidade — trabalhadores, inquilinos, pessoas que desejam ar puro — como impedimentos ao interesse público. Os consumidores estavam alinhados com os acionistas: ambos se beneficiaram da impiedade na busca de custos mais baixos. O que fazia do Homem de Davos um agente do bem e qualquer coisa que acrescentasse custos — desde regulamentos até negociação coletiva — o inimigo do progresso.

Tais representações normalmente envolviam o aproveitamento seletivo de dados. Bezos foi preparado. Ele disse na audiência que as vendas da Amazon representavam menos de 1% de um mercado varejista global no valor de US$25 trilhões por ano e menos de 4% do mercado varejista nos Estados Unidos. O comitê contra-argumentou concentrando-se no espaço relevante — o comércio eletrônico norte-americano. Ali, a Amazon controlava quase 3/4 do mercado, o que lhe permitia dominar as condições de comércio.

Quando a audiência terminou, as ondas de rádio e o Twitter se encheram de conversas de que um castigo merecido estaria próximo. A Gigante da Tecnologia estava encontrando o Punho de Deus — o governo federal intervindo para proteger o mercado.

"É raro ver o Congresso[2] se cobrir de glória", declarou Matt Stoller, um dos principais críticos da aquiescência federal no consentimento do poder monopolista, "mas acredite ou não, foi o que aconteceu".

No entanto, no dia seguinte à audiência, a Amazon relatou os ganhos mais abundantes de sua história. Entre abril e junho — o pior da primeira onda da pandemia — registrou um lucro de US$5,2 bilhões, o dobro do nível do ano anterior. O preço de suas ações saltou imediatamente 5%, indicando que aqueles que controlavam o dinheiro ficaram mais impressionados com o domínio do mercado da Amazon do que com as ameaças do Congresso de reduzir seu tamanho.

A análise profunda dos gigantes da tecnologia se configurava como um teste crucial das regras que se aplicariam na economia global após a pandemia. Elas ainda seriam escritas por e para o Homem de Davos? Ou será que as preocupações das pessoas comuns teriam alguma guarida?

Havia inúmeras razões para imaginar que a Amazon e os outros titãs da tecnologia realmente estavam em uma ofensiva constante. A investigação do subcomitê tinha sido aquela flor rara em Washington — um empreendimento bipartidário. Tanto o Departamento de Justiça quanto a Comissão Federal de Comércio haviam começado a investigar a Amazon, bem como o Facebook e o Google.

Biden assumiria o cargo no ano seguinte, levando adiante a questão. Em março de 2021, ele colocou dois eruditos da advocacia em posição de destaque para atacar o poder dos Golias do Vale do Silício.

Lina Khan, que servia como assessora do Comitê Judiciário da Câmara, sondava as empresas levadas perante o Congresso. Biden a nomeou para uma cadeira na Comissão Federal de Comércio, que certamente estaria no centro de qualquer tentativa de responsabilizar os gigantes da tecnologia. E depois que Khan obteve a confirmação do Senado, Biden a elevou à presidência da comissão, colocando a agência em suas mãos. Ele selecionou outro inimigo jurado do poder monopolista, Tim Wu, para um cargo na Casa Branca, colocando-o no Conselho Econômico Nacional.

Do outro lado do Atlântico, a Amazon estava enfrentando uma execução antitruste, após a apresentação de acusações formais[3] por parte da Comissão Europeia em novembro de 2020. Autoridades alemãs estavam investigando a Amazon por manipulação de preços. Na França, um tribunal impediu a Amazon[4] de enviar itens não essenciais, citando a necessidade de proteger os trabalhadores do armazém e alertando a empresa para fechar suas operações por várias semanas.

Mas toda essa ação governamental perseguia um alvo em movimento. A Amazon estava ficando maior, assim como muitos de seus concorrentes estavam em dificuldades. Os italianos haviam posto de lado[5] seu tradicional desdém em abraçar a Amazon como meio de levar massas, vinho e brinquedos à sua porta. Na França, o isolamento reimposto[6] no outono de 2020 provocou a indignação das pequenas empresas e dos comerciantes, que tiveram de fechar, mas a Amazon estava sempre aberta, fazendo da crise uma chance para o colosso norte-americano aumentar seu poder no mercado.

Em março de 2021, as autoridades europeias lutavam para dar sentido aos algoritmos da Amazon empregados em seu site, desafiando os esforços delas para montar um caso.

Durante quase 50 anos, os bilionários monopolizaram os espólios do crescimento econômico saqueando a própria democracia. Eles manipularam o processo de aprovação de leis, de elaboração de orçamentos e de regulamentação das atividades econômicas. Sua predação gerou uma poderosa reação adversa. O interesse público parecia estar se reafirmando, alcançando as alavancas de controle. Mas um arsenal de lobistas, advogados e contadores teria muito a dizer sobre o resultado antes que a história pudesse ser escrita. O Homem de Davos não era nada se não implacável. Ele estava jogando para manter-se para sempre.

"EM GUERRA CONTRA O PODER DO MONOPÓLIO" ✐ **379**

Os bilionários eram mestres em uma receita de alquimia moral, passando o que era lucrativo para eles como benéfico para a sociedade, mesmo quando era evidente que aumentavam sua riqueza às custas diretas do restante da população.

E quando a raiva resultante desenvolveu proporções cataclísmicas, ameaçando a ordem democrática liberal e a globalização — os fundamentos de sua riqueza —, eles conjuraram novas maneiras de fingir que se redimiam, de aplacar os prejudicados sem sacrificar nada de grande valor. Eles ergueram fundações filantrópicas para transmitir sua benevolência. Tinham inventado o capitalismo das partes interessadas para demonstrar sua empatia. Adotaram a linguagem da mudança sem ceder o poder a movimentos trabalhistas, reguladores, acionistas ativistas ou outros grupos que realmente tinham a ver com o que acontecia.

O castigo no Congresso foi um ritual, embora talvez um prelúdio para uma mudança política significativa.

Enquanto isso, os negócios continuavam.

« »

A campanha para corrigir o poder de monopólio em Washington representou o renascimento de um espírito que remonta à fundação da nação.

No relato habitual da história norte-americana, o Boston Tea [Festa do Chá de Boston] de 1773 foi uma revolta contra os impostos injustos. Um monarca distante na Inglaterra espremia injustamente seus súditos coloniais cobrando impostos exorbitantes. Em protesto, os patriotas saquearam um carregamento de chá britânico que chegava, atirando-o no porto de Boston.

Mas a Festa do Chá foi na verdade uma revolta contra o poder monopolista. Os patriotas ficaram furiosos pela Coroa Britânica ter permitido que a Companhia das Índias Orientais vendesse chá diretamente para as colônias norte-americanas, em vez de trabalhar utilizando uma rede de distribuidores locais. Em vez de uma reação aos altos impostos, a revolta foi realmente provocada pela redução dos impostos. A Coroa havia baixado os impostos[7] sobre as importações de chá da Companhia das Índias Orientais da Ásia, reforçando seu controle monopolístico sobre os consumidores de chá das colônias norte-americanas.

A história que se desenrolou nos dois séculos e meio desde então foi repleta de batalhas sobre a justiça do poder de monopólio. Trabalhadores, pequenas empresas e agricultores se mobilizaram frequentemente para conter as tendências avarentas dos maiores e altamente financiados conglomerados norte-americanos.

Durante as últimas três décadas[8] do século XIX, os monopolistas tomaram a dianteira. Assim como Bezos mais tarde aproveitou a oportunidade da internet, industriais como John D. Rockefeller e J. P. Morgan exploraram os avanços tecnológicos — a locomotiva ferroviária, o navio a vapor, o telégrafo — para integrar o Ocidente ao resto da economia norte-americana. Eles dominaram finanças, transportes, siderurgia, produção elétrica e distribuição de petróleo, comprando políticos para ganhar acesso à terra e esmagando brutalmente os movimentos trabalhistas que buscavam uma fatia maior dos ganhos.

Esses foram os barões ladrões — os antepassados do Homem de Davos. A raiva causada por seus meios gananciosos levou Woodrow Wilson à Casa Branca em 1913, com um mandato para domar e democratizar as atividades econômicas. Visando aos empresários dominantes, ele formou a Comissão Federal de Comércio,[9] um órgão criado para combater o poder de monopólio.

Mas o projeto de Wilson encontrou seu fim quando os Estados Unidos entraram na Primeira Guerra Mundial. O esforço de guerra exigiu aço, carvão, munições e outros produtos da indústria, aumentando a primazia da eficiência acima de todas as outras considerações. O próximo presidente, Warren Harding, adotou a mesma postura de Joe Biden um século depois: prometeu "um retorno à normalidade". Ele entregou o Tesouro ao magnata que havia ajudado a financiar sua campanha — Andrew Mellon.

Mellon investiu em quase todas as facetas da indústria norte-americana, do petróleo e gás ao aço e à fabricação de vidro. Usou sua posição para bloquear a aplicação da lei antitruste, defendendo a Comissão Federal de Comércio. Em seu livro best-seller, *Taxation: The People's Business* [Taxação: O Interesse do Povo, em tradução livre], ele se entregava a uma iteração precoce da Mentira Cósmica, argumentando que tributar os ricos representava

"EM GUERRA CONTRA O PODER DO MONOPÓLIO" ✦ 381

uma "ameaça para o futuro".[10] Em meio ao robusto crescimento econômico de meados dos anos 1920, os industriais reivindicavam a validação pública.

Em um padrão muitas vezes repetido, os industriais vieram com tudo. Por intermédio de uma onda de fusões, algumas empresas passaram a dominar a fabricação de aço e de automóveis, bem como a distribuição de alimentos. Agricultores e trabalhadores pagaram[11] o preço com salários mais baixos e preços de safra. Em 1928, quase 1/4 de toda a renda[12] nos Estados Unidos estava fluindo para os cofres dos 1% mais ricos.

Norte-americanos ricos cultivavam seus ganhos em todo tipo de especulação — desde imóveis até a bolsa de valores — conduzindo os preços a níveis sem relação com os fundamentos e criando as condições para o colapso do mercado que iniciou a Grande Depressão.

O desemprego crescente, a calamidade comum e a raiva contra os industriais prepararam o terreno para a presidência de Franklin Delano Roosevelt e para as políticas de nivelamento do New Deal que ele defendia. Ele liberou o poder do Estado para restringir os monopolistas, introduziu o regime de imposto de renda mais progressivo do mundo e direcionou os recursos para financiar os gastos públicos que estimularam um amplo renascimento econômico.

"A medida da restauração[13] reside na extensão em que aplicamos valores sociais mais nobres que o mero lucro monetário", declarou Roosevelt em seu discurso inaugural, em março de 1933. "A alegria e o estímulo moral do trabalho não devem mais ser esquecidos na louca perseguição de lucros momentâneos."

Anteriormente, como governador de Nova York, Roosevelt tinha discutido[14] com Mellon sobre seu controle da indústria siderúrgica e com Morgan sobre seu controle do fornecimento de eletricidade. Como presidente, Roosevelt atiçou seu Departamento de Justiça[15] contra os barões ladrões, processando-os por corrupção e evasão fiscal. Ele revigorou a Comissão Federal de Comércio, que os processou para quebrar monopólios. Ajudou os agricultores a manter suas terras, estabelecendo um sistema de governo que oferecia redução da taxa de hipotecas. Essas políticas prepararam o terreno para um período sustentado de crescimento econômico cujos benefícios foram amplamente compartilhados.

Mais uma vez, um conflito estrangeiro — desta vez, a Guerra Fria — deu aos plutocratas uma chance de ressurreição. A competição global pela supremacia com a União Soviética elevou a importância da eficiência e do poder industrial acima de tudo, ao mesmo tempo em que enfraqueceu o poder estatal. Os lobbies empresariais retrataram a autoridade reguladora como semelhante à ameaça totalitária do comunismo. Em sua apresentação, as grandes empresas eram heroicas, representativas dos ideais norte-americanos, antepondo-se à mão leninista do governo.

Como Matt Stoller revela em sua influente história do poder monopolista norte-americano, *Golias*, isso foi tanto um triunfo de ideias quanto um exercício de força bruta no mercado. "Cooptar a retórica da liberdade[16] foi essencial para persuadir os norte-americanos de que haviam sido colocados sob suspeita populista de poder centralizado", ele escreve.

Isso não aconteceu por acidente. A glorificação do mercado sem obstáculos e o menosprezo da autoridade reguladora foi insinuada no funcionamento da democracia norte-americana por um grupo de adeptos verdadeiros com sede na Universidade de Chicago — a casa do neoliberalismo.

A escola de Chicago, cujos discípulos incluíam Milton Friedman, atacou incansavelmente o New Deal como antitético à liberdade norte-americana. Uma figura produzida por esse movimento estabeleceria a infraestrutura para o domínio do Homem de Davos — Robert Bork, um estudioso jurídico cujas ideias subversivas sobre antitruste eram críticas para o surgimento de gigantes comerciais como a Amazon.

Bork, que serviu como solicitador geral na administração Nixon, descreveria a Universidade de Chicago como um terreno fértil para uma revolução intelectual. "Muitos de nós que fizemos o curso antitruste ou o curso econômico passamos pelo que só pode ser chamado de conversão religiosa", disse ele anos mais tarde. "Isso mudou nossa visão[17] do mundo inteiro."

As concepções tradicionais da lei antitruste norte-americana consideravam a escala como inerentemente perigosa. Uma empresa que era grande demais e profundamente financiada tinha o poder de se aproveitar de concorrentes menores, colocando-os fora dos negócios, baixando os preços e depois elevando-os uma vez que tinha o mercado para si mesma. Ela podia encurralar o fornecimento de matérias-primas, sufocando os rivais. Estudioso

"EM GUERRA CONTRA O PODER DO MONOPÓLIO" ✒ **383**

prodigioso, Bork argumentou que essas ideias não eram apenas erradas, mas um anátema para o mercado livre — uma amarra do poder produtivo que limitaria a inovação.

Em Washington, think tanks e organizações de lobby financiadas por grandes corporações divulgaram o evangelho de que a escala era uma virtude. O American Enterprise Institute[18] — uma think tank conservadora lançada no fim da década de 1930 para atacar o New Deal — contratou Bork como assessor de política antitruste. Grandes empresas, entre elas Chase Manhattan, U.S. Steel e Pfizer, financiaram pesquisas de Bork[19] e de outros apóstolos escolares de Chicago, atacando as concepções tradicionais de antitruste. A Business Roundtable reuniu-se[20] em 1972 para promover a ideia de que as corporações, deixadas por sua conta, eram boas para a sociedade. A Roundtable tinha como objetivo direto a Comissão Federal de Comércio.

O movimento alcançaria uma vitória substancial em 1975, já que o Congresso invalidava as chamadas leis de comércio justo que permitiam aos fabricantes fixar os preços de seus produtos acabados. Essas leis — em vigor em muitos estados — foram um marco do New Deal. Elas se destinavam a proteger os fabricantes e distribuidores locais contra formas predatórias de descontos praticadas por cadeias nacionais que, ao baixar os preços aquém da rentabilidade, destruíam os concorrentes para conquistar o mercado.

Ao assinar a revogação das leis de comércio justo em dezembro de 1975, o presidente Gerald Ford endossou a lógica da escola de Chicago: as leis custavam aos consumidores[21] US$2 bilhões por ano por meio de preços mais altos. Uma gama de produtos — de medicamentos prescritos a televisores — se tornaria mais barata.

A eliminação das leis de livre comércio abriu o caminho para o Walmart, o império de descontos que veio dominar o varejo, seu próprio nome um sinônimo do esvaziamento dos centros urbanos norte-americanos. O Walmart foi a extensão lógica da escola de Chicago desencadeada no cenário empresarial — uma empresa meticulosamente organizada para fornecer aos clientes os preços mais baixos, sem levar em consideração os custos sociais que isso implicava.

Três anos após a suspensão das leis de comércio justo, Bork escreveu *The Antitrust Paradox* [O Paradoxo Antitruste, em tradução livre], um livro influente que tornava explícito o conceito que dominaria o pensamento norte-americano sobre o comportamento corporativo nas décadas seguintes.

"O único objetivo legítimo do antitruste é a maximização do bem-estar do consumidor",[22] Bork escreveu.

Com essa formulação, Bork descartou a antiga luta norte-americana de gerações para conter as forças do monopólio, reduzindo a consideração da conduta corporativa a um simples teste: qual foi o impacto nos preços ao consumidor? Se os compradores se beneficiavam, nada mais importava.

Em 2000, os salários no varejo norte-americano[23] tinham sido reduzidos em US$4,5 bilhões por ano como resultado de o Walmart ter reduzido os salários e dizimado os concorrentes. Essa foi uma transferência pura de riqueza do trabalhador para o acionista — uma transferência justificada pelos benefícios para o consumidor. Os compradores precisavam desses preços baixos porque estavam trabalhando cada vez mais em locais como o Walmart. Um ciclo de feedback de diminuição do padrão de vida dos trabalhadores norte-americanos transformou os fundadores do Walmart na família mais rica do país.

"Não foi o fato de os republicanos terem conquistado o poder político e implementado a filosofia de Bork, embora isso tenha acontecido", escreve Stoller. "Foi o fato de Bork ter convencido[24] não apenas a direita mas a esquerda, que o antitruste, e mais amplamente a democracia como praticada em meados do século XX, não só era ineficiente, mas contrariava os ditames dos sistemas econômicos naturais e da própria ciência."

Bill Clinton, criado no estado natal do Walmart, no Arkansas, e educado na Faculdade de Direito de Yale, na qual estudou com Bork, presidiu uma onda desenfreada de fusões empresariais. Ele suspendeu as restrições bancárias, preparando o cenário para a crise financeira de 2008. E desregulou as telecomunicações, permitindo que as empresas de cabo e de telefone formassem conglomerados dominantes e preparando o caminho para o Google, o Facebook e os outros monopolistas modernos.

O domínio deles sobre a publicidade, que dizimou o jornalismo local, não tropeçou nos alarmes antitruste sob o conceito formulado pela escola de Chicago, porque o Google e o Facebook estavam doando seus produtos. O consumidor não estava pagando nada, mesmo quando a própria democracia norte-americana era atacada pela substituição do jornalismo baseado em fatos por notícias falsas.

A escala corporativa tornou-se celebrada na vida norte-americana, permeada de um culto nacional à tecnologia e à inovação, permitindo que Bezos e o resto dos Homens de Davos reconstituíssem o poder de mercado desfrutado por seus antepassados.

Essa era a realidade mais necessitada de retificação, argumentou Lina Khan, a acadêmica jurídica selecionada por Biden para supervisionar uma Comissão Federal de Comércio revigorada. Aos 32 anos, ela se tornou a pessoa mais jovem a chefiar a agência. Ela foi ao mesmo tempo uma iconoclasta e uma defensora do retorno às tradições norte-americanas mais profundas.

"A estrutura atual em antitruste — especificamente sua equiparação da concorrência ao 'bem-estar do consumidor', tipicamente medido por meio de efeitos de curto prazo no preço e na produção — não capta a arquitetura do poder de mercado no século XXI", Khan escreveu em um artigo amplamente admirado do *Yale Law Journal* publicado em 2017. "Em outras palavras,[25] os danos potenciais à concorrência representados pelo domínio da Amazon não são percebidos se avaliarmos a concorrência principalmente em termos de preço e de produção. O foco nessas métricas, em vez disso, nos cega para os perigos potenciais."

Nos quatro anos após sua crítica ter sido publicada, a Amazon cresceu mais poderosa do que nunca e Khan ganhou um lugar de destaque para desafiar o domínio da empresa.

Uma batalha épica estava tomando forma enquanto legisladores e reguladores de Washington a Bruxelas enfrentavam Bezos e os outros Homens de Davos.

O fim estava longe de ser definido.

Por um momento, os críticos do poder de monopólio pareciam ter adquirido muita força. Mas o Homem de Davos foi hábil em enfraquecer os ataques a seu poder, usando-os para forjar a aparência de mudança enquanto prosseguia com os negócios habituais.

Para o Homem de Davos, a batalha pelo poder de monopólio determinaria o futuro de suas corporações.

Outra luta estava chegando ainda mais perto de casa — uma campanha revigorada para forçar os ricos a pagar sua parte justa nos impostos.

CAPÍTULO 20

"IMPOSTOS, IMPOSTOS, IMPOSTOS. O RESTO É BOBAGEM."

Fazendo o Homem de Davos Pagar

Como Rutger Bregman havia escrito um livro sobre a renda básica universal, é de se imaginar que ele teria algo edificante a dizer sobre o assunto. Foi por isso que os organizadores do Fórum o haviam convidado para Davos e selecionado como palestrante em uma sessão realizada no último dia da reunião anual, em janeiro de 2019.

A sessão tinha por título "O Custo da Desigualdade". Começou com um vídeo produzido pelo anfitrião do evento, a revista *Time*, que apresentava certo cenário.

"À medida que a distância entre ricos e pobres aumenta, os custos da desigualdade se somam", entoava um narrador. A tela exibia imagens de exemplos populares — o Brexit inglês, a França abalada pelos protestos dos coletes amarelos, desabrigados nos Estados Unidos, ódio nas cidades da África do Sul. "Pergunta-se aos governos, às corporações e aos indivíduos o que farão para inclinar a economia global em uma direção mais equitativa."

Bregman, um historiador holandês de 30 anos de idade, frequentava Davos pela primeira vez e estava cercado pela experiência — o fingimento dos bilionários agonizantes sobre como resolver problemas que eram eminentemente solucionáveis.

Pediram-lhe suas reflexões sobre como tirar as pessoas da pobreza, um contexto para sua conversa sobre renda básica. Mas ele levou a pergunta em uma direção inesperada, produzindo uma resposta que se tornou viral.

"Ouço as pessoas falando com a linguagem da participação, da justiça, da igualdade e da transparência, mas depois, devo dizer, quase ninguém levanta a verdadeira questão", disse Bregman. "Evasão fiscal. Os ricos simplesmente não pagam sua parte justa. Quero dizer, parece que estou em uma conferência de bombeiros e ninguém pode falar sobre água."

Essa frase atraiu gargalhadas da plateia, mas também alguns olhos revirando. Sob o código implícito do Fórum, os palestrantes eram bem-vindos para falar criticamente sobre quase tudo — desigualdade, preços de medicamentos inacessíveis, emissões de combustíveis fósseis —, mas implicar os participantes no problema era algo proibido. Na pretensão central de Davos, todos estavam comprometidos em Melhorar o Estado do Mundo, de modo que cada problema refletia a complexidade ou a indefinição de soluções —, mas certamente não a gula de parte das pessoas no lugar.

Bregman estava acusando os bilionários de hipocrisia sobre a escala de responsabilidade pela pobreza e pelo desespero em massa — uma quebra marcante do decoro. Convidado a entrar no covil do Homem de Davos, ele estava dando um sermão aos habitantes sobre seu fracasso em viver à altura de sua própria retórica sublime.

"Há dez anos, o Fórum Econômico Mundial fez a seguinte pergunta: o que a atividade empresarial deve fazer para evitar um amplo retrocesso social?", disse Bregman. "É muito simples: basta parar de falar de filantropia e começar a falar de impostos."

Alguns dias antes, Michael Dell, o bilionário da tecnologia e outro signatário da promessa de capitalismo das partes interessadas da Business Roundtable, havia sido questionado em outro painel de Davos se ele apoiava as tentativas de elevar a taxa máxima de impostos nos Estados Unidos de 37% para 70%. Ele havia argumentado contra um aumento ao apontar para seus esforços filantrópicos.

"Sinto-me muito mais confortável com nossa capacidade como fundação privada de alocar esses fundos do que dá-los ao governo", disse Dell.

Essa foi a manobra evasiva padrão do Homem de Davos diante de um desafio predatório à sua riqueza: Dell argumentava que a filantropia evitava a necessidade de impostos.

No ano anterior, em 2018, os 20 norte-americanos mais ricos[1] contribuíram coletivamente com US$8,7 bilhões, o que representou tanto uma grande quantia de dinheiro quanto apenas 0,81% de sua riqueza.

Políticos como Elizabeth Warren e Bernie Sanders propunham impostos sobre a riqueza como um meio de assegurar receitas para financiar ideias como a assistência médica universal e o cuidado infantil subsidiado. Um imposto sobre a riqueza de 6% aplicado a fortunas superiores a US$1 bilhão teria obtido US$63 bilhões das 20 pessoas mais ricas — mais de 7 vezes[2] suas contribuições filantrópicas relatadas. Nem mesmo os mais generosos, Warren Buffett e Bill Gates, se aproximaram da marca dos 6%. Dell tinha dado menos do que a média — US$158 milhões ou 0,6% de sua fortuna de US$27,6 bilhões.

Não contente em exagerar seu altruísmo, Dell se entregou ao coro da Mentira Cósmica: ele era contra os impostos que chegavam a 70%, não porque preferia manter seu dinheiro, mas por preocupação social.

"Não acho que isso ajudaria o crescimento da economia dos EUA", disse Dell. "Nomeie um país onde isso tenha funcionado. Alguma vez."

Essa era claramente uma pergunta retórica, mas o palestrante sentado à sua esquerda, o economista Erik Bryk Brynjolffson, imediatamente deu uma resposta.

"Os Estados Unidos", disse ele. "Aproximadamente dos anos 1930 até por volta dos anos 1960, a taxa média de imposto era de cerca de 70%. Às vezes, chegava a 95%. E esses foram, na verdade, anos muito bons para o crescimento."

Em seu próprio painel, Bregman relatou essa história como prova de que os bilionários estavam pontificando sobre a desigualdade econômica, mas se recusavam a fazer qualquer coisa para combatê-la.

"Isto não é um bicho de sete cabeças", disse ele. "Podemos falar por muito tempo sobre todos esses esquemas estúpidos de filantropia, podemos convidar Bono mais uma vez, mas, por favor, temos que falar de impostos e é isso. Impostos, impostos, impostos. Todo o resto é bobagem."

Talvez você já tenha assistido a essa cena. As pessoas compartilharam amplamente um vídeo sobre ela nas mídias sociais, porque ressoou como uma rara narrativa da verdade em meio à autoanálise que domina Davos. Mas igualmente marcante foi o que veio depois.

O moderador da sessão, o editor-chefe da *Time*, Edward Felsenthal, recorreu à outra palestrante, Jane Goodall — a maior especialista mundial em chimpanzés —, para solicitar sua opinião sobre a razão pela qual os humanos não haviam resolvido a desigualdade. Felsenthal se dirigiu a ela como uma naturalista acostumada a pensar sobre as características das espécies.

"O que falta no cérebro?", ele perguntou a Goodall. "Por que não podemos chegar lá? O que acontece conosco quando vemos a solução e a urgência, mas não conseguimos chegar lá?"

Felsenthal se prostrou, submisso, às espécies que dominavam o terreno local — o Homem de Davos.

A desigualdade foi em grande parte o resultado da classe bilionária que mobilizou os lobistas para evitar impostos enquanto escreviam políticas econômicas a seu favor. Mas Felsenthal — um frequentador habitual do Fórum, e empregado de uma revista recentemente comprada por Benioff — insinuou que todos estavam fazendo seu melhor, que a desigualdade era o resultado de algo diferente dos bilionários saqueando o processo democrático. Era, ao contrário, a manifestação de um misterioso problema evolutivo digno de discussão por uma especialista em primatas.

Goodall entrou no jogo.

"A criatura mais intelectual que já andou neste planeta, destruindo seu único lar, destruindo o meio ambiente e causando todas essas desigualdades em nossas sociedades — o que deu errado?", perguntou ela. "Quebramos o elo entre intelecto e sabedoria."

« »

Como uma questão de política, a redução da desigualdade econômica não é terrivelmente complicada. É apenas excessivamente difícil como objetivo político. O governo precisa reaver a riqueza para que as pessoas comuns recuperem uma participação significativa na sociedade. Mas aqueles que possuem riqueza dominaram como utilizá-la para manipular a democracia, impedindo uma distribuição justa.

O Homem de Davos tem derrotado consistentemente os esforços para aumentar sua carga tributária, empregando variantes da Mentira Cósmica — argumentando que a riqueza "goteja",* que as tentativas de tributá-la e redistribuí-la destroem os incentivos para que os empresários invistam e contratem.

A Mentira Cósmica tem sido uma vencedora política por razões que vão além das contribuições de campanha para colaboradores do Homem de Davos como Macron e McConnell. O conceito de "gotejamento" se baseia em suposições atraentes sobre a natureza humana e nas conquistas heroicas de indivíduos sobrepondo-se às operações sem rosto e sem alegria do governo.

A fantasia da Mentira Cósmica é especialmente sedutora para os norte-americanos devido ao modo como enxergam o próprio caráter. Ela exerce uma atração sobre o respeito por uma suposta identidade "de fronteira" [baseada na origem ou em onde se mora] e o mito duradouro da mobilidade ascendente ao estilo de Horatio Alger.**

Ao fazer campanha pelos cortes fiscais de Trump em 2017, Jamie Dimon deu o argumento usual — que as corporações aliviadas de seus encargos fiscais usariam o dinheiro extra para construir fábricas, expandir as operações e aumentar os salários. "Essa conexão é real", disse Dimon ao jornalista William D. Cohan. "É indireta.[3] Não posso provar isso a você, mas sei

---

* Referência ao Gotejamento (em inglês, "trickle-down"), uma teoria econômica que defende que benefícios fiscais específicos para empresas e indivíduos de alta renda criam um efeito benéfico que se espalha por toda a economia. No entanto, para muitos economistas e especialistas em políticas públicas, sua aplicação não só não traz nenhum benefício para a economia, como ajuda a piorar a desigualdade e acentuar a pobreza. [N. da R.]

** Autor norte-americano que escrevia romances juvenis sobre meninos com origens humildes que, por meio de boas obras, ascendiam para uma vida de segurança e conforto de classe média. [N. da R.]

que é verdade." Ele estava expressando o mesmo sentimento que tem guiado a política econômica norte-americana desde Reagan.

Mas sentimento não é mais algo relevante. Por mais de quatro décadas, a humanidade testou os méritos de tais suposições por intermédio de uma experiência elaborada e ao ar livre. Permitimos que o Homem de Davos dominasse e os resultados são: corte de impostos sobre os ricos provou ser desastroso para a grande maioria das pessoas comuns. Não tem promovido o crescimento. Não produziu aumento de salários para os trabalhadores de nível hierárquico não gerencial. Produziu em grande parte mais riqueza para as pessoas que já tinham a maior parte dela.

Um amplo estudo[4] de cortes fiscais para os ricos em 18 grandes economias em todo o mundo constatou que eles ampliaram a desigualdade econômica enquanto não produziam crescimento econômico ou empregos adicionais. Apenas uma parte da equação se concretizou — a vida ficava cada vez mais doce para o Homem de Davos.

Desde 1980, a parcela de toda a renda[5] nos Estados Unidos que fluiu para aqueles cujos rendimentos estão entre os primeiros 1% quase dobrou, crescendo de 10% para 19%. Durante as mesmas 4 décadas, a parcela recebida por aqueles na metade inferior caiu de 20% para 13,5%.

Embora os Estados Unidos sejam um caso extremo, a mesma tendência geral se mantém em grande parte do mundo rico. Na Itália, entre 1980 e 2017, os 1%[6] mais ricos aumentaram sua participação na renda nacional de 24% para 33% e a metade inferior viu sua participação cair de 27% para 21%. Na Grã-Bretanha, na França e até mesmo na Suécia, o Homem de Davos construiu uma versão mais amena desse mesmo quadro.

Essas quatro décadas expuseram a Mentira Cósmica como tal, revelando o que podemos chamar de a Grande Verdade: as verdadeiras fontes de crescimento econômico amplo e socialmente benéfico são os mesmos elementos que obtiveram sucesso durante as três primeiras décadas após a Segunda Guerra Mundial — investimentos públicos em educação, saúde e infraestrutura.

Quando o governo aplica seu dinheiro para garantir que as pessoas sejam mais saudáveis, mais instruídas e mais capazes de se movimentar e se comunicar umas com as outras, o mundo empresarial pode então

"IMPOSTOS, IMPOSTOS, IMPOSTOS. O RESTO É BOBAGEM." 393

proporcionar as condições que o Homem de Davos gosta de celebrar. O resultado é inovação e novos negócios que contratam pessoas, compram bens e serviços uns dos outros à medida que a economia se expande.

Mas a educação pública, o cuidado com a saúde e a infraestrutura exigem dinheiro. O Homem de Davos saqueou os tesouros nacionais, deixando os governos da maioria das grandes economias cronicamente subfinanciados. Isso os deixou sem os recursos necessários para promover o crescimento, o que aumentou o valor de outras estratégias para ganhar votos, como a demonização dos imigrantes.

Essa é uma realidade estrutural que não pode ser resolvida com ideias atraentes sobre o próximo avanço tecnológico ou com palestras para os trabalhadores sobre a necessidade de se reciclar para se adaptar ao mercado. Não será resolvido esperando que o Homem de Davos cumpra sua promessa de capitalismo das partes interessadas ou qualquer marca nova que ele engendre para demonstrar sua sensibilidade.

A diminuição da desigualdade exige ajustar as fórmulas que determinam quem recebe os benefícios do crescimento econômico. Isso reside em boa medida no código tributário.

O Homem de Davos criou uma indústria robusta dedicada a jogar qualquer regime fiscal que os políticos projetem — contadores, advogados e softwares financeiros em todo o mundo traçando estratégias sobre como classificar o dinheiro e para onde transferi-lo a fim de compartilhar o mínimo possível com as autoridades. O fato de que os trabalhadores assalariados norte-americanos pagam agora uma porcentagem maior de renda ao governo do que seus empregadores bilionários é uma prova da formidável experiência dessa indústria. Ela reflete como pessoas ricas exploraram habilmente um código fiscal arcaico. O Homem de Davos prosperou em grande parte ao descobrir como se tornar mais rico sem gerar muito do que os Estados Unidos tributam — renda.

A maioria de nós não pode evitar o pagamento de impostos pela simples razão de que a maior parte do que devemos é tabelada de forma transparente, removendo oportunidades para uma contabilidade criativa. Quer trabalhemos como lavadores de louça ou professores universitários, nossos empregadores calculam nossos impostos de renda e os retêm de nosso pagamento, ao lado de nossas contribuições à Previdência Social, entregando-os às autoridades. Nos EUA, no caso de sermos proprietários de uma casa, nossos impostos de propriedade são normalmente incorporados em nossos pagamentos de hipoteca; e, se não os pagarmos, a autoridade tributária local sabe exatamente onde vivemos e tem poderes para confiscar nossa propriedade.

Nos EUA, paga-se impostos sobre vendas ao se fazer compras — uma forma excepcionalmente regressiva de tributação. Como porcentagem de sua renda, uma pessoa que abastece seu carro com gasolina ao ir trabalhar em um depósito na Amazon inevitavelmente pagará mais impostos sobre vendas do que Jeff Bezos.

O Homem de Davos confiou em paraísos fiscais espalhados da Suíça ao Caribe para esconder cerca de US$7,6 trilhões[7] — 8% de toda a riqueza familiar no mundo — de acordo com estimativas. A maior parte desse dinheiro não era oficialmente declarada, o que significa que está fora do alcance das autoridades fiscais.

Nos Estados Unidos, o 1% de maior faturamento de todos os lares esconde mais de 1/5 de sua renda[8] das autoridades fiscais, de acordo com um estudo. O não partidário Escritório de Orçamento do Congresso concluiu que, entre 2011 e 2013, os norte-americanos escaparam com sucesso dos impostos no valor de US$381 bilhões.[9]

A tolerância do Homem de Davos para com os riscos legais de prejuízo foi reforçada pelo seu conhecimento de que as autoridades tributárias norte-americanas foram destruídas. Entre 2010 e 2017,[10] cortes no orçamento reduziram em 1/3 o número de auditores da Receita Federal, diminuindo drasticamente a capacidade da agência de perseguir os sonegadores fiscais. As auditorias das famílias que faturam mais de US$1 milhão[11] por ano caíram quase 3/4 nos últimos anos, enquanto as inspeções das grandes corporações caíram mais da metade.

Em uma era de "fazer teatro" sobre déficits orçamentários, essa é uma fonte fácil de receita. Cada US$1 gasto[12] para impulsionar a fiscalização na Receita Federal resulta em US$6 adicionais em arrecadação de impostos. O Homem de Davos simplesmente não quer pagar.

O problema da injustiça fiscal vai muito além do tesouro escondido e da quebra de regras. O Homem de Davos projetou o sistema tributário como uma reserva especial para seus interesses.

Nos Estados Unidos, os impostos federais giram em torno da renda, o que significa que eles atingem as pessoas comuns com muito mais força do que os bilionários. Jeff Bezos já teve um salário-base de US$81.840 por ano — aproximadamente tanto quanto o típico professor do ensino fundamental da Califórnia. Sua extraordinária riqueza provém das ações que possui na Amazon, uma participação de aproximadamente 10% que valia mais de US$160 bilhões no fim de 2020.

Mesmo quando essas ações aumentaram em mais de US$100 bilhões nos 2 anos anteriores, essa valorização resultou em nenhum imposto. Bezos foi responsável somente quando vendeu ações e transformou seu aumento de papel em dinheiro, provocando impostos sobre ganhos de capital. E, mesmo assim, Bezos e o restante da classe bilionária conseguiram reduzir sua carga tributária. Desde o início dos anos 1980, o Congresso — impulsionado por lobistas financiados por empresas — baixou as taxas mais altas de impostos sobre ganhos de capital de 35% para 20%.

O Homem de Davos também adotou recompras de ações por empresas de capital aberto para limitar sua carga tributária. Até o início dos anos 1980, essa prática foi proibida pelos reguladores como forma de manipulação de ações. As empresas que queriam agradar os acionistas tinham de distribuir dividendos — pagamentos em dinheiro que os destinatários eram forçados a divulgar como renda, pagando impostos de acordo. Mas Reagan confiou a Comissão de Títulos e Câmbio a um executivo de longa data de Wall Street, John Shad. Ele legalizou a prática,[13] abrindo o caminho para a recompra de ações. Isso deu aos executivos uma forma de elevar o preço das ações enquanto poupava os acionistas de impostos adicionais.

Não por acaso, os executivos das corporações reformularam seus pacotes de remuneração para que sejam pagos predominantemente em ações. Há três décadas, o CEO médio de uma empresa norte-americana de capital aberto recebia 42% de sua remuneração na forma de salário e apenas 19% em concessões de ações e opções de ações. Em 2014, seu salário caiu para apenas 13% de seu pagamento, enquanto as ações e as opções sobre ações[14] haviam mais do que triplicado, chegando a 60%.

A campanha sistemática das pessoas mais ricas para limitar o pagamento de impostos tem funcionado com notável eficiência. Quando a ProPublica divulgou os resultados obtidos a partir de um tesouro secreto[15] de documentos fiscais federais em junho de 2021, os detalhes afirmaram a audácia do empreendimento. Tanto em 2007 quanto em 2011, Bezos conseguiu pagar zero em impostos federais. Outros que conseguiram tal diferenciação foram o fundador da Tesla, Elon Musk, e os magnatas bilionários Carl Icahn, George Soros e Michael Bloomberg.

O único momento em que os bilionários devem pagar impostos sobre sua riqueza é na morte. Mesmo assim, o Homem de Davos limitava o golpe a seus herdeiros. O Congresso diminuiu[16] a taxa máxima do imposto patrimonial de 77% em 1976 para menos de 40%, enquanto as ações de fiscalização do IR quase desapareceram.

Esse foi o contexto das tentativas de Warren e Sanders de instituir um imposto sobre a riqueza. Suas propostas tomaram como inspiração o simples fato de que os ricos podem sempre encontrar maneiras de fugir dos impostos centrados na renda.

Warren defendia um imposto anual de 2% sobre fortunas superiores a US$50 milhões e 3% acima de US$1 bilhão — uma medida que atingiria cerca de 75 mil famílias norte-americanas. Sanders propôs um ponto de partida mais baixo — um imposto anual de 1% sobre as fortunas superiores a US$32 milhões, com aumentos que chegariam a 8% para aqueles cuja riqueza excedesse US$10 bilhões.

Ambos os candidatos contaram com o conselho de Gabriel Zucman e Emmanuel Saez, dois famosos economistas franceses da Universidade da Califórnia, Berkeley. Eles estimaram que a proposta de Sanders poderia levantar US$4,35 trilhões em uma década, dando ao governo a capacidade de fornecer cuidados de saúde e cuidados infantis universais, ao mesmo tempo em que expandiria moradias acessíveis. Warren alegou que sua proposta levantaria US$3,75 trilhões de dólares, embora muitos especialistas tenham estimado um número menor.

O Homem de Davos reagiu a essas propostas como se os bolcheviques estivessem na porta da rua.

"IMPOSTOS, IMPOSTOS, IMPOSTOS. O RESTO É BOBAGEM." 397

Schwarzman disse que um imposto sobre a riqueza levaria os bilionários a fugir dos Estados Unidos. "Eles iriam embora,"[17] disse ele em outubro de 2019. "As pessoas que viriam aqui para iniciar negócios não virão, porque o sucesso seria taxado."

Jamie Dimon alertou que um imposto sobre a riqueza estava além das capacidades administrativas dos Estados Unidos.

"Um imposto sobre a riqueza é quase impossível",[18] disse Dimon em setembro de 2020. "Eu não sou contra ter um imposto mais alto sobre os ricos. Mas acho que você faz isso por meio da renda deles, ao contrário de, você sabe, calcular a riqueza que se torna extremamente complicada, legalista, burocrática, reguladora e as pessoas encontram um milhão de maneiras de contornar isso."

Por trás desse monte de palavras estava a realidade de que um imposto sobre a riqueza resultaria em Dimon pagar muito mais ao governo. No ano anterior, ele levou para casa um total de US$31,5 milhões. Isso incluía US$6,5 milhões em salários e bônus em dinheiro, que estavam sujeitos a impostos de renda, e US$25 milhões em pagamento baseado em ações, o que não implicava em impostos imediatos. Seu patrimônio líquido foi estimado em US$1,8 bilhões.

Você precisaria de um supercomputador para quebrar a aritmética relevante: mesmo que Dimon fosse forçado a pagar 100% de imposto sobre seu salário e seu bônus, entregando-o na totalidade ao Tio Sam, isso chegaria a US$6,5 milhões. Um mero imposto de 1% sobre sua fortuna seria de US$18 milhões.

O Homem de Davos apostava em seu caso contra os impostos sobre a fortuna, alegando que sua riqueza era tão vasta e impenetrável que ninguém jamais seria capaz de descobrir quanto tudo aquilo valia. Os auditores governamentais teriam que atribuir valores a suas esculturas de Giacometti, adegas cheias de vinhos Madeira envelhecidos e joias personalizadas. Eles teriam que calcular o valor dos carros esportivos, helicópteros, armários personalizados e animais exóticos. O processo estaria cheio de abusos — um convite para os bilionários subestimarem seus bens como forma de fugir dos impostos.

Os impostos sobre a riqueza, sem dúvida, exigiriam que a Receita Federal expandisse seus postos e sua capacidade operacional, mas isso tinha que acontecer em qualquer circunstância. O aviso do Homem de Davos era perverso: não tente nos tributar ou tornar o sistema mais justo, porque trapacearemos em qualquer cenário. Desista e aceite o *status quo* junto com nossas amáveis promessas de capitalismo e filantropia das partes interessadas.

Um norte-americano rico que favorecia os impostos sobre a riqueza, o capitalista de risco Nick Hanauer, teve uma ideia genial para evitar que os ricos desvalorizassem seus bens. Seja o que fosse que valesse a pena colocar no papel, o governo deveria ter o direito de comprar qualquer bem pelo valor listado, leiloando os bens para benefício público. Um bilionário que afirmasse que seu Maserati havia depreciado para apenas US$5, o veria sendo levado estrada afora.

Muitos economistas norte-americanos desconfiavam dos impostos sobre a riqueza, observando que outros países haviam optado por abolir suas próprias versões após as cobranças terem se mostrado decepcionantes.

Era verdade que entre 1990 e 2017, o número de países[19] com impostos sobre a riqueza caiu de 12 para 4. Uma das principais razões para isso foi a citada por Macron ao levantar a versão da França — porque uma pessoa podia simplesmente se mudar para a Bélgica. Mas essa era uma razão pobre para se opor aos impostos sobre a riqueza nos Estados Unidos. O código fiscal norte-americano era único, pois não importava se as pessoas residiam em Toledo ou em Tóquio. Os norte-americanos tinham de pagar seus impostos independentemente. A única saída era renunciar à cidadania e mesmo assim o governo cobrava uma pesada taxa de saída.

Os impostos europeus sobre a riqueza estabeleciam o limite aplicável muito mais baixo do que o que Sanders e Warren propunham. O imposto sobre a fortuna na Espanha era de apenas €700 mil. Um açougueiro aposentado que vivia com uma pensão modesta podia ver seu apartamento subir de valor acima desse limite e, de repente, enfrentar taxas insustentáveis, forçando-o a vender sua casa para conseguir o dinheiro. De fato, isso era um problema e explicava porque os impostos sobre a riqueza europeia eram atormentados por isenções.

Mas isso tinha pouca relevância para os norte-americanos com mais de US$50 milhões. Se Schwarzman tivesse que vender uma de suas residências, ou um quadro Van Gogh, ou um jato Gulfstream para arrecadar o dinheiro necessário para seus impostos sobre a riqueza, era difícil ver como isso prejudicaria a economia norte-americana.

Grande parte da oposição aos impostos sobre a fortuna foi uma defesa reflexiva do *status quo* — não apenas de beneficiários óbvios como Dimon, mas de pessoas supostamente neutras, cujos egos e as reputações foram investidos em anos de influência política muitas vezes de sentido contrário.

Larry Summers foi secretário do Tesouro na administração Clinton, e depois conselheiro econômico principal do presidente Obama. Ele foi fulminante em sua crítica aos impostos sobre a riqueza, até mesmo atacando as credenciais profissionais dos proponentes.

"É um barco-cassino[20] com o futuro da economia norte-americana em termos do que significa para nossa prosperidade contínua", disse Summers em um debate com Saez em outubro de 2019.

Duas décadas antes, Summers tinha alardeado[21] avisos igualmente estridentes sobre os supostos perigos de regular a negociação de derivativos. Ele e o então presidente do Banco Central, Alan Greenspan, enterraram um esforço para impor regras sobre tais transações, alegando que elas assustariam os investidores. O dinheiro fugiria de Nova York para mercados mais complacentes, como Londres.

Essa visão triunfou. O comércio desregulado de derivativos continuou, contribuindo, no fim das contas, para a pior crise financeira desde a Grande Depressão.

Agora, Summers alertava que, se os legisladores norte-americanos exercessem sua autoridade tributária, corriam o risco de perturbar as pessoas ricas, o que poderia prejudicar a economia para todos. A dor seria redistribuída.

Summers retratou os impostos sobre a riqueza como inerentemente contrários ao espírito norte-americano de solidariedade. Eles foram "uma abordagem que tem como centro a colocação de trabalhadores contra as empresas",[22] disse ele, e "alguns norte-americanos contra outros norte-americanos, em vez de se concentrarem em fazer cooperativamente os investimentos que precisamos para competir e ter a economia mais forte, necessária para que a prosperidade de todos cresça."

Esse era o pensamento quintessencial do Homem de Davos. A prosperidade de todos aumentaria junto, o que significava que não havia necessidade de sacrifícios de ninguém. Ao mesmo tempo em que deixava os ricos desconfortáveis, questionando sua magnanimidade, corria o risco de calamidades imprevistas. O Homem de Davos tinha de ser apreciado ou todos sofreriam.

A descrição de Summers depreciou as quatro décadas de experiência anteriores — experiência que ele tinha ajudado a projetar.

Milhões de trabalhadores já se viam contra suas empresas — pessoas como Christian Smalls, que teve que escolher entre seu bem-estar e seu salário em uma formulação que entregava mais riqueza a Bezos; e Ming Lin, cuja segurança no império de Schwarzman repousava em seu silêncio diante de um contribuinte perigoso para uma pandemia. Os norte-americanos já estavam em desacordo com outros norte-americanos em uma economia definida pela escassez. De fato, os impostos sobre a riqueza envolveriam desafios logísticos formidáveis, mas eles foram concebidos com a solidariedade em mente. Eles alinham os interesses de 99,9% dos contribuintes contra os 0,1%, cuja estranha riqueza vem em detrimento da saúde pública, da segurança econômica e da própria inviolabilidade da democracia.

No Senado, Warren ressuscitou sua proposta de imposto sobre a riqueza, enquanto Sanders é responsável pelo Comitê de Orçamento, fornecendo um poderoso suporte para o avanço da questão.

Pesquisas mostram que os impostos sobre a riqueza são altamente populares, atraindo o apoio de cerca de 2/3 dos norte-americanos.

Biden não tem sido um defensor dos impostos sobre a riqueza. No entanto, de forma fragmentada, suas políticas têm visado a aumentar significativamente a carga tributária sobre os norte-americanos mais ricos. Para pagar por seus planos de gastos, ele está buscando aproximadamente dobrar a maior taxa de impostos[23] sobre ganhos de capital — aqueles pagos sobre investimentos — elevando-a para quase 40%, enquanto aumenta os impostos sobre o patrimônio. Ele propôs gastar um adicional de US$80 bilhões na fiscalização do IR[24] durante a próxima década, um aumento de cerca de 2/3, ao mesmo tempo em que intensifica a autoridade da agência para acabar com a evasão fiscal. A Casa Branca disse que isso produziria uma receita extra de US$700 bilhões em impostos, dinheiro que financiaria programas de cuidado infantil e de educação.

A administração Biden também persuadiu outras grandes economias a estabelecer uma taxa mínima global de imposto corporativo[25] de pelo menos 15% em um esforço para acabar com os paraísos fiscais, reduzindo o incentivo para que as empresas multinacionais pulem de um lado para o outro no mundo em busca de um acordo melhor. Essa taxa é baixa demais para acabar com as manobras que permitiam que empresas como a Salesforce não pagassem nada, mas é um começo.

Nada disso vai acontecer facilmente. O Homem de Davos mobilizará novamente sua riqueza para impedir a vontade do povo.

O que está em jogo é nada menos que a justiça do sistema norte-americano. Todo o resto é bobagem.

CONCLUSÃO

"NOSSO COPO TRANSBORDOU"

Outras pessoas poderiam contar os mortos. Steve Schwarzman estava muito ocupado contando o dinheiro.

"A Blackstone foi uma grande vencedora ao sair da crise financeira global", gabou-se Schwarzman durante uma reunião virtual em dezembro de 2020, quando o número de mortos da pandemia em todo o mundo se aproximou dos 2 milhões. "Eu acho que algo semelhante vai acontecer agora."

Os próprios ganhos de Schwarzman já eram conhecidos. Ele embolsou mais de US$610 milhões a título de remuneração ao longo do ano — um aumento de 20% a partir de 2019 — em uma prova dos poderes enriquecedores de uma catástrofe de saúde pública.

A Blackstone estava obtendo metade de seus ganhos via bens imóveis. Numa época em que as pessoas comuns lutavam para fazer seus pagamentos habitacionais. E, à medida que as empresas ficavam para trás em arrendamentos comerciais, Schwarzman estava se vangloriando das riquezas que fluíam do aumento dos aluguéis em uma pandemia.

"Escolhemos os bons bairros,[1] se você quiser", disse Schwarzman, destacando suas principais compras de galpões. "Somos o maior proprietário de imóveis no mundo privado, e essa categoria de bens tem crescido, com enormes aumentos nos aluguéis."

Até mesmo as más notícias tinham uma maneira de produzir riquezas renovadas. Enquanto Biden pressionava para aumentar os impostos sobre ganhos de capital — sem dúvida, uma chatice — muitos líderes empresariais estavam ansiosos para vender seus ativos a fim de escapar de pagamentos mais altos ao governo. Isso significava que a Blackstone estava presidindo o mercado comprador.

"É realmente como uma avalanche[2] de oportunidades agora", disse Schwarzman em outro encontro virtual. "As pessoas querem vender coisas antes que seus impostos sejam muito mais altos."

Benioff encerrou 2020 com a aquisição por US$28 bilhões da Slack, uma plataforma de mensagens para empresas. Tratava-se de estabelecer a infraestrutura que permitia aos funcionários trabalhar de qualquer lugar — um status reforçado pela pandemia.

"Uau, que trimestre,[3]" ele declarou ao retornar ao programa de TV de Jim Cramer, em dezembro de 2020. "Eu me sinto muito animado e motivado com tudo o que precisamos fazer para duplicar a empresa mais uma vez."

Graças aos resgates financiados pelos contribuintes que foram inicialmente projetados para reforçar os ativos financeiros, Jamie Dimon foi novamente posicionado para sair de um desastre em uma posição mais forte. A receita de seu banco com as negociações estava no caminho certo para atingir quase US$6 bilhões nos últimos 3 meses do ano — um ritmo recorde — fornecendo-lhe dinheiro para assumir outras empresas.

"Pode ser um software",[4] disse ele. "Pode ser algo no exterior. Estamos com a mente aberta."

Ele estava no processo de abertura de uma nova sede em Paris, abastecida com banqueiros transferidos da Grã-Bretanha pós-Brexit. Esse movimento de refugiados de altas finanças representou uma vitória para Macron.

A diretoria de Dimon logo lhe deu aprovação para retomar a compra de ações, aprovando cerca de US$30 bilhões para esse fim.

"Nosso copo transbordou",[5] disse ele aos analistas de ações em abril de 2021. "Estamos ganhando uma tremenda soma de dinheiro."

O que impressionava nas exultações do Homem de Davos era a forma como elas vieram despidas de qualquer reconhecimento do contraste entre seus cofres transbordantes e a calamidade ao redor. Os bilionários pareciam ter internalizado sua própria propaganda — a história do capitalismo de gotejamento e das partes interessadas, e sua dedicação a Melhorar o Estado do Mundo.

Depois de um ano de pandemia, o coronavírus matou[6] mais de meio milhão de norte-americanos, enquanto mais de 78 milhões de pessoas haviam perdido empregos. Durante o mesmo período, os bilionários norte-americanos — um grupo com menos de 700 pessoas — havia ganhado um patrimônio coletivo de US$1,3 trilhão.[7] Isso se deu em grande parte ao fato de que as bolsas de valores haviam terminado o ano de 2020 em níveis recordes.

"Acho que vamos[8] continuar a ver o mercado ser forte em 2021", declarou Larry Fink, já que a BlackRock revelou que os ativos administrados haviam ultrapassado os US$8,6 trilhões.

Na Grã-Bretanha, George Osborne, o colaborador do Homem de Davos que impôs a austeridade, desistiu de seu trabalho de consultoria na BlackRock para assumir um cargo em um banco de investimento londrino. A empresa teve lucros de £17,9 milhões em 2020, enquanto pagava zero em impostos. "Estou orgulhoso de me juntar[9] a esta equipe de primeira linha", disse Osborne.

As comemorações de ganhos robustos não conseguiram se traduzir na doação abnegada pela qual a classe bilionária se congratulava tão entusiasticamente. Ao longo de 2020, as contribuições filantrópicas haviam totalizado cerca de US$2,6 bilhões,[10] o menor valor desde 2011.

Jeff Bezos ficou sozinho. Ele ganhou dinheiro suficiente para transcender as restrições comuns da vida no planeta Terra.

Em uma manhã de terça-feira de julho de 2021, a poucas semanas de entregar o controle diário da Amazon a seu sucessor, Bezos subiu a bordo de um foguete espacial em uma pequena cidade a oeste do Texas e se lançou no espaço.

Ele não foi o primeiro bilionário a chegar aos céus. Richard Branson, o famoso superintendente aventureiro da companhia aérea e império de entretenimento Virgin, o venceu por nove dias. Mesmo assim, a jornada inaugural de 11 minutos de Bezos representou tanto a realização de sua fantasia de menino quanto o auge de sua obsessão em construir uma empresa espacial privada.

Bezos estava saboreando o marco miliário. Após retornar à Terra, ainda com seu uniforme espacial azul, ele vestiu um chapéu de cowboy absurdamente grande ao se dirigir à mídia.

Ele agradeceu aos 2 mil habitantes de Van Horn, Texas, por sediar o evento, e depois expressou sua gratidão a um grupo muito maior de seres humanos.

"Também quero agradecer[11] a cada funcionário e a cada cliente da Amazon, porque vocês pagaram por tudo isso", disse Bezos. "Portanto, sério, para cada cliente e cada funcionário da Amazon, obrigado do fundo do coração."

Essa exultação capturou a atenção internacional como um marcador do grau em que os bilionários como Bezos haviam perdido o contato com a realidade do restante da experiência humana. A empresa que havia construído era acusada de exploração de mão de obra em massa e predação impiedosa no mercado. Ele se tornou pessoalmente um símbolo de evasão fiscal em grande escala, embora legal. No entanto, os ganhos monumentais que ele havia extraído da Amazon — da vida moderna — haviam lhe permitido vislumbrar a Terra a mais de 95km acima do solo, o que ele celebrava não apenas como um triunfo pessoal, mas como um avanço para toda a humanidade.

Três anos antes, Bezos descreveu sua busca para alcançar o espaço como parte de uma grande aspiração para sua espécie em face do declínio dos recursos do planeta natal.

"NOSSO COPO TRANSBORDOU" ⏵ **407**

"Estou pensando em um período de tempo de algumas centenas de anos",[12] disse Bezos. "Veja o cenário em que você se muda para o sistema solar. O sistema solar pode facilmente suportar 1 trilhão de seres humanos. E, se tivéssemos 1 trilhão de seres humanos, teríamos mil Einsteins e mil Mozarts, e ilimitados, para todos os fins práticos, recursos e energia solar."

Bezos era justamente admirado como um visionário, seu pensamento livre de limitações convencionais. O fato dele contemplar o progresso humano muito depois de estar por perto para apreciá-lo era de certa forma inspirador. Contudo, não havia um fim para os problemas humanos que exigiam soluções no aqui e agora, problemas para os quais Bezos estava pessoalmente envolvido. Sua empresa expôs trabalhadores a pressões e a perigos extraordinários, ajudando-o a acumular uma fortuna incomparável, e agora ele estava agradecendo àqueles mesmos funcionários por avançar em uma missão cujas hipotéticas recompensas viriam muito após todos estarem mortos.

Bezos teria supostamente colocado[13] US$5,5 bilhões em sua empresa espacial. Isso seria suficiente para salvar[14] 38 milhões de pessoas da fome, de acordo com estimativas do Programa Mundial de Alimentação — não 2 séculos à frente, mas agora. Foi o dobro do dinheiro que a Covax procurou em sua tentativa de vacinar 2 bilhões de pessoas contra a Covid-19, em uma pandemia que não estava de forma nenhuma terminada. Era dinheiro que poderia ter financiado licenças médicas pagas aos funcionários da Amazon.

No chão, as pessoas estavam atoladas em suas preocupações terrestres: contas a pagar, crianças a criar, trânsito a percorrer no caminho para empregos sem futuro. Bezos preferia contemplar a Terra do alto.

"Senti-me tão sereno e pacífico", disse ele. "E flutuar, na verdade, é muito mais agradável do que estar na gravidade total."

« »

Ao longo da minha carreira jornalística, sou frequentemente surpreendido pela forma como as pessoas tendem a ver a economia em termos fatalistas, aceitando a noção de que a riqueza insondável ao lado da escassez em massa é essencialmente inevitável e além do poder da democracia para ser alterada. Ser uma pessoa sofisticada no século XXI parece muitas vezes exigir resignação à futilidade de controlar as forças que operam além das fronteiras — os fluxos de capital, a tecnologia, as corporações multinacionais. Isso significa aceitar o triunfo do Homem de Davos sobre o interesse público.

Mas isso não é realmente sofisticação; é cinismo. A deferência à supremacia inevitável da classe bilionária equivale a renunciar ao nosso legado histórico, um fracasso em perceber que a humanidade já estava aqui antes.

Os norte-americanos encararam os barões ladrões, usando a democracia para dar uma resposta eficaz à injustiça de um grupo seleto monopolizando os ganhos do capitalismo. A Grã-Bretanha reagiu ao trauma da Depressão, construindo um modelo de bem-estar social que compartilhava os ganhos de seu poder industrial. Mesmo quando a França e a Suécia viram seus valores social-democratas diluídos, mantiveram sua condição de exemplos de sociedades que descobriram como aproveitar os méritos do sistema de mercado enquanto ainda atendem aos interesses coletivos. E com todos os seus problemas — e eles são muitos — a Itália é uma vitrine do potencial humano, desde as artes e a engenharia até a medicina moderna.

Os desafios da atual crise de desigualdade podem ser maiores desta vez porque o Homem de Davos possui ferramentas especialmente avançadas para preservar o *status quo*, minando a ação coletiva. A mídia social distorce o fluxo de informação, enquanto as empresas empregam tecnologia de vigilância e coleta de dados a serviço de objetivos políticos. Os falsos comerciais de televisão da Amazon atestam sua refinada tática de impedir a solidariedade dos trabalhadores. Benioff, Fink e Dimon têm se destacado em receber elogios por transformar os negócios em um veículo para mudanças progressivas, ao mesmo tempo em que lucram muito com o *status quo*. Em todo o mundo, partidos políticos extremistas que provocam ódio tribal desviam o eleitorado da responsabilidade pelo saque do Homem de Davos.

A questão não é que os bilionários sejam manipuladores de marionetes em uma conspiração máster; é que o Homem de Davos prospera em meio a confusões, conflitos e suspeitas. Os bilionários exploram uma governança que, comprometida pela discórdia e pela disfunção, abre uma oportunidade de lucrar sem os controles e contrapesos habituais.

A democracia, porém, é em si uma ferramenta poderosa — um sistema de governança que não garante nada e é para sempre vulnerável a ser sequestrada por interesses organizados, mas contém dentro dela o mecanismo pelo qual o público pode perceber seus próprios interesses.

Muitos dos problemas mais significativos do mundo são, na origem, questões de distribuição econômica injusta. Os seres humanos desenvolveram capacidades extraordinárias em nosso breve tempo na Terra. Aproveitamos a ciência para extrair volumes sem precedentes de alimentos do solo, aplicamos conhecimento médico para tratar doenças, fomos pioneiros em formas inventivas de moradia e de transporte, ao mesmo tempo em que conjuramos novos meios de manter o tédio afastado.

De um modo profundo e prosaico, esta é certamente a maior época da história da civilização, uma era de multiplicação de soluções para problemas antes considerados insolúveis, onipresentes, tediosos e fatais.

O Homem de Davos nos faria acreditar na falsa escolha binária que está no cerne de sua fraude — que ou aceitamos a globalização como a conhecemos há décadas, ou jogamos nossa sorte aos ludistas,* agindo no meio de ideias retrógradas. Tal quadro não só é falso como é perigoso. Ele convida aqueles que não compartilhavam dos benefícios da globalização a exigir seu oposto — nacionalismo, nativismo, paroquialismo e ignorância. Se a globalização dirigida pelo Homem de Davos para o aperfeiçoamento do Homem de Davos der lugar à destruição da globalização e à busca de interesses tribais, o mundo ficará mais pobre, mais violento e menos capaz de convocar a cooperação necessária para resolver os problemas mais complexos, das pandemias às mudanças climáticas.

A disseminação letal da Covid-19 e a terrível falta de preparo foram claramente sintomáticas de como a globalização tem sido conduzida sem a supervisão necessária, permitindo que as demandas dos acionistas, sem controle, tornem o mundo suscetível a perigos.

Mas não precisamos escolher entre permitir que Steve Schwarzman explore o sistema de saúde norte-americano ou não ter nenhum tipo de assistência médica. Podemos comprar os produtos que a Amazon entrega em

---

*   Pessoa que se opõe à industrialização ou ao desenvolvimento tecnológico. [N. da T.]

nossas portas enquanto ainda exigimos que seus trabalhadores recebam o salário por doença. Podemos usar o software que empresários como Marc Benioff fornecem e, ao mesmo tempo, tributá-los para financiar as escolas que formam seus engenheiros.

Podemos aproveitar a genialidade de nossas mentes de pesquisa mais brilhantes, que decifraram o código de uma vacina para a Covid-19, e também demandar valor para os contribuintes que financiaram a pesquisa, garantindo a disponibilidade dessas invenções salvadoras de vidas para todos.

Podemos administrar o capitalismo global de uma forma que preserve sua capacidade de inovação e de prosperidade sem entregar todas as recompensas ao Homem de Davos.

Fukuyama estava errado. Foi arrogante e até colonialista quando declarou o fim da história, como se a primazia norte-americana e sua versão do capitalismo representassem a mais alta ordem do desenvolvimento humano. Mas ele não estava fora de si em sua reverência pelo sistema de mercado. O capitalismo global é de fato a forma mais avançada de organização econômica. Ele promove a inspiração e o intercâmbio de ideias revolucionárias que estenderam e melhoraram a vida. Ele produz mais riqueza, o que é muito melhor do que a alternativa.

O que falta ao capitalismo é um mecanismo inerente que distribui os ganhos de forma justa. Essa é a responsabilidade do governo, operando sob um mandato democrático. O fato de que Homem de Davos nos convenceu a acreditar no contrário, aceitando níveis horríveis de desigualdade como parte e parcela dos tempos modernos, ameaçou a fé na legitimidade da própria democracia. A raiva resultante explorou os piores aspectos da natureza humana, fornecendo oxigênio aos movimentos inspirados pelo ódio, ao mesmo tempo em que deu origem a teorias fantasiosas de conspiração. Fatos e ciência têm sido desvalorizados.

A sociedade tem sido tão envenenada por amarguras e ressentimentos que a governança às vezes parece impossível.

A ideia de que as características determinantes da experiência humana — onde vivemos, quanto cuidado de saúde recebemos, a qualidade de nossas escolas e a abundância de alimentos em nossas mesas — devem ser confiadas exclusivamente a um funcionamento de mercado isento de considerações sentimentais parecerá um dia, com alguma sorte, tão insano quanto queimar bruxas na fogueira ou aplicar sanguessugas para tratar doenças. Tal ideia ter alcançado o status de verdade entre as grandes fatias da população equivale a uma forma de loucura coletiva. Mas ela não ganhou o comando das alavancas da política por acidente. Esse pensamento foi promovido pelas pessoas encarregadas do dinheiro, difundido por acadêmicos recompensados por empresas financeiras, e disseminado por uma máquina de relações públicas trabalhando para corporações multinacionais. É uma ideia que permitiu ao Homem de Davos aumentar sua riqueza, ao mesmo tempo em que justificava sua posição social como fruto de um sistema que recompensa a virtude. Na verdade, mesmo que esteja propenso a encenar poeticamente a magia dos mercados livres, o Homem de Davos não está realmente interessado nesse conceito, ou em qualquer posição ideológica. Ele propaga o fundamentalismo do mercado quando este serve como justificativa para as coisas que deseja — regulamentos enfraquecidos, impostos reduzidos e licença para o poder monopolista. Nós não tivemos mercados livres. Tivemos mercados manipulados pelos interesses mais poderosos para lucrar com ele às custas da sociedade. Tivemos o bem-estar dos bilionários e o individualismo severo para todos os outros.

O maior triunfo do Homem de Davos tem insinuado no discurso público a noção de que qualquer um que se oponha à sua monopolização da riqueza é contrário aos negócios, como se forçar Schwarzman e Bezos a pagar taxas de impostos mais altas do que seus secretários fosse semelhante a transformar subdivisões suburbanas em comunas populares. Essa ideia deve ser revelada pelo que é — não apenas uma mentira, mas a mentira fundamental para a depredação do próprio capitalismo.

A história nunca terminou, mas precisa ser restabelecida. O capitalismo deve ser remodelado para estender a recompensa a muito mais pessoas.

Na narrativa popular, os bilionários estavam — em meados de 2021 — sob ataque. Eles enfrentaram investigações antitruste em várias nações, um novo presidente norte-americano com poderes para reviver a justiça e um impulso internacional para erradicar os paraísos fiscais. Mas o Homem de Davos era especialista em resistir ao ultraje, projetando sua admissão retórica da injustiça como evidência de mudança, o que significava que aqueles do outro lado da divisão — os 7,7 bilhões de pessoas em todo o mundo que não eram bilionários — teriam que elaborar uma estratégia significativa para corrigir o equilíbrio.

Questionar as últimas décadas da economia global é entender que a distribuição desigual dos ganhos não será retificada mediante atos voluntários de benevolência de algumas pessoas que controlam a maior parte da riqueza. Ela não se desdobrará por meio do capitalismo das partes interessadas ou quaisquer formulações que surjam dos laboratórios de ideias dos consultores de comunicação.

Isso só pode acontecer pelo exercício da democracia — suscitando estratégias centradas no aumento dos salários e das oportunidades de trabalho, criando novas formas de seguro social, revitalizando e aplicando a lei antitruste, modernizando o código tributário para focar a riqueza.

Nada disso será fácil. Mas, na ausência de uma redistribuição econômica substancial, o próprio conceito de democracia está em perigo. Essa é a verdade incontestável dos tempos recentes, desde a era Trump até o Brexit, passando pela onda de iliberalismo que varre o globo.

É uma história que não acaba de forma nenhuma, uma força ainda ganhando vigor. Quando as pessoas são privadas de elementos para vidas estáveis, elas se refugiam em privilégios tradicionais — identidades tribais e fantasias de futuros gloriosos possibilitados pela recuperação do que veem como delas. Tornam-se suscetíveis a explicações simplistas divulgadas por demagogos que se valem da própria democracia como arma. O resultado: caos, raiva e instabilidade. Ninguém ganha, exceto aqueles que já ganhavam.

Lançar uma era em que o Homem de Davos não escreve mais as regras não é um passo radical. É a restauração do que as economias avançadas sabiam nas primeiras décadas após a Segunda Guerra Mundial — um tempo longe de ser perfeito, mas um período de progresso coletivo.

A democracia tem sido distorcida pela classe bilionária, seu funcionamento direcionado para ilhas privadas, contas bancárias offshore e reuniões secretas em Davos, convocadas para planejar o próximo acordo interno.

Recuperar o poder do Homem de Davos não requer insurreição ou revolução de ideias. Exige o uso ponderado de uma ferramenta que sempre esteve presente: a democracia.

AGRADECIMENTOS

Este livro deve sua existência à minha extraordinária sorte de trabalhar para o *New York Times*. Poucas salas de redação são tão dedicadas a reportagens de campo profundas e imersivas, que encorajam os escritores a passar suas histórias para todos os cantos do planeta Terra. Ao me incitarem a pensar globalmente no aumento da desigualdade econômica e suas consequências sociais, meus editores forneceram o tempo e os recursos para fazer exatamente isso.

Uma editora excepcionalmente talentosa foi fundamental para este empreendimento: Adrienne Carter, uma magnífica redatora de histórias e uma pessoa maravilhosa, guiou grande parte das primeiras reportagens que finalmente levaram a este livro.

Agradecimento supremo a Dean Baquet e a Joe Kahn por atualizar o *Times* para a era digital enquanto avançavam sua missão vital, e por me trazer de volta ao grupo depois de vários anos no exílio autoimposto. Muito obrigado ao editor A. G. Sulzberger e à sua fé inabalável no jornalismo como um elemento central da democracia —algo que costumávamos considerar como garantido; isso acabou.

A seção de negócios há muito tem sido minha casa no *Times*. Grande apreço a Dean Murphy por me ter recebido de volta enquanto me enviava para Londres, onde tive a sorte de residir durante a reportagem e escrita deste livro. Enorme agradecimento à atual editora de negócios Ellen Pollock, cuja irreverência, habilidade e destreza para encontrar tesouros jornalísticos enterrados mantém a vida interessante. Rich Barbieri, meu editor durante os anos da pandemia, traz olhos afiados, sabedoria e graça a tudo. Obrigado à então editora de negócios Larry Ingrassia por me ter trazido a bordo há mais de dez anos, e por ter olhado por mim desde então.

Sou grato a meus colegas da equipe internacional de negócios baseada na Europa liderada pelo imperturbável Kevin Granville, entre eles Adam Satariano, Eshe Nelson, Geneva Abdul, Jack Ewing e Stanley Reed. Estou grato pela colaboração com correspondentes e editores de negócios talentosos e dedicados em todo o mundo: Carlos Tejada, Ashwin Seshagiri, David Enrich, Phyllis Messinger, Kevin McKenna, Patricia Cohen, Keith Bradsher, Alexandra Stevenson, Vikas Bajaj, Pui-Wing Tam, Renee Melides, Roe D'Angelo, Justin Swanson e David Schmidt.

A mesa internacional tem sido minha segunda casa durante meus anos em Londres, guiada por Michael Slackman e seu entusiasmo contagiante. Sou grato pela amizade e pelo conselho sábio de Jim Yardley, que dirige nossa operação em Londres com desenvoltura e que me incluiu em projetos que por fim provocaram este livro. Aprendi em primeira mão porque Kyle Crichton é considerado um editor lendário. Muito obrigado à equipe estelar de editores na mesa estrangeira em Londres e Nova York, entre eles Greg Winter, Kim Fararo, Suzanne Spector, Kirk Kraeutler, Laurie Goodstein, Marc Santora e Richard Pérez-Peña. E obrigado pelo pensamento ambicioso e pelo ceticismo saudável dos editores seniores na nave-mãe: Matt Purdy, Alison Mitchell, Philip Pan e Rebecca Blumenstein. Susan Chira saiu, mas minha gratidão permanece.

David Segal, um grande amigo e virtuoso contador de histórias, leu atentamente e melhorou um rascunho inicial. Sou muito grato pelas críticas incisivas de outros amigos e colegas que leram partes do livro em várias etapas: Jesse Eisinger, Mark Leibovich, David Sirota, Liz Alderman, Emma Bubola e Jesse Drucker.

Este livro reflete as contribuições indispensáveis de correspondentes e pesquisadores em diversos países: Andrew Perez, nos Estados Unidos; Eloïse Stark, na França; Christina Anderson e Erik Augustin Palm, na Suécia; Giulia Alagna, Riccardo Liberatore e Aaron Maines, na Itália; Claudia

AGRADECIMENTOS - **417**

Witte, na Suíça; Daniel Politi, na Argentina; Rachel Chaundler, na Espanha; e Mari-Leena Kuosa, na Finlândia.

Uma grande alegria de trabalhar no *Times* é aparecer no podcast *The Daily*, no qual alguns dos conceitos deste livro foram aprimorados pelos gênios residentes Lisa Tobin e Michael Barbaro.

Desavergonhadamente me apropriei de insights, procurei contatos e explorei os correspondentes locais do *Times* ao redor do mundo, entre eles Hannah Beech, Jason Horowitz, Steven Erlanger, Matt Apuzzo, Jeffrey Gettleman, Dan Bilefsky, Danny Hakim, Stephen Castle, Hari Kumar, Choe Sang-Hun, Joanna Berendt, Jason Gutierrez, Karan Deep Singh, Sui-Lee Wee, Katrin Bennhold, Patrick Kingsley, Alissa Rubin, Declan Walsh, Abdi Latif Dahir, Gaia Pianigiani, Andrew Higgins, Ellen Barry, Elizabeth Paton, Raphael Minder e Carlotta Gall.

Meu muito obrigado a Katie Thomas, Apoorva Mandavili, Rebecca Robbins, e Matina Stevis-Gridneff, por colaborações produtivas sobre o nacionalismo vacinal.

Minha turma de fondue em Davos — Rana Foroohar, Adi Ignatius, Anya Schiffrin e John Gapper — ajudou a manter minha conexão com a realidade durante uma década de Fóruns.

Escrever um livro sobre a economia global implica mergulhar constantemente em assuntos sobre os quais muitas pessoas sabem muito mais do que você. Sou grato pela sabedoria e pela paciência dos economistas, analistas políticos, advogados, historiadores, banqueiros, ativistas e outros especialistas cujo trabalho (e até mesmo jogo) interrompi sem vergonha para colocar questões que vão do simplista ao ingênuo.

Sobre globalização e comércio internacional, me beneficiei muito das conversas com Joseph Stiglitz na Universidade de Columbia, Adam Posen e Chad Bown no Peterson Institute for International Economics (PIIE), Ian Goldin na Universidade de Oxford, Pietra Rivoli na Universidade de Georgetown, Brad Setser no Council on Foreign Relations, Richard Kozul-Wright no Programa de Desenvolvimento das Nações Unidas, Meredith Crowley na Universidade de Cambridge, Swati Dhingra na London School of Economics, Ben May na Oxford Economics e Willy Shih na Harvard Business School. Sou grato ao sábio e generoso Keith Rockwell na Organização Mundial do

418 ✦ HOMEM DE DAVOS

Comércio, e a Gady Epstein por discussões provocativas sobre a China no mundo.

Sobre as operações da União Europeia e da zona do euro, estou em dívida com Jacob Funk Kirkegaard e Nicolas Veron no PIIE, Christian Odendahl no Centro de Reforma Europeia, Angel Talavera na Oxford Economics, Maria Demertzis na Bruegel, Kjersti Haugland na DNB Markets, Peter Dixon no Commerzbank e os assistentes de dados no Eurostat e na Organização para a Cooperação e Desenvolvimento Econômico.

Sobre a história da economia italiana, muito obrigado a Nicola Borri na Libera Università Internazionale degli Studi Sociali, Nadia Urbinati na Columbia University e Servaas Storm na Delft University of Technology.

Ao decodificar os absurdos inexplicáveis do Brexit, tenho uma dívida com William Wright na New Financial, Mujtaba Rahman no Eurasia Group e Sam Lowe no Centro de Reforma Europeia. Sobre as consequências duradouras da austeridade britânica, muito obrigado a Barry Kushner, por abrir a maravilhosa cidade de Liverpool, e a Matthew Brown, por me ajudar a andar por Preston. Meu obrigado a Jonathan Davies na Universidade De Montfort, Mary-Ann Stephenson no Women's Budget Group, e Paul Johnson no Institute for Fiscal Studies.

Sobre o aumento da desigualdade na França, agradeço minhas conversas com Agnès Bénassy-Quéré no Conselho de Análise Econômica em Paris, Amandine Crespy na Universidade Livre de Bruxelas, Philippe Askenazy no Centro Nacional Francês de Pesquisa Científica e Louis Maurin no French Inequality Watch.

Quanto à diminuição da rede de segurança social sueca, meu apreço por Marten Blix no Instituto de Pesquisa de Economia Industrial em Estocolmo, Carl Melin no Futurion, Annika Wallenskog na Associação Sueca de Autoridades Locais e Regiões e Andreas Johansson Heino na Timbro. Em todos os assuntos nórdicos (e em outros assuntos vitais, incluindo a localização de sorveterias de Helsinki a Santa Monica), sou grato pelo conselho e pelas conexões do embaixador Derek Shearer.

Sobre as consequências da privatização e da financeirização na área da saúde, muitos agradecimentos a Simon Bowers em Liverpool; Michele Usuelli e Chiara Lepora em Milão; e Joacim Rocklöv, Torbjörn Dalin e

AGRADECIMENTOS · **419**

Michael Broomé na Suécia. Estou especialmente em dívida com a bolsa de estudos de Eileen Appelbaum no Center for Economic and Policy Research em Washington e Zack Cooper na Universidade de Yale.

A respeito do apoio internacional aos países pobres durante a pandemia, muito obrigado a Adnan Mazarei na PIIE, Scott Morris no Centro para o Desenvolvimento Global, Lidy Nacpil no Movimento Popular Asiático sobre Dívida e Desenvolvimento, Jayati Ghosh na Universidade Jawaharlal Nehru e Tim Jones na Campanha Jubileu da Dívida.

Ao investigar a indústria farmacêutica e a distribuição de vacinas, sou grato pelas conversas com Selva Demiralp na Universidade Koc em Istambul, Clare Wenham e Ken Shadlen na London School of Economics and Political Science, Simon Evenett na Universidade de St. Gallen na Suíça e Mark EcclestonTurner na Universidade de Keele.

Agradeço a Chuck Reid na Holanda, Michigan, por me manter em contato com as realidades da manufatura. Ted Howard me ensinou os caminhos das cooperativas e da construção de riqueza comunitária. Muito obrigado a Mustafa Qadri, por abrir o mundo dos trabalhadores imigrantes.

Em relação à renda básica universal, estou em dívida com Guy Standing na Escola de Estudos Orientais e Africanos, Olli Rehn em Helsinque, Olli Kangas no Instituto de Seguro Social da Finlândia, Heikki Hiilamo na Universidade de Helsinque, Mikko Annala na Demos Helsinque, Natalie Foster no Projeto de Segurança Econômica e com o ex-prefeito de Stockton, Califórnia, Michael Tubbs.

Em questões sobre tributação, sou grato pela ajuda de Gabriel Zucman na Universidade da Califórnia, Berkeley. Agradeço a Matt Stoller por seu livro esclarecedor sobre a história do poder monopolista norte-americano. E obrigado a Brad Stone por seu trabalho seminal sobre a Amazon, e a Aaron Glantz por seu importante livro sobre a crise da execução hipotecária. Obrigado a Rob Johnson no INET por seu podcast altamente proveitoso.

Todo escritor merece um agente como Gail Ross, cuja inteligência sagaz, incentivo e agilidade foram vitais para este projeto desde o início. Agradeço a Shannon O'Neil por aumentar a proposta.

Na Custom House, o magnífico Peter Hubbard imediatamente agarrou o ponto central e depois guiou habilmente o manuscrito em direção ao que ele deveria ser. Muito obrigado a Molly Gendell por ter transformado calma e pacientemente o manuscrito em um livro.

Meu pai, Arnold Goodman, nos deixou quando eu estava começando a conceituar este livro. Minhas andanças foram primeiro inspiradas pelo seu amor por mapas, seus cartões postais imaculadamente escritos e as histórias de suas viagens com minha mãe, Elise Simon Goodman — ainda intrépida depois de todos esses anos.

Este livro foi concebido e escrito durante os piores dias da pandemia. Nossos filhos maiores, Leo e Mila, ficaram presos em casa durante meses enquanto lutavam com o ensino à distância, mas sua curiosidade irreprimível, seu foco na justiça social e suas demandas por diversão sustentaram a todos em um tempo sombrio. Nosso menino, Luca, nasceu no meio da loucura e imediatamente fez jus ao nome: portador da luz. Minha filha mais velha, Leah, que completou seus estudos universitários em Londres durante a pandemia, me lembrou por que as histórias são importantes. Emma Small e Nicol Koderova estavam lá por nós no meio de tudo, membros honorários vitalícios da família.

Minha parceira, Deanna Fei, sacrificou-se demais por este livro, lutando com minhas ausências, deixando de lado sua própria escrita, e atendendo heroicamente a uma casa inundada de todas as formas concebíveis de necessidade, ao mesmo tempo em que ainda administrava uma edição rigorosa e crucial. Não há palavras para reconhecer suas contribuições. Só posso dizer obrigado e lhe devo — por isso, por nossa família, e pelo brilho que você irradia em tudo.

É possível mencionar um parque da cidade nos agradecimentos? O Hampstead Heath foi meu refúgio durante o isolamento, um portal para um lugar melhor.

NOTAS

PRÓLOGO: **"ELES DITAM AS REGRAS PARA O RESTO DO MUNDO"**

1 Sissi Cao, "Billionaires Made Record Profit, Donated Record Lows in 2020", *Observer*, 5 de janeiro de 2021, https://observer.com/2021/01/billionaires-philanthropy-record-low-2020-bezos-elon-musk.

2 Tom Metcalf, "Dalio, Dimon and 117 Other Billionaires to Descend on Davos", Bloomberg, 17 de janeiro de 2020.

3 Matt Bruenig, "Top 1% Up $21 Trilion. Bottom 50% Down $900 Billion", People's Policy Project, 14 de junho de 2019, https://www.peoplespolicyproject.org/2019/06/14/top-1-up-21-trillion-bottom-50-down-900-billion.

4 Lawrence Mishel e Julia Wolfe, "CEO Compensation Has Grown 940 Percent Since 1978", Economic Policy Institute, 14 de agosto de 2019, https://www.epi.org/publication/ceo-compensation-2018.

5 Justinas Baltrusaitis, "World's Top Ten Billionaires Worth More Than Poorest 85 Countries Combined", LearnBonds, 15 de maio de 2020, https://learnbonds.com/news/top-10-richest-people-worth-more-than-85-poorest-countries-gdp.

6 Carter C. Price e Kathryn A. Edwards, "Trends in Income from 1975 to 2018", Rand Corporation, https://www.rand.org/pubs/working_papers/WRA516-1.html.

CAPÍTULO 1: **"NO ALTO DAS MONTANHAS"**

1 Lawrence Mishel e Julia Wolfe, "CEO Compensation Has Grown 940% Since 1978", Economic Policy Institute, 14 de agosto de 2019, https://www.epi.org/publication/ceo-compensation-2018.

2 Emmanuel Saez e Gabriel Zucman, *The Triumph of Injustice: How the Rich Dodge Taxes and How to Make Them Pay* (Nova York: W.W. Norton & Co., 2019), Capítulo Um.

3 William Wright e Christian Benson, "The Crisis of Capitalism — A Summary", New Financial, novembro de 2019, https://newfinancial.org/report-the-crisis-of-capitalism.

4 Ian Goldin e Mike Mariathasan, *The Butterfly Defect: How Globalization Creates Systemic Risks, and What to Do About It* (Princeton, NJ: Princeton University Press, 2014).

5 Mukesh Ambani, *Forbes* profile, https:// www.forbes.com/profile/mukesh-ambani/#26a95919214c.

6 Amanda DiSilvestro, "The 6 Greatest Benefits of CRM Platforms", site Salesforce.com, https://www.salesforce.com/crm/benefits-of-crm.

7 Marc Benioff e Karen Southwick, *Compassionate Capitalism: How Corporations Can Make Doing Good an Integral Part of Doing Well* (Franklin Lakes, NJ: Career Press, 2004).

8 Mark Leibovich, "The Outsider, His Business and His Billions", *Washington Post*, 30 de outubro de 2000, p. A1.

9 Marc Benioff e Monica Langley, *Trailblazer: The Power of Business as the Greatest Platform for Change* (Nova York: Random House, 2019), A New Direction.

10 Interview on *Charlie Rose*, 29 de novembro de 2011.

11 Benioff, *Trailblazer*, op. cit., Capítulo Três.

12 Ibid., Capítulo Quatro.

13 Ibid.

14 Ibid., Capítulo Um.

15 Ibid., 38.

16 Ibid., Prólogo.

17 Leibovich, op. cit.

18 Benioff, *Trailblazer*, op. cit., Prólogo.

19 Ibid.

20 Ibid.

21 Jena McGregor, "This Tech CEO Is Taking a Real Stand Against Indiana's 'Religious Freedom' Law; Salesforce.com's Marc Benioff Has Launched an All-Out Campaign Against the New Law", *Washington Post*, 27 de março de 2015.

22 Jillian D'Onfro, "The Controversial San Francisco Homeless Tax That Pitted Tech Billionaires Marc Benioff and Jack Dorsey Against Each Other Passes", CNBC, 7 de novembro de 2018, https://www.cnbc.com/2018/11/07/san-francisco-proposition-c--homeless-tax-passes.html.

23 Maya Kosoff, "Billionaires Jack Dorsey and Marc Benioff Spar over How to Solve Homelessness", *Vanity Fair Hive*, 12 de outubro de 2018, https://www.vanityfair.com/

news/2018/10/billionaires-jack-dorsey-and-marc-benioff-spar-over-how-to-solve-
-homelessness.

24   Matthew Gardner, Lorena Roque e Steve Wamhoff, "Corporate Tax Avoidance in the First Year of the Trump Tax Law", Institute on Taxation and Economic Policy, 16 de dezembro de 2019, https://itep.org/corporate-tax-avoidance-in-the-first-year-of--the-trump-tax-law.

25   Chris Colin, "The Gospel of Wealth According to Marc Benioff", *Wired*, 11 de dezembro de 2019, https://www.wired.com/story/gospel-of-wealth-according-to-marc-benioff.

26   Matthew C. Klein e Michael Pettis, *Trade Wars Are Class Wars: How Rising Inequality Distorts the Global Economy and Threatens International Peace* (New Haven, CT: Yale University Press, 2020), Capítulo Um.

27   Ibid.

28   Kimberly A. Clausing, "Profit Shifting Before and After the Tax Cuts and Jobs Act", *National Tax Journal* 1233–1266 (2020), UCLA School of Law, Law-Econ Research Paper No. 20-10, 3 de junho de 2020, 73(4), disponível em SSRN https://ssrn.com/abstract=3274827 ou http://dx.doi.org/10.2139/ssrn.3274827.

29   Salesforce, 2019 proxy statement, p. 39, https://s23.q4cdn.com/574569502/files/doc_financials/2019/664082_Salesforce_Proxy_bookmarked.pdf.

30   Benioff, *Trailblazer*, op. cit., Capítulo Dez.

31   Nick Paumgarten, "Magic Mountain", *The New Yorker*, 5 de março de 2012.

32   Schwab e Vanham, op. cit., 11.

33   Paumgarten, op. cit.

34   Ibid.

35   Ibid.

36   Julia Flynn e Steve Stecklow, "Transparency Eludes Founder of Davos Forum", *Wall Street Journal*, 27 de janeiro de 2000.

37   Peter S. Goodman, "In Era of Trump, China's President Champions Economic Globalization", *New York Times*, 18 de janeiro de 2017, p. A1.

38   Andrew Carnegie, "The Gospel of Wealth", *North American Review*, junho de 1889.

CAPÍTULO 2: "O MUNDO EM QUE NOSSOS PAIS QUERIAM QUE VIVÊSSEMOS NA SEGUNDA GUERRA MUNDIAL"

1   Brad Stone, *The Everything Store: Jeff Bezos and the Age of Amazon* (Nova York: Little, Brown and Co., 2013), Prólogo.

2   Stone, op. cit., Capítulo Um.

3   Discurso do honorável Henry Morgenthau Jr. na sessão plenária de encerramento da conferência de Bretton Woods, 22 de julho de 1944, acessado por Fraser no

Federal Reserve Bank de St. Louis, https://fraser.stlouisfed.org/files/docs/historical/eccles/036_17_0004.pdf.

4   Tony Judt, *Postwar: A History of Europe Since 1945* (Nova York: Penguin Books, 2005), Capítulo Cinco.

5   Chrystia Freeland, *Plutocrats: The Rise of the New Global Super-Rich and the Fall of Everyone Else* (Nova York: Penguin Books, 2012), Capítulo Um.

6   Klein e Pettis, op. cit., Capítulo Um.

7   Meredith Crowley, "An Introduction to the WTO and GATT", Federal Reserve Bank of Chicago, *Economic Perspectives,* 27, 4th, no. 4 (Novembro de 2003): 43.

8   Klein e Pettis, op. cit., Capítulo Um.

9   Milton Friedman, "The Social Responsibility of Business Is to Increase Its Profits", *The New York Times Magazine,* 13 setembro de 1970.

10   Para um resumo útil dessa história, veja: Sam Long, "The Financialization of the American Elite", *American Affairs* 3, no. 3 (Outono de 2019), https://americanaffairs-journal.org/2019/08/the-financialization-of-the-american-elite/.

11   Uma análise abrangente das negociações que produziram o acordo de adesão da China pode ser encontrada no livro de Paul Blustein, *Schism: China, America and the Fracturing of the Global Trading System* (Waterloo, Ontario, Canada: Centre for International Governance Innovation, 2019).

12   Jesse Eisinger, Jeff Ernsthausen, e Paul Kiel, "The Secret IRS Files: Trove of Never--Before-Seen Records Reveal How the Wealthiest Avoid Income Tax", ProPublica, 8 de junho de 2021, https://www.propublica.org/article/the-secret-irs-files-trove-of-never-before-seen-records-reveal-how-the-wealthiest-avoid-income-tax.

13   Zhiyao Lu, "State of Play in the Chinese Steel Industry", China Economic Watch, Peterson Institute for International Economics, 5 de julho de 2016.

14   David H. Autor, David Dorn e Gordon H. Hanson, "The China Shock: Learning from Labor Market Adjustment to Large Changes in Trade", National Bureau of Economic Research Working Paper No. 21906, janeiro de 2016, https://www.nber.org/papers/w21906.

15   Thomas Piketty, Li Yang e Gabriel Zucman, "Capital Accumulation, Private Property, and Rising Inequality in China, 1978–2015", *American Economic Review,* 109, no. 7 (julho de 2019), https://www.aeaweb.org/articles?id=10.1257/aer.20170973.

16   Adam S. Posen, "The Price of Nostalgia", *Foreign Affairs,* maio–junho de 2021.

17   Ibid.

18   United States Steel Corp., Form 10-K Filed with Securities and Exchange Commission for Fiscal Year Ended December 31, 2016, https://www.ussteel.com/sites/default/files/annual_reports/USS%20Form%2010-K%20-%202016.pdf.

19   Securities and Exchange Commission Schedule 14A, Proxy Statement for United States Steel Corp., 14 de março de 2017.

20 Jeff Faux, "PNTR with China: Economic and Political Costs Greatly Outweigh Benefits", Economic Policy Institute, Briefing Paper No. 94, 1º de abril de 2000, https://www.epi.org/publication/briefingpapers_pntr_china.

21 Observações de Bill Clinton à Universidade Johns Hopkins, Escola de Estudos Internacionais Avançados Paul H. Nitze, 8 de março de 2000, como citado em *The China Fantasy: How Our Leaders Explain Away Chinese Repression*, de James Mann (Nova York: Viking, 2007), 174.

22 Peter S. Goodman, "Yahoo Says It Gave China Internet Data; Journalist Jailed Tracing E-mail", *Washington Post*, 11 de setembro de 2005, p. A30.

23 Ned Levin, Emily Glazer e Christopher M. Matthews, "In J.P. Morgan Emails, a Tale of China and Connections: Firm's Hiring of Son of Chinese Government Official Has Drawn Scrutiny from U.S. Authorities Investigating Hiring Practices of Several Big Banks", *Wall Street Journal*, 6 de fevereiro de 2015.

24 Stephen A. Schwarzman, *What It Takes* (Nova York: Simon & Schuster, 2019), Capítulo Vinte.

25 Bethany Allen-Ebrahimian, "The Moral Hazard of Dealing with China", *The Atlantic*, 11 de janeiro de 2020.

26 Ibid.

27 OECD.Stat, Net Replacement Rates in Unemployment, https://stats.oecd.org/Index.aspx?DataSetCode=NRR.

28 Franklin Foer, "Jeff Bezos's Master Plan", *The Atlantic*, novembro de 2019, https://www.theatlantic.com/magazine/archive/2019/11/what-jeff-bezos-wants/598363.

29 Luisa Yanez, "Jeff Bezos: A Rocket Launched from Miami's Palmetto High School", *Miami Herald*, 6 de agosto de 2013.

30 Mark Leibovich, "Child Prodigy, Online Pioneer; Amazon.com Founder Bezos Hires Great Minds. But Will It Matter?" *Washington Post*, 3 de setembro de 2000, p. A1.

31 Stone, op. cit., Capítulo Um.

32 Ibid.

33 Leibovich, op. cit.

34 Stone, op. cit., Capítulo Três.

35 Ibid.

36 Stone, op. cit., Capítulo Dois.

37 Stone, op. cit., Prólogo.

38 Stone, op. cit., Capítulo Três.

39 Stone, op. cit., Capítulo Seis.

40 Ibid.

41 Stone, op. cit., Capítulo Onze.

42 Foer, op. cit.

43 Ibid.

44 Peter de Jonge, "Riding the Perilous Waters of Amazon.com", *The New York Times Magazine*, 14 de março de 1999.

45 Jon Emont, "Amazon's Heavy Recruitment of Chinese Sellers Puts Consumers at Risk", *Wall Street Journal*, 11 de novembro de 2019.

46 Stone, op. cit., Prólogo.

47 Brad Plumer, "Here's What Amazon Lobbies for in D.C.", *Washington Post*, 7 de agosto de 2013.

48 Alec MacGillis, *Fulfillment: Winning and Losing in One-Click America* (Nova York: Farrar, Strauss and Giroux, 2021), 86–87.

49 Renee Dudley, "Amazon's New Competitive Advantage: Putting Its Own Products First", ProPublica, 6 de junho de 2020.

50 Conor Sen, "Still Worried About Inflation? Keep an Eye on Amazon", Bloomberg, 30 de abril de 2021.

51 Nicholas Carnes and Noam Lupu, "The White Working Class and the 2016 Election", Cambridge University Press, 21 de maio de 2020.

52 Andrea Cerrato, Francesco Ruggieri e Federico Maria Ferrara, "Trump Won in Counties That Lost Jobs to China and Mexico", *Washington Post*, 2 de dezembro de 2016.

CAPÍTULO 3: **"DE REPENTE, AS ENCOMENDAS PARARAM"**

1 Arbër Sulejmani, "Gianni Agnelli — Juventus' Uncrowned King of Italy", Juvefc.com, 24 de janeiro de 2017.

2 "The Best Dressed Men in the History of the World", *Esquire*, 20 de agosto de 2007.

3 Ettore Boffano e Paolo Griseri, "Il tesoro nascosto dell'Avvocato", *La Repubblica*, 11 de junho de 2009.

4 Paolo Biondani, Gloria Riva e Leo Sisti, "Barilla, Corallo e Margherita Agnelli: I tesori dei vip d'Italia sono all'estero", *L'Espresso*, 29 de junho de 2018.

5 Servaas Storm, "How to Ruin a Country in Three Decades", Institute for New Economic Thinking, 10 de abril de 2019, https://www.ineteconomics.org/perspectives/blog/how-to-ruin-a-country-in-three-decades.

6 Paolo Biondani, "Quello scudo fiscale in regalo agli evasori", *L'Espresso*, 12 de fevereiro de 2015, https://espresso.repubblica.it/attualita/2015/02/12/news/quello-scudo--fiscale-in-regalo-agli-evasori-1.199228.

7 "Italians Are Europe's Worst Tax Cheats (Again...)", *Local*, 7 de setembro de 2016, https://www.thelocal.it/20160907/italians-europe-vat-tax-evasion-dodge-again.

8 Marco Capobianchi, *American Dream: Cosi Marchionne ha salvato la Chrysler e ucciso la Fiat* (Roma: Chiarelettere, 2014).

9 Ibid.

10 "Fiat Says Ciao to Italy as Chrysler Merger Is Approved", *Automotive News,* 1º de agosto de 2014, https://www.autonews.com/article/20140801/COPY01/308019978/fiat--says-ciao-to-italy-headquarters-aschrysler-merger-is-approved.

11 Gianni Dragoni, "Industriali battono banchieri: ecco i 50 manager più pagati in Italia nel 2017", *Il Sole 24 Ore,* 25 de novembro de 2018, https://www.ilsole24ore.com/art/industriali-battono-banchieri-ecco-50-manager-piu-pagati-italia-2017-AEy YvKmG.

12 Richard Wike, Laura Silver e Alexandra Castillo, "Many Across the Globe Are Dissatisfied with How Democracy Is Working", Pew Research Center, 29 de abril de 2019, https://www.pewresearch.org/global/2019/04/29/many-across-the-globe-are-dissatisfied-with-how-democracy-is-working.

13 Dados do escritório da Confindustra de Prato, a maior associação comercial industrial da Itália.

14 Sarah Forbes Orwig, verbete sobre Amancio Ortega, Encyclopaedia Britannica, https://www.britannica.com/biography/Amancio-Ortega.

15 Suzy Hansen, "How Zara Grew into the World's Largest Fashion Retailer", *The New York Times Magazine,* 9 de novembro de 2012.

16 "Forbes World's Billionaire List: The Richest in 2020", https://www.forbes.com/billionaires.

17 Ibid., "#84 Stefan Persson", https://www.forbes.com/profile/stefan-persson/#-2242fb925dbe.

18 Guy Standing, *The Precariat: The New Dangerous Class* (Londres: Bloomsbury, 2011), Capítulo Um.

19 Shaun Walker, "Matteo Salvini; Vote for Nationalists to Stop European Caliphate", *Guardian,* 2 de maio de 2019, https://www.theguardian.com/world/2019/may/02/matteo-salvini-vote-for-nationalist-parties-stop-islamic-caliphate.

90 Eric Sylvers, "Italy Far-Right Leader Gets Boost" *Wall Street Journal,* 30 de maio de 2018.

CAPÍTULO 4: **"NOSSA CHANCE DE FODÊ-LOS DE VOLTA"**

1 Jenny Johnston, "George Osborne: Why I'm Ready to Be Mr Nasty", *MailOnline,* 3 de outubro de 2009.

2 Peter S. Goodman, "'Brexit' Imperils London's Claim as Banker to the Planet", *New York Times,* 12 de maio de 2017, p. A1.

3 Andy Beckett, "The Real George Osborne", *Guardian,* 28 de novembro de 2011.

4 Patricia Crisafulli, *The House of Dimon: How JPMorgan's Jamie Dimon Rose to the Top of the Financial World* (Nova York: John Wiley & Sons, Inc., 2009), Capítulo Três.

5   Duff McDonald, *Last Man Standing: The Ascent of Jamie Dimon and JPMorgan Chase* (Nova York: Simon & Schuster, 2010), Capítulo Um.

6   Crisafulli, op. cit., Capítulo Três.

7   McDonald, op. cit., Capítulo Um.

8   Keith Flamer, "The Secret History of Park Avenue's 'Gothic' Grande Dame (And Its $16 Million Penthouse Project)", *Forbes*, 22 de outubro de 2015, https://www.forbes.com/sites/keithflamer/2015/10/22/the-secret-history-of-park-avenues-gothic-grande-dame-and-its-16-million-penthouse-project/?sh=4863977fc93d.

9   Aaron Glantz, *Homewreckers: How a Gang of Wall Street Kingpins, Hedge Fund Magnates, Crooked Banks, and Vulture Capitalists Suckered Millions Out of Their Homes and Demolished the American Dream* (Nova York: William Morrow, 2019), Capítulo Dezoito.

10   Crisafulli, op. cit., Capítulo Três.

11   McDonald, op. cit., Capítulo Dois.

12   Crisafulli, op. cit., Capítulo Três.

13   Ibid.

14   Duff McDonald, "The Heist", *Nova York*, 21 de março de 2008.

15   McDonald, *Last Man Standing*, op. cit., Capítulo Quatro.

16   Roger Lowenstein, *The End of Wall Street* (Nova York: Penguin Books, 2010), Capítulo Sete.

17   Erik Larson e Christopher Cannon, "Madoff's Victims Are Close to Getting Their $19 Billion Back", Bloomberg, 8 de dezembro de 2018.

18   Jesse Eisinger, *The Chickenshit Club: Why the Justice Department Fails to Prosecute Executives* (Nova York: Simon & Schuster, 2017), 234.

19   Ibid., 234–36.

20   Adam Tooze, *Crashed: How a Decade of Financial Crises Changed the World* (Nova York: Penguin Books, 2018), Capítulo Sete.

21   Hugh Son, "Dimon Says JP Morgan's Actions During '08 Crisis Were Done to 'Support Our Country'", CNBC, 14 de setembro de 2018.

22   Robert B. Reich, *The System: Who Rigged It, How We Fix It* (Nova York: Knopf, 2020), Capítulo Três.

23   Brian Ross e Tom Shine, "After Bailout, AIG Execs Head to California Resort", ABC News, 7 de outubro de 2008.

24   Eamon Javers, "Inside Obama's Bank CEOs Meeting", *Politico*, 13 de abril de 2009, https://www.politico.com/story/2009/04/inside-obamas-bank-ceos-meeting-020871.

25   Eisinger, *Chickenshit Club*, op. cit.

26   Edward Yardeni, Joe Abbott e Mali Quintana, "Corporate Finance Briefing: S&P 500 Buybacks & Dividends", Yardeni Research, Inc., 21 de agosto de 2020; como mencionado em William Lazonick e Matt Hopkins, "How 'Maximizing Shareholder Value'

Minimized the Strategic National Stockpile: The $5.3 Trillion Question for Pandemic Preparedness Raised by the Ventilator Fiasco", Institute for New Economic Thinking, julho de 2020, https://www.ineteconomics.org/research/research-papers/how-maximizing-shareholder-value-minimized-the-strategic-national-stock pile-the-5-3-trillion-question-for-pandemic-preparedness-raised-by-the-ventilator-fiasco.

27 Chuck Collins, Omar Ocampo e Sophia Paslaski, "Billionaire Bonanza 2020: Wealth Windfalls, Tumbling Taxes, and Pandemic Profiteers", Institute for Policy Studies, 23 de abril de 2020, https://ips-dc.org/wp-content/uploads/2020/04/Billionaire-Bonanza-2020.pdf.

28 "JP Morgan Doubles CEO Jamie Dimon's Salary Despite Billions in Fines", Associated Press, publicado no *Guardian*, 24 de janeiro de 2014, https://www.theguardian.com/business/2014/jan/24/jp-morgan-jamie-dimons-salary-billions-fines.

29 "JPMorgan CEO Dimon Says Government Cases Were 'Unfair'", Reuters, 23 de janeiro de 2014, https://www.reuters.com/article/us-jpmorgan-dimon/jpmorgan-ceo-dimon-says-government-cases-were-u nfair-idUSBREA0M0PL20140123.

30 Tom Braithwaite, "Dimon in Attack on Canada's Bank Chief", *Financial Times*, 26 de setembro de 2011.

31 Renae Merle, "The 'London Whale' Trader Lost $6.2 Billion, but He May Walk Off Scot-Free", *Washington Post*, 13 de abril de 2017, https://www.washingtonpost.com/business/economy/the-london-whale-trader-lost-62-billion-but-he-may-walk-of-f-scot-free/2017/04/12/14b3836a-1fb0-11e7-be2a-3a1fb24d4671_story.html.

32 "Nissan Statement: UK Should Remain in EU", *press release* no site da Nissan, 24 de fevereiro de 2016, http://nissaninsider.co.uk/nissan-it-makes-sense-for-uk-to-remain-in-eu.

33 European Commission, Directive on Alternative Investment Fund Managers: Frequently Asked Questions, Memo 10/572, 11 de novembro de 2010, https://ec.europa.eu/commission/presscorner/detail/fr/MEMO_10_572.

34 William Schomberg e Guy Faulconbridge, "Hedge Fund Managers Crispin Odey and Paul Marshall Say Brexit Would Help London", Reuters, 29 de abril de 2016.

35 "Rich List 2020", *Sunday Times* (Londres), https://www.thetimes.co.uk/sunday-times--rich-list#TableFullRichList.

36 Harriet Dennys, "City Diary: Crispin Odey's Chickens Come Home to (a Luxury) Roost", *Telegraph*, 25 de setembro de 2012, https://www.telegraph.co.uk/finance/comment/citydiary/9563587/City-Diary-Crispin-Odeys-chickens-come-home-to-a--luxury-roost.html.

37 Caroline Mortimer, "Brexit Campaign Was Largely Funded by Five of UK's Richest Businessmen", *Independent*, 24 de abril de 2017, https://www.independent.co.uk/news/uk/politics/brexit-leave-eu-campaign-arron-banks-jeremy-hosking-five-uk-richest--businessmen-peter-hargreaves-a7699046.html.

38 "Rich List 2020", *Sunday Times* (Londres); ibid.

CAPÍTULO 5: **"TINHA QUE EXPLODIR"**

1   Michel Rose e Sybille de La Hamaide, "Macron Urges the French to Value Success, Rejects 'President of the Rich' Tag", Reuters, 15 de outubro de 2017, https://uk.reuters.com/article/uk-france-politics/macron-urges-the-french-to-value-success-rejects-president-of-rich-tag-idUKKBN1CK0TG.

2   Sophie Fay, "Larry Fink: 'I See a Strong Europe in the Years to Come'", *L'Obs*, 28 de junho de 2017, https://www.nouvelobs.com/economie/20170628.OBS1352/larry-fink-je-vois-une-europe-forte-dans-les-an nees-qui-viennent.html.

3   William Horobin, "In Shift, France to Speed Tax Cuts", *Wall Street Journal* (Europe Edition), 13 de julho de 2017, p. A4.

4   Sylvain Tronchet, Julie Guesdon, e Cellule investigação da Radio France, "Half of Emmanuel Macron's Campaign Funded by Major Donors", Radio France, 3 de maio de 2019, https://www.franceculture.fr/politique/comment-800-grands-donateurs-ont-finance-la-moitie-de-la-campagne-demmanuel-macron.

5   Lista de bilionários da *Forbes*, acessada em 5 de agosto de 2020, https://www.forbes.com/profile/bernard-arnault/#505b73e066fa.

6   Laura Craik, "The Fabulous World of Bernard Arnault", *Times* (Londres), 27 de janeiro de 2013.

7   Bernard Arnault, "Pourquoi je vote Emmanuel Macron", *Les Echos*, 5 de maio de 2017, https://www.lesechos.fr/2017/05/pourquoi-je-vote-emmanuel-macron-1115472.

8   Monique Pinçon Charlot e Michel Pinçon, *Le Président des ultra-riches* (Paris: Zones, 2019), Capítulo Dois.

9   Entrevista com Mediapart e BFM-TV, 15 de abril de 2018, https://www.youtube.com/watch?v=mt0as7x-kfs.

10 Antton Rouget, Mathilde Matthieu, Mathieu Magnaudeix e Martine Orange, "Macron Leaks: The Secrets of an Extraordinary Fundraising Operation", *Mediapart*, 21 de maio de 2017, https://www.mediapart.fr/journal/france/210517/macron-leaks-les-secrets-dune-levee-de-fonds-hors-norme?onglet=full.

11 Peter S. Goodman, "Europe Is Back. And Rejecting Trumpism", *New York Times*, 24 de janeiro de 2018, p. B3.

12 Ibid.

13 OECD.Stat, dados de densidade sindical, https://stats.oecd.org/Index.aspx?DataSetCode=TUD.

14 Análise de dados governamentais por Philippe Askenazy, economista especializado na área trabalhista da French National Center for Scientific Research in Paris.

15 OECD.Stat, taxa de desemprego entre jovens, https://data.oecd.org/unemp/youth-unemployment-rate.htm.

16 James McAuley, "Macron Could Succeed Where Other French Presidents Failed on Labor Reform", *Washington Post*, 2 de setembro de 2017, p. A8.

17   Peter S. Goodman, "Nordic-Style Designs Sit at Heart of French Labor Plan", *New York Times*, 26 de outubro de 2017, p. B1, https://www.nytimes.com/2017/10/26/business/france-labor-reform-economy-macron.html.

18   Anne-Sylvaine Chassany, "Macron Slashes France's Wealth Tax in Pro-business Budget", *Financial Times*, 24 de outubro de 2017.

19   The World Bank, World Development Indicators: Distribution of Income or Consumption, http://wdi.worldbank.org/table/1.3.

20   Orsetta Causa e Mikkel Hermansen, "Income Redistribution Through Taxes and Transfers Across OECD Countries", OECD Economics Department Working Papers No. 1453, 22 de julho de 2019, p. 11.

21   Bertrand Garbinti, Jonathan Goupille-Lebret e Thomas Piketty, "Income Inequality in France, 1900–2014: Evidence from Distributional National Accounts (DINA)", Wealth & Income Database, Working Paper Series No. 2017/4, abril de 2017, revisado em janeiro de 2018, https://wid.world/document/b-garbinti-j-goupille-and-t-piketty-inequality-dynamics-in-france-1900-2014-evidence-from-distributional-national-accounts-2016.

22   Facundo Alvaredo, Lucas Chancel, Thomas Piketty, Emmanuel Saez e Gabriel Zucman, World Inequality Report, 2018, p. 95.

23   Eleanor Beardsley, "In France, The Protests of May 1968 Reverbate Today — and Still Divide the French", National Public Radio, 29 de maio de 2018, https://www.npr.org/sections/parallels/2018/05/29/613671633/in-france-the-protests-of-may-1968-reverberate-today-and-still-divide-the-french.

24   O. Causa e M. Hermansen, "Income Redistribution through Taxes and Transfers Across OECD Countries", *OECD Economics Department Working Papers*, No. 1453, OECD Publishing, Paris, 2017, https://doi.org/10.1787/bc7569c6-en.

25   Simon Jessop e Inti Landauro, "France Lures Private Equity with Post-Brexit Tax Break", Reuters, 2 de novembro de 2018.

26   Jacques Monin, Radio France Investigation Unit, 21 de fevereiro de 2019, https://www.francetvinfo.fr/economie/transports/gilets-jaunes/l-histoire-secrete-de-la-reforme-de-l-isf-elle-a-ete-precipitee-sous-la-pression-deconomistes-et-de-grands-patrons_3199431.html.

27   Ibid.

28   Henry Samuel, "Paris Overtakes London in the Super-Rich League as the 'Macron Effect' Lures the Wealthy to City of Light", *Telegraph*, 6 de setembro de 2018.

29   Relatório de MM. Vincent Eble e Alberic de Montgolfier, em nome da Comissão de Finanças do Senado, 9 de outubro de 2019, https://www.senat.fr/notice-rapport/2019/r19-042-1-notice.html.

30   Askenazy, op. cit.

31   Mathilde Mathieu, "Macron Caught by His ISF", *Mediapart*, 31 de maio de 2016, https://www.mediapart.fr/journal/france/310516/macron-rattrape-par-son-isf?onglet=full.

432 ⟋ HOMEM DE DAVOS

32 James McAuley, "French President Macron Has Spent $30,000 on Makeup Services in Just 3 Months", *Washington Post*, 25 de agosto de 2017, https://www.washingtonpost.com/news/world views/wp/2017/08/25/french-president-macron-has-spent-30000-on-makeup-services-in-just-3-months.

33 Adam Sage, "Emmanuel Macron Living Like a King, Critics Taunt After 'Lavish' Birthday Party", *Times* (Londres), 18 de dezembro de 2017.

34 Adam Nossiter, "Let Them Eat on Fancy Plates: Emmanuel Macron's New China", *New York Times*, 15 de junho de 2018, p. A5.

35 Kim Willisher, "From Plates to Piscine: Now Macrons Want a Presidential Pool", *Guardian*, 21 de junho de 2018, https://www.theguardian.com/world/2018/jun/21/from-plates-to-piscine-now-macrons-want-a-presidential-pool.

36 Vincent Michelon, "Video: Emmanuel Macron: 'On met un pognon de dingue dans les minima sociaux'", LCI, 13 de junho de 2018, https://www.lci.fr/politique/emmanuel-macron-on-met-un-pognon-de-dingue-dans-les-minima-sociaux-video-2090364.html.

37 Alissa J. Rubin, "That's 'Mr. President' to You: Macron Scolds French Student", *New York Times*, 20 de junho de 2018, p. A5, https://www.nytimes.com/2018/06/19/world/europe/france-president-macron.html.

38 Alissa J. Rubin, "Macron Inspects Damage After 'Yellow Vest' Protests as France Weighs State of Emergency", *New York Times*, 2 de dezembro de 2018, p. A10, https://www.nytimes.com/2018/12/01/world/europe/france-yellow-vests-protests-macron.html?action=click& module=inline&pgtype=Article&region=Footer.

39 Adam Nossiter, "France Suspends Fuel Tax Increase That Spurred Violent Protests", *New York Times*, 5 de dezembro de 2018, p. A6.

40 Adam Nossiter, "Macron, Chastened by Yellow Vest Protests, Says 'I Can Do Better'", *New York Times*, 26 de abril de 2019, p. A11.

41 Geert De Clercq, "France's Le Pen Launches EU Campaign with Appeal to 'Yellow Vests'", Reuters, 13 de janeiro de 2019, https://uk.reuters.com/article/uk-france-politics-farright/frances-le-pen-launches-eu-campaign-with-appeal-to-yellow-vests-i-dUKKCN1P70RK.

42 "France Economy: Risking the Rage of the Aged", *Economist Intelligence Unit*, 14 de setembro de 2019.

43 Suzanna Andrews, "Larry Fink's $12 Trillion Shadow", *Vanity Fair*, 2 de março de 2010.

44 Katrina Brooker, "Can This Man Save Wall Street?" *Fortune*, 29 de outubro de 2008.

45 Henry M. Paulson, Jr., *On the Brink: Inside the Race to Stop the Collapse of the Global Financial System* (Nova York: Hachette, 2013), Chapter Five.

46 Andrew Ross Sorkin, *Too Big to Fail: The Inside Story of How Wall Street and Washington Fought to Save the Financial System — and Themselves* (Nova York: Penguin Books, 2009), Chapter Seven.

47 Liz Rappaport e Susanne Craig, "BlackRock Wears Multiple Hats", *Wall Street Journal*, 19 de maio de 2009, https:// www.wsj.com/articles/SB124269131342732625.

48 Ibid.

49 Sorkin, op. cit.

50 Luc Peillon e Jacques Pezet, "Est-il vrai que Macron a rencontré le groupe BlackRock, spécialisé dans les fonds de pension?" *Liberation*, 12 de setembro de 2019, https:// www.msn.com/fr-fr/actualite/france/est-il-vrai-que-macron-a-rencontr%C3%A-9-le-groupe-blackrock-sp%C3%A9cialis%C3%A9-dans-les-fonds-de-pension/ar-BBXZWcc?ocid=sf&fbclid=IwAR0MPKkgRDwGIYdP_jLlvuvRtmenK3vm0 yRzp-SuA5mQyeu7NoZKq9SdKw.

51 Sophie Fay, "Larry Fink, the \$5.4 Trillion Man", *L'Obs*, 28 de junho de 2017.

52 Odile Benyahia-Kouider, "Comment L'Elysée a déroulé le tapis rouge au roi de Wall Street", *Le Canard Enchaîné*, 26 de outubro de 2017.

53 Jill Treanor e Rowena Mason, "Buy, George? World's Largest Fund Manager Hires Osborne as Adviser", *Guardian*, 20 de janeiro de 2017.

54 Stephen Morris e Richard Partington, "Brexit: HSBC May Move 20% of Its London Banking Operations to Paris, Chief Executive Stuart Gulliver Says", *Independent*, 18 de janeiro de 2017, https://www.independent.co.uk/news/business/news/brexit-latest-news-hsbc-bank-move-20-cent-fifth-london-banking-operations-paris-chief-executive-stuart-gulliver-a7532711.html.

55 Chad Bray, "Former Top British Official to Join BlackRock as an Adviser", *New York Times*, 20 de janeiro de 2017.

56 Liz Alderman, "A Wall Street Giant Is Fueling Anticapitalist Fervor in France", *New York Times*, 15 de fevereiro de 2020, p. A1.

57 Ibid.

58 Ibid.

CAPÍTULO 6: **"PARA TODO LUGAR QUE OLHAVA, EU VIA A BLACKSTONE"**

1 Carta para Schwarzman de Surya Deva, Presidente-Relator do Grupo de Trabalho sobre a questão dos direitos humanos, e Leilani Farha, Relatora Especial sobre Moradia Adequada, Nações Unidas, 22 de março de 2019, https://www.ohchr.org/_layouts/15/WopiFrame.aspx?sourcedoc=/Documents/Issues/Housing/Financialization/OL_OTH_17_2019.pdf&action=default&DefaultItemOpen=1.

2 Marten Blix, *Digitalization, Immigration and the Welfare State* (Cheltenham, U.K.: Edward Elgar Publishing, 2017), 19.

3 Brian Smale, "Bezos on Innovation", *Bloomberg Businessweek*, 17 de abril de 2008.

4 Peter S. Goodman, "The Robots Are Coming, and Sweden Is Fine", *New York Times*, 28 de dezembro de 2017, p. A1, https://www.nytimes.com/2017/12/27/business/the-robots-are-coming-and-sweden-is-fine.html.

5 Robert D. McFadden, "Ingvar Kamprad, IKEA Founder Who Built a Global Empire Through Thrift, Dies at 91", *New York Times,* 29 de janeiro de 2018, p. A1.

6 Giulia Crouch, "Father of Flat-Pack 'Stingy' IKEA Founder Ingvar Kamprad, Worth £54billion, Was as Cheap as His Furniture, Bought Clothes in Flea Markets and Drove a 20-Year-Old Volvo", *Scottish Sun,* 28 de janeiro de 2018, p. 20.

7 McFadden, op. cit.

8 Ibid.

9 Johan Stenebo, *The Truth About IKEA: The Secret Behind the World's Fifth Richest Man and the Success of the Flatpack Giant* (United Kingdom: Gibson Square, 2010), Capítulo Nove.

10 Ibid.

11 Jens Hansegard, "IKEA Founder to Return Home", *Wall Street Journal Europe,* 28 de junho de 2013, p. 20.

12 Blix, op. cit., 25.

13 Claes Belfrage e Markus Kallifatides, "Financialisation and the New Swedish Model", *Cambridge Journal of Economics* 2018, 882.

14 Gregg M. Olsen, "Half Empty or Half Full? The Swedish Welfare State in Transition", *Canadian Review of Sociology and Anthropology,* 1º de maio de 1999.

15 Andreas Bergh, "The Swedish Economy", *Milken Institute Review,* 1º de janeiro de 2017.

16 Blix, op. cit., 24.

17 Olsen, op. cit.

18 Ibid.

19 Ibid.

20 Blix, op. cit., 26.

21 Dan Alexander, "Meet the 10 Billionaire Tycoons Who Rule Their Countries' Economies", *Forbes,* 14 de março de 2014.

22 Tristan Cork, "Swedish Clothes Tycoon Adds Historic Estate to Portfolio", *Western Daily Press,* 19 de março de 2013, p. 8.

23 Murray Wardrop, "Swedish H&M Boss Stefan Persson 'to Buy Entire Hampshire Village'", *Telegraph,* 24 de maio de 2009.

24 Jon Pareliussen, Christophe Andre, Hugo Bourrousse e Vincent Koen, "Income, Wealth and Equal Opportunities in Sweden", OECD Economics Department Working Papers, No. 1394, OECD Publishing, Paris, https://www.oecd-ilibrary.org/economics/income-wealth-and-equal-opportunities-in-sweden_e900be20-en.

25 Ibid., 11.

26 Anneli Lucia Tostar, "Young Adults and the Stockholm Housing Crisis: Falling Through the Cracks in the Foundation of the Welfare State", Master's Thesis, Royal Institute of Technology, 7.

27 Stephen A. Schwarzman, *What It Takes* (Nova York: Simon & Schuster, 2019), Prologue (Made, Not Born).

28 Ibid., Capítulo Um.

29 Ibid., Capítulo Dois.

30 David Carey and John E. Morris, *King of Capital: The Remarkable Rise, Fall, and Rise Again of Steve Schwarzman and Black-stone* (Nova York: Crown Publishing, 2010), Capítulo Sete.

31 Schwarzman, op. cit., Capítulo Dois.

32 Ibid.

33 Laurie P. Cohen, "About Face: How Michael Milken Was Forced to Accept the Prospect of Guilt", *Wall Street Journal*, 23 de abril de 1990, p. A1.

34 James B. Stewart, "The Birthday Party", *The New Yorker*, 4 de fevereiro de 2008.

35 Aaron Glantz, *Homewreckers*, op. cit., Capítulo Cinco.

36 Stewart, op. cit.

37 Ibid.

38 David Cay Johnston, "Blackstone Devises Way to Avoid Taxes on $3.7 Billion", *New York Times*, 13 de julho de 2007.

39 Henny Sender e Monica Langley, "Buy-out Mogul: How Blackstone's Chief Became $7 Billion Man—Schwarzman Says He's Worth Every Penny; $400 for Stone Crabs", *Wall Street Journal*, 13 de junho de 2007, p. A1.

40 Stewart, op. cit.

41 Michael Flaherty, "Blackstone CEO Gala Sign of Buyout Boom", Reuters, 14 de fevereiro de 2007.

42 Schwarzman, op. cit., Capítulo Dezenove.

43 Glantz, op. cit., Chapter Eleven.

44 Ibid.

45 Stewart, op. cit.

46 Alec MacGillis, "The Billionaire's Loophole", *The New Yorker*, 7 de março de 2016.

47 Stewart, op. cit.

48 MacGillis, "The Billionaire's Loophole", op. cit.

49 Ibid.

50 Glantz, op. cit., Capítulo Doze.

51 Schwarzman, op. cit., Capítulo 22.

52 Michelle Conlin, "Uneasy Living: Spiders, Sewage and a Flurry of Fees—The Other Side of Renting a House from Wall Street", Reuters, 27 de julho de 2018, https://www.reuters.com/investigates/special-report/usa-housing-invitation.

53 Glantz, op. cit., Capítulo Dezessete.

54 Patrick Clark, "Blackstone Exits Single-Family Rental Bet Slammed by Warren", Bloomberg, 21 de novembro de 2019.

55 "Enskilda Securities and the Black-stone Group to Cooperate on North American/Scandinavian M&A", *Business Wire,* 11 de outubro de 1995.

56 Richard Milne, "Meet the Wallenbergs", *Financial Times,*

57 "Blackstone Obtains All Approvals for Purchase of 32% Interest in Sweden's D Carnegie & Co", *SeeNews Nordic,* 25 de agosto de 2016.

58 Stephanie Linhardt, "The Direct Approach", *The Banker,* 1 de maio de 2018.

59 "Real Estate Firm Vonovia Buys Majority Stake in Sweden's Hembla for $1.26 Billion", Reuters, 23 de setembro de 2019.

60 Anthon Näsström, "Blackstone Sells Its 61 Percent Stake in Hembla to Vonovia", *Nordic Property News,* 23 de setembro de 2019.

CAPÍTULO 7: **"AGORA ELES ESTÃO LAMBENDO OS BEIÇOS"**

1 "Corporate Tax Cut Benefits Wealthiest, Loses Needed Revenue, and Encourages Tax Avoidance", Center on Budget and Policy Priorities, https://www.cbpp.org/research/federal-tax/corporate-tax-cut-benefits-wealthiest-loses-needed-revenue-and-encourages-tax.

2 Reconciliation Recommendations of the Senate Committee on Finance, Congressional Budget Office, 26 de novembro de 2017, https://www.cbo.gov/system/files/115th-congress-2017-2018/costestimate/reconciliationrecommendationssfc.pdf.

3 Peter S. Goodman e Patricia Cohen, "It Started as a Tax Cut. Now It Could Change American Life", *New York Times,* 30 de novembro de 2017, p. A1.

4 Don Lee, "Trump's Steel Tariffs Were Supposed to Save the Industry. They Made Things Worse", *Los Angeles Times,* 29 de outubro de 2019, https://www.latimes.com/politics/story/2019-10-29/steel-industry-faces-a-bleaker-future-than-when-trump--moved-to-rescue-it.

5 Michael Kranish, "Trump's China Whisperer: How Billionaire Stephen Schwarzman Has Sought to Keep the President Close to Beijing", *Washington Post,* 13 de março de 2018.

6 Lingling Wei, Bob Davis e Dawn Lim, "China Has One Powerful Friend Left in the U.S.: Wall Street", *Wall Street Journal,* 2 de dezembro de 2020.

7 Victor Reklaitis, "Jamie Dimon Says Trump's Tariff Plan Is 'the Wrong Way' to Tackle Trade Problems", *MarketWatch,* 8 de março de 2018.

NOTAS — 437

8   Michela Tindera, "The Majority of Donald Trump's Billionaire Donors Didn't Give to His 2016 Campaign", *Forbes*, 15 de maio de 2020, https://www.forbes.com/sites/michelatindera/2020/05/15/the-majority-of-donald-trumps-billionaire-donors-didnt--give-to-his-2016-campaign/#33c57b404340.

9   Laura M. Holson, "Camels, Acrobats and Team Trump at a Billionaire's Gala", *New York Times*, 14 de fevereiro de 2017, https://www.nytimes.com/2017/02/14/fashion/stephen-schwarzman-billionaires-birthday-draws-team-trum p.html.

10   Robert Schmidt e Ben Brody, "Dimon's Challenge: Making Staid CEO Club a Lobbying Power", Bloomberg, 14 de março de 2017.

11   Propaganda de televisão da Business Roundtable, "Slowest Recovery", 4 de agosto de 2017, https://www.youtube.com/watch?v=UwjiuZihT4U.

12   Kate Davidson, "Treasury Secretary Steven Mnuchin: GOP Tax Plan Would More Than Offset Its Cost", *Wall Street Journal*, 28 de setembro de 2017.

13   IGM Economic Experts Panel, the University of Chicago Booth School of Business, 21 de novembro de 2017, http:// www.igmchicago.org/surveys/tax-reform-2.

14   Peter Cary, "Republicans Passed Tax Cuts— Then Profited", Center for Public Integrity, 24 de janeiro de 2020, https:// publicintegrity.org/inequality-poverty-opportunity/taxes/trumps-tax-cuts/republicans-profit-congress.

15   Matt Egan, "Corporate America Gives Out a Record $1 Trillion in Stock Buybacks", *CNN Business*, 17 de dezembro de 2018, https://edition.cnn.com/2018/12/17/investing/stock-buybacks-trillion-dollars/index.html.

16   Cary, op. cit.

17   Sarah Anderson, "How Wall Street Drives Gender and Race Pay Gaps", Inequality.org, 26 de março de 2019, https://inequality.org/great-divide/wall-street-bonus--pool-2019.

18   Jordan Novet, "Salesforce CEO Marc Benioff: The Economy Is 'Ripping'", CNBC, 25 de setembro de 2018.

19   Peter Baker e Peter S. Goodman, "Trump and Davos: Not Exactly Best Friends, but Not Enemies Either", *New York Times*, 25 de janeiro de 2018, p. A1.

CAPÍTULO 8: "ELES NÃO SE INTERESSAM POR NOSSOS PROBLEMAS"

1   Rabah Kamal, Daniel McDermott, Giorlando Ramirez e Cynthia Cox, "How Has U.S. Spending on Healthcare Changed over Time?" Peterson-KFF Health System Tracker, https://www.healthsystemtracker.org/chart-collection/u-s-spending-healthcare--changed-time/#item-start.

2   Eileen Appelbaum e Rosemary Batt, "Private Equity and Surprise Medical Billing", Institute for New Economic Thinking, 4 de setembro de 2019, https://www.ineteconomics.org/perspectives/blog/private-equity-and-surprise-medical-billing#_edn12.

3   Schwarzman, op. cit., Capítulo 10.

4   Eileen Appelbaum e Rosemary Batt, "Private Equity Buyouts in Healthcare: Who Wins, Who Loses?" Institute for New Economic Thinking, 25 de março de 2020, https://www.ineteconomics.org/perspectives/blog/private-equity-buyouts-in-healthcare-who-wins-who-loses.

5   Eileen Appelbaum, "How Private Equity Makes You Sicker", *The American Prospect*, 7 de outubro de 2019.

6   Appelbaum e Batt, op. cit.

7   Zack Cooper, Fiona Scott Morton e Nathan Shekita, "Surprise! Out-of-Network Billing for Emergency Care in the United States", National Bureau of Economic Research, Working Paper 23623, julho de 2017, p. 4, https://www.nber.org/papers/w23623.

8   Wendi C. Thomas, Maya Miller, Beena Raghavendran e Doris Burke, "This Doctors Group Is Owned by a Private Equity Firm and Repeatedly Sued the Poor Until We Called Them", ProPublica, 27 de novembro de 2019, https://www.propublica.org/article/this-doctors-group-is-owned-by-a-private-equity-firm-and-repeatedly-sued-the-poor-until-we-called-them.

9   Cooper, Morton e Shekita, op. cit. 3.

10   Ibid., 54.

11   Ibid., 23.

12   Margot Sanger-Katz, Julie Creswell e Reed Abelson, "Mystery Solved: Private-Equity-Backed Firm Are Behind Ad Blitz on 'Surprise Billing'", *New York Times*, 14 de setembro de 2019, p. B3.

13   Andrew W. Maxwell, H. Ann Howard, e George H. Pink, "Geographic Variation in the 2018 Profitability of Urban and Rural Hospitals", NC Rural Health Research Program, abril de 2020.

14   Kathleen Knocke, George H. Pink, Kristie W. Thompson, Randy K. Randolph e Mark Holmes, "Changes in Provision of Selected Services by Rural and Urban Hospitals Between 2009 and 2017", NC Rural Health Research Program, abril de 2021.

15   Dados da American Hospital Association.

16   Reed Abelson, "When Hospitals Merge to Save Money, Patients Often Pay More", *New York Times*, 14 de novembro de 2018, p. B1.

17   Carl Campanile, Julia Marsh, Bernadette Hogan e Nolan Hicks, "New York Has Thrown Away 20,000 Hospital Beds, Complicating Coronavirus Fight", *New York Post*, 17 de março de 2020, https://nypost.com/2020/03/17/new-york-has-thrown-away-20000-hospital-beds-complicating-coronavirus-fight.

18   Ron Lee, "Emergency Hospital Being Constructed in Central Park", *Spectrum News*, NY1, 29 de março de 2020.

19   Alan Feuer e Andrea Salcedo, "New York City Deploys 45 Mobile Morgues as Virus Strains Funeral Homes", *New York Times*, 2 de abril de 2020, https://www.nytimes.com/2020/04/02/nyregion/coronavirus-new-york-bodies.html.

20 Lauren Leatherby, John Keefe, Lucy Tompkins, Charlie Smart e Matthew Conlen, "'There's No Place for Them to Go': I.C.U. Beds Near Capacity Across U.S.", *New York Times*, 9 de dezembro de 2020.

21 Lev Facher, "Amid Coronavirus, Private Equity-Backed Company Slashes Benefits for Emergency Room Doctors", *STAT*, 1º de abril de 2020, https://www.statnews.com/2020/04/01/slashes-benefits-for-doctors-coronavirus.

22 Steve Twedt, "UPMC CEO Compensation Jumps to $8.54 Million", *Pittsburgh Post-Gazette*, 17 de maio de 2019, https://www.post-gazette.com/business/health-carebusiness/2019/05/17/UPMC-compensation-Jeffrey-Romoff-8-54-million/stories/201905170111#:~:text=UPMC%20President%20and%20CEO%20Jeffrey,increase%20from%20the%20previous%20year.

23 Matt Stoller, "Why Does a Hospital Monopoly Want to Re-Open the Economy?" BIG (newsletter), 9 de maio de 2020, https://mattstoller.substack.com/p/why-does-a-hospital-monopoly-want.

CAPÍTULO 9: **"SEMPRE HÁ UMA MANEIRA DE FAZER DINHEIRO"**

1 Patricia Cohen, "We All Have a Stake in the Stock Market, Right? Guess Again", *New York Times*, 9 de fevereiro de 2018, p. B1, https://www.nytimes.com/2018/02/08/business/economy/stocks-economy.html.

2 Liz Frazier, "The Coronavirus Crash of 2020", *Forbes*, 11 de fevereiro de 2021, https://www.forbes.com/sites/lizfrazierpeck/2021/02/11/the-coronavirus-crash-of-2020-and-the-investing-lesson-it-taught-us/?sh=37b5f02346cf.

3 Michael Grabell e Bernice Yeung, "Emails Show the Meatpacking Industry Drafted an Executive Order to Keep Plants Open", ProPublica, 14 de setembro de 2020, https://www.propublica.org/article/emails-show-the-meatpacking-industry-drafted-an-executive-order-to-keep-plants-open.

4 Jane Mayer, "How Trump Is Helping Tycoons Exploit the Pandemic", *The New Yorker*, 20 de julho de 2020.

5 Jen Skerritt, "Tyson Foods Helped Create the Meat Crisis It Warns Against", Bloomberg, 29 de abril de 2020.

6 Jesse Drucker, "Bonanza for Rich Real Estate Investors, Tucked Into Stimulus Package", *New York Times*, 27 de março de 2020, p. B8.

7 Glantz, op. cit., Capítulo Três.

8 Glantz, op. cit., Capítulo Sete.

9 Ibid.

10 Ibid.

11 James B. Stewart e Alan Rappeport, "Steven Mnuchin Tried to Save the Economy. Not Even His Family Is Happy", *New York Times*, 31 de agosto de 2020, p. A1.

12 Ibid.

13   Ibid.

14   Louise Linton, "How My Dream Gap Year in Africa Turned into a Nightmare", *Telegraph*, 1º de julho de 2016.

15   Jeff Stein e Peter Whoriskey, "The U.S. Plans to Lend $500 Billion to Large Companies. It Won't Require Them to Preserve Jobs or Limit Executive Pay, *Washington Post*, 28 de abril de 2020, https://www.washingtonpost.com/business/2020/04/28/federal-reserve-bond-corporations.

16   Michael Grunwald, "The Corporate Bailout Doesn't Include the Limits Democrats Promised", *Politico*, 2 de abril de 2020, https://www.politico.com/news/2020/04/02/coronavirus-corporate-bailout-deal-161374.

17   Josh Wingrove e Saleha Mohsin, "Trump Claims Power to Gag Watchdog Overseeing Virus Stimulus", Bloomberg, 28 de março de 2020, https://www.bloomberg.com/news/articles/2020-03-28/trump-claims-power-to-gag-watchdog-overseeing-virus--stimulus?sref=12wQtvNW.

18   Matt Phillips e Clifford Krauss, "American Oil Drillers Were Hanging On by a Thread. Then Came the Virus", *New York Times*, 21 de março de 2020, p. B5.

19   Clark Williams-Derry, Kathy Hipple e Tom Sanzillo, "Living Beyond Their Means: Cash Flows of Five Oil Majors Can't Cover Dividends, Buybacks", Institute for Energy Economics and Financial Analysis, janeiro de 2020, https://ieefa.org/wp-content/uploads/2020/01/Living-Beyond-Their-Means-Five-Oil-Majors-Cannot-Cover-Dividends_January-2020.pdf.

20   Gregg Gelzinis, Michael Madowitz e Divya Vijay, "The Fed's Oil and Gas Bailout Is a Mistake", Center for American Progress, 31 de julho de 2020, https://www.americanprogress.org/issues/economy/reports/2020/07/31/488320/feds-oil-gas-bailout--mistake.

21   Jesse Eisinger, "The Bailout Is Working—for the Rich", ProPublica, 10 de maio de 2020.

22   Entrevista com Schwarzman no *Mornings with Maria*, Fox Business, 7 de abril de 2020, https://www.facebook.com/watch/?v=1062782480764306.

23   Emily Flitter e Stacy Cowley, "Banks Gave Richest Clients 'Concierge Treatment' for Pandemic Aid", *New York Times*, 2 de abril de 2020.

24   Jessica Silver-Greenberg, David Enrich, Jesse Drucker e Stacy Cowley, "Large, Troubled Companies Got Bailout Money in Small-Business Loan Program", *New York Times*, 27 de abril de 2020, p. A1.

25   Transcrição do Subcomitê de Serviços Financeiros da Câmara sobre Diversidade e Inclusão, audiência sobre acesso ao capital para empresas de mulheres e minorias durante o novo coronavírus, 9 de julho de 2020, acessado via CQ Transcriptions.

26   Peter Whoriskey, "Given Millions from PPP, Some Firms Fail to Keep Workers", *Washington Post*, 28 de julho de 2020, p. A20.

27   Silver-Greenberg, Enrich, Drucker e Cowley, op. cit.

28 Konrad Putzier, "Dallas Hotel Owner Is Biggest Beneficiary of Coronavirus Loan Program", *Wall Street Journal*, 22 de abril de 2020.

29 Monty Bennett, "What's Wrong With America?" Medium, 22 de março de 2020, https://medium.com/@AshfordCEO/whats-wrong-with-america-30bbad18aded.

30 Divulgação da campanha da Comissão Eleitoral Federal, https://www.fec.gov/data/receipts/individual-contributions/?committee_id=C00618389&contributor_name=bennett%2C+monty&two_year_transaction_period=2016&two_year_transaction_period=2018&two_year_transaction_period=2020&min_date=01%2F01%2F2015&max_date=12%2F31%2F2020.

31 Lachlan Markay, "Trump Donor Hired Trump-Tied Lobbyists, Then Raked In Coronavirus Relief Cash", Daily Beast, 23 de abril de 2020, https://www.thedailybeast.com/the-top-covid-relief-recipient-hired-trump-tied-lobbyists-weeks-before-getting-aid.

32 Ibid.

33 David McLaughlin, Patrick Clark e Ben Brody, "Luxury Hotelier Who Backed Trump Wins Big in Small-Business Aid", Bloomberg, 23 de abril de 2020.

34 Jeanna Smialek e Kenneth P. Vogel, "Hotelier's Push for $126 Million in Small-Business Aid Draws Scrutiny", *New York Times*, 2 de maio de 2020, p. A1.

35 Ashford, Inc., 2019 Annual Report, p. 146, https://s1.q4cdn.com/428793312/files/doc_financials/2019/ar/2019-Annual-Report.pdf.

36 U.S. Securities and Exchange Commission, Schedule 14A (proxy statement), Ashford, Inc., 1º de abril de 2020, http://d18rn0p25nwr6d.cloudfront.net/CIK-0001604738/508b422b-272f-4cfd-9353-d6fedaae60f5.html#NC10008218X1_DEF14A_HTM_TE.

37 Alan Rappeport, "Treasury Vows to Recoup Virus Relief Aid Claimed by Big Companies", *New York Times*, 29 de abril de 2020, p. A1.

38 Konrad Putzier, "Texas Hotelier Monty Bennett's Companies Under SEC Investigation", *Wall Street Journal*, 3 de agosto de 2020.

39 Brian Spegele e Laura Cooper, "As Coronavirus Cases Climbed, Private-Equity-Owned Hospital Faced Closure", *Wall Street Journal*, 26 de abril de 2020.

40 Ibid.

41 Brian Spegele, "Hospital That Was Private-Equity Backed Sold to Local Health Network", *Dow Jones Institutional News*, 3 de junho de 2020.

42 Kurt Bresswein, "'We Are Out': Some Easton Hospital Employees Are Being Replaced by St. Luke's Staff", le highvalleylive.com, 17 de junho de 2020, https://www.lehighvalleylive.com/easton/2020/06/we-are-out-most-easton-hospital-employees-are-being-replaced-by-st-lukes-staff.html.

43 Jesse Drucker, Jessica SilverGreenberg e Sarah Kliff, "Wealthiest Hospitals Got Billions in Bailout for Struggling Health Providers", *New York Times*, 26 de maio de 2020, p. A1.

44 Ibid.

45 Aparição de Schwarzman na Cleveland Clinic, Virtual Ideas for Tomorrow, 23 de junho de 2020, https://www.youtube.com/watch?v=dO93WgowPl8.

46 "Top Charts of 2020: The Economic Fallout of Covid-19", Economic Policy Institute, 18 de dezembro de 2020, https://www.epi.org/pub lication/top-charts-of-2020-the--economic-fallout-of-covid-19.

47 Ibid.

48 Peter S. Goodman, Patricia Cohen e Rachel Chaundler, "European Workers Draw Paychecks. American Workers Scrounge for Food", *New York Times,* 4 de julho de 2020, p. A1.

49 Kim Parker, Rachel Minkin e Jesse Bennett, "Economic Fallout from Covid-19 Continues to Hit Lower-Income Americans the Hardest", Pew Research Center, 24 de setembro de 2020, https://www.pewresearch.org/social-trends/2020/09/24/economic--fallout-fromcovid-19 continues-to-hit-lower-income-americans-the-hardest.

50 Kristina Peterson e Julie Bykowicz, "Congress Debates Push to End Surprise Medical Billing", *Dow Jones Institutional News,* 14 de maio de 2020.

51 Akela Lacy, "Effort to Take On Surprise Medical Billing in Coronavirus Stimulus Collapses", The Intercept, 8 de dezembro de 2020, https://theintercept.com/2020/12/08/surprise-medical-billing-neal-covid.

52 Schwarzman na 36ª Annual Strategic Decisions Conference de Bernstein, 27 de maio de 2020, postado em Seeking Alpha, https://seekingalpha.com/article/4350994-blackstone-group-inc-bx-ceo-steve-schwarzman-presents-bernsteins-36th-annual-strategic.

53 Graham Steele, "The New Money Trust: How Large Money Managers Control Our Economy and What We Can Do About It", American Economic Liberties Project, 23 de novembro de 2020; Alexander Sammon, "The Dawn of the BlackRock Era", *The American Prospect,* 15 de maio de 2020.

54 Dawn Lim e Gregory Zuckerman, "Big Money Managers Take Lead Role in Managing Coronavirus Stimulus" *Wall Street Journal,* 10 de maio de 2020.

55 Jeanna Smialek, "Top U.S. Officials Consulted with BlackRock as Markets Melted Down", *New York Times,* 25 de junho de 2021, p. A1.

56 Ibid.

57 Annie Massa e Caleb Melby, "In Fink We Trust: BlackRock Is Now 'Fourth Branch of Government'", *Bloomberg Businessweek,* 21 de maio de 2020.

58 Carta a Mnuchin e Powell de Membros do Congresso, 22 de abril de 2020, https://chuygarcia.house.gov/sites/chuygarcia.house.gov/files/Congressional%20Letter%20to%20Fed%2 0Treas%204_22.pdf.

59 BlackRock, Inc. (BLK) CEO Larry Fink on Q1 2020 Results—Earnings Call Transcript, 16 de abril de 2020, transcrição postada em Seeking Alpha, https://seekingalpha.com/article/4338041-blackrock-inc-blk-ceo-larry-fink-on-q1-2020-results-earnings-call-transcript.

60 Contrato entre BlackRock Financial Management, Inc. e Federal Reserve Bank of New York, conforme emenda de 11 de maio de 2020 e 29 de junho de 2020 e enviado por e-mail em 4 de fevereiro de 2021, https://www.newyorkfed.org/medialibrary/media/markets/SMCCF_Investment_Management_Agreement.pdf.

61 Massa e Melby, op. cit.

62 Christine Idzelis, "BlackRock Rakes in Big Portion of Fed's ETF Investments", *Institutional Investor*, 1º de junho de 2020.

63 Katherine Greifeld, "Traders Pour $1 Billion into Biggest Credit ETF to Front-Run Fed", Bloomberg, 24 de março de 2020.

64 Cezary Podkul e Dawn Lim, "Fed Hires BlackRock to Help Calm Markets. Its ETF Business Wins Big", *Wall Street Journal*, 18 de setembro de 2020.

65 Joshua Franklin e David Shepardson, "Boeing Raises $25 Billion in Blowout Debt Sale, Eschews Government Aid", Reuters, 30 de abril de 2020, https://uk.reuters.com/article/uk-boeing-debt/boeing-raises-25-billion-in-blowout-debt-sale-eschews-government-aid-idUKKBN22C3SL.

66 Joshua Franklin, "Exxon Raises $9.5 Billion to Load Up on Cash While Debt Market Still Open to New Deals", Reuters, 13 de abril de 2020, https://www.reuters.com/article/us-exxon-mobil-debt/exxon-raises-9-5-billion-to-load-up-on-cash-while-debt--market-still-open-to-new-deals-idUSKCN21V269.

67 Molly Smith, "It's a Borrower's Bond Market as Amazon Gets Record Low Rates", Bloomberg, 2 de junho de 2020.

68 Joe Rennison, "US Corporate Bond Issuance Hits $1.919tn in 2020, Beating Full-Year Record", *Financial Times*, 2 de setembro de 2020.

CAPÍTULO 10: **"GROSSEIRAMENTE SUBFINANCIADO E ENFRENTANDO O COLAPSO"**

1 McConnell em *This Week with George Stephanopoulos*, ABC News, 3 de dezembro de 2017, https://abcnews.go.com/Politics/week-transcript-12-17-sen-mitch-mcconnell--rep/story?id=51533836.

2 Burgess Everett, "McConnell Slams Brakes on Next Round of Coronavirus Aid", *Politico*, 21 de abril de 2020, https://www.politico.com/news/2020/04/21/mcconnell--slams-brakes-coronavirus-aid-199890.

3 Gail Collins, "Just Steele Yourselves", *New York Times*, 6 de março de 2009.

4 David J. Lynch, "Record Debt Load Poses Risk of 'Fiscal Tipping Point'", *Washington Post*, 19 de abril de 2020, p. A1.

5 Carl Hulse, "McConnell Says States Should Consider Bankruptcy, Rebuffing Calls for Aid", *New York Times*, 23 de abril de 2020, p. A14.

6 "Public Pension Funds Investing in Private Equity", *Private Equity & Venture Capital Spotlight* (junho de 2018): 12.

7 Eileen Appelbaum e Rosemary Batt, "Fees, Fees and More Fees: How Private Equity Abuses Its Limited Partners and U.S. Taxpayers", Center for Economic and Policy Research, maio de 2016, https:// cepr.net/images/stories/reports/private-equity--fees-2016-05.pdf.

8 Evan Halper, "CalPERS Investment Staff Receive Luxury Travel, Gifts from Financial Firms", *Los Angeles Times*, 19 de agosto de 2010, https://www.latimes.com/archives/la-xpm-2010-aug-19-la-me-calpers-20100819-story.html.

9 Justin Mitchell, "CalPERS CIO Meng Resigns amid Questions over Personal Investments", *Buyouts*, 6 de agosto de 2020.

10 "CalPERS Won't Hire a New CIO Until Next Year", Chief Investment Officer, 2 de agosto de 2021, https://www.ai-cio.com/news/calpers-wont-hire-a-new-cio-until-next--year.

11 Ludovic Phallipou, "An Inconvenient Fact: Private Equity Returns & the Billionaire Factory", University of Oxford, Said Business School, Working Paper, 15 de julho de 2020, available at SSRN, https://papers.ssrn.com/sol3/papers.cfm?abstract_id=3623820.

12 Ibid.

13 Greg Roumeliotis, "Blackstone to Switch from a Partnership to a Corporation", Reuters, 18 de abril de 2019, https://www.reuters.com/article/us-blackstone-group-results/blackstone-to-switch-from-a-partnership-to-a-corporation-idUSKCN1RU196.

14 Antoine Gara, "Blackstone Now More Valuable Than Goldman Sachs and Morgan Stanley amid the Coronavirus Chaos", *Forbes*, 5 de março de 2020, https://www.forbes.com/sites/antoinegara/2020/03/05/blackstone-overtakes-goldman-sachs-and--morgan-stanley-amid-the-coronavirus-chaos/?sh=6a28e89d400f.

15 Eileen Appelbaum, "CEPR Statement on New Labor Department Guidance Allowing Risky Private Equity Investments in Workers' 401(k) Accounts", Center for Economic and Policy Research, 4 de junho de 2020, https://cepr.net/cepr-statement-on-new-labor-department-guidance-allowing-risky-private-equity-investments-in-workers--401k-accounts.

CAPÍTULO 11: **"NA VERDADE SOMOS TODOS UM"**

1 Benioff em *Mad Money*, CNBC, 8 de abril de 2020, https://www.cnbc.com/video/2020/04/08/salesforce-ceo-on-90-day-no-layoff-pledge-three-phase-virus-outlook.html.

2 Richard A. Oppel Jr., Robert Gebeloff, K. K. Rebecca Lai, Will Wright e Mitch Smith, "The Fullest Look Yet at the Racial Inequity of Coronavirus", *New York Times*, 5 de julho de 2020.

3 Elizabeth Arias, Betzaida Tejada-Vera, Farida Ahmad e Kennetrh D. Kochanek, "Provisional Life Expectancy Estimates for 2020", Centers for Disease Control and Prevention, National Vital Statistics System, Report Nº. 015, julho de 2021, https:// www.cdc.gov/nchs/data/vsrr/VSRR015-508.pdf.

4   Kathryn M. Leifheit, Sabriya L. Linton, Julia Raifman, Gabriel Schwartz, Emily A. Benfer, Frederick J. Zimmerman e Craig Pollack, "Expiring Eviction Moratoriums and COVID-19 Incidence and Mortality", 30 de novembro de 2020, pré-publicação de artigo em SSRN, https://papers.ssrn.com/sol3/papers.cfm?abstract_ id=3739576.

5   Benioff, reunião virtual com analistas para discutir os lucros do trimestre, 25 de agosto de 2020, transcrição postada em Seeking Alpha, https:// seekingalpha.com/article/ 4370780-salesforce-com-inc-s-crm-ceo-marc-benioff=-on-2q2021--results-earnings-call-transcript?part-single.-benioff-on-q2-2021-results-earnings-call-transcript?part=single.

6   Salesforce Form 8-K, preenchido com U.S. Securities and Exchange Commission, 27 de março de 2020, https://www.sec.gov/ix?doc=/Archives/edgar/data/ 1108524/000110852420000018/crm-20200327.htm.

7   Jamie Smyth, "Wealthy Buyers Snap Up 'Safe Haven' Private Islands to Flee Pandemic", *Financial Times*, 24 de julho de 2020.

8   Tanya Powley e Claire Bushey, "Wealthy Switch to Private Jets to Avoid Coronavirus", *Financial Times*, 25 de julho de 2020.

9   Alyson Krueger, "Rapid Testing Is the New Velvet Rope", *New York Times*, 16 de agosto de 2020, p. ST1.

10   Benioff em *Mad Money*, CNBC, 25 de agosto de 2020, https://www.cnbc.com/2020/ 08/25/salesforces-marc-benioff-claims-a-victory-for-stakeholder-capitalism.html.

11   Klaus Schwab, *Stakeholder Capitalism: A Global Economy That Works for Progress, People, and the Planet* (Hoboken, NJ: John Wiley & Sons, Inc., 2021), 171.

12   Laurence D. Fink, Annual Letter to CEOs, janeiro de 2018, http://www.corporance. es/wp-content/uploads/2018/01/Larry-Fink-letter-to-CEOs-2018-1.pdf.

13   Laurence D. Fink, "A Fundamental Reshaping of Finance", Letter to CEOs, janeiro de 2020, https:// www.blackrock.com/corporate/investor-relations/larry-fink-ceo-letter.

14   Leslie P. Norton, "Blackrock's Larry Fink: The New Conscience of Wall Street?", *Barron's*, 23 de junho de 2018.

15   Ibid.

16   Patrick Greenfield e Jasper Jolly, "BlackRock Joins Pressure Group Taking on Biggest Polluters", *Guardian*, 10 de janeiro de 2020.

17   Attracta Mooney, "BlackRock Accused of Climate Change Hypocrisy", *Financial Times*, 17 de maio de 2020.

18   Robert Mackey, "How Larry Fink, Joe Biden's Wall Street Ally, Profits from Amazon Cattle Ranching, a Force Behind Deforestation", The Intercept, 30 de agosto de 2019.

19   Davide Barbuscia e Hadeel Al Sayegh, "Saudi Aramco and BlackRock, Others, Discussing Deal Worth over $10 Billion", Reuters, 13 de outubro de 2020.

20   Alan Murray, "America's CEOs Seek a New Purpose for the Corporation", *Fortune*, 19 de agosto de 2019, https://fortune.com/longform/business-roundtable-ceos-corporations-purpose.

21 Klaus Schwab, "What Kind of Capitalism Do We Want?", *Time,* 2 de dezembro de 2019.

22 Mark Landler, "In Extraordinary Statement, Trump Stands with Saudis Despite Kashoggi Killing", *New York Times,* 21 de novembro de 2018, p. A1.

23 Arne Sorenson, entrevista com o canal Bloomberg em Davos, 21 de janeiro de 2020, https://www.bloomberg.com/news/videos/2020-01-21/marriott-international-ceo-
-sorenson-on-corporate-stakeholders-culture-video?sref=12wQtvNW.

24 "A Message to Marriott International Associates from President and CEO Arne Sorenson", 20 de março de 2020, https://www.youtube.com/watch?v=SprFgoU6aO0.

25 Matt Phillips, "The Stock Buyback Binge May Be Over. For Now", *New York Times,* 25 de março de 2020, p. B4.

26 Lucien Bebcuk e Roberto Tallarita, "The Illusory Promise of Stakeholder Governance", *Cornell Law Review,* 1º de julho de 2020.

27 Aaron Tilley, "Salesforce Notifies Some Staff of Job Cuts", *Dow Jones Institutional News,* 26 de agosto de 2020.

28 Rosalie Chan, Benjamin Pimentel, Ashley Stewart, Paayal Zaveri e Jeff Elder, "The Tech Industry Has a Terrible Track Record on Diversity. Here's How 17 Companies That Spoke Out Against Racism This Week Say They Plan to Improve", *Business Insider,* 6 de junho de 2020.

29 Austin Weinstein, "Salesforce's Hawaii Obsession Provokes Debate over Appropriation", Bloomberg, 28 de setembro de 2018.

CAPÍTULO 12: **"NÃO ESTAMOS SEGUROS"**

1 Karen Weise, "Amazon Hires at a Record Clip: 1,400 Per Day", *New York Times,* 28 de novembro de 2020, p. A1.

2 Frank Holland, "Amazon Is Delivering Nearly Two-Thirds of Its Own Packages as E-commerce Continues Pandemic Boom", CNBC, 13 de agosto de 2020.

3 Matt Day, "Amazon Will Hire 75,000 Logistics Workers in Latest Hiring Binge" Bloomberg, 13 de maio de 2021.

4 Weise, op cit.

5 Michelle Toh, "Jeff Bezos Is Now Worth a Whopping $200 Billion", *CNN Business,* 28 de agosto de 2020, https:// edition.cnn.com/2020/08/27/tech/jeff-bezos-net-worth-
-200-billion-intl-hnk/index.html.

6 Jody Heymann, Hye Jin Rho, John Schmitt, e Alison Earle, "Contagion Nation: A Comparison of Paid Sick Day Policies in 22 Countries", Center for Economic and Policy Research, maio de 2009, https://cepr.net/documents/publications/paid-sick-
-days-2009-05.pdf.

7 Pelosi Statement on Introduction of the Families First Coronavirus Response Act, 11 de maio de 2020, https://pelosi.house.gov/news/press-releases/pelosi-statement-on-
-introduction-of-the-families-first-coronavirus-response-act.

NOTAS ✦ **447**

8 U.S. Department of Labor, Summary of Families First Coronavirus Response Act, https://www.dol.gov/agencies/whd/pandemic/ffcra-employee-paid-leave.

9 Caroline O'Donovan, "Amazon Says Employees Quarantined by a Doctor Will Get Paid, but So Far Many Say They Haven't", BuzzFeed News, 11 de abril de 2020, https://www.buzzfeednews.com/article/carolineodonovan/amazon-workers-not--getting-quarantine-pay.

10 Amazon, 2019 U.S. Political Contribution and Expenditure Policy and Statement, https://s2.q4cdn.com/299287126/files/doc_downloads/governance/2019-Political--Expenditures-Statement.pdf.

11 "A Message from our CEO and Founder", Amazon blog, 21 de março de 2020, https://blog.aboutamazon.com/company-news/a-message-from-our-ceo-and-founder.

12 Alex Harman, "Prime Gouging: How Amazon Raised Prices to Profit from the Pandemic", Public Citizen, 9 de setembro de 2020, https://www.citizen.org/article/prime--gouging.

13 Ron Knox e Shaoul Suss-man, "How Amazon Used the Pandemic to Amass More Monopoly Power", *The Nation,* 26 de junho de 2020.

14 Sam Levin, "Revealed: Amazon Told Workers Paid Sick Leave Doesn't Cover Warehouses", *Guardian,* 7 de maio de 2020, https://www.theguardian.com/technology/2020/may/07/amazon-warehouse-workers-coronavirus-time-off-california.

15 Chris Mills Rodrigo, "Amazon Workers Protest Termination of Unlimited Unpaid Time Off Policy", The Hill, 27 de abril de 2020.

16 Matt Day, "Amazon Covid-19 Outbreak in Minnesota Was Worse Than Local County", Bloomberg, 30 de junho de 2020.

17 Daniel Uria, "Amazon Says Nearly 20,000 Workers Have Tested Positive for COVID-19", United Press International, 1º de outubro de 2020, https://www.upi.com/Top_News/US/2020/10/01/Amazon-says-nearly-20000-workers-have-tested--positive-for-COVID-19/2551601595828.

18 Spencer Soper, "Amazon Study of Workers' Covid Is Faulted over Lack of Key Data", *Bloomberg News,* 6 de outubro de 2020.

19 Ibid.

20 Paul Blest, "Leaked Amazon Memo Details Plan to Smear Fired Warehouse Organizer: 'He's Not Smart or Articulate'", Vice News, 2 de abril de 2020, https://www.vice.com/en_us/article/5dm8bx/leaked-amazon-memo-details-plan-to-smear-fired-warehouse-organizer-hes-not-smart-or-articulate.

21 Ibid.

22 Jodi Kantor, Karen Weise e Grace Ashford, "The Amazon That Customers Don't See", *New York Times,* 15 de junho de 2021.

23 David Sirota, "Amazon & Trump Agency Blocked Worker Safety Initiative Amid Pandemic", *TMI,* 1º de maio de 2020, https://sirota.substack.com/p/scoop-amazon-and--trump-agency-blocked.

24 Ibid.

25 Tim Bray, "Bye Amazon", post de blog, 4 de maio de 2020, https://www.tbray.org/ongoing/When/202x/2020/04/29/Leaving-Amazon#p-3.

26 Emily Kirkpatrick, "There's Now a Guillotine Set Up Outside Jeff Bezos's Mansion", *Vanity Fair*, 28 de agosto de 2020, https://www.vanityfair.com/style/2020/08/jeff-bezos-guillotine-protest-amazon-workers.

27 Robert Hackett, "After Public Outcry, Amazon Deletes Listings for 2 Intelligence Jobs That Involved Tracking 'Labor Organizing Threats'", *Fortune*, 1º de setembro de 2020, https://fortune.com/2020/09/01/amazon-anti-union-jobs-tracking-labor-organizing-threats-jeff-bezos.

28 Nicolas Reimann, "Amazon Sent out a Scripted News Segment, and 11 Stations Aired It", *Forbes*, 26 de maio de 2020, https://www.forbes.com/sites/nicholasreimann/2020/05/26/amazon-sent-out-a-scripted-news-segment-and-11-stations-aired-it/#51b7d87848b9.

CAPÍTULO 13: **"ISSO ESTÁ MATANDO PESSOAS"**

1 Andrea Sparaciari, "San Raffaele: dopo l'inchiesta sulla truffa da 10 milioni, scoppa il caso dei bilanci segreti. E per salvarsi chiama Maroni", *Business Insider Italia*, 2 de julho de 2020, https://it.businessinsider.com/san-raffaele-inchiesta-truffa-da-10-milioni-sbilanci-segreti-maroni/amp.

2 OECD.Stat, dados de despesas da Saúde, 2019, https://stats.oecd.org/Index.aspx?ThemeTreeId=9.

3 Rapporto Sanita 2018, 40 Anni del Servizio Sanitario Nazionale, p.16, https://programmazionesanitaria.it/_progsan/2018/SSN40-Rapporto.pdf.

4 Stefano Colombo, "Quanto ci vuole a prenotare una visita medica in Lombardia? Dipende da quanto potete pagare", The Submarine, 29 de junho de 2020, https://thesubmarine.it/2020/06/29/prenotare-visita-lombardia-attesa.

5 Gianluca Di Feo e Michele Sasso, "Formigoni re delle Antille", *L'Espresso*, 19 de abril de 2012, https://espresso.repubblica.it/palazzo/2012/04/19/news/formigoni-re-delle-antille-1.42330.

6 "Processo Maugeri, '70 milioni die euro tolti ai malati per i sollazzi di Formigoni'", *il Fatto Quotidiano*, 20 de setembro de 2016, https://www.ilfattoquotidiano.it/2016/09/20/processo-maugeri-70-milioni-di-euro-tolti-ai-malati-per-i-sollazzi-di-formigoni/3046192.

7 Luigi Ferrarella e Giuseppe Guastella, "Maugeri, sequestrati yacht, immobili, denaro e vino pregiato per oltre 60 milioni di euro", *Corriere Della Sera*, 16 de julho de 2012, https://milano.corriere.it/milano/notizie/cronaca/12_luglio_16/san-raffaele-sequestro-2011024259999.shtml.

8   Andrea Sparaciari, "San Raffaele: dopo l'inchiesta sulla truffa da 10 milioni, scoppia il caso dei bilanci segreti. E per salvarsi chiama Maroni", *Business Insider Italia*, 2 de julho de 2020.

9   Jason Horowitz, "The Lost Days That Made Bergamo a Coronavirus Tragedy", *New York Times*, 30 de novembro de 2020, p. A1.

10 Peter S. Goodman e Gaia Pianigiani, "Why COVID Caused Such Suffering in Italy's Wealthiest Region", *New York Times*, 21 de novembro de 2020, p. B1.

11 Talha Burki, "England and Wales See 20,000 Excess Deaths in Care Homes", *Lancet*, 23 de maio de 2020.

12 Jane Bradley, Selam Gebrekidan e Allison McCann, "Waste, Negligence and Cronyism: Inside Britain's Pandemic Spending", *New York Times*, 17 de dezembro de 2020.

13 Tucker Carlson, monólogo, "Are Coronavirus Lockdowns Working?" Fox News, 22 de abril de 2020, https://www.youtube.com/watch?v=MuuA0azQRGQ.

14 Peter S. Goodman, "Sweden Has Become the World's Cautionary Tale", *New York Times*, 8 de julho de 2020, p. A1.

15 Jon Henley, "Swedish Surge in Covid Cases Dashes Immunity Hopes", *Guardian*, 12 de novembro de 2020.

16 Jon Henley, "Sweden's Covid-19 Strategist Under Fire over Herd Immunity Emails", *Guardian*, 17 de agosto de 2020, https://www.theguardian.com/world/2020/aug/17/swedens-covid-19-strategist-under-fire-over-herd-immunity-emails.

17 "Key Issues in Long Term Care Policy", OECD, https://www.oecd.org/els/health-systems/long-term-care.htm.

18 OECD, dados de leitos em hospitais, https://data.oecd.org/healtheqt/hospital-beds.htm.

19 Silvia Amaro, "Dijsselbloem Under Fire After Saying Southern Europe Wasted Money on 'Drinks and Women'", CNBC, 22 de março de 2017.

20 Joseph E. Stiglitz, *The Euro: How a Common Currency Threatens the Future of Europe* (Nova York: W. W. Norton & Co., 2018), 201–3.

21 Peter Conradi, "EU Plans for Virus Bailouts Rejected by 'Frugal Four' States", *Sunday Times* (Londres), 24 de maio de 2020.

22 Al Goodman, Laura Perez Maestro, Ingrid Formanek, Max Ramsay e Ivana Kottasova, "Spain Turns Ice Rink into a Morgue as Coronavirus Deaths Pile Up", CNN, 24 de março de 2020, https://edition.cnn.com/2020/03/24/europe/spain-ice-rink-morgue--coronavirus-intl/index.html.

23 Jason Horowitz e Emma Bubola, "Italy's Coronavirus Victims Face Death Alone, with Funerals Postponed", *New York Times*, 17 de março de 2020, p. A1.

24 Matina Stevis-Gridneff, "E.U. Adopts Groundbreaking Stimulus to Fight Coronavirus Recession", *New York Times*, 22 de julho de 2020, p. A1.

25 Peter S. Goodman, Patricia Cohen, e Rachel Chaundler, "European Workers Draw Paychecks. American Workers Scrounge for Food", *New York Times*, 4 de julho de 2020, p. A1.

26 Peter S. Goodman, "With a Torrent of Money, Britain Takes Aim at Coronavirus and Austerity", *New York Times*, 12 de março de 2020, p. A18.

27 Peter S. Goodman, "Europe's Leaders Ditch Austerity and Fight Pandemic with Cash", *New York Times*, 26 de março de 2020, p. A6.

28 Andrew Atkinson e David Goodman, "U.K. Budget Deficit Narrows to Almost Half of Pandemic Level", Bloomberg, 20 de agosto de 2021.

29 Michael Pooler e Robert Smith, "Treasury Under Fire over Disclosure Silence on Virus Loans", *Financial Times*, 24 de agosto de 2020.

30 Ibid.

31 John Collingridge, "Follow the Money? It Isn't Easy in Sanjeev Gupta's Empire", *Sunday Times* (Londres), 15 de março de 2020.

32 BBC Panorama, 9 de agosto de 2021.

33 Ibid.

34 Mark Kleinman, "Greensill Stripped of Government Guarantee on Loans to Steel Tycoon Gupta", Sky News, 1º de março de 2021, https://news.sky.com/story/greensill-stripped-of-government-guarantee-on-loans-to-steel-tycoon-gupta-12233039.

35 "Coronavirus: EasyJet Plans up to 4,500 Job Cuts", BBC, 28 de maio de 2020, https://www.bbc.co.uk/news/business-52830665.

36 "Easyjet Seeks State Loans — But Pays Stelios £60 Million", *Times* (Londres), 20 de março de 2020.

37 Philip Georgiadis, "BA to Drop Controversial 'Fire and Rehire' Plan for Thousands of Staff", *Financial Times*, 16 de setembro de 2020.

38 Simon Duke, "Big Beneficiaries of COVID-19 Loan Scheme Paid No Corporation Tax", *Times* (Londres), 6 de junho de 2020.

39 Merlin Entertainments Limited, COVID-19 Update Statement, 7 de abril de, 2020, http://northeurope.blob.euroland.com/press-releases-attachments/1206630/Publication-COVID-19-Update-Statement-_2020-04-07.pdf.

40 Merlin Entertainments Limited, 2019 Annual Report, Exhibit A, http://northeurope.blob.euroland.com/press-releases-attachments/1219498/Publication-Announcement-2019-Annual-Report-Other-Information-_2020-04-24.pdf.

41 Merlin Entertainments, 2019 Annual Report, p. 38, https://www.merlinentertainments.biz/media/3068/merlin-entertainments-annual-report-and-accounts-2019.pdf.

42 Chibuike Oguh, "Blackstone's First-Quarter Profit Rises but Coronavirus Weighs", Reuters, 23 de abril de 2020.

43 Heather Perlberg, "Steve Schwarzman Sees Virus Wiping $5 Trillion From GDP", Bloomberg, 7 de abril de 2020.

CAPÍTULO 14: **"É HORA DE LUCRAR?"**

1 "Remarks by President Trump and Members of the Coronavirus Task Force in Meeting with Pharmaceutical Companies", 2 de março de 2020, video via C-Span, https://www.c-span.org/video/?469926-1/president-trump-meeting-pharmaceutical-executives-coronavirus.

2 "Informal Consultation on Prioritization of Candidate Therapeutic Agents for Use in Novel Coronavirus 2019 Infection", World Health Organization, R&D Blueprint, 24 de janeiro de 2020, p. 9, https://apps.who.int/iris/handle/10665/330680.

3 Biopharmaceutical response to COVID-19, PhRMA evento de imprensa, 6 de março de 2020, https://www.youtube.com/watch?v=e951H8uSesM.

4 Kathryn Ardizzone, "Role of the Federal Government in the Development of GS-5734/Remdesivir", Knowledge Ecology International, Briefing Note 2020:1, https://www.keionline.org/BN-2020-1.

5 Carta a Daniel O'Day de grupos de advogados de consumidores, 25 de março de 2020, https://www.citizen.org/wp-content/uploads/Letter-from-50-groups-to-Gilead-renounce-remdesivir-orphan-drug-claim.pdf.

6 Ibid.

7 Ekaterina Galkina Cleary, Matthew J. Jackson, Zoe Folchman-Wagner e Fred D. Ledley, "Foundational Research and NIH Funding Enabling Emergency Use Authorization of Remdesivir for COVID-19", Center for Integration of Science and Industry, Bentley University, preprinted paper, https://www.medrxiv.org/content/10.1101/2020.07.01.20144576v1.full.pdf+html.

8 Ekaterina Galkina Cleary, Matthew J. Jackson e Fred D. Ledley, "Government as the First Investor in Biopharmaceutical Innovation: Evidence from New Drug Approvals 2010–2019", Institute for New Economic Thinking, Working Paper No. 133, 5 de agosto de 2020, https://www.ineteconomics.org/uploads/papers/WP_133-Cleary-et-al-Govt-innovation.pdf.

9 Ibid.

10 Mary Caffrey, "JAMA: List Prices for Key Drugs More Than Doubled over 10-Year Period", *JAMA*, 3 de março de 2020.

11 Deb Chaarushena e Gregory Curfman, "Relentless Prescription Drug Price Increases", *JAMA*, 3 de março de 2020.

12 William Lazonick, Matt Hopkins, Ken Jacobson, Mustafa Erdem Sakinç e Öner Tulum, "U.S. Pharma's Financialized Business Model", Institute for New Economic Thinking, Working Paper No. 60, 13 de julho de 2017, https://www.ineteconomics.org/uploads/papers/WP_60-Lazonick-et-al-US-Pharma-Business-Model.pdf.

13   Ibid.

14   Jessie Hellmann, "PhRMA Spent Record-High $29 Million on Lobbying in 2019", The Hill, 22 de janeiro de 2020, https://thehill.com/policy/healthcare/479403-phrma-spent-record-high-29-million-lobbying-congress-trump-administration.

15   Lazonick et. al., op. cit.

16   Olga Khazan, "The True Cost of an Expensive Medication", The Atlantic, 25 de setembro de 2015, https://www.theatlantic.com/health/archive/2015/09/anexpensive-medications-human-cost/407299.

17   Relatório da equipe do Comitê de Finanças do Senado dos Estados Unidos, "The Price of Sovaldi and Its Impact on the U.S. Health Care System", dezembro de 2015, p. 82, https://www.finance.senate.gov/imo/media/doc/1%20The%20Price%20of%20Sovaldi%20and%20Its%20Impact%20on%20the%20U.S.%20Health%20Care%20System%20(Full%20Report).pdf.

18   William Rice e Frank Clemente, "Gilead Sciences: Price Gouger, Tax Dodger", Americans for Tax Fairness, julho de 2016, https://americansfortaxfairness.org/files/ATF-Gilead-Report-Finalv3-for-Web.pdf.

19   Christopher Rowland, "An HIV Treatment Cost Taxpayers Millions. The Government Patented It. But a Pharma Giant Is Making Billions", Washington Post, 26 de março de 2019.

20   Transcrição da audiência perante o Comitê de Supervisão e Reforma, Câmara dos Representantes dos EUA, 16 de maio de 2019, Serial No. 116–24, https://www.congress.gov/event/116th-congress/house-event/LC64021/text?s=1&r=55.

21   "NIH Clinical Trial Shows Remdesivir Accelerates Recovery from Advanced COVID-19", NIH News Release, 29 de abril de 2020, https://www.nih.gov/news-events/news-releases/nih-clinical-trial-shows-remdesivir-accelerates-recovery-advanced-covid-19.

22   Joseph Walker, "U.S. Explores Emergency-Use Approval for Gilead Drug After Study Found It Helped Recovery from COVID-19", Wall Street Journal, 29 de abril de 2020.

23   "Remarks by President Trump in Announcement on Remdesivir", White House, 1º de maio de 2020, https://www.whitehouse.gov/ briefings-statements/remarks-president-trump-announcement-remdesivir.

24   Tinker Ready, "NIH to Watch Drug Prices After AZT 'Mistake'", HealthWeek, 25 de setembro de 1989.

25   Warren E. Leary, "U.S. Gives Up Right to Control Drug Prices", New York Times, 12 de abril de 1995, p. A23.

26   Institutos Nacionais de Saúde, Serviço de Saúde Pública, comunicado à imprensa, 11 de abril de 1995, https://www.ott.nih.gov/sites/default/files/documents/pdfs/NIH-Notice-Rescinding-Reasonable-Pricing-Clause.pdf.

27   Roll Call Vote, 106th Congress — 2nd Session, Voto Número 168, 30 de junho de 2000, https://www.senate.gov/legislative/LIS/roll_call_lists/roll_call_vote_cfm.cfm?

congress=106&session=2&vote=00168#position; como citado em "How the Senate Paved the Way for Coronavirus Profiteering, and How Congress Could Undo It", de Ryan Grim e Aída Chávez, The Intercept, 2 de março de 2020.

28   "Carta Aberta de Daniel O'Day, Chairman & CEO Gilead Sciences", *Business Wire, 29* de junho de 2020.

29   Melanie D. Whittington e Jonathan D. Campbell, "Alternative Pricing Models for Remdesivir and Other Potential Treatments for COVID-19", Institute for Clinical and Economic Review, 1º maio de 2020.

30   Manojna Maddipatla e Michael Erman, "State Attorneys General Urge U.S. to Let Other Firms Make Gilead COVID-19 Drug", Reuters, 4 de agosto de 2020, https://uk.reuters.com/article/us-health-coronavirus-remdesivir/state-attorneys-general--urge-u-s-to-let-other-firms-make-gilead-covid-19-drug-idUKKCN250248.

31   Dados do projeto Global Trade Alert da Universidade de St. Gallen, na Suíça.

32   Forum Bhatt, "India-China Standoff Threatens to Disrupt World's Biggest Exporter of Generic Drugs", Bloomberg, 2 de julho de 2020.

33   Klaus Schwab, "India's Opportunity in a Multiconceptual World", World Economic Forum, 9 de janeiro de 2018, https://www.weforum.org/agenda/2018/01/india--opportunity-in-a-multiconceptual-world.

34   Vidhi Doshi, "Indian Politician Offers $1.5M Bounty for Beheading of Top Bollywood Star Deepika Paukone", 21 de novembro de 2017, https://www.independent.co.uk/arts-entertainment/films/news/india-bollywood-beheading-bounty-deepika-padu-kone-padmavati-surajpal-amu-sanjay-leela-bhansali-hinduism-offence-a8066566.html.

35   Depoimento de Janet Woodcock, Diretora do Centro de Avaliação e Pesquisa de Medicamentos, Administração de Alimentos e Medicamentos, Departamento de Saúde e Serviços Humanos, perante o Subcomitê de Supervisão e Investigações, Comitê de Energia e Comércio, Câmara dos Representantes dos EUA, 10 de dezembro de 2019, https://www.congress.gov/116/meeting/house/110317/witnesses/HHRG-116-IF-02-Wstate-WoodcockMDM-20191210.pdf.

36   Entrevista com Rosemary Gibson, especialista em cuidados de saúde em Hastings Center, 6 de abril de 2020.

37   "White House Adviser Navarro Lashes Out at China Over 'Fake' Test Kits", Reuters, 27 de abril de 2020, https://www.reuters.com/article/us-health-coronavirus-usa-china-idUSKCN2292S8.

38   Jeff Stein, Robert Costa e Josh Dawsey, "White House Aides Torn over Trade Hawk's Proposal as President Trump Weighs Action on China", *Washington Post,* 29 de abril de 2020.

39   Maegan Vazquez, "Trump Signs 'Buy American First' Pharma Executive Order", CNN Wire, 6 de agosto de 2020.

40 Katrin Bennhold e David E. Sanger, "U.S. Offered 'Large Sum' to German Company for Access to Coronavirus Vaccine Research, German Officials Say", *New York Times*, 16 de março de 2020, p. A12.

41 Ibid.

42 "Coronavirus: UK Rejects Chance to Join EU's COVID-19 Vaccine Scheme", *Euronews*, 7 de outubro de 2020, https://www.euronews.com/2020/07/03/coronavirus-uk-considering-whether-to-join-eu-s-vaccine-scheme-as-race-is-on-to-secure-sup.

43 Comunicado de imprensa do Departamento de Saúde e Serviços Humanos dos EUA, 13 de outubro de 2020, https://www.hhs.gov/about/news/2020/10/13/trump-administration-expands-manufacturing-capacity-cytiva-components-covid-19-vaccines.html.

44 Hannah Kuchler, "Pfizer Expects $15bn in COVID Vaccine Revenue This Year", *Financial Times*, 2 de fevereiro de 2021.

45 Rebecca Robbins e Peter S. Goodman, "Pfizer Reaps Hundreds of Millions in Profit from COVID Vaccine", *New York Times*, 5 de maio de 2021, p. B1.

46 Ibid.

47 Stephanie Baker, Cynthia Koons, e Vernon Silver, "Inside Pfizer's Fast, Fraught, and Lucrative Vaccine Distribution", *Bloomberg Businessweek*, 4 de março de 2021.

48 Ibid.

49 Ibid.

50 Reality Check, "COVID-19: Palestinians Lag Behind in Vaccine Efforts as Infections Rise", BBC, 22 de março de 2021, https://www.bbc.co.uk/news/55800921.

51 Megan Twohey, Keith Collins e Katie Thomas, "With First Dibs on Vaccines, Rich Countries Have 'Cleared the Shelves'", *New York Times*, 16 de dezembro de 2020, p. A6.

52 Geeta Mohan, "India Ready to Save Humanity with 2 Made in India COVID Vaccines, Says PM Modi", *India Today*, 9 de janeiro de 2021, https://www.indiatoday.in/india/story/india-ready-to-save-humanity-with-2-made-in-india-covid-vaccines-says-pm-modi-17 57390-2021-01-09.

53 Jeffrey Gettleman, Emily Schmall e Mujib Mashal, "India Cuts Back on Vaccine Exports as Infections Surge at Home", *New York Times*, 26 de março de 2021, p. A7.

54 Ibid.

55 Ibid.

56 Discurso de abertura do Diretor-Geral da OMS na 148ª sessão do Conselho Executivo, 18 de janeiro de 2021, https:// www.who.int/director-general/speeches/detail/who-director-general-s-opening-remarks-at-148th-session-of-the-executive-board.

57 Peter S. Goodman, "One Vaccine Side Effect: Global Economic Inequality", *New York Times*, 26 de dezembro de 2020, p. A1.

58 Peter S. Goodman, Apoorva Mandavilli, Rebecca Robbins e Matina Stevis-Gridneff, "What Would It Take to Vaccinate the World Against COVID?", *New York Times*, 16 de maio de 2021, p. A1.

59 Ibid.

60 Comunicado de imprensa Pfizer, 22 de janeiro de 2021, https://www.pfizer.com/news/press-release/press-release-detail/pfizer-and-biontech-reach-agreement-covax-advance-purchase.

61 Pfizer, Inc., Earnings Call Transcript for Q4 2020, 2 de fevereiro de 2021, transcrição postada em Seeking Alpha, https://seeking alpha.com/article/4402872-pfizer-inc-pfe-ceo-dr-albert-bourla-on-q4-2020-results-earnings-call-transcript.

62 Thomas Kaplan, Sheryl Gay Stolberg e Rebecca Robbins, "Taking 'Extraordinary Measures,' Biden Backs Suspending Patents on Vaccines", *New York Times*, 6 de maio de 2021, p. A1.

63 Maria Cheng e Lori Hinnant, "Rich Nations Dip into COVAX Supply While Poor Wait for Shots", Associated Press, 14 de agosto de 2021, https://apnews.com/article/joe-biden-middle-east-africa-europe-coronavirus-pandemic-5e57879c6cb22d96b942cb-c973b9296c.

64 Abdi Latif Dahir, "Booster Shots 'Make a Mockery of Vaccine Equity,' the W.H.O.'s Africa Director Says", *New York Times*, 20 de agosto de 2021, p. A10.

65 Ibid.

66 Megan Specia, Sharon LaFraniere, Noah Weiland e Michael D. Shear, "Addressing the Global Vaccine Shortage, Biden Cites 'Our Humanitarian Obligation to Save as Many Lives as We Can'", *New York Times*, 10 de junho de 2021.

67 Ibid.

68 Donato Paolo Mancini, Hannah Kuchler e Mehreen Khan, "Pfizer and Moderna Raise EU Covid Vaccine Prices", *Financial Times*, 1º de agosto de 2021.

69 Ibid.

CAPÍTULO 15: **"RECUPERAREMOS 100% DO NOSSO CAPITAL"**

1 Peter S. Goodman, "Late Wages for Migrant Workers at a Trump Golf Course in Dubai", *New York Times*, 27 de agosto de 2017, p. B4.

2 "World Bank Predicts Sharpest Decline of Remittances in Recent History", World Bank, 22 de abril de 2020, https:// www.worldbank.org/en/news/press-release/2020/04/22/world-bank-predicts-sharpest-decline-of-remittances-in-recent-history.

3 Dados do Banco Mundial, atualizado em 7 de outubro de 2020, https://www.worldbank.org/en/topic/poverty/overview.

4 "COVID-19 Will Double Number of People Facing Food Crises Unless Swift Action Is Taken", World Food Program, 21 de abril de 2020, https://www.wfp.org/news/covid-19-will-double-number-people-facing-food-crises-unless-swift-action-taken.

5   Jubilee Debt Campaign, Debt Data Portal, https://data.jubileedebt.org.uk.

6   Peter S. Goodman, "How the Wealthy World Has Failed Poor Countries During the Pandemic", *New York Times,* 2 de novembro de 2020, p. B1.

7   Julian Duggan, Scott Morris, Justin Sandefur e George Yang, "Is the World Bank's COVID-19 Crisis Lending Big Enough, Fast Enough? New Evidence on Loan Disbursements", Center for Global Development, Working Paper 554, outubro de 2020, https://www.cgdev.org/publication/world-banks-covid-crisis-lending-big-enough--fast-enough-new-evidence-loan-disbursements.

8   Iolanda Fresnillo, "Shadow Report on the Limitations of the G20 Debt Service Suspension Initiative: Draining Out the Titanic with a bucket?" European Network on Debt and Development, 14 de outubro de 2020, https://www.eurodad.org/g20_dssi_shadow_report.

9   Carta de Timothy Adams, presidente e CEO do Instituto de Finanças Internacionais, ao ministro das Finanças da Arábia Saudita Mohammed Al-Jadaan, 22 de setembro de 2020, https://www.iif.com/Portals/0/Files/content/Regulatory/IIF%20Letter%20to%20 G20%20on%20DSSI%20Sept%202020.pdf.

10   Ibid., https://www.iif.com/Portals/0/Files/content/Regulatory/IIF%20Letter%20to%20G20%20on%20D SSI%20Sept%202020.pdf.

11   Vito Tanzi, *Argentina from Peron to Macri: An Economic Chronicle* (Bethesda, Maryland: Jorge Pinto Books, 2018), Capítulo Um.

12   Todd Benson, "Report Looks Harshly at I.M.F.'s Role in Argentine Debt Crisis", *New York Times,* 30 de julho de 2004, p. W1.

13   Larry Fink em evento da Americas Society/Council of the Americas, 29 de junho de 2016, https://www.youtube.com/watch?v=TM_MC2Fj-JI.

14   Jason Lange e Hugh Bronstein, "IMF Increases Argentina Financing Deal to $56.3 Billion", Reuters, 26 de outubro de 2018, https://uk.reuters.com/article/us-argentina-imf/imf-increases-argentina-financing-deal-to-56-3-billion-idUKKCN1N02GK.

15   "Argentina: Technical Assistance ReportStaff Technical Note on Debt Sustainability", International Monetary Fund, Western Hemisphere Department, 20 de março de 2020, https://www.imf.org/en/Publications/CR/Issues/2020/03/20/Argentina--Technical-Assistance-Report-Staff-Technical-Note-on-Public-Debt-Sustainability-49284.

16   Plataforma de dados financeiros Elkon, citada em "Under the Radar: Private Sector Debt and the Coronavirus in Developing Countries", um documento de várias organizações de ajuda, incluindo Oxfam, outubro de 2020, https://www.oxfam.org/en/research/under-radar-private-sector-debt-and-coronavirus-developing-countries.

17   Hugh Bronstein, "Nobelist Stiglitz, Economists from 20 Countries Back Argentina in Debt Showdown", Reuters, 6 de maio de 2020.

18   "IMF Staff Technical Statement on Argentina", International Monetary Fund, Press Release No. 20/228, 1º de junho de 2020, https://www.imf.org/en/News/Articles/2020/06/01/pr20228-argentina-imf-staff-technical-statement.

19   Jacob Goldstein, "Why a Hedge Fund Seized an Argentine Navy Ship in Ghana", National Public Radio, 22 de outubro de 2012, https://www.npr.org/sections/money/2012/10/22/163384810/why-a-hedge-fund-seized-an-argentine-navy-ship-in--ghana?t=1604295241384.

20   Gregory Zuckerman, Julie Wernau e Rob Copeland, "After 15 Years, a Bond Trade Now Pays Off", *Wall Street Journal*, 2 de março de 2016.

21   Scott Squires e Jorgelina Do Rosario, "Argentina Bonds Rally After $65 Billion Restructuring Deal", Bloomberg, 4 de agosto de 2020.

22   "BlackRock's Fink Says Argentina Won't Soon Regain Investor Trust", *Buenos Aires Times*, 6 de novembro de 2020, https://www.batimes.com.ar/news/economy/blackrocks-fink-says-argentina-wont-soon-regain-investor-trust.phtml.

CAPÍTULO 16: **"NÃO É ALGUÉM QUE ESTÁ VINDO TUMULTUAR WASHINGTON"**

1   Andrew Edgecliffe-Johnson e Mark Vandevelde, "Schwarzman Defended Trump at CEO Meeting on Election Results", *Financial Times*, 14 de novembro de 2020.

2   Relatório de imprensa para a arrecadação de fundos de Biden, 20 de julho de 2020.

3   Annie Linskey e Sean Sullivan, "Biden's Still Locked in a Bitter Fight. But the Jockeying Is Already Underway for Jobs in His Would-Be Administration", *Washington Post*, 1º de novembro de 2020.

4   Brian Schwartz, "Amazon Hires Lobbyist Brother of Biden White House Counselor", CNBC, 28 de dezembro de, 2020.

5   David Cooper, "Raising the Federal Minimum Wage to $15 by 2024 Would Lift Pay for Nearly 40 Million Workers", Economic Policy Institute, 5 de fevereiro de 2019, https://www.epi.org/publication/raising-the-federal-minimum-wage-to-15-by--2024-would-lift-pay-for-nearly-40-million-workers.

CAPÍTULO 17: **"O DINHEIRO ESTÁ BEM AQUI NA COMUNIDADE AGORA"**

1   Dados compilados do Center for Local Economic Strategies.

2   Lawrence Mishel e Jori Kandra, "CEO Compensation Surged 14% in 2019 to $21.3 Million", Economic Policy Institute, 18 de agosto de 2020, https://www.epi.org/publication/ceo-compensation-surged-14-in-2019-to-21-3-million-ceos-now-earn-320-times-as-much-as-a-typical-worker.

3   Steven Deller, Ann Hoyt, Brent Hueth e Reka Sundaram-Stukel, "Research on the Economic Impact of Cooperatives", University of Wisconsin Center for Cooperatives, 2009, https://resources.uwcc.wisc.edu/Research/REIC_FINAL.pdf.

4   Lucius Couloute e Daniel Kopf, "Out of Prison & Out of Work: Unemployment Among Formerly Incarcerated People", Prison Policy Initiative, julho de 2018, https://www.prisonpolicy.org/reports/outofwork.html.

CAPÍTULO 18: **"COLOCAR DINHEIRO NOS BOLSOS DAS PESSOAS"**

1   Guy Standing, *Basic Income: And How We Can Make It Happen* (Londres: Pelican, 2017).

2   Peter S. Goodman, "Free Cash to Fight Inequality? California City Is First in U.S. to Try", *New York Times*, 3 de junho de 2018, p. BU1.

3   "Report on the Economic Well-Being of U.S. Households in 2018", Board of Governors of the Federal Reserve System, maio de 2019, https://www.federalreserve.gov/publications/2019economicwellbeingofushouseholdsin-2018 dealingwith-unexpected-expenses.htm.

4   Rob Berger, "Does Joe Biden's Choice of Kamala Harris Signal Support for a $2,000 Monthly Stimulus Check?", *Forbes*, 12 de agosto de 2020.

5   Nancy Pelosi, entrevista na MSNBC, 27 de abril de 2020, https://www.msnbc.com/stephanie-ruhle/watch/pelosi-says-guaranteed-income-may-be-worth-considering--amid-coronavirus-hardships-82606 661627.

6   Veja por exemplo, Pavlina R. Tcherneva, *The Case for a Job Guarantee* (Cambridge, U.K.: Polity Press, 2020).

7   Thomas Paine, "Agrarian Justice", 1797, acessado via Wikisource, https://en.wikisource.org/wiki/Agrarian_Justice.

8   Ibid.

9   Martin Luther King Jr., *Where Do We Go from Here: Chaos or Community?* (Boston: Beacon Press, 1967), como citado em Jordan Weissman, "Martin Luther King's Economic Dream: A Guaranteed Income for All Americans", *The Atlantic*, 28 de agosto de 2013.

10   Ibid.

11   Marc Benioff, "How Business Leaders Can Help Narrow Income Inequality", *Fortune*, 17 de janeiro de 2017.

12   OECD.org, gastos públicos com desemprego.

13   Tera Allas, Jukka Maksimainen, James Manyika e Navjot Singh, "An Experiment to Inform Universal Basic Income", McKinsey & Company, Public and Social Sector Practice, setembro de 2020, https://www.mckinsey.com/~/media/McKinsey/Industries/Public%20and%20Social%20Sector/Our%20Insights/An%20experiment%20to%20inform%20universal%20basic%20income/An-experiment-to-inform-universal-basic-income-vF.pdf.

14   Peter S. Goodman, "Finland Has Second Thoughts About Giving Free Money to Jobless People", *New York Times*, 24 de abril de 2018.

15   Annie Lowrey, "Stockton's Basic-Income Experiment Pays Off", *The Atlantic*, 3 de março de 2021.

16   Peter S. Goodman, "Cuts to Child Care Subsidy Thwart More Job Seekers", *New York Times*, 24 de maio de 2010, p. A1.

17 Peter S. Goodman, "'Back at Square One': As States Repurpose Welfare Funds, More Families Fall Through Safety Net", HuffPost, 19 de junho de 2012, https://www.huffingtonpost.co.uk/entry/breakdown-tanf-needy-families-states_n_1606242?ri18n=true.

18 Ibid.

19 Isaac Shapiro, David Reich, Chloe Cho e Richard Kogan, "Trump Budget Would Cut Block Grants Dramatically, Underscoring Danger of Block-Granting Social Program", Center on Budget and Policy Priorities, 28 de março de 2017, https://www.cbpp.org/research/federal-budget/trump-budget-would-cut-block-grants-dramatically-underscoring-danger-of.

20 Andrew Osborn, "Osborne Tries to Limit Welfare Overhaul Fallout", Reuters, 2 de abril de 2013, https://www.reuters.com/article/uk-britain-politics-welfare/osborne-tries-to-limit-welfare-overhaul-fallout-idUKBRE9310N920130402.

21 Pascale Bourquin, Robert Joyce e Agnes Norris Keiller, "Living Standards, Poverty and Inequality in the UK: 2020", Institute for Fiscal Studies, p. 15, https://ifs.org.uk/uploads/R170-Living-standards-poverty-and-inequality-in-the-UK2019-2020%20.pdf.

22 Ibid., p. 20.

23 Jason DeParle, "In the Stimulus Bill, a Policy Revolution in Aid for Children", *New York Times*, 8 de março de 2021, p. A1.

24 "Child Poverty Drops in July with the Child Tax Credit Expansion", Center on Poverty & Social Policy at Columbia University, 20 de agosto de 2021, https://www.povertycenter.columbia.edu/news-internal/monthly-poverty-july-2021.

CAPÍTULO 19: **"EM GUERRA CONTRA O PODER DO MONOPÓLIO"**

1 Cecilia Kang e David McCabe, "House Lawmakers Condemn Big Tech's 'Monopoly Power' and Urge Their Breakups", *New York Times*, 7 de outubro de 2020, p. B1.

2 Matt Stoller, "Congress Forced Silicon Valley to Answer for Its Misdeeds. It Was a Glorious Sight", *Guardian*, 30 de julho de 2020.

3 Adam Satariano, "Amazon Charged with Antitrust Violations by European Regulators", *New York Times*, 11 de novembro de 2020, p. B5.

4 Sam Schechner, "Amazon to Reopen French Warehouses After Deal with Unions", *Wall Street Journal*, 16 de maio de 2020.

5 Adam Satariano e Emma Bubola, "Pasta, Wine and Inflatable Pools: How Amazon Conquered Italy in the Pandemic", *New York Times*, 28 de setembro de 2020, p. B1.

6 Liz Alderman, "'We Want to Open!' French Shopkeepers Revolt Against Orders to Close", *New York Times*, 4 de novembro de 2020, p. B3.

7 Matt Stoller, "The Boston Tea Party Was a Protest Against Monopoly", *BIG*, 1º de julho de 2019, https://mattstoller.substack.com/p/the-boston-tea-party-was-a-protest.

8 Matt Stoller, *Goliath: The 100-Year War Between Monopoly Power and Democracy* (Nova York: Simon & Schuster, 2019), Capítulo Um.

9 Ibid.

10 Ibid.

11 Ibid.

12 Emmanuel Saez, "Striking It Richer: The Evolution of Top Incomes in the United States", Technical Notes 201506, *World Inequality Lab,* 2015, como citado em Stoller, *Goliath,* op. cit.

13 First Inaugural Address of Franklin D. Roosevelt, 4 de março de 1933; via Lillian Goldman Law Library, Yale Law School, https://avalon.law.yale.edu/20th_century/froos1.asp.

14 Stoller, *Goliath,* op. cit., Capítulo Quatro

15 Ibid., Capítulo Seis.

16 Ibid., Capítulo Nove.

17 Edmund W. Kitsch, "The Fire of Truth: A Remembrance of Law and Economics at Chicago, 1932–1970", *Journal of Law and Economics* 26, no. 1 (abril de 1983): p. 183, como citado em Stoller, *Goliath,* op. cit., Capítulo Nove.

18 Stoller, *Goliath,* op. cit., Capítulo Nove.

19 Ibid.

20 Ibid., Capítulo Treze.

21 Eileen Shanahan, "'Fair Trade' Laws Coming to an End", *New York Times,* 13 de dezembro de 1975.

22 Robert H. Bork, *The Antitrust Paradox: A Policy at War with Itself* (Nova York: Basic Books, 1978), 7.

23 David Moberg, "How Wal-Mart Shapes the World" *The American Prospect,* 19 de abril de 2011, https://prospect.org/power/wal-mart-sh,apes-world/.

24 Stoller, *Goliath,* op. cit., Capítulo Quinze.

25 Lina M. Khan, "Amazon's Antitrust Paradox", *The Yale Law Journal,* 126, no. 3 (janeiro de 2017), https://www.yalelawjournal.org/note/amazons-antitrust-paradox.

CAPÍTULO 20: "IMPOSTOS, IMPOSTOS, IMPOSTOS. O RESTO É BOBAGEM."

1 Análise das 400 pessoas mais ricas da Forbes em 2018 e dos 50 maiores filantropos da Forbes America, conduzida por Gabriel Zucman.

2 Ibid.

3 William D. Cohan, "'I Can't Prove It to You, But I Know It's True': Jamie Dimon Puts His Faith in Trump's Tax Plan", *Vanity Fair,* 8 de dezembro de 2017.

4 David Hope e Julian Limberg, "The Economic Consequences of Major Tax Cuts for the Rich", London School of Economics, 16 de dezembro de 2020, http://eprints.lse.ac.uk/107919.

5 World Inequality Database, Income Inequality, USA, 1913–2019, https://wid.world/country/usa.

6 Ibid.

7 Gabriel Zucman, *The Hidden Wealth of Nations: The Scourge of Tax Havens* (Chicago: University of Chicago Press, 2013).

8 John Guyton, Patrick Langetieg, Daniel Reck, Max Risch e Gabriel Zucman, "Tax Evasion at the Top of the Income Distribution: Theory and Evidence", National Bureau of Economic Research, Working Paper 28542, março de 2021, https://www.nber.org/papers/w28542.

9 "Trends in the Internal Revenue Service's Funding and Enforcement", Congressional Budget Office, julho de 2020.

10 Paul Kiel e Jesse Eisinger, "How the IRS Was Gutted", ProPublica, 11 de dezembro de 2018, https://www.propublica.org/article/how-the-irs-was-gutted.

11 "Millionaires and Corporate Giants Escape IRA Audits Again in FY 2020", TRAC, Newhouse School of Communications and Whitman School of Management, Syracuse University, 18 de março de 2021, https://trac.syr.edu/tracirs/latest/641.

12 Richard Rubin, "IRS Enforcement Spending Yields $6 for Every $1, Lew Says", Bloomberg, 8 de maio de 2013.

13 Emily Stewart, "Stock Buybacks, Explained", Vox, 5 de agosto de 2018, https://www.vox.com/2018/8/2/17639762/stock-buybacks-tax-cuts-trump-republicans.

14 Alex Edmans, Xavier Gabaix e Dirk Jenter, "Executive Compensation: A Survey of Theory and Evidence", National Bureau of Economic Research, Working Paper 23596, julho de 2017, p. 152, https://www.nber.org/system/files/working_papers/w23596/w23596.pdf.

15 Jesse Eisinger, Jeff Ernsthausen e Paul Kiel, "The Secret IRS Files: Trove of Never-Before-Seen Records Reveal How the Wealthiest Avoid Income Tax", ProPublica, 8 de junho de 2021, https://www.propublica.org/article/the-secret-irs-files-trove-of-never-before-seen-records-reveal-how-the-wealthiest-avoid-income-tax.

16 Saez and Zucman, op. cit., Capítulo Três.

17 Julia La Roche, "Steve Schwarzman: A Wealth Tax Would Make Businesses Up and Leave", Yahoo Finance, 14 de outubro de 2019, https://finance.yahoo.com/news/blackstone-ceo-steve-schwarzman-on-wealth-tax-201228998.html.

18 Yen Nee Lee, "Jamie Dimon Says He's OK with Higher Taxes on the Rich, but Wealth Tax Is Almost Impossible'", CNBC, 23 de setembro de 2020, https://www.cnbc.com/2020/09/23/jp-morgans-jamie-dimon-on-taxing-the-rich-donald-trumps-tax-cuts.html.

19   "The Role and Design of Net Wealth Taxes in the OECD", OECD Tax Policy Studies, Paper No. 26, 2018, p. 11, https://read.oecd-ilibrary.org/taxation/the-role-and-design-of-net-wealth-taxes-in-the-oecd_9789264290303-en#page3.

20   Larry Summers e Emmanuel Saez on *On Point*, WBUR, 23 de outubro de 2019, https://www.wbur.org/onpoint/2019/10/23/wealth-tax-democrats-warren-sanders.

21   Peter S. Goodman, "Taking Hard New Look at a Greenspan Legacy", *New York Times*, 9 de outubro de 2008, p. A1.

22   Summers and Saez, op. cit.

23   Robert Frank, "Wealthy May Face Up to 61% Tax Rate on Inherited Wealth Under Biden Plan", CNBC, 3 de maio de 2021, https://www.cnbc.com/2021/05/03/wealthy--may-face-up-to-61percent-tax-rate-on-inherited-wealth-under-biden-plan.html.

24   Jim Tankersley e Alan Rappeport, "Biden Seeks $80 Billion to Beef Up I.R.S. Audits of High-Earners", *New York Times*, 28 de abril de 2021, p. A1.

25   Alan Rappeport, "Finance Ministers Meet in Venice to Finalize Global Tax Agreement", *New York Times*, 10 de julho de 2021, p. B1.

CONCLUSÃO: **"NOSSO COPO TRANSBORDOU"**

1   Schwarzman na Conferência virtual da Goldman Sachs U.S. Financial Services, 9 de dezembro de 2020, transcrição postada em Seeking Alpha, https://seekingalpha.com/article/4393944-blackstone-group-inc-bx-ceo-stephen-schwarzman-presents-goldman-sachs-u-s-financial-services.

2   Brian Chappatta, "Schwarzman Sees 'Avalanche' of Opportunities from Tax-Hike Risk", Bloomberg, 23 de junho de 2021.

3   Benioff no *Mad Money*, CNBC, 1º de dezembro de 2020, https://www.cnbc.com/2020/12/01/marc-benioff-slack-is-one-step-insalesforces-path-to-double-revenue.html.

4   Michelle F. Davis, "Dimon Asks Bankers to Call Him with Their M&A Ideas for JP-Morgan", Bloomberg, 8 de dezembro de 2020.

5   JPMorgan Chase & Co., 1Q21 Financial Results, Earnings Call Transcript, 14 de abril de 2021, https://www.jpmorganchase.com/content/dam/jpmc/jpmorgan-chase-and-co/investor-relations/documents/quarterly-earnings/2021/1st-quarter/1q21-earnings-transcript.pdf.

6   Zachary Parolin, Megan Curran, Jordan Matsudaira, Jane Waldfogel e Christopher Wimer, "Monthly Poverty Rates in the United States During the COVID-19 Pandemic", Center on Poverty & Social Policy, School of Social Work, Columbia University, Poverty and Social Policy Working Paper, 15 de outubro de 2020, https://static1.squarespace.com/static/5743308460b5e922a25a6dc7/t/5f87c59e4cd0011fabd38973/1602733471158/COVID-Projecting-Poverty-Monthly-CPSP-2020.pdf.

7   Chuck Collins, "Updates: Billionaire Wealth, U.S. Job Losses and Pandemic Profi-teers", Inequality.org, 24 de fevereiro de 2021, https://inequality.org/great-divide/updates-billionaire-pandemic.

8   Kevin Stankiewicz, "CEO of World's Largest Money Manager Sees Stocks Rallying in 2021 but Not as Much as Last Year", CNBC, 14 de janeiro de 2021, https://www.cnbc.com/2021/01/14/blackrocks-fink-stocks-to-rally-in-2021-but-not-as-much--as-last-year.html.

9   Rupert Neate e Simon Murphy, "Former Chancellor George Osborne to Become Full--Time Banker", *Guardian*, 1º de fevereiro de 2021.

10 Sissi Cao, "Billionaires Made Record Profit, Donated Record Lows in 2020", *Observer*, 5 de janeiro de 2021.

11 Blue Origin Jeff Bezos, transcrição da coletiva de imprensa pós-voo, 20 de julho de 2021, https://www.rev.com/blog/transcripts/blue-origin-jeff-bezos-post-flight-press--conference-transcript.

12 Mathias Döpfner, "Jeff Bezos Reveals What It's Like to Build an Empire — And Why He's Willing to Spend $1 Billion a Year to Fund the Most Important Mission of His Life", *Business Insider*, 28 de abril de 2018.

13 Kevin T. Dugan, "Everything to Know About Tuesday's Blue Origin Space Launch with Jeff Bezos", *Fortune*, 19 de julho de 2021.

14 Joe McCarthy, "Jeff Bezos Just Spent $5.5B to Be in Space for 4 Minutes. Here Are 7 Things That Money Could Help Solve", Global Citizen, 20 de julho de 2021, https://www.globalcitizen.org/en/content/jeff-bezos-space-flight-money-better-uses.

ÍNDICE

A

Abidali Neemuchwala 28
Acordo
  climático de Paris 169
  de Livre Comércio Norte-Americano 52
  Geral sobre Tarifas e Comércio 51
Alberto Fernández 322
Al Gore 25
Alibaba 19, 62
Amancio Ortega 85
Amazon 14, 48, 406
Amazônia 233
American International Group 105
Andrew Carnegie 8
Angela Merkel 276
Animosidade nacionalista 50
Apartheid 312
Arianna Huffington 23
Armani 84
Arne Sorenson 236
Arrogância cultural 90
Assistência

médica 183
social 150
AstraZeneca 301
Attendo 272
Austeridade 11, 139, 278, 319, 344
Autoridade antitruste 374

B

Barack Obama 105, 160
Barões ladrões 36, 65, 374, 380
Basic Income Earth Network 356
Ben Meng 222
Bernard Arnault 123
Bernard Madoff 103
Bibi Netanyahu 26, 302
Bill Clinton 15, 62, 294, 384
Black Lives Matter 311
BlackRock 135, 211, 233, 318, 338, 405
Blackstone 136, 164, 203, 222, 403
Boeing 199
Boris Johnson 117, 266, 300
Brexit 9, 21, 94

Bridgewater Associates 28
Bullingdon Club 113
Business Roundtable 173, 234, 301, 339

C

Capitalismo
compassivo 35
das partes interessadas 4, 231, 307, 379
global 11, 355
norte-americano 52
Chiara Lepora 259
Citigroup 102
Coletes Amarelos 119, 128
Comércio
de títulos 136
internacional 49
Conceito de redistribuição 391
Conferência de Bretton Woods 51
Conflito de classes 10
Consciência moral 357
Conselho de Private Equity 161
Consumismo extremo 9
Contabilidade criativa 159, 393
Contenção fiscal 79
Contribuições filantrópicas 4
Cooperação internacional 73, 167, 296
Corona bonds 276
Coronavírus 3, 193
Cortes fiscais 193, 270
Covax 303, 307
Covid-19 2, 181
Crise financeira global de 2008 78, 211

D

Dama de Ferro 95
Dan Simmons 57
David Cameron 94, 279

Dean Banks 197
Democracia 8, 332
liberal 10
Demonização dos imigrantes 393
Depredação global 75
Depressão econômica 79
Derivativos 95, 399
Desigualdade econômica 4, 145, 312
Discriminação 229
racial 51
Disruptor digital 36
Diversidade 68
Dolce & Gabbana 84
Donald Trump 13, 15, 19, 59, 160, 193, 222, 332

E

Ecossistema 9
Edoardo Nesi 83
Eileen Appelbaum 184
Emmanuel Macron 15, 119, 404
Empatia corporativa 257
Era
das "pontocom" 53
pós-Brexit 276
Eric Schmidt 19
Escola de Chicago 382
Espírito de coletivismo 151
Estruturas fraudulentas 184
Evasão fiscal 2, 78
legalizada 336
Evasores de impostos 80
Exaustão severa 248
Experiência coletiva 228
Explorar os vulneráveis 183
Extrema-direita oportunista 134
Extremistas 124

F

Falta de transparência 293
Família Walton 55
Fantasias idealistas 341
Faturamento médico surpresa 185, 209
Fervor patriótico 165
Fiat 76, 280
Financeirização da habitação 145
Fórum Econômico Mundial 2, 20, 38, 120, 167, 235
Francis Fukuyama 10
Fundamentalismo do mercado 411
Fundo Monetário Internacional 50, 316
Fundos
multimercados 115
mútuos 141, 223
Futuro do trabalho 357

G

Gastos públicos 105
General Electric 53
George Osborne 93, 139, 280, 405
George W. Bush 104
Gerald Grosvenor 344
Gianni Agnelli 76
Gilead Sciences 286, 291
Globalização 45, 48, 85
Google 19
Grande
Depressão 49, 112
Sociedade 109
Verdade 392
Granite City 59
Grosvenor Group 344
Grupo Mondragon 347
Guerra Fria 10, 50

H

H&M 86, 155
Homem de Davos 1, 61
definição 5
Hostilidades nacionalistas 50
HSBC 140
Huffington Post 23

I

Ian Goldin 26
Igualdade de gênero 167
IKEA 152
Iliberalismo 124
Imigrantes 144
Imperadores da economia virtual 375
Impostos corporativos 175, 401
Inditex 85
Ingvar Kamprad 152
Injustiça
fiscal 395
racial 311
social 235
Integração racial 151
Interesses com fins lucrativos 260
Internacionalistas 177
Interpretações tendenciosas 169
Investidores oportunistas 106
Investimento
corporativo 175
sustentável 338
Invitation Homes 162

J

Jack Ma 19, 62
Jack Welch 53
Jamie Dimon 3, 19, 24, 96, 113, 173, 200, 233, 391, 404

468 ⚊ HOMEM DE DAVOS

Janet Yellen 338
Jay Powell 202
Jeff Bezos 3, 47, 245, 373, 405
Jeff Miller 206
Joe Biden 13, 43, 236, 295
John C. Martin 291
John Maynard Keynes 219
J. P. Morgan 8
JPMorgan Chase 19, 55, 103, 204
Justiça racial 167

K

Kamala Harris 359
Klaus Schwab 15, 36

L

Larry Ellison 30
Larry Fink 3, 119, 135, 211, 311, 405
Lei
  CARES 198
  de Proteção da Defesa 197
  Tarifária Smoot-Hawley 49
Leilani Farha 143
Leis racistas Jim Crow 151, 363
Liberalismo 10
Liberdades civis 10
Licença médica remunerada 249
Liga do Norte 88
Limpeza étnica 88
London Whale 108

M

Manifesto de Davos 235, 345
Manipulação de preços 378
Marc Benioff 2, 29, 227
Margaret Thatcher 95
Marine Le Pen 123, 134
Marriott 236

Martin Luther King Jr 362
Massacre de muçulmanos 296
Matteo Salvini 15, 83
Mauricio Macri 318
Maximização do lucro 52, 231
Medicaid 35
Medicamentos comercializáveis 287
Medicare 185
Médicos Sem Fronteiras 259
Mendicância corporativa 280
Mentalidade de mercantilização 272
Mentira Cósmica 8, 45, 100, 119, 142, 175,
  278, 337
Mercado de títulos 211, 215
Michael Dell 19
Milton Friedman 52, 154, 363, 382
Misticismo boêmio 31
Mitch McConnell 15, 217
Mitologia de Davos 8
Modelo
  Nórdico 151
  Preston 344
Moderna 301
Monopólio 13
Monopolistas modernos 384
Monopolização
  da riqueza 287
  dos frutos do capitalismo global 8
Movimentos populistas de direita 9
Mudanças climáticas 23, 124, 232
Mukesh Ambani 28
Multilateralismo 167

N

Nacionalistas 21, 124
Narendra Modi 296
Negociação coletiva 201
Neonazistas 177
New Deal 70, 112, 339, 381

NHS 112
Nokia 365

O

Obamacare 348
Ódio de direita 10
Oportunismo 247
Oportunista político 336
Oracle 30
Orçamento de emergência 108
Organização
  Mundial da Saúde 288
  Mundial do Comércio (OMC) 51, 304
Osborne 369
OTAN 169

P

Pacto social 345
Panama Papers 78
Pandemia 1, 10, 195
Papa João Paulo II 77
Paul Singer 326
Peter Gabriel 24
Pfizer 301
Piratas corporativos 53
Pobreza extrema 13
Populismo 123
Pornografia bilionária 9
Precariado 357
Private equity 157
Produtividade 48
Programa de Proteção ao Salário 204
Programas sociais 128
Progresso coletivo 412
Progresso social 311
Projeto de lei Blackstone 160
ProPublica 56
Public Citizen 289

R

Racismo estrutural 336
Raiva pública 4
Ray Dalio 28
Recessões econômicas 183
Redistribuição equitativa da riqueza 341
Redução
  da desigualdade econômica 391
  de impostos 173
Reforma tributária 174
Refugiados 148
  de altas finanças 404
  digitais 29
Regras
  orçamentárias 278
  trabalhistas e ambientais 58
Regulamentação financeira 115
Remdesivir 286
Renda básica universal 355
Responsabilidade social 265
Retidão cívica 162
Retórica nacionalista 89
Revolta trabalhista 254
Revolução
  francesa 127
  intelectual 382
Richard Branson 406
Riqueza comunitária 344
Rivalidade nacional 299
Rockefeller 101
Rosa Parks 151
Roy Bailey 206

S

Salário de subsistência 360
Salesforce 2, 29, 227
Samuel Huntington 5
Sandy Weill 101
Saúde pública 1, 247, 261

Schwarzman 203
Segunda Guerra Mundial 21, 49
Segurança econômica 370
básica 9
Sergio Marchionne 80
Serviço Nacional de Saúde (NHS) 112
Sheryl Sandberg 22
Silvio Berlusconi 77, 80, 264
Sistema Aladdin 137, 211
Social-democracia 144
Socorros financeiros 100
Stefan Persson 155
Stephen Schwarzman 3
Steven Mnuchin 15, 200
Steve Schwarzman 106, 136, 221, 331, 403
Supremacistas brancos 21
Sustentabilidade 232

T

TeamHealth 183, 207
Thatcherismo 110
Theranos 292
Theresa May 117
Título hereditário 93
Trabalhadores essenciais 197
Tragédia humanitária 307
Transformação corporativa 312

Tribalismo 83
Trumpismo 336

U

União Europeia 80, 98, 275
Unidades de Valor Relativo (RVUs) 188

V

Versace 84

W

Walmart 55, 384
Wipro 26, 28

X

Xi Jinping 43, 64, 297

Y

Yahoo 62

Z

Zara 85

Projetos corporativos e edições personalizadas
dentro da sua estratégia de negócio. Já pensou nisso?

Coordenação de Eventos
Viviane Paiva
viviane@altabooks.com.br

Assistente Comercial
Fillipe Amorim
vendas.corporativas@altabooks.com.br

A Alta Books tem criado experiências incríveis no meio corporativo. Com a crescente implementação da educação corporativa nas empresas, o livro entra como uma importante fonte de conhecimento. Com atendimento personalizado, conseguimos identificar as principais necessidades, e criar uma seleção de livros que podem ser utilizados de diversas maneiras, como por exemplo, para fortalecer relacionamento com suas equipes/ seus clientes. Você já utilizou o livro para alguma ação estratégica na sua empresa?

Entre em contato com nosso time para entender melhor as possibilidades de personalização e incentivo ao desenvolvimento pessoal e profissional.

PUBLIQUE SEU LIVRO

Publique seu livro com a Alta Books.
Para mais informações envie um e-mail para: autoria@altabooks.com.br

 /altabooks /alta-books /altabooks /altabooks

CONHEÇA OUTROS LIVROS DA **ALTA BOOKS**

Todas as imagens são meramente ilustrativas.

Este livro foi impresso nas oficinas gráficas da Editora Vozes Ltda.,
Rua Frei Luís, 100 – Petrópolis, RJ.